Münchner **Texte** und **Analysen** zur religiösen Situation

Der kosten-, aber nicht folgenlose Scientology-Test

"Wir nutzen nur 10% unseres geistigen Potentials!"

Karl H. Schneider

Münchner Texte und Analysen zur religiösen Situation -
herausgegeben von Friedrich-W. Haack

2. Auflage 1993
Verlag: Evangelischer Presseverband für Bayern e.V.
Birkerstraße 22, 80636 München

Druck: Jos. C. Huber, Dießen
ISBN 3-583-50206-X

Inhaltsverzeichnis

Karl H. Schneider

„Der kosten-, aber nicht folgenlose Scientology-Test"
(2. Auflage 1993)

Seite
5 Vorwort
9 Oxford Capacity Analyse - der Test wird kostenpflichtig in Personalabteilungen von Firmen angeboten
13 Aufbau des Persönlichkeitstests
16 Sprachliche Verwirrung
19 Redefinieren
21 „Der Unterschied"
25 OCA-Testfragen
33 Antwortblatt
34 Auswertungsschablone
35 Auswertung des Tests
37 Der „Normalbereich" im OCA-Test
39 Der konstruierte Absturz
45 Einordnung des Tests
48 Weitere Intentionen
49 So könnte auch Ihr Test aussehen!
50 Warum diese Tarnfirmen?
51 Schwarze Propaganda
52 Altes P-S-T (= OCA)-Auswertungsformular

Anhang

(für Schülerarbeit)

53 Aussagen einer Ex-Scientologin
57 Arbeitsblatt
59 Aussagen einer Scientologin
61 »Auswertungs Manuskript«
62 Umrechnungstabellen
70 Selbstversuch für Schüler
72 Wortsalat
74 Lösungen mit entsprechendem Glossar
77 „Schwindelerregende" Kosten (alias »Spenden«)
78 Ein gelungener, da zutreffender Poster zu SCIENTOLOGY

„Wir nutzen nur 10 Prozent unseres geistigen Potentials"

oder

„Zwei Dinge sind unermeßlich: das Universum und die menschliche Einfältigkeit."

(nicht verifizierte Aussagen von Albert EINSTEIN)

Vorwort:

Die »**Oxford Capacity Analyse**«[1], d.h. der kostenlose Persönlichkeitstest des amerikanischen Psychokults SCIENTOLOGY alias DIANETIK - besser bekannt als **SCIENTOLOGY CHURCH** - ist ein malignes Lockvogelangebot, mit dem 'ahnungslose' Mitbürger in ein ihnen unbekanntes Ideologiekonstrukt eingeschirrt werden sollen. Kritiker vergleichen die Wirkungsweise der scientologisch/dianetischen Ideologie mit der von Betäubungsmitteln (»Rauschgift«): anfangs wird ein euphorisches Lebensgefühl vermittelt; man fühlt sich wohl und geborgen in der neuen Gruppe und glaubt Erfolgserlebnisse zu haben, auch wenn man sehr bald erfährt, daß die *revolutionäre* Weltrettungsphilosophie nicht umsonst, sondern nur gegen überhöhte und irrwitzige »Spenden« gekauft werden muß. „Eine gute Sache ist eben ihr Geld wert" - so die Meinung der Neu-Scientologen.

Der hier zur Diskussion stehende kostenlose OCA-Test ist eine (für den Kunden nicht erkennbare) scharfe Waffe, die der Testperson suggerieren soll, ihre »wissenschaftlich« ermittelten Testergebnisse wiesen eindeutig auf gravierende **Schwachstellen** der Persönlichkeit hin, die einer Behandlung bzw. Heilung à la Scientology bedürften. Im Auswertungsgespräch werden mittels subtiler Methoden die **Ruinpunkte** der Person ermittelt und in das Verkaufsgespräch eingebaut. Der Test ist auf den ersten Blick **gratis** (für die Testperson), aber nicht **umsonst** (für SCIENTOLOGY); denn: hier werden neue Kunden gewonnen. Die Tatsache, daß es insgesamt vier Auswertungstabellen (*männlich/weiblich* und *unter/über 18 Jahre*) gibt, kann als Indiz dafür gelten, daß auch Ju-

[1]) Der »Test« hat keinerlei Bezug zur englischen Universitätsstadt OXFORD.

gendliche, Schülerinnen und Schüler mit diesem »Test« behandelt werden (können). In diesem Zusammenhang sollte erwähnt werden: „Wie die schleichende Unterwanderung abläuft, erfuhren die Eltern des *Internationalen Kinderladens e.V.* in der Hamburger Blücherstraße im Dezember letzten Jahres. Etwa 30 Kinder verschiedener Nationalitäten und Hautfarben im Alter zwischen ein und sechs Jahren wurden in dem privaten Projekt betreut. Als sich herausstellte, daß der Vereinsvorsitzende Scientologe und auch die von ihm eingestellte neue Heimleiterin aktives Sekten-Mitglied ist, gingen die Eltern auf die Barrikaden."[2]

Somit ist hier ernsthaft die Frage zu stellen, ob SCIENTOLOGY doch mit dem etwas antiquiert anmutenden Begriff »**Jugend**sekte« bezeichnet werden kann. Etwas störend wirkt der Titel »Sekte«; denn er impliziert, daß es sich hier um eine Abspaltung einer großen Glaubensgemeinschaft handelt. Die SCIENTOLOGY möchte sich gerne K i r c h e nennen, in Wahrheit aber ist sie nur eine **Church**, also eine (wenn auch absonderliche) Weltanschauungsgemeinschaft.In einer **Kleinen Anfrage** des Abgeordneten Kern (SPD, 01.08.90, Landtag NRW, Drucksache 11/143) ist die Besorgnis des Politikers nachzulesen. Inzwischen liegen weitere Anfragen aus dem Gesamtbereich der Bundesrepublik Deutschland vor. Wegen ihrer plakativen Aussagen wird nur diese Anfrage zitiert:

> „Es wird in diesen Monaten von Drogen- und Suchtgefahren geredet; für mich mindestens so gefährlich ist die größte und bei weitem gefährlichste der etwa 500 pseudoreligiösen Gruppen in der Bundesrepublik, die sog. ‚**Scientologie-Kirche**'. Sie ist ein auf Gewinn ausgerichtetes Unternehmen, das die Menschen manipuliert, fast ausschließlich auf's Geld fixiert und weltweit straff organisiert ist. Die viel bekanntere Bhagwan-Sekte [Anm.: der Tod des Guru beeinträchtigte keineswegs das Wirken dieser ebenfalls umstrittenen Bewegung] wirkt neben ihr wie ein Kaffeekränzchen. Die Münchner Staatsanwaltschaft urteilte über diese Sekte: ‚Aufgrund der Beweismittel besteht der Verdacht, daß das Ziel der Organisation wie die wirtschaftliche Ausbeutung hörig gewordener Kunden ist, die selbst wieder zur Kundengewinnung und Kundenausbeutung eingesetzt werden.'[3] Vielfach wurde ich [Anm.: MdL Kern] von Eltern und Bekannten angesprochen, sie im fast aussichtslosen Kampf zur Befreiung von Angehörigen aus den Klauen dieser ‚Kirche' zu unterstützen oder mich für gesetzgeberische Initiativen einzusetzen."

---

2 STERN-EXTRA, *Scientology - die gefährlichen Verführer*, 9/93 S. 114

3 Staatsanwaltschaft beim LG München 1, Az 115 Js 4298/84

Inzwischen ist bundesweit in diesem Bereich einiges geschehen. Die Szene ist also in Bewegung geraten, wobei der gewaltige Expansionsdrang des SCIENTOLOGY-Konzerns von kritischen Politikern erkannt wurde. Großparteien erklärten, daß eine Mitgliedschaft bei SCIENTOLOGY (und ihren vielfältigen Tarnfirmen) mit einer weiteren Parteizugehörigkeit nicht vereinbar ist.

Deutlich und richtungsweisend ist folgendes Zitat (aus NJW 1992, 39, S. 2496), das besagt:

> „**Eine** [‚Religions'-] **Gemeinschaft wird nicht durch das Grundrecht der Religions- und Weltanschauungsfreiheit geschützt, wenn ihre religiösen und weltanschaulichen Lehren nur als Vorwand für die Verfolgung wirtschaftlicher Ziele dienen.**"

Die Anzahl der Kritiker des Psycho-Konzerns nimmt also zu, ebenso wie die fragwürdigen Aktivitäten der Scientologen. Die oftmals vorgebrachte und hilflos klingende Ausrede, die als Angriff auf die Kritiker zu werten ist, verfängt nicht mehr: „Sie [= die Kritiker] bekämpfen die Organisation nur deswegen, um so von anderen, wesentlichen politischen Problemen abzulenken." Scientologen bezeichnen **Kritiker** als *Kriminelle* ... und behaupten, wenn sie die Kritiker/Gegner nicht *handhaben* werden oder können, werde die Gesellschaft weiterhin unter Wahnsinn, Kriminalität und Krieg leiden (vgl. S. 51).

Nach scientologischer Lehre muß der Kritiker bekämpft werden, wobei die Mittel, die hier eingesetzt werden, nicht zimperlich sind. Die bereits oben zitierte 75seitige Entscheidung der Staatsanwaltschaft beim Landgericht München I belegt dies. Der Autor könnte nach scientologischer Denkschablone so beschrieben werden:

> Er "befindet sich meistens in Institutionen oder würde sich dort befinden. Bei diesem Fall ist der Unterdrücker ... über die ganze Welt verteilt und ist oft mehr als alle Leute, die es gibt - denn die Person hat manchmal **Geister** oder **Dämonen** um sich, und diese sind einfach noch mehr scheinbare SPs [Anm.: unterdrückerische Personen], aber außerdem eingebildete Wesen." (HCOB 24 Nov 65)
>
> oder
>
> "Eine Person mit bestimmten Verhaltensmerkmalen, die andere Leute in ihrer Umgebung unterdrückt; und diese anderen Leute werden, wenn sie von ihr unterdrückt

werden **PTS**, d.h. mögliche Ärgernisverursacher." (SH Spec 78, 6608 C25)

oder

"Jemand, der danach strebt, SCIENTOLOGY oder einen SCIENTOLOGEN durch unterdrückerische Handlungen zu unterdrücken oder zu schädigen." (ISE, p. 48)

oder

"diejenigen, die destruktiv antisozial sind." (HCO PL 30 Aug 70)

Der so beschriebene Autor muß die Fragen 158 und 038, sie seien nun angeführt,

158 Nehmen Sie an, daß jemand Sie nicht mag und Sie anderen gegenüber kritisiert?
038 Glauben Sie, daß es Leute gibt, die Ihnen ganz sicher unfreundlich gesinnt sind und gegen Sie arbeiten?

eindeutig mit **JA** beantworten, wenn damit Scientologen gemeint sind, die übrigens bereits vor vielen Jahren an seiner Dienststelle vorgesprochen haben. Ferner sind sie gerichtlich gegen den Autor vorgegangen, u.a. auch in dem auf S. 6 (Fußnote 3) erwähnten Verfahren.

Diese Analyse der subtilen Methoden des **OCA-Tests** soll

- die Pseudowissenschaftlichkeit des »Tests« aufzeigen,
- die Irrealität des »Tests« dokumentieren und
- die Öffentlichkeit (besonders Schüler, Pädagogen etc.) sensibilisieren.

Der Autor hat den hier besprochenen Test in verschiedenen Filialen der SCIENTOLOGY alias DIANETIK-BERATUNG absolviert und kennt die Niederlassungen in Berlin, Edinburgh, Leipzig, München (4), Stuttgart, Wien und Zürich.

München, 14. Juni 1993 (Karl H. Schneider)

OXFORD CAPACITY ANALYSE

Dieser kosten-, aber nicht folgenlose »Persönlichkeitstest« wird von ausgebufften SCIENTOLOGY-Werbern an unbedarfte und nichtsahnende Passanten auf öffentlichen Verkehrsflächen angeboten. Das Ansprechen der »Kunden« erfolgt durch belustigende Fragen („Wie viel Paar Schuhe haben Sie an?") oder durch wirklich komisch wirkende Verhaltensweisen. Hauptsache ist der persönliche Kontakt durch Überrumpelung. Sehr schnell folgt dann die Einladung zum Test im meist nahegelegenen Zentrum der Organisation. Der »Test« ist leicht binnen einer Stunde zu bewältigen. Während der »wissenschaftlichen« **Analyse der geistigen Fähigkeiten** kümmern sich nun andere Scientologen um den potentiellen Kunden, den sie als »**raw meat**« (= rohes Fleisch) bezeichnen, wobei sie eine heitere Gelassenheit und überschwengliche Fröhlichkeit ausstrahlen. Das Gespräch mit dem »Kunden« oder seine Beschäftigung mit dem ausliegenden Werbematerial ist wichtig. Doch sehr schnell läuft dann ein eingeübtes Szenario ab (vgl. hierzu das im Anhang beigefügte »Auswertungs Manuskript«). Einziges Ziel ist es, den Neuling für die neue Wissenschaft, die eine Welt **ohne Krieg, Krankheit und Kriminalität** ermöglichen soll, zu interessieren. Seine im Test »erkennbaren«, z.T. gravierenden und möglicherweise lebensbedrohlichen Schwierigkeiten könne er mittels SCIENTOLOGY in den Griff bekommen. Er solle umgehend das Buch DIANETIK kaufen und gleich einen kleinen Kurs belegen, der ihm Einblick in diese bemerkenswerte und weltrettende Wissenschaft bietet.

Der »kostenlose OCA-Test« wird kostenpflichtig in Personalabteilungen von Firmen angeboten

Dieser »Test« kommt in fast unveränderter Form durch **U-MAN International** auch im Bereich der Personalberatung zur Anwendung. Die hier anfallenden Honorare sind bei etwa 1.000 DM anzusetzen. Großfirmen sollen von diesem Angebot Gebrauch gemacht haben. U-Man International ist fest integrierter Bestandteil des Psycho-Konzerns **SCIENTOLOGY**. Hingewiesen auf diese Verbindung, reagierten manche Firmen absonderlich, indem sie zwar den Hintergrund zur Kenntnis nahmen, aber behaupteten, man könne auch fähige Mitarbeiter durch diesen Test ausfindig machen. Ferner sei man sich sicher, daß SCIENTOLOGY keinen (negativen) Einfluß auf die Firma ausüben könne. Andere Firmen brachen den Kontakt zu **U-MAN® International** abrupt ab, als sie von den Querverbindungen informiert wurden.

Aus Unterlagen von **U-MAN® INTERNATIONAL**[4] ist die intendierte Strategie dieser scientologischen Tarnfirma und deren Vorgehensweisen erkennbar. Folgende Zitate sprechen für sich:

„U-MAN ist eine international tätige, rasch expandierende Firma mit Stammsitz in der Schweiz. Sie verfügt heute in Europa über ein weit verzweigtes Netz von Niederlassungen.
Das von uns entwickelte ... Personal-Testsystem, der U-TEST, ermöglicht kleinen wie großen Industriebetrieben, Handelsunternehmen, Institutionen und Organisationen eine optimale Personalpolitik. Unser U-TEST beurteilt schnell und präzise das Persönlichkeitsprofil von Menschen, die sich um eine Stelle bewerben.
Das von U-MAN konzipierte Personal-Testsystem ist das Ergebnis langjähriger praktischer Erfahrung in der Industrie und anderen Geschäftszweigen - Über **150.000 Tests** sind schon durchgeführt worden. Die Testmethode basiert auf dem von **L. Ron Hubbard** entwickelten Persönlichkeitstest »**Standard Oxford Capacity Analysis**«, der von U-MAN zu einem berufsorientierten Analyse-System weiterentwickelt wurde.
Übrigens: *Unser Firmenname spielt auf das englische Wort human an. Er symbolisiert damit exakt, womit wir uns beschäftigen - mit Menschen.*" [5]

„Das von U-MAN entwickelte Personal-Testsystem stellt über eine kombinierte Auswertungsmethode zuverlässig fest, inwieweit ein Bewerber den gewünschten Anforderungen entspricht. Denn:
- Das Personal-Testsystem besitzt eine hohe Genauigkeit. Folge: Dadurch können wir das Persönlichkeitsprofil des Bewerbers genau bestimmen.
- Über unsere Datenbank haben wir Zugriff auf über **21.000 Merkmale**, die für verschiedene Tätigkeiten notwendig sind. Folge: Für jede beliebige Stelle ist damit eine optimale Beurteilung des Bewerbers möglich.

Übrigens: *Die Genauigkeit unserer Ergebnisse und Empfehlungen liegen bei durchschnittlich 98,5 Prozent. Es gibt keinen besseren Weg, die tatsächlichen Fähigkeiten des Bewerbers festzustellen.*" [6]

Der U-Test „liefert eine genaue Beschreibung der potentiellen Mitarbeiter, legt ihre Stärken, ihre Schwächen und ihre verborgenen Seiten dar, objektiviert persönliche Eindrücke und Gefühle. Der U-TEST bringt die Tatsachen ans Licht.
Übrigens: *Der U-TEST ist unbestechlich. Eingebaute Kontrollfragen zeigen auf, ob* (!) *und wie konsequent eine Person geantwortet hat. Dadurch können Sie jedes Testergebnis auf seine Zuverlässigkeit hin überprüfen.*" [7]

„...Wer ist der Bewerber, der dem Wunschbild am nächsten kommt...?
Sie, mit Ihrem Wissen und Ihrer Lebenserfahrung, fügen ein Teilchen ans andere. Sie

---

4 »WILLKOMMEN ZU DEM U-TEST SYSTEM« (Filiale Zentralschweiz), ohne nähere Daten, wahrscheinlich 1989, Laupen / Bern (?)

5 U-MAN, ein Partner mit internationaler Erfahrung

6 U-MAN, damit die Wahl nicht zur Qual wird

7 U-Man, und Sie gewinnen mehr Transparenz

kennen das Unternehmen, die Personalsituation, die Arbeitsmarktlage. Sie kennen die Struktur und Veränderungsdynamik der jeweiligen Arbeitsplätze. Sie kennen den Bewerber. Doch für wann und für wen letztlich entscheiden? Die Suche nach dem fehlenden Teilstück beginnt.
U-MAN ist genau darauf spezialisiert, diese Arbeit schnell und erfolgreich zu beenden. Wir liefern Ihnen zuverlässige Informationen über die Persönlichkeit der Bewerber, und darüber, wie diese in die spezifische Tätigkeit hineinpassen werden. U-Test und sie [eher wohl: Sie] können das Puzzle vervollständigen.
Übrigens: *Der U-Test ist eines der schnellsten Personal-Testsysteme der Welt. Sie vermeiden dadurch langwierige Entscheidungsprozesse. Ein Vorteil, der Ihnen den gewissen Vorsprung verschafft.*" [8]

„Sie erhalten von uns die U-Test-Unterlagen sowie die Formulare für die Beschreibung des jeweiligen Arbeitsplatzes. Ihr Bewerber füllt die Testbögen aus (200 Fragen/Dauer max. 60 min.). ...
Binnen 24 Stunden erhalten Sie von uns einen schriftlichen Bericht. Inhalt:

1. die zehn wichtigsten Persönlichkeitsmerkmale werden in Zahlen angegeben und mit einem Balkendiagramm grafisch dargestellt;
2. eine ausführliche Beschreibung der besonderen Charaktereigenschaften des Bewerbers;
3. die persönliche Empfehlung und Auswertung von U-MAN auf einer Skala von 1 bis 10, die Ihnen die Eignung des Bewerbers für die Tätigkeit angibt. Die Empfehlung berücksichtigt dabei das Persönlichkeitsprofil des Bewerbers sowie die spezifischen Arbeitsplatzanforderungen.

Übrigens: *Unsere schriftlichen Testergebnisse werden in einem persönlichen Gespräch nochmals vorgestellt und detailliert erläutert. Wir geben Ihnen zusätzliche Informationen und beantworten Ihre Fragen.*" [9]

Absichtlich wurden obige Zitate nicht kommentiert; festzuhalten ist, daß - nach den Aussagen von **U-MAN** - sehr viele »Tests« gegen teures Geld verkauft wurden, wobei auch die Kommandozentralen von Firmen und Organisationen »gehandhabt« worden sein dürften; mit anderen Worten bedeutet dies, daß diese mit *scientologischer Technologie*, die andererseits aber der Öffentlichkeit als *religiöse Philosophie* untergejubelt wird, infiziert worden sind.

U-Man International [10] hatte 1989 international 150 Mitarbeiter, von denen die meisten Scientologen waren. Sie sind in **WISE** (World Institute of Scientology Enterprises) organisiert. Im März 1989 wurden (in der Schweiz?) als Bruttoeinkommen 450 000 US **$**, als Wert verkaufter Dienstleistungen 920 000 US **$** und als Wert gelieferter Dienstleistungen 320 000 US **$** ausgewiesen. Als Hauptziel wurde 1989 der **Verkauf und die Lieferung scientologischer Technologie,**

---

[8] U-MAN, damit alles zusammenpaßt

[9] U-MAN, heute der Test, morgen das Ergebnis

[10] U-MAN INTERNATIONAL, Background and current scene,21.Juni 1989 (vgl. auch die Zitate als Fußnote 11)

ferner des U-TESTS angegeben.[11] Danach ist ein weiteres Hauptziel definiert: durch den Verkauf der scientologischen Technologie an die Geschäftswelt, um damit den Personalberatungsmarkt von den »Psychs« (gemeint sind hier die Psychologen, Psychiater und ggf. auch Ärzte) zu übernehmen.[12] In einem späteren Kapitel (Redefinieren) werden die hier notwendigen Zusammenhänge erläutert. Die fast schon panische Phobie L. Ron Hubbards vor diesen Berufsgruppen könnte durchaus mit seiner Biographie erklärt werden. Bei Einreichung der Scheidungsklage erklärte Sara Northrup Hubbard, 2. Ehefrau des L. Ron Hubbard, „ihr Mann sei »hoffnungslos geisteskrank«. Medizinische Gutachter diagnostizierten angeblich eine ***paranoide Schizophrenie*** und wollten Hubbard zur Beobachtung in ein Sanatorium einweisen. Doch der konnte die Einweisung verhindern. Vermutlich rührt daher sein fanatischer Haß auf Psychiater und Psychologen." [13]

Die Philosophie des amerikanischen »Humanisten«, »Wissenschaftlers« und »Menschenfreunds» **L. Ron Hubbard** ist hier leicht zu erkennen: Es geht ausschließlich um Geld und Macht. Das Ziel ist erreicht, wenn unser Planet »clear« ist, wenn also die Weltherrschaft durch **SCIENTOLOGY** erreicht ist. Einer solchen totalitären Vision mit **faschistischem Gedankengut** können wir, wenn wir die Lehren der Geschichte unseres Jahrhunderts beherzigen, abschwören.

In Zusammenhang mit diesem Test ist die knifflige Frage des **Datenschutzes** noch nicht hinreichend untersucht worden. Aus der Sicht des Autors ist zu vermuten, daß die sehr strengen Datenschutzbestimmungen vielfach und massiv mißachtet werden. Es ist vorstellbar, daß verschiedene Testfragen, die tief in den Intimbereich der Person eingreifen, später »ausgeschlachtet« werden (könnten). - Was passiert mit den persönlichen Daten, die von der Testperson »freiwillig« (?) hergegeben wurden? Werden sie gespeichert? In welchen Dateien tauchen sie wieder auf? Es ist sicher, daß sich diese Daten in den »Pre-clear Folders«, die über jeden Preclear angelegt werden, wiederfinden.

---

11) „U-MAN has today international[l]y more than 150 staff members of which most are Scientologists. The monthly statistics of the U-Man network for March 1989 were as follows: Gross Income = 450 000 US Dollars, Value of services sold = 920 000 US Dollars, Value of services delivered = 320 000 US Dollars."

12 Quelle wie oben: „The long range purpose of U-MAN is: To sell and deliver LRH-tech to the business community of this planet and thereby remove the influence of the psychs from this field ... and thereby take over the testing market from the psychs.

13 STERN-EXTRA, *Scientology - die gefährlichen Verführer,* 9/93 S. 114

Aufbau des Persönlichkeitstests

Die 200 Fragen werden 10 Untertests zugewiesen, d.h. jeweils 20 Fragen sollen Auskunft über ein Persönlichkeitsmerkmal »wissenschaftlich gesichert« geben. Als Antwortmöglichkeit wird eine dreistufige Skala angeboten. Diesem Sachverhalt, der letztlich auf eine bipolare Weltbetrachtung hinausläuft, müßte durch eine differenziertere Bepunktung Rechnung getragen werden. In den dem Autor vorliegenden Testversionen sind alle Fragen, die mit der Ziffer „1" enden, dem ersten Untertest, der im Auswertungsbogen jedoch mit Subtest „A" bezeichnet wird, zugeordnet; alle Fragen mit Endziffer „2" beziehen sich auf den Komplex „B" usw.

Es sollte darauf hingewiesen werden, daß schon immer zumindest zwei Testversionen des OCA zur Anwendung kamen, wobei innerhalb einer Testversion verschiedene Varianten festzustellen waren. Seit etwa Frühjahr 1992 kommt ein seit Jahren nicht mehr eingesetztes Auswertungsformblatt zur Anwendung, das auch (anhand des Tests?) den Intelligenzquotienten ausweisen soll. Dieses Vorgehen soll der Testperson suggerieren, daß durch diesen „Test" auch der IQ ermittelt werden könne. Ein solches Formblatt ist auf S. 51 abgebildet. Neuerdings werden die »Tests« mittels Computer ausgewertet, was natürlich beim potentiellen Kunden den Eindruck verstärkt, das Testergebnis sei wahrlich »wissenschaftlich«. Wenn dann noch mittels des Portraits von Albert Einstein und seiner angeblichen Aussage „**Wir nutzen nur 10 Prozent unseres geistigen Potentials**" Hoffnungen auf eine Verbesserung der Erfolgschancen im Leben angetippt werden, dann gehen gerade junge Testpersonen mit großen Erwartungen für ihre Zukunkt, auf diese Leimrute.

In den Auswertungsformularen des OCA-Tests (verwendet in USA/Großbritannien, Düsseldorf, München und Wien) werden die im Test behandelten **Teilbereiche der Persönlichkeit** unterschiedlich beschrieben. Fachleute bezeichnen dies als **loading of language**, was einer Redefinition von Bedeutungsinhalten gleichkommt. Dies ist ein klarer Verstoß gegen die Regeln eines wissenschaftlichen Tests.

Die Untertests werden nun angeführt, wobei in der linken Spalte die englischen Ausdrücke stehen, in der rechten die deutschen Bezeichnungen. *Kursiv* werden die Übersetzungen der englischen Begriffe ins Deutsche angegeben (Quelle: *LANGENSCHEIDTS ENZYKLOPÄDISCHES WÖRTERBUCH*, Berlin-Schöneberg, 1963). Somit kann der Leser die Bedeutungsvielfalt der englischen Begriffe selbst feststellen und eigene Schlußfolgerungen ziehen. Um die Verknüpfung des OCA-Tests mit U-MAN darzustellen, werden die Aussagen von **U-MAN** in **Fettdruck** angeführt.

A (1)

stable
stabil, orientiert, lebensfreudig, beständig
(stabil, standfest, -sicher, beständig, fest, dauerhaft, unveränderlich)

unstable (dispersed)
unstabil, verwirrt, zerstreut, labil
(unsicher, nicht fest, schwankend, labil, unbeständig, wankelmütig, unstet, / zerstreut)

U-MAN: Stabil gegenüber zerstreut:
Der Grad von Genauigkeit und Ausdauer und Fähigkeit zu Konzentration.

B (2)

happy
glücklich, lebensfreudig, Lebensfreude, Ziele
(glücklich, zufrieden)

depressed
deprimiert, unglücklich
(deprimiert, niedergeschlagen, -gedrückt, bedrückt, flau, matt, schwach, eingeschränkt)

U-MAN: Glücklich gegenüber deprimiert:
Der Grad von Optimismus/Pessimismus, mit welchem die Person ihre Umgebung und ihr Leben betrachtet. Es zeigt auch, wie leicht eine Person ihre Ziele erreicht.

C (3)

composed
ruhig, gelassen, ausgeglichen, Selbstkontrolle
(ruhig, gelassen, gesetzt)

nervous
zerstreut, nervös
(nervös, erregbar, gereizt, furchtsam, scheu, schüchtern, ängstlich)

U-MAN: keine Aussage
(wahrscheinlich ein sog. »Auslassungsfehler«).

D (4)

personable
beständig, gleichbleibend, Gewißheit, sicher, Selbstsicherheit, Sicherheit
(ansehnlich, stattlich, gutaussehend)

undependable
nicht vertrauenswürdig, impulsiv, unsicher, unzuverlässig, Unsicherheit
(unzuverlässig)

U-MAN: Sicher im Gegensatz zu Unsicherheit:
Dies sagt, wie sicher und konsequent eine Person handelt. Zeigt die Fähigkeit einer Person, verlässliche Beobachtungen zu machen. Es zeigt auch die Zuverlässigkeit der anderen Persönlichkeitsmerkmale.

E (5)

active	beweglich, aktiv, Tatkraft *(aktiv, emsig, geschäftig, tätig, handelnd, rührig, lebhaft, behende, flink)*
reactively retarded	gestoppt reagierend, zurückgeblieben, inaktiv, untätig, schwerfällig *(reaktiv, zurück-, gegenwirkend, empfänglich / verzögert, verlangsamt, gehemmt, zurückgeblieben)*

U-MAN: Aktiv im Gegensatz zu inaktiv:
Misst, wie aktiv und inaktiv oder initiativ eine Person ist.

F (6)

capable	fähig, offen, energisch, tatkräftig, Fähigkeit *(leistungsfähig, tüchtig, fähig, geeignet, tauglich)*
inhibited	unterwürfig, nachgiebig, fügbar, gehemmt *(gehemmt, behindert)*

U-MAN: Direkt handelnd im Gegensatz zu gehemmt:
Zeigt, wie leistungsfähig und produktiv die Person ist.

G (7)

responsible	verantwortungsbewußt, objektiv, sachlich, verantwortlich (verursachend), Verantwortungsgefühl, verantwortungsvoll (ursächlich) *(verantwortlich, für etwas haftend, zurechnungsfähig, schuld an, zuverlässig, vertrauenswürdig, verläßlich, solide)*
irresponsible	unverantwortlich, unterwürfig, in Wirkung befindlich, nicht verantwortlich, beeinflußbar, Effekt von Mangel an Initiative, verantwortungslos *(nicht verantwortlich {zu machen}, unverantwortlich, verantwortungslos, unzurechnungsfähig)*

U-MAN: Verursachende Verantwortlichkeit:
Niveau der Verantwortung, die eine Person in eigener Verantwortung übernimmt. Es zeigt auch, wie empfindlich gegenüber Kritik und auch wie extrovertiert oder introvertiert eine Person ist.

H (8)

logical reasoning (appreciation)	logisch, vernünftig, korrekte Einschätzung, korrekte Urteilsfähigkeit, Realitätssinn *(logisch, folgerichtig, konsequent / Argumentation, Beweisführung, Urteile, {Schluß-}Folgern, Gedankengang, Urteil, Beweis)* *(Abschätzen, Schätzen, Würdigung, Wertschätzung, Anerkennung, Verständnis, Aufgeschlossenheit, Empfänglichkeit, kritische Würdigung)*
capacity of error (hypercritical)	zu Irrtum fähig, überkritisch, kritisierend, mißdeutend, kritisch *(Fassungsvermögen, Inhalt, Volumen, Aufnahmefähigkeit, Leistungsfähigkeit, Belastbarkeit, Fähigkeit, Vermögen, Kraft / Irrtum, Fehler, Verstoß, »Schnitzer«)*

	(übermäßig od. allzu kritisierend, kritisch, übergenau, peinlich genau)

U-MAN: Korrekte Einschätzung:
Misst, wie gut die Person Realität akzeptieren kann. Gibt an, wie kritisch die Person gegenüber ihrer Umgebung ist.

I (9)

appreciative	verständnisvoll, einfühlend, aufgeschlossen, Anerkennung, Zuneigung, wertschätzend *(anerkennend, würdigend, verständnisvoll, {hoch-}schätzend, achtungsvoll, empfänglich)*
lack of accord	Mangel an Übereinstimmung, Mangel an Zuneigung, unharmonisch *(Mangel, Knappheit, Fehlen von / Übereinstimmung, Einklang, Eintracht, Einigkeit, Harmonie)*

U-Man: Wertschätzung:
Der Grad, zu dem eine Person andere versteht und schätzt.

J (10)

comm. level	Kommunikationsniveau, Fähigkeit zur Mitteilung *(Mitteilung, Übertragung, Fortpflanzung, Gedanken-, Meinungsaustausch / Höhe, Stufe, Niveau)*
withdrawn	(in sich) zurückgezogen, verschlossen *(introvertiert, in sich gekehrt, zurückgezogen, abgeschnitten, isoliert)*

U-MAN: Kommunikationsniveau:
Misst, wie gut eine Person ihre Ideen anderen übermitteln kann.

Hinweis: Bei obigen Ausführungen von U-MAN gibt es keinen Unterschied zwischen »ss« und »ß«, da es in Schwyzerdütsch keine derartige Unterscheidung gibt.

Sprachliche Verwirrung

Gerade beim Untertest D wird das englische Adjektiv »personable« umgedeutet und erhält im Deutschen eine vollkommen neue Bedeutung. Dafür gibt es zwei plausible Erklärungsmöglichkeiten: entweder die Übersetzer waren einfach unfähig (was »gute« Scientologen ja doch nicht sein können oder dürfen) oder hier wurde wissentlich manipuliert. Auf der gleichen Ebene liegt die sinnverfälschende Abänderung in Frage 023, in der da aus »Stimme, Tonfall« nun plötzlich »**Stimmung**« wird (Vergleich der Fragebögen der Organisationen in **Wien**, Schottenfeldgasse, **München**, Implerstr. und Blutenburgstr.). Ist es nicht beschämend, wenn ein angeblich »wissenschaftlicher« Test so viele konträre sprachliche Varianten aufweist? 22,5% der Testfragen wurden z.T. erheblich verändert.

Bösartige Zungen behaupten, dieses »sciento-**logische**« Vorgehen sei **Wahnsinn mit Methode**. Wie dem auch sei, auf alle Fälle sind Bedeutungsverschiebungen durchdacht konstruiert worden.

Dazu zwei Beispiele: Im Untertest J (= 10) geht es um Kommunikation.

> **Kommunikation** ist (laut DUDEN Fremdwörterbuch, Mannheim 1982, S. 407):
>
> „1. Verständigung untereinander, Umgang, Verkehr.
> 2. Verbindung, Zusammenhang"
>
> **Kommunikation** ist (laut Fachwortsammlung für DIANETICS UND SCIENTOLOGY, Kopenhagen 1977, S.52)
>
> > „die Betrachtung und die Aktion, einen Impuls oder eine Partikel über eine Entfernung zum Empfangspunkt hin zu treiben, mit der Absicht am Empfangspunkt eine **Duplikation** und Verstehen dessen zu erzeugen, was vom Ursprungspunkt ausgesandt wurde. (HCOB 5 Apr 73)"
> >
> > **Duplikation** (a.a.0., S.23) ist
> > „Ursache, Entfernung und Wirkung, wobei Wirkung dieselbe Sache ist wie bei Ursache (5411CMO1)"

Diese Definitionen (aus dem »Fachwörterbuch«) sind für einen Normalbürger schlicht unverständlich. Nachstehend wird SCIENTOLOGY richtig definiert:

> „**Scientology** ist eine mit religiösem Anspruch auftretende Bewegung, deren Anhänger behaupten, eine wissenschaftliche Theorie über das Wissen und damit den Schlüssel zu (mit Hilfe bestimmter auf der Grundlage der **Dianetik** entwickelter psychotherapeutischer Techniken zu erlangender) vollkommener geistiger und seelischer Gesundheit zu besitzen." (DUDEN, S. 691)

Zwei Welten stehen sich hier gegenüber, von denen nur eine die »wissenschaftlich bewiesene« Wahrheit zu besitzen behauptet. Im umfangreichen Werbematerial wird oftmals darauf hingewiesen, daß »zahlreiche Testreihen bewiesen haben, daß ...«. Fragt man jedoch unvoreingenommen nach, so erhält man keine Antwort, sondern wird wegen dieser Fragen nur arg mitleidsvoll belächelt. Hier gilt die Maxime: „Erzähle den Fragenden eine **annehmbare Wahrheit!**" Fast könnte man annehmen, dies sei ein Synonym für **gestaffelte Information** oder sogar für wohlverpackte Lügenhaftigkeit.

SCIENTOLOGY alias DIANETIK definiert sich selbst:

„**Scientology** - Scientology -

1. eine angewandte religiöse Philosophie, die sich mit der Lehre von Wissen beschäftigt und die durch die Anwendung ihrer Technologie wünschenswerte Veränderungen in den Lebensbedingungen schaffen kann. (HCO PL 15 Apr 71R)

2. eine religiöse Philosophie in der höchsten Bedeutung des Wortes, da sie den Menschen zu vollkommener Freiheit und Wahrheit hinführt. (HCOB 18 Apr 67)

3. die Wissenschaft des Wissens, wie man Antworten weiß. (COHA p.9)

4. das Studium des menschlichen Geistes in seiner Beziehung zum physikalischen Universum und dessen Lebensformen. (Abil 146)

5. eine Wissenschaft vom Leben. Sie ist die einzige Sache, die dem Leben übergeordnet ist, da sie alle Faktoren des Lebens handhabt. Sie enthält die Daten, die notwendig sind, um als freies Wesen zu leben. Eine Realität in Scientology ist eine Realität über das Leben. (Aud 27 UK).

....

Scientology Zwei - Scientology Two -

die Befähigungsstufe von HPA/HCA in der Akademie. Scientology zum Gebrauch in der Heilung auf seelischem Wege. Sie ist eine Stufe der Heilung, in der der Reichtum an früheren Prozessen nutzbar gemacht wird, mit denen Ergebnisse bei verschiedenen Krankheiten erzielt wurden. Die Auditingstufe ist Hingreifen und Zurückziehen und Wiederholungsprozesse. Die Zielscheibe ist menschliche Krankheit."
(HCO PL 2 Aug 63) - Fachwortsammlung für DIANETICS und SCIENTOLOGY

Diese Sprache ist für den Normalverbraucher schwer verständlich; so ist es nicht verwunderlich, wenn die Scientologen sehr schnell einen sog. **Scientolekt** verwenden, der sie von der Welt, wie wir sie kennen, ausgrenzt. Eine Ex-Scientologin beschreibt dies so: „Da ich fast ausschließlich mit Scientologen zusammen war und auch ihre Sprache sprach, von der Außenwelt regelrecht abgeschirmt war, hatte ich kein Gefühl mehr für Realität."[14] - Man kann hier von einer induzierten »Insellage« sprechen, wodurch ggf. eine paranoide Zusammenschweißung der Gruppe möglich werden könnte. F.-W. Haack prägte dafür den Begriff »Arche der geretteten Familie«, in der nur derjenige überleben könne, der sich diesem »elitären Orden« zuge*hörig* fühlt. Alle anderen, also die »ungläubige Restwelt« - also wir - sind dem Untergang geweiht.

---

14 Siehe Anhang (S.53ff) „Aussagen einer Ex-Scientologin"; hier wird beschrieben, wie eine junge Frau in die Fänge des Psychokonzerns gerät. Gerade diese Ausführungen sind besonders gut geeignet, den Schülern die subtilen Methoden der Anwerbung und »Verführung« à la Scientology vor Augen zu halten.

Die Sprache wird hier als unterschwellige Propagandawaffe eingesetzt, deren Auswirkungen sich erst nach geraumer Zeit zeigen. L. Ron Hubbard war sich dessen wohl bewußt. Er baute sich verschiedene Feindbilder auf, die mit seiner persönlichen Biographie erklärt werden könnten (vgl. S. 12).

REDEFINIEREN

Der Politiker Wolfgang Schäuble prägte folgenden Ausspruch: *„Minderheiten definieren sich immer gern selbst und behaupten dann, sie seien diskriminiert."* Dies gilt wohl auch für Scientology alias Dianetik. In diesem Ideologiekonstrukt geht man jedoch einen Schritt weiter; hier wird der Mechanismus des »Redefinierens« als wesentlicher Bestandteil der Strategie des Psycho-Konzerns eingesetzt. Die Auswirkung läßt sich leicht an der Bedeutung scientologischer **Ethik** (s. S. 74) ablesen. Hubbards „ethische" Anweisungen »entlarven« die Hauptfeinde, die der Verbreitung seiner Weltrettungsphilosophie entgegentreten. In einem Ukas [15] schreibt er:

> „Der Trick ist, Worte zu redefinieren, bis sie zum Vorteil des Propagandisten etwas bedeuten.
>
> ... Wird die Redefinition oft genug wiederholt, kann die öffentliche Meinung dadurch geändert werden, daß die Bedeutung eines Wortes geändert wird.
>
> Die *Amerikanische Medizinische Gesellschaft* AMA (American Medical Association) und die *Nationale Gesellschaft für Geistige Gesundheit* in England und Süd-Afrika und die *Britische Psychologische Gesellschaft* in Australien haben sehr hart daran gearbeitet, **Scientology** im öffentlichen Bewußtsein zu redefinieren.
>
> Aus diesem Grunde sind zwei Dinge eingetreten. Die **Scientologen** redefinieren *Arzt, Psychiatrie* und *Psychologie* in die Bedeutung von unerwünschte anti-soziale Elemente und sie versuchen, die gegenwärtige Bedeutung von **Scientology zu stabilisieren**. Die AMA hatte es sogar fertig gebracht, US-Wörterbücher zu veranlassen, **DIANETICS** als eine **Pseudo-Wissenschaft von Science-Fiction** zu redefinieren.
>
> ***Psychiatrie*** und ***Psychiater*** sind leicht definiert als ein ***anti-sozialer Feind des Volkes***. Dadurch werden die verrückten und tötenden Psychiater von der Liste der bevorzugten Berufe verschwinden.
>
> ... Die Redefinition von Wörtern wird dadurch bewirkt, daß andere Gefühle und Symbole mit ihnen verbunden werden, als diejenigen, die man erwartet.
>
> ... Der Weg, ein Wort zu redefinieren, besteht darin, die neue Definition so oft wie irgend möglich zu wiederholen. Dementsprechend ist es nötig, ***Medizin, Psychiatrie*** und ***Psychologie*** abwärts zu redefinieren und **Dianetics** und **Scientology** aufwärts zu definieren."

Im HANDBUCH DES EHRENAMTLICHEN GEISTLICHEN (S. 15) ist zu lesen:

---

15 HCO PL 5 Oct 71

„Der Psychologe versteht Scientology nicht. Er hat nie ein Wort in der Psychologie verstanden, daher versteht er Scientology nicht."

Auf Seite 19 (a.a.O.) zitiert sich Hubbard selbst und stellt folgende Behauptung auf:

„Dummheit *ist* tatsächlich die Auswirkung von mißverstandenen Wörtern."

Auf dieser monokausalen Aussage baut er auch seine »Studiertechnologie« auf, die er mittels verschiedener Tarnfirmen an den Mann, aber auch an die Kinder bringt.

Anhand dieser Feststellung sollen nachstehend die unterschiedlichen Testvarianten untersucht werden;

Gravierende sprachliche Diskrepanz, die eine Pseudowissenschaftlichkeit nahelegt

Aus dem Auswertungsbogen (DIANETIK-Zentrum Wien, 1990) ist zu entnehmen [vgl. hierzu S. 52), daß es notwendig ist, den »OCA-Test« zu wiederholen, um eine (positive) Steigerung des Intelligenzquotienten nach einer Reihe von Auditing[16]-Sitzungen *glaubhaft* zu machen.

Anhand eines Vergleiches der sprachlichen Abweichung verschiedener, im Oktober 1990 eingesetzter Testvarianten (in Wien - Schottenfeldgasse, in München - Blutenburgstr. und Implerstr.) sollen die gravierendsten Divergenzen aufgezeigt werden. Von den 200 Fragen weichen 55 Fragen (also 27,5 %) z.T. erheblich ab.

023 Ist Ihre *Stimmung* / Ihre *Stimme* / Ihr *Tonfall* eher abwechslungsreich als *gleichbleibend / monoton*?

076 Werden Sie manchmal als *herrschsüchtig /arrogant* betrachtet?

107 Wenn Sie *denken / überlegen*, tun Sie es *wissenschaftlich /systematisch?*

153 Lassen Sie sich durch Kinder *irritieren?* / Machen Kinder Sie *nervös?*

182 Sind Sie durch das Schicksal der Kriegsopfer und politischen Flüchtlinge *besorgt/ aufgebracht?*

---

[16] Auditing: Die »Beichte« der Scientologen am »E-Meter«. Hier sollen mittels eines primitiven Lügendetektors die Schwachstellen der Menschen gefunden werden. Ehemalige Scientologen vergleichen diese Behandlung mit einer »Gehirnwäsche«. Nach deutschem Recht ist der Einsatz eines Lügendetektors ein Verstoß gegen die Menschenwürde.

Exemplarisch wurden oben nur wenige Diskrepanzen dargestellt. Bevor die Bepunktung des Tests behandelt wird, soll nun die bipolare Einteilung der Menschen à la Scientology untersucht werden, wobei auf das rigide **digitale** (JA oder NEIN-)Schema nochmals hingewiesen wird. Nur eine der Kategorien wird überleben: der Scientologe; alle anderen sind dem Untergang geweiht.

„Der Unterschied"

Die Testfragen wurden auf den Kernpunkt vereinfacht und dahingehend sortiert, daß die in den Spalten zuerstgenannten Merkmale maximalen Punktgewinn oder -verlust mit sich bringen. Die Aussagen am Ende eines Teilbereichs sind für das »Testergebnis« kaum mehr von Bedeutung. Sie können jedoch für den »Testauswerter« für das Verkaufsgespräch wesentliche Hinweise geben. Um die »Freund-Feind«-Einteilung der Menschheit dokumentieren zu können, soll L. Ron Hubbard zitiert werden: „Der »*Clear*« [Anm.: in der scientologischen Hierarchie etwa einem »Major« entsprechend - siehe auch CLEAR im Glossar S. 74] verhält sich zu einem Durchschnittsmenschen so wie ein Durchschnittsmensch zu einem Geisteskranken." Hubbard will auch herausgefunden haben, daß etwa 15 bis 20% der menschlichen Rasse geisteskrank sind, aber nur 2,5% der Bevölkerung sind gefährlich. Kritik am und im SCIENTOLOGY-System wird als Verbrechen bezeichnet und in die kriminelle und geisteskranke „Eselsbank" gesetzt. Das ist eben der Unterschied zwischen einem »geklärten« Scientologen und einem kritischen und/oder »unwissenden« Erdenbürger:

„winner" fähiger Scientologe	***„loser"*** unfähiger Zeitgenosse
1. stabil	**zerstreut**
Zahlt Schulden • hält seine Versprechen • hält schwierige Situationen gut durch • plant früh genug und führt den Plan dann aus • erholt sich schnell nach tragischem Film • kann sich schnell an (schwierige) Situationen anpassen • trifft vernünftige Vorsorge, um Unfälle zu vermeiden • übt stabilisierenden Einfluß aus, wenn andere in Panik geraten • führt zugewiesene Arbeit prompt und systematisch aus.	Macht gedankenlose Bemerkungen oder Anschuldigungen, die er später bereut • ist oft taktlos • es fällt ihm schwer, eine dringliche Sache in Angriff zu nehmen • gibt das Geld im Verhältnis zum Einkommen zu leicht aus • neigt Dinge aufzuschieben, bis es zu spät ist • eher zu impulsiv • unternimmt oft Handlungen, obwohl sein gesunder Menschenverstand ihm davon abrät • oft unberechenbar • gerät gelegentlich in Schwierigkeiten • Überreaktionen in Worten und Aktionen • kauft auf »Kredit« in der Hoffnung, die Raten einhalten zu können.

2. glücklich	deprimiert
Bemüht sich, andere zum Lachen oder Lächeln zu bringen • sein Leben erscheint ihm lebenswert • müßte sich eindeutig anstrengen, um über Selbstmord nachzudenken • geringfügiges Versagen bereitet ihm nur wenig Sorgen • lacht oder lächelt gern • singt oder pfeift gern • erholt sich schnell von der Wirkung schlechter Nachrichten • meint, daß die Jugend heute mehr Möglichkeiten hat als die vor einer Generation.	Grübelt oft über vergangene Mißgeschicke nach • Krankheit und Schmerz bleiben ihm noch länger in Erinnerung • es ist ihm manchmal unmöglich, sich in das Wesen von Dingen hineinzuversetzen • der Gedanke an den Tod ist ihm zuwider • fühlt sich durch das Schicksal von Kriegsopfern und politischen Flüchtlingen betroffen • meint manchmal, daß sein Alter gegen ihn spricht • wird manchmal als »Spielverderber« oder »Miesmacher« angesehen • »grübelt« oft über Tod, Krankheit, Schmerz und Kummer nach • fühlt sich oft deprimiert • eine bestimmte Unterlegenheit stimmt ihn traurig.
3. ausgeglichen	**nervös**
Bleibt in Situationen, in denen andere verwirrt werden, ziemlich ruhig • »ferne« Geräusche stören ihn nicht, wenn er sich auszuruhen versucht • kann ein »kalkuliertes Risiko« auf sich nehmen • entspannt sich leicht • fühlt sich durch »Lärm von außen« selten in seiner Konzentration gestört • schläft gut.	Einige Muskeln zucken, wenn etwas Unerwartetes geschieht • es gibt etwas, was ihm verhaßt ist oder vor dem er sich fürchtet • kaut an Fingernägeln oder Gegenständen herum • manchmal zucken Muskeln ohne ersichtlichen Grund • er ist nach einem Unfall oder störenden Ereignis noch eine Weile durcheinander • manchmal hat er einen Gedanken, der ihm tagelang nicht aus dem Kopf geht • Wind und knarrende Geräusche stören ihn • er hat Tics • manchmal so verschreckt oder verängstigt, daß er körperliche Reaktionen verspürt • verbringt viel Zeit mit »unnötigen Sorgen« • seine Stimme ist eher abwechslungsreich als gleichbleibend • läßt sich durch Kinder irritieren.
4. sicher	**unsicher**
Muß sich nicht einmischen, wenn ein anderer seine Arbeit selbst tun will • kann seine Meinung zum Ausdruck bringen, ohne zu beschreiben, wie er dazu kam.	Manchmal mehrere Tage besonders aktiv • gibt Dinge weg, die genaugenommen gar nicht ihm gehören • ihm erscheint alles prächtig, obwohl einige Dinge verändert werden sollen • die Welt kann »über ihm zusammenbrechen«, ohne daß er durcheinandergebracht wird • arbeitet in »Stößen«, wobei sich Tage mit starker Aktivität mit Tagen relativer Passivität abwechseln • wenn er »wirklich etwas tun will«, sind seine Wünsche stärker als jeglicher Widerstand • fühlt sich in einer unordentlichen Umgebung leicht unwohl • Unordnung stört ihn derart, daß er sofort und energisch etwas dagegen unternehmen zu müssen glaubt • will manchmal alles Mögliche gleichzeitig erledigen • das Leben erscheint ihm vage und unreal • ist andauernd glücklich auch ohne wirklichen Grund • gibt spontan Dinge weg, die er später noch braucht • bewahrt Dinge auf, für die er keine richtige Verwendung hat • wirft Dinge weg, die er später braucht • ist manchmal traurig und niedergeschlagen • spricht manchmal zuviel • hat manchmal ein »traumähnliches« Gefühl.

5. aktiv	untätig
Blättert in Eisenbahnfahrplänen, Telefon- oder Wörterbüchern • kommt einfach in Gang • versucht, in seiner Gegend »neue Dinge« zu starten • kann jemand anders als wirklich aktiv bezeichnen • geht in einer Gesellschaft von einem zum andern • ist manchmal sehr fröhlich • bleibt oft lange auf.	Spricht wenig, von Antworten abgesehen • weniger gesprächig als Bekannte • wartet oft, bis etwas geschieht, statt etwas zu tun • wird von anderen herumgestoßen • zieht in Gesellschaft passive Rolle vor • will eher eine Position ohne Verantwortung, um keine Entscheidungen treffen zu müssen • Interessen und Aktivitäten werden durch die eines anderen beeinflußt • zieht bei Sport Zuschauerrolle vor • schenkt Vorgängen um ihn herum weniger Beachtung als andere • würde bei Kurzstrecken eher fahren •• spricht und ißt langsam.
6. energisch (tatkräftig)	**gehemmt**
Stellt den, der ihm mißtraut, zur Rede, anstatt ihn selbst seine Meinung bilden zu lassen • gibt lieber Befehle als sie zu empfangen • sieht sich selbst eher als energisch • so selbstsicher, daß er andere manchmal vor den Kopf stößt • von der Richtigkeit seiner Meinungen sehr überzeugt, auch wenn kein Experte • Stimme und Benehmen sind klar und entschieden • manchmal »herrschsüchtig« • will eigenen Willen durchsetzen statt nachzugeben • versucht, andere von seinen Ideen zu überzeugen - ohne Experte zu sein • nimmt es übel, wenn man ihm sagt, was er tun soll • in der Disziplin eher streng als locker.	Lehnt Verantwortung ab, da er zweifelt, ob er damit zurechtkommt • gibt eingeschlagenen Weg leicht auf, wenn dadurch beträchtliche Unannehmlichkeiten entstehen • kann Niederlage leicht hinnehmen, ohne »seine Enttäuschung hinunterschlucken zu müssen« • neigt dazu, Gefühle zu verbergen • eine Menge unerledigter Arbeiten bedrückt ihn • hält weniger von seinen Fähigkeiten als aufgrund der Tatsachen gerechtfertigt ist • gesteht ein, im Unrecht zu sein, nur um des lieben Friedens willen • hält seine Meinungen oft zurück, weil sie ihm nicht wichtig genug erscheinen • kümmert sich wenig um Erhalt des Ansehens seiner Stellung oder seiner Position.
7. verantwortlich	**verantwortungslos**
Bei Wahlen: studiert Kandidaten und Programmpunkte, statt immer eine Partei zu wählen • fällt ihm leicht, unparteiisch zu sein • kann den Standpunkt eines anderen einnehmen, wenn er will • leicht an Unterhaltungen anderer interessiert • fällt Urteil erst, wenn er Für und Wider abgewogen hat • wenn er überlegt, dann »systematisch« • persönliche Interessen können ihn nicht von vernünftigen Entscheidungen abbringen • interessiert sich für Angelegenheit anderer Leute.	Hat bei Vortrag manchmal das Gefühl, daß das Gesagte sich auf ihn bezieht • neigt zu Eifersucht • ist zugunsten seiner Schule, Universität, Mannschaft etc. voreingenommen • mißt seinen Interessen und Wissensgebieten zuviel Wichtigkeit bei • bei seinen Entscheidungen spielen Sympathie und Antipathie eine Rolle • weist einige »empfindliche« Punkte auf • fällt ihm schwer zu verstehen, daß jemand anders seinen Standpunkt nicht erfaßt und daher nicht mit ihm übereinstimmt • drückt bei Freunden ein Auge zu, wo er andere härter beurteilt • glaubt manchmal, andere schauen ihn an oder reden über ihn, obwohl sie es nicht tun • seine Meinung wird durch seine Erziehung, Erfahrung und Beschäftigung beeinflußt.

8. korrekte Urteilsfähigkeit	kritisierend
Äußert sich selten über seine Beschwerden • murrt nur wenig über Arbeitsbedingungen • häufig von Handlungen anderer entsetzt und unfähig, deren Doppelzüngigkeit und Dummheit zu fassen • akzeptiert Kritik leicht • mißachtet selten Meinung anderer • zieht die besten Seiten anderer in Betracht und redet selten geringschätzig über sie • hält mit Vorwürfen zurück, wenn sich jemand bei einer Verabredung verspätet • seine Meinung über jemanden, der nicht mit ihm übereinstimmt, ist danach eine andere • versucht bei Kritik gleichzeitig zu ermutigen.	Nimmt an, daß jemand ihn anderen gegenüber kritisiert • verwendet in Gesprächen viel Zeit, um Leute und Dinge zu kritisieren • bei Überforderung enttäuscht und unfähig, sich nach einer neuen Tätigkeit oder einem neuen Weg umzusehen • hart für ihn, etwas einzugestehen und Verantwortung dafür zu tragen • benutzt viel Geringschätzung anderen gegenüber in seiner Konversation • glaubt, es gibt Leute, die ihm ganz sicher unfreundlich gesinnt sind und gegen ihn arbeiten • ist schwer zufriedenzustellen • nach beigelegtem Streit noch eine Weile verstimmt • kritisiert Film oder Schauspiel, das er gesehen hat, oder Buch, das er gelesen hat • wenn er einen Gegenstand vermißt, denkt er, daß »jemand ihn gestohlen oder verlegt haben muß« • verurteilt jemanden voll und ganz, nur weil er in einem Punkt seiner Beziehung Rivale oder Widersacher ist.
9. wertschätzend	**Mangel an Übereinstimmung**
Wenn jemand Schmerzen hat, ist er mitfühlend genug, etwas unternehmen zu wollen • zieht eher das Gemeinwohl aller in Betracht als seine eigenen, persönlichen Interessen • normalerweise rücksichtsvoll bei Anforderungen an Angestellte, Bekannte und Freunde • bei der Jagd besorgt über den Tieren zugefügten Schmerz • als Soldat im Krieg: Mitgefühl für Kriegsdienstverweigerer im »feindlichen« Land • sorgt bei Verkehrsunfall für vollen Schadensausgleich • hält an und findet heraus, ob jemand Hilfe braucht, auch wenn nicht darum gebeten • hilft Mitreisenden eher, als sie einem Beamten zu überlassen • hält bestimmte Umgangsformen in seiner Familie ein.	Versucht einen falsch ausgezeichneten Artikel zu diesem (zu niedrigen Preis) zu bekommen • ist für Rassentrennung und Klassenunterschiede • »kleine Schwächen« anderer machen ihn ungeduldig • moderner Strafvollzug ist seiner Meinung nach »zum Scheitern verurteilt« • ist gegen »Strafvollzug auf Bewährung« für Kriminelle • will maximal zwei Kinder, obwohl seine Gesundheit und sein Einkommen mehr erlauben • würde ein zehnjähriges Kind züchtigen, wenn es ihm nicht gehorchen will • würde es unterlassen, ein Tier vor unnötigem Leiden zu bewahren • meint, daß zuviel Geld für soziale Sicherheit ausgegeben wird • wurde schon mehr als einmal überredet, Geld herzuborgen und hat es dann nie zurückbekommen.
10. Fähigkeit zur Kommunikation	**zurückgezogen**
Ist gerne mit Leuten zusammen • lächelt oft • wird von Freunden für warmherzig gehalten • wird von einigen für heiter und fröhlich gehalten • begrüßt Leute herzlich • lächelt, wenn er an einem lieben Kind vorbeigeht statt nur Interesse zu zeigen • bringt durch Gesten seine Freude zum Ausdruck, wenn er Freunde nach langer Zeit wieder trifft • Stimme, Einstellung und Ausdruck sind freundlich • kann leicht seine Gefühle zum Ausdruck bringen • gefühlvolle Musik übt ziemlich starke Wirkung auf ihn aus • zeigt offen Bewunderung für schöne Dinge • beim Erzählen eines amüsanten Vorfalls kann er die Eigenheiten oder den Dialekt der ursprünglichen Situation leicht nachahmen • flüchtige Bekannte bitten ihn bei ihren persönlichen Schwierigkeiten um Rat und Hilfe • glaubt, daß er viele gute Freunde hat.	Führt ein Leben, in dem er nur selten Begeisterung an den Tag legt • bevorzugt eher einen kleinen Kreis von engen Freunden anstatt viele Freunde und flüchtige Bekannte • für nur wenige Leute empfindet er wirklich Zuneigung • möchte lieber die ganze Zeit mit Erwachsenen zusammen sein als zeitweise Kinder um sich zu haben.

Die „OXFORD CAPACITY ANALYSE" (Testfragen)

001 Machen Sie gedankenlose Bemerkungen oder Anschuldigungen, die Sie später bereuen?
002 Trifft es Sie hart, wenn Sie versagen?
003 Bleiben Sie in Situationen, in denen andere verwirrt werden, ziemlich ruhig?
004 Sind Sie mehrere Tage lang besonders aktiv?
005 Blättern Sie einfach zu Ihrem Vergnügen in Eisenbahnfahrplänen, Telefonbüchern oder Wörterbüchern?
006 Nehmen Sie es übel, wenn andere Ihnen sagen wollen, was Sie tun sollen?
007 Wenn Sie gebeten würden, eine Entscheidung zu treffen, würden Sie durch Ihre Zuneigung bzw. Abneigung zu der Person, die daran beteiligt ist, beeinflußt?
008 Ist es normalerweise hart für Sie, etwas einzugestehen und Verantwortung dafür zu übernehmen?
009 Wollen Sie zwei Kinder oder weniger, obwohl Ihre Gesundheit oder Ihr Einkommen mehr erlauben?
010 Bevorzugen Sie einen kleinen Kreis von engen Freunden anstatt viele Freunde und flüchtige Bekannte?
011 Werden Ihre Handlungen als unberechenbar angesehen?
012 Singen oder pfeifen Sie gerne?
013 Bekommen Sie manchmal ein Zucken in Ihren Muskeln, auch wenn es keinen ersichtlichen Grund dafür gibt?
014 Erscheint Ihnen „alles" prächtig, obwohl Sie sich einiger Dinge bewußt sind, die verändert werden sollten?
015 Würden Sie es vorziehen, in einer Position zu sein, in der Sie nicht die Verantwortung hätten, Entscheidungen treffen zu müssen?
016 Würden Sie lieber Befehle geben als empfangen?
017 Interessieren Sie die Angelegenheiten anderer Leute?
018 Benutzen Sie eine ganze Menge Geringschätzung anderen gegenüber in Ihrer Konversation?
019 Glauben Sie, daß zuviel Geld für soziale Sicherheit ausgegeben wird?
020 Werden Sie von Ihren Freunden für warmherzig gehalten?
021 Handeln Sie eher impulsiv als überlegt?
022 Bemühen Sie sich, andere Leute zum Lachen oder Lächeln zu bringen?
023 Ist Ihre Stimme eher abwechslungsreich als gleichbleibend?
024 Kann die Welt „über Ihnen zusammenbrechen", ohne daß Sie durcheinander gebracht werden?

025 Sprechen Sie wenig, von Antworten abgesehen?
026 Sind Sie in der Disziplin eher streng als locker?
027 Sind Sie leicht an der Unterhaltung anderer interessiert?
028 Halten Sie mit Vorwürfen zurück, wenn jemand zu spät zu einer Verabredung kommt?
029 Wenn Sie jagen oder fischen, sind Sie über den Schmerz, den Sie dem Wild, dem lebenden Köder oder den Fischen zufügen, besorgt?
030 Empfinden Sie es als einfach, Ihre Gefühle zum Ausdruck zu bringen?
031 Kümmern Sie sich im allgemeinen nicht um anerkannte Regeln zum Schutze Ihrer Gesundheit?
032 Werden Sie manchmal von anderen als „Spielverderber" oder „Miesmacher" angesehen?
033 Beginnen einige Ihrer Muskeln zu zucken, wenn etwas Unerwartetes geschieht?
034 Sind Sie andauernd glücklich, auch wenn es dafür keinen wirklichen Grund gibt?
035 Sprechen Sie langsam?
036 Würden Sie eingestehen, im Unrecht zu sein, nur um des lieben Friedens willen?
037 Fällen Sie ein Urteil erst, wenn Sie das Für und Wider abgewogen haben?
038 Glauben Sie, daß es Leute gibt, die Ihnen ganz sicher unfreundlich gesinnt [sind] und gegen Sie arbeiten?
039 Sind Sie normalerweise in den Anforderungen, die Sie an Ihre Angestellten, Bekannten oder Freunde stellen, rücksichtsvoll?
040 Gibt es nur wenige Leute, für die Sie wirklich Zuneigung empfinden?
041 Treffen Sie vernünftige Vorsorgen, um Unfälle zu vermeiden?
042 Erholen Sie sich schnell von den Wirkungen schlechter Nachrichten?
043 Macht Sie die Vorstellung, vor anderen Leuten zu sprechen, nervös?
044 Bekommen Sie dem Leben gegenüber jemals ein „traumähnliches" Gefühl, so daß alles unwirklich erscheint?
045 Gehen Sie bei einer Gesellschaft von einem zum anderen?
046 Halten Sie Ihre Meinungen oft zurück, weil Sie Ihnen nicht wichtig genug erscheinen, um sie anderen mitzuteilen?
047 Glauben Sie manchmal, daß andere Sie anschauen oder über Sie reden, obschon sie es tatsächlich nicht tun?
048 Wenn Sie kritisieren, versuchen Sie zur selben Zeit zu ermutigen?
049 Wenn Sie in einem Geschäft einen Artikel sehen würden, der offensichtlich mit einem falschen, zu niedrigen Preis versehen ist, würden Sie dann versuchen, ihn zu diesem Preis zu bekommen?
050 Werden Sie von einigen Leuten für heiter und fröhlich gehalten?
051 Geraten Sie gelegentlich in Schwierigkeiten?

052 Scheint Ihnen das Leben lebenswert zu sein?
053 Gibt es etwas Spezielles, was Ihnen verhaßt ist oder vor dem Sie sich fürchten?
054 Geben Sie Dinge spontan weg, auch wenn Sie dafür Verwendung haben?
055 Ziehen Sie beim Sport die Rolle des Zuschauers der aktiven Teilnahme vor?
056 Sind Sie sich Ihrer selbst so sicher, daß Sie andere damit manchmal vor den Kopf stoßen?
057 Fällt es Ihnen leicht, unparteiisch zu sein?
058 Verurteilen Sie jemanden voll und ganz, nur weil er in einem Punkt in seiner Beziehung zu Ihnen ein Rivale oder Widersacher ist?
059 Halten Sie bestimmte Höflichkeitsformen im Umgang mit anderen Familienmitgliedern ein?
060 Übt gefühlvolle Musik eine ziemlich starke Wirkung auf Sie aus?
061 Würden Sie auf „Kredit" kaufen, mit der Hoffnung, die Raten einhalten zu können?
062 Setzen Sie sich oft hin und „grübeln" über Tod, Krankheit, Schmerz und Kummer nach?
063 Sind Sie einige Zeit nach einem Unfall oder einem anderen störenden Geschehnis durcheinander?
064 Bewahren Sie Dinge auf, für die Sie keine richtige Verwendung haben?
065 Können Sie eine Party „richtig in Schwung bringen"?
066 Kümmern Sie sich wenig darum, das Ansehen Ihrer Stellung oder Position im Leben beizubehalten?
067 Wenn Sie einem Sprecher zuhören, haben Sie manchmal das Gefühl, daß sich das, was er sagt, ausschließlich auf Sie bezieht?
068 Verwenden Sie in Ihren Gesprächen viel Zeit dazu, Leute und Dinge zu kritisieren?
069 Ziehen Sie eher das Wohl aller in Betracht als Ihre eigenen, persönlichen Vorteile?
070 Zeigen Sie offen Bewunderung für schöne Dinge?
071 Planen Sie früh genug auf ein Ereignis hin und führen Sie Ihre Pläne dann aus?
072 Grübeln Sie oft über vergangene Mißgeschicke nach?
073 Fühlen Sie sich in Ihrer Konzentration nur selten durch „Lärm von außen" gestört?
074 Geben Sie manchmal Dinge weg, die strenggenommen gar nicht Ihnen gehören?
075 Schenken Sie dem, was um Sie herum vorgeht, weniger Aufmerksamkeit als die meisten anderen Leute?
076 Werden Sie manchmal als „herrschsüchtig" betrachtet?
077 Neigen Sie dazu eifersüchtig zu sein?
078 Akzeptieren Sie Kritik leicht und ohne Verstimmung?
079 Glauben Sie, daß der moderne Strafvollzug mit Gefängnissen ohne Gitter „zum Scheitern verurteilt" ist?
080 Begrüßen Sie Leute herzlich?

081	Neigen Sie dazu, Dinge aufzuschieben, und entdecken Sie dann, daß es zu spät ist, sie zu erledigen?
082	Hat die Jugend heutzutage mehr Möglichkeiten als vor einer Generation?
083	Sind Sie normalerweise durch „ferne Geräusche" gestört, wenn Sie versuchen, sich auszuruhen?
084	Werfen Sie Dinge fort, nur um festzustellen, daß Sie sie später brauchen?
085	Fällt es Ihnen leicht, in Gang zu kommen?
086	Würden Sie einen eingeschlagenen Weg ohne weiteres aufgeben, wenn er Ihnen beträchtliche Schwierigkeiten bereiten würde?
087	Weisen Sie einige „empfindliche Punkte" auf?
088	Mißachten Sie selten die Meinung anderer?
089	Wenn Sie jemanden sehen, der Schmerzen hat, sind Sie mitfühlend genug, um etwas dagegen unternehmen zu wollen?
090	Führen Sie ein Leben, in dem Sie nur selten Begeisterung an den Tag legen?
091	Sind Ihre Reaktionen in Worten und Aktionen heftiger, als es der Situation entspricht?
092	Fragen Sie sich manchmal, ob jemand[em] wirklich etwas an Ihnen gelegen ist?
093	Kauen Sie an Ihren Fingernägeln oder Gegenständen herum?
094	Fühlen Sie sich manchmal gezwungen, eine interessante Sache wiederzuerzählen oder eine Angewohnheit nachzumachen?
095	Werden Ihre Interessen und Aktivitäten in gewisser Weise durch die Interessen und Aktivitäten eines anderen beeinflußt?
096	Lehnen Sie Verantwortung ab, weil Sie Ihre Fähigkeit, damit zu Rande zu kommen, anzweifeln?
097	Sind Sie zugunsten Ihrer Schule, Ihrer Universität, Ihrer Mannschaft etc. voreingenommen?
098	Wenn Sie mit einer Person nicht übereinstimmen, ist Ihre Meinung über diese Person danach eine andere?
099	Wenn Sie in ein anderes Land eindringen würden, hätten Sie Mitgefühl für die Kriegsdienstverweigerer in diesem Land?
100	Ist Ihr Gesichtsausdruck eher abwechslungsreich als gleichbleibend?
101	Können Sie einen stabilisierenden Einfluß ausüben, wenn andere in Panik geraten?
102	Müßten Sie sich eindeutig anstrengen, um über Selbstmord nachzudenken?
103	Haben Sie manchmal einen einzigen Gedanken, der Ihnen tagelang nicht aus dem Kopf geht?
104	Wenn Sie eine Meinung haben, können Sie diese einfach zum Ausdruck bringen, ohne zu beschreiben, wie Sie dazu gekommen sind?
105	Sind Sie ein langsamer Esser?
106	Würden Sie sich selbst in Ihrer Einstellung zum Leben als energisch betrachten?

107 Wenn Sie „überlegen", tun Sie es systematisch?
108 Ist es schwierig, Sie zufriedenzustellen?
109 Würden Sie anhalten und herausfinden, ob jemand Hilfe braucht, auch wenn er nicht direkt darum gebeten hat?
110 Wenn Sie an einem lieben Kind vorbeigehen, vermeiden Sie es, Interesse zu zeigen, anstatt hinzuschauen und zu lächeln?
111 Zahlen Sie Ihre Schulden und halten Sie Ihre Versprechen, wenn dies möglich ist?
112 Macht Ihnen ein geringfügiges Versagen Ihrerseits nur wenig Sorgen?
113 Schlafen Sie gut?
114 Haben Sie manchmal das Gefühl, daß Sie zuviel sprechen?
115 Ziehen Sie in einer Gesellschaft oder einer Organisation, der Sie angehören, eine passive Rolle vor?
116 Streben Sie danach, Ihren eigenen Willen durchzusetzen, anstatt eher den Wünschen anderer nachzugeben?
117 Wird Ihre Meinung dadurch beeinflußt, daß Sie Dinge vom Standpunkt Ihrer Erziehung, Erfahrung und Beschäftigung betrachten?
118 Kritisieren Sie gewöhnlich einen Film oder ein Schauspiel, das Sie gesehen haben, oder ein Buch, das Sie gelesen haben?
119 Würden Sie bei einem zehn Jahre alten Kind körperliche Züchtigung gebrauchen, wenn es Ihnen nicht gehorchen will?
120 Lächeln Sie oft?
121 Unterlaufen Ihnen oft Taktlosigkeiten?
122 Bleiben Ihnen Krankheit oder Schmerz noch eine Zeitlang in Erinnerung?
123 Fühlen Sie sich durch das Geräusch des Windes oder durch knarrende Geräusche in einem Haus gestört?
124 Fühlen Sie sich in einer unordentlichen Umgebung leicht sehr unwohl?
125 Vorausgesetzt, die Entfernung wäre nicht zu groß, würden Sie es immer noch vorziehen, zu fahren, anstatt zu laufen?
126 Versuchen Sie, andere von Ihren Ideen über verschiedene Fachgebiete, in denen Sie kein Experte sind, zu überzeugen?
127 Sind Ihre persönlichen Interessen nicht in der Lage, Sie von vernünftigen Entscheidungen abzubringen?
128 Wenn Sie nicht in der Lage sind, etwas zu tun, sind Sie dann einfach enttäuscht, anstatt sich nach einer neuen Tätigkeit oder einem neuen Weg umzusehen?
129 Sind Sie schon mehr als einmal gegen Ihren eigenen Wunsch dazu überredet worden, Geld herzuborgen, und haben Sie es dann nie zurückbekommen?
130 Wenn Sie einen amüsanten Vorfall wiedererzählen, können Sie die Eigenheiten oder den Dialekt der ursprünglichen Situation leicht nachahmen?

131 Unternehmen Sie oft Handlungen, obwohl Ihr gesunder Menschenverstand davon abraten würde?	
132 Fühlen Sie sich oft deprimiert?	
133 Sind Sie sich irgendwelcher andauernder körperlichen Angewohnheiten bewußt, wie sich an den Haaren, an der Nase, an den Ohren zu zupfen oder so etwas Ähnliches?	
134 Stört Sie Unordnung in einem solchen Maße, daß Sie das Gefühl haben, Sie müßten sofort und energisch etwas dagegen unternehmen?	
135 Sind Sie manchmal sehr fröhlich?	
136 Können Sie eine Niederlage leicht hinnehmen, ohne „Ihre Enttäuschung hinunterschlucken zu müssen"?	
137 Können Sie den Standpunkt eines anderen einnehmen, wenn Sie wollen?	
138 Äußern Sie selten Ihre Beschwerden?	
139 Sind Sie für Rassentrennung und Klassenunterschiede?	
140 Möchten Sie lieber die ganze Zeit lang mit Erwachsenen zusammen sein, als zeitweise Kinder um sich zu haben?	
141 Können Sie sich schnell an neue Zustände und Situationen anpassen, auch wenn sie vielleicht schwierig sind?	
142 Ist es Ihnen manchmal völlig unmöglich, sich in das Wesen von Dingen hineinzuversetzen?	
143 Verursachen Ihnen manche Geräusche unangenehme körperliche Empfindungen?	
144 Arbeiten Sie in „Stößen", wobei sich Tage starker Aktivität mit Tagen relativer Passivität abwechseln?	
145 Bleiben Sie oft lange auf?	
146 Bedrückt es Sie, wenn eine Menge unerledigter Arbeiten zu erledigen sind?	
147 Wenn Sie wählen, studieren Sie die Kandidaten und Programmpunkte, anstatt unverändert dieselbe Partei zu wählen?	
148 Ziehen Sie meistens die besten Seiten an Menschen in Betracht und reden Sie nur selten geringschätzig von ihnen?	
149 Machen die „kleinen Schwächen" anderer Sie ungeduldig?	
150 Sind Sie gerne mit anderen Leuten zusammen?	
151 Führen Sie normalerweise zugewiesene Arbeiten prompt und systematisch aus?	
152 Lachen oder lächeln Sie gerne?	
153 Lassen Sie sich durch Kinder irritieren?	
154 Wenn Ihnen jemand sagt, er möchte seine Arbeit lieber allein ausführen, können Sie ihm dann ruhig bei der Arbeit zusehen, ohne daß Sie das Gefühl haben, Sie müßten ihm unbedingt helfen?	
155 Sind Sie weniger gesprächig als Ihre Bekannten?	
156 Sind Sie in Ihrer Stimme und [Ihrem] Benehmen klar und entschieden?	

157 Messen Sie Ihren eigenen Interessen und Wissensgebieten im Verhältnis zu anderen zuviel Wichtigkeit bei?
158 Nehmen Sie an, daß jemand Sie nicht mag und Sie anderen gegenüber kritisiert?
159 Würden Sie einem Mitreisenden eher zur Hilfe eilen, als ihn einem Beamten zu überlassen?
160 Sind Sie, wenn überhaupt, nur engen Freunden gegenüber herzlich?
161 Erholen Sie sich schnell wieder, nachdem Sie einen tragischen Film oder ein tragisches Schauspiel gesehen haben, anstatt noch eine Weile lang beunruhigt zu sein?
162 Stimmt Sie eine bestimmte Unterlegenheit traurig?
163 Entspannen Sie sich leicht?
164 Wenn Sie „wirklich etwas tun wollen", haben Sie dann das Gefühl, „Ihre Wünschen seien stärker als jeglicher Widerstand"?
165 Versuchen Sie, „in Ihrer Gegend neue Dinge zu starten"?
166 Sind Sie von der Richtigkeit Ihrer Meinungen sehr überzeugt, wobei jene Fachgebiete ausgenommen sind, in denen Sie Experte sind?
167 Empfinden Sie es als ärgerlich, wenn Sie kritisiert werden, auch wenn die Kritik gerechtfertigt ist und Sie davon profitieren könnten?
168 Fühlen Sie sich noch eine Weile lang verstimmt, nachdem ein Streit beigelegt wurde?
169 Würden Sie danebenstehen und es unterlassen, ein Tier vor unnötigem Schmerzen zu bewahren?
170 Wenn Sie Freunde treffen, die Sie lange nicht gesehen haben, geben Sie ihnen einen Kuß, umarmen Sie sie, klopfen Sie ihnen auf den Rücken oder bringen Sie auf irgendeine andere Weise Ihre Freude zum Ausdruck, anstatt einfach nur höflich zu sein?
171 Fällt es Ihnen schwer, eine Sache in Angriff zu nehmen, die getan werden muß?
172 Ist Ihnen der Gedanke an den Tod oder sogar nur die Erinnerung an den Tod zuwider?
173 Werden Sie manchmal so erschreckt oder verängstigt, daß Sie körperliche Reaktionen verspüren?
174 Ertappen Sie sich manchmal dabei, alles Mögliche gleichzeitig erledigen zu wollen?
175 Könnten Sie jemanden anders als wirklich aktiv bezeichnen?
176 Halten Sie weniger von Ihren Fähigkeiten als aufgrund der Tatsachen gerechtfertigt wäre?
177 Wird Ihr Urteil durch Ihre Gefühle beeinflußt?
178 Wenn Sie einen Gegenstand vermissen, kommt Ihnen der Gedanke, daß „jemand ihn gestohlen oder verlegt haben muß"?
179 Sind Sie gegen den „Strafvollzug auf Bewährung" für Kriminelle?
180 Sind Sie in Stimme, Einstellung und Ausdruck freundlich?
181 Stehen Sie schwierige Situationen gut durch?
182 Fühlen Sie sich durch das Schicksal von Kriegsopfern und politischen Flüchtlingen betroffen?

183 Verbringen Sie viel Zeit mit „unnötigen Sorgen"?
184 Erscheint Ihnen das Leben ziemlich vage und unreal?
185 Bemerken Sie öfters, daß Sie „warten", bis etwas geschieht, anstatt etwas selbst zu unternehmen?
186 Wenn Sie glauben, daß jemand Ihnen und Ihren Handlungen mißtraut, würden Sie ihn dann zur Rede stellen, anstatt ihn selbst eine Meinung darüber bilden zu lassen?
187 Fällt es Ihnen in einer Auseinandersetzung schwer zu verstehen, daß die andere Person Ihren Standpunkt nicht erfaßt und daher nicht mit Ihnen übereinstimmt?
188 Murren Sie wenig, wenn überhaupt, über Ihre Arbeitsbedingungen?
189 Sind Sie normalerweise aufrichtig anderen gegenüber?
190 Bitten Sie flüchtige Bekannte in ihren persönlichen Schwierigkeiten um Rat und Hilfe?
191 Geben Sie Ihr Geld im Verhältnis zu Ihrem Einkommen zu leichtfertig aus?
192 Glauben Sie manchmal, daß Ihr Alter gegen Sie spricht (zu alt oder zu jung)?
193 Können Sie ein „kalkuliertes Risiko" auf sich nehmen, ohne sich große Sorgen darüber zu machen?
194 Sind Sie manchmal traurig und niedergeschlagen, anstatt mehr oder weniger auf demselben Stimmungsniveau zu bleiben?
195 Werden Sie von anderen herumgestoßen?
196 Neigen Sie dazu, Ihre Gefühle zu verbergen?
197 Drücken Sie in gewissen Dingen, wo Sie andere härter beurteilen würden, bei Ihren Freunden ein Auge zu?
198 Sind Sie häufig von den Handlungen anderer entsetzt und nicht fähig, deren Doppelzüngigkeit und Dummheit zu fassen?
199 Wenn Sie in einen kleinen Autounfall verwickelt wären, würden Sie sich wirklich die Mühe machen, dafür zu sorgen, daß jeglicher Schaden, den Sie angerichtet haben, wiedergutgemacht wird?
200 Glauben Sie, daß Sie viele gute Freude haben?

Sollte dieser Fragebogen (des *Persönlichkeits-»Tests«*) bei Aufklärungsveranstaltungen oder im Unterricht eingesetzt werden, so muß er aus Datenschutzgründen **anonymisiert** werden. Eine Auswertung durch andere ist möglich.

Dauer des »Tests«: etwa 30 Minuten - (max.) eine Unterrichtsstunde.

Alle Fragen sollen spontan beantwortet werden und in folgendes Antwortblatt eingetragen werden, wobei Alter (in Jahren) und Geschlecht wichtig sind.

Antwortblatt (OXFORD CAPACITY ANALYSE)

Hinweis: **+** bedeutet **überwiegend JA** oder **ganz klar JA**;
? bedeutet **unsicher**, **vielleicht**, weder **klar NEIN** noch **JA**;
- bedeutet **überwiegend NEIN** oder **ganz klar NEIN**.

001 + ? -	**041** + ? -	**081** + ? -	**121** + ? -	**161** + ? -
002 + ? -	**042** + ? -	**082** + ? -	**122** + ? -	**162** + ? -
003 + ? -	**043** + ? -	**083** + ? -	**123** + ? -	**163** + ? -
004 + ? -	**044** + ? -	**084** + ? -	**124** + ? -	**164** + ? -
005 + ? -	**045** + ? -	**085** + ? -	**125** + ? -	**165** + ? -
006 + ? -	**046** + ? -	**086** + ? -	**126** + ? -	**166** + ? -
007 + ? -	**047** + ? -	**087** + ? -	**127** + ? -	**167** + ? -
008 + ? -	**048** + ? -	**088** + ? -	**128** + ? -	**168** + ? -
009 + ? -	**049** + ? -	**089** + ? -	**129** + ? -	**169** + ? -
010 + ? -	**050** + ? -	**090** + ? -	**130** + ? -	**170** + ? -
011 + ? -	**051** + ? -	**091** + ? -	**131** + ? -	**171** + ? -
012 + ? -	**052** + ? -	**092** + ? -	**132** + ? -	**172** + ? -
013 + ? -	**053** + ? -	**093** + ? -	**133** + ? -	**173** + ? -
014 + ? -	**054** + ? -	**094** + ? -	**134** + ? -	**174** + ? -
015 + ? -	**055** + ? -	**095** + ? -	**135** + ? -	**175** + ? -
016 + ? -	**056** + ? -	**096** + ? -	**136** + ? -	**176** + ? -
017 + ? -	**057** + ? -	**097** + ? -	**137** + ? -	**177** + ? -
018 + ? -	**058** + ? -	**098** + ? -	**138** + ? -	**178** + ? -
019 + ? -	**059** + ? -	**099** + ? -	**139** + ? -	**179** + ? -
020 + ? -	**060** + ? -	**100** + ? -	**140** + ? -	**180** + ? -
021 + ? -	**061** + ? -	**101** + ? -	**141** + ? -	**181** + ? -
022 + ? -	**062** + ? -	**102** + ? -	**142** + ? -	**182** + ? -
023 + ? -	**063** + ? -	**103** + ? -	**143** + ? -	**183** + ? -
024 + ? -	**064** + ? -	**104** + ? -	**144** + ? -	**184** + ? -
025 + ? -	**065** + ? -	**105** + ? -	**145** + ? -	**185** + ? -
026 + ? -	**066** + ? -	**106** + ? -	**146** + ? -	**186** + ? -
027 + ? -	**067** + ? -	**107** + ? -	**147** + ? -	**187** + ? -
028 + ? -	**068** + ? -	**108** + ? -	**148** + ? -	**188** + ? -
029 + ? -	**069** + ? -	**109** + ? -	**149** + ? -	**189** + ? -
030 + ? -	**070** + ? -	**110** + ? -	**150** + ? -	**190** + ? -
031 + ? -	**071** + ? -	**111** + ? -	**151** + ? -	**191** + ? -
032 + ? -	**072** + ? -	**112** + ? -	**152** + ? -	**192** + ? -
033 + ? -	**073** + ? -	**113** + ? -	**153** + ? -	**193** + ? -
034 + ? -	**074** + ? -	**114** + ? -	**154** + ? -	**194** + ? -
035 + ? -	**075** + ? -	**115** + ? -	**155** + ? -	**195** + ? -
036 + ? -	**076** + ? -	**116** + ? -	**156** + ? -	**196** + ? -
037 + ? -	**077** + ? -	**117** + ? -	**157** + ? -	**197** + ? -
038 + ? -	**078** + ? -	**118** + ? -	**158** + ? -	**198** + ? -
039 + ? -	**079** + ? -	**119** + ? -	**159** + ? -	**199** + ? -
040 + ? -	**080** + ? -	**120** + ? -	**160** + ? -	**200** + ? -

Auswertungsschablone des OCA

001	2 4 6	**041**	5 3 3	**081**	3 3 6	**121**	2 3 6	**161**	6 3 3	A
002	2 3 6	**042**	5 4 4	**082**	5 4 4	**122**	2 5 6	**162**	3 6 6	B
003	6 5 3	**043**	4 5 5	**083**	6 3 3	**123**	3 4 6	**163**	5 5 2	C
004	1 5 6	**044**	2 4 6	**084**	2 3 5	**124**	1 3 5	**164**	3 4 6	D
005	6 4 3	**045**	6 4 4	**085**	6 3 3	**125**	4 4 5	**165**	6 4 3	E
006	5 4 4	**046**	4 4 5	**086**	4 4 6	**126**	5 5 3	**166**	6 6 3	F
007	3 4 6	**047**	3 4 5	**087**	3 4 6	**127**	5 4 3	**167**	2 5 6	G
008	3 5 6	**048**	5 4 4	**088**	6 4 3	**128**	2 4 6	**168**	3 4 6	H
009	4 4 5	**049**	2 3 6	**089**	6 2 2	**129**	4 4 3	**169**	4 4 5	I
010	3 4 5	**050**	6 2 2	**090**	2 3 6	**130**	5 4 3	**170**	6 4 2	J
011	2 4 5	**051**	3 3 5	**091**	3 3 5	**131**	3 4 6	**171**	2 3 6	A
012	5 4 4	**052**	6 4 3	**092**	2 3 7	**132**	3 4 6	**172**	2 2 6	B
013	3 3 6	**053**	2 5 6	**093**	2 4 6	**133**	3 5 6	**173**	3 3 6	C
014	2 3 6	**054**	2 4 5	**094**	3 4 5	**134**	1 3 5	**174**	1 3 5	D
015	3 4 5	**055**	3 4 5	**095**	3 3 5	**135**	5 4 4	**175**	6 4 3	E
016	6 3 3	**056**	6 4 3	**096**	2 3 4	**136**	4 4 6	**176**	3 3 5	F
017	5 4 4	**057**	6 4 4	**097**	2 5 6	**137**	6 4 4	**177**	3 4 6	G
018	3 4 6	**058**	4 4 5	**098**	5 4 3	**138**	6 5 2	**178**	3 5 5	H
019	3 4 4	**059**	4 4 3	**099**	5 4 3	**139**	2 5 6	**179**	3 4 5	I
020	6 2 2	**060**	6 3 3	**100**	5 4 4	**140**	3 5 5	**180**	6 2 2	J
021	3 3 6	**061**	3 4 4	**101**	5 3 3	**141**	5 3 2	**181**	6 3 2	A
022	6 5 3	**062**	3 5 6	**102**	6 4 3	**142**	2 5 6	**182**	2 4 6	B
023	3 4 5	**063**	3 4 6	**103**	3 4 6	**143**	2 4 6	**183**	3 3 6	C
024	2 4 6	**064**	2 4 5	**104**	5 4 2	**144**	2 4 6	**184**	1 4 5	D
025	2 3 6	**065**	5 4 2	**105**	3 4 4	**145**	4 4 3	**185**	0 1 5	E
026	5 4 4	**066**	3 4 4	**106**	6 4 3	**146**	3 3 5	**186**	6 4 2	F
027	5 4 3	**067**	2 5 6	**107**	5 4 3	**147**	6 4 3	**187**	3 4 6	G
028	5 5 2	**068**	2 4 6	**108**	3 4 6	**148**	6 5 3	**188**	6 5 2	H
029	5 4 3	**069**	6 3 3	**109**	5 4 4	**149**	2 4 5	**189**	5 4 3	I
030	6 3 3	**070**	5 3 3	**110**	2 6 6	**150**	7 1 1	**190**	5 4 3	J
031	2 4 5	**071**	6 3 3	**111**	6 2 2	**151**	5 3 3	**191**	2 2 6	A
032	3 5 6	**072**	2 5 6	**112**	6 4 3	**152**	5 5 3	**192**	2 5 6	B
033	2 6 6	**073**	5 3 3	**113**	5 5 3	**153**	3 4 6	**193**	6 4 4	C
034	2 3 5	**074**	1 3 6	**114**	3 4 5	**154**	6 4 2	**194**	2 4 5	D
035	3 4 4	**075**	4 4 5	**115**	2 4 5	**155**	3 3 5	**195**	0 1 5	E
036	4 4 5	**076**	5 4 3	**116**	5 4 3	**156**	5 4 2	**196**	0 3 5	F
037	5 5 3	**077**	2 5 6	**117**	3 4 4	**157**	2 5 6	**197**	3 5 6	G
038	3 4 6	**078**	6 3 3	**118**	3 4 5	**158**	2 5 7	**198**	3 5 6	H
039	5 3 3	**079**	3 3 5	**119**	4 4 5	**159**	5 4 4	**199**	5 3 3	I
040	3 4 5	**080**	6 2 2	**120**	7 2 2	**160**	2 2 6	**200**	5 3 3	J

Die »Rohpunkte« des Tests können durch obige Tabelle ermittelt werden; es ist jedoch notwendig, sie in „wissenschaftlich gesicherte" Werte umzurechnen.

AUSWERTUNG des STANDARD OXFORD PERSÖNLICHKEITS-TESTS

Wenn die Testaussagen (Antwortblatt S.33) auf nebenstehende Auswertungsschablone übertragen werden, können die Rohpunkte ermittelt werden. Hierbei ist jedoch zu beachten, daß dieser »200-Fragen-Test« sich in 10 Untertests aufgliedert. Alle Fragen, deren laufende Nummer mit **1** endet (also 001 - 191), stellen den Untertest **A** dar. Analog ist mit den anderen Subtests zu verfahren (also **2** = **B** etc.).

Das Auswertungsformular, das der »Testperson« vorgelegt und mit ihr besprochen wird, weist folgende Testbereiche aus:

TEST **Symptombereich**

A (1) **stabil** .... **instabil, zerstreut**

B (2) **glücklich (lebensfreudig)** .... **deprimiert**

C (3) **ruhig (ausgeglichen)** .... **nervös**

D (4) **sicher** .... **unsicher**

E (5) **aktiv** .... **untätig (inaktiv)**

F (6) **energisch (tatkräftig)** .... **gehemmt**

G (7) **verantwortlich (verursachend)** .... **verantwortungslos**

H (8) **korrekte Urteilsfähigkeit** .... **kritisch (kritisierend)**

I (9) **wertschätzend** .... **Mangel an Übereinstimmung**

J (0) **Fähigkeit zur Kommunikation** .... **(in sich) zurückgezogen**

Die für jeden Untertest durch Addieren der Testwerte ermittelte Rohpunktsumme (aller 20 Fragen) ist in nachstehende Tabelle einzutragen:

A (1)	**B** (2)	**C** (3)	**D** (4)	**E** (5)	**F** (6)	**G** (7)	**H** (8)	**I** (9)	**J** (0)
.....	.....	.....	.....	.....	.....	.....	.....	.....	.....

Eine Umrechnung in „wissenschaftlich gesicherte Testwerte" ist anhand der in den als Anhang beigefügten Umrechnungstabellen (Anhang S. 62 bis S. 69) möglich. *Bitte wählen Sie* ***unbedingt*** *die richtige Tabelle aus (männlich / weiblich* ***und*** *unter / über 18 Jahre).* Die so ermittelten Testwerte sind in folgendes Formblatt auf die senkrechte Mittellinie einzutragen:

Test-wert	A	B	C	D	E	F	G	H	I	J
+100 +90										
+80										
+70										
+60										
+50										
+40										
+30										
+20										
+10										
0										
-10										
-20										
-30										
-40										
-50										
-60										
-70										
-80										
-90										
-100										

Mögliche Aussagen des scientologischen Testauswerters:

„Natürlich haben Sie in den Untertests **D**, **E** und **F** positive Werte erzielt. Warum aber haben Sie in den anderen Tests **versagt**? Wahrscheinlich haben Sie ganz massive persönliche Probleme, die **dringend** einer effektiven Lösung bedürfen. SCIENTOLOGY kann Ihnen dabei wirklich helfen!" (Vgl. Anhang S. 61 und 52)

Der „Normalbereich" im OCA-Test

Das Testergebnis teilt sich in - willkürlich - drei Teilbereiche auf:

1) **Wünschenswerter Zustand (*+100* bis *+34*)**
2) **Normal (+33 bis -16),** wobei jedoch unterschieden wird in
   Annehmbar unter idealen Bedingungen (+33 bis +8) und
   Aufmerksamkeit dringend erwünscht (+7 bis -16);
3) **Nicht annehmbarer Zustand (*-33* bis *-100*)**.

In verschiedenen Testversionen wird auch von **Überleben / erstrebenswert (1)** und **Unterliegen / verbesserungsbedürftig (3)** gesprochen, was auf eine sozialdarwinistische Weltanschauung hinweist. Das Schlagwort »Überleben« spielt bei SCIENTOLOGY eine große Rolle, besonders beim »Reinigungs-Rundown« (vgl. hierzu Anhang S. 53ff).

Die Tabellen sind auf den Testwert für *männliche Jugendliche - 14 bis 18 Jahre alt* - (= m) ausgerichtet, d.h. in der gleichen Zeile können die Werte für *Männer* (= M), *weibliche Jugendliche* (= w) und *Frauen* (= W) abgelesen werden. Die größte Differenz ergibt sich bei gleichen Rohpunkten mit 74 Wertpunkten im Untertest C, wo ein Jugendlicher bei **-72**, eine Frau jedoch bei **+2** landet.

A				B				C			
m	M	w	W	m	M	w	W	m	M	w	W
+36	+36	+52	+84								
+30	+28	+48	+80	+54	+40	+70	+86	+38	+38	+68	+92
+24	+22	+42	+78	+44	+32	+62	+80	+36	+26	+62	+88
+18	+14	+36	+76	+36	+24	+60	+74	+34	+20	+54	+84
+12	+8	+34	+72	+20	+16	+50	+68	+22	+14	+48	+80
+8	+0	+28	+70	+10	+8	+42	+62	+10	+8	+38	+76
+0	-6	+24	+66	+6	+2	+34	+54	+2	+2	+26	+70
-6	-14	+18	+62	-6	-4	+26	+46	-6	-4	+18	+64
-12	-20	+12	+58	-18	-12	+18	+38	-12	-10	+10	+58
-18	-28	+6	+54	-26	-18	+12	+30	-20	-16	+2	+50
-26	-34	+0	+48	-32	-24	+8	+20	-26	-22	-6	+44
-32	-40	-8	+42	-36	-28	-4	+10	-32	-28	-12	+38
-40	-46	-16	+36	-44	-34	-10	+2	-40	-34	-18	+30
-46	-52	-26	+28	-48	-40	-16	-4	-46	-40	-24	+24
-54	-58	-34	+20	-54	-44	-24	-10	-54	-46	-30	+18
-60	-64	-42	+12	-58	-50	-30	-16	-60	-52	-38	+8
-66	-74	-50	+4	-62	-55	-34	-22	-66	-58	-40	+6
-72	-76	-58	-4					-72	-64	-48	+2
-76	-80	-62	-12					-76	-70	-54	-8
-80	-82	-68	-20					-80	-76	-62	-14
								-82	-82	-66	-20

D					E					F			
m	M	w	W		m	M	w	W		m	M	w	W
					+44	+54	+34	+58		+36	+50	+50	+51
					+40	+50	+30	+54		+30	+48	+48	+48
+34	+34	+34	+34		+36	+46	+26	+50		+26	+46	+44	+45
+32	+32	+32	+32		+32	+44	+22	+46		+24	+44	+40	+42
+28	+30	+28	+28		+28	+40	+18	+42		+22	+42	+38	+39
+24	+28	+24	+24		+24	+36	+14	+38		+16	+40	+36	+36
+20	+24	+20	+20		+20	+32	+10	+34		+14	+38	+32	+33
+14	+20	+14	+14		+16	+28	+8	+30		+10	+36	+30	+30
+10	+14	+10	+10		+10	+24	+6	+28		+6	+34	+24	+27
+6	+8	+6	+6		+4	+20	+4	+24		+4	+32	+20	+24
+2	+2	+2	+2		+2	+16	+2	+20		+2	+30	+18	+21
-2	-2	-2	-2		-4	+12	-2	+16		-2	+28	+10	+18
-6	-6	-6	-6		-14	+8	-6	+12		-12	+20	+4	+15
-10	-10	-10	-10		-22	+4	-24	+8		-20	+14	+2	+12
-12	-12	-12	-12		-26	-2	-42	+4		-30	+8	-6	+9
-16	-16	-16	-16		-40	-6	-50	+2		-40	+2	-20	+6
-20	-20	-20	-20		-48	-12	-58	-12		-50	-12	-30	+3
					-58	-22	-64	-22		-58	-20	-42	-10
										-64	-30	-52	-22

G					H					J			
m	M	w	W		m	M	w	W		m	M	w	W
					+64	+36	+78	+34					
+66	+36	+91	+54		+56	+28	+74	+24		+54	+54	+34	+38
+58	+28	+90	+42		+48	+16	+70	+16		+48	+50	+24	+30
+50	+20	+88	+30		+40	+2	+64	+6		+38	+44	+16	+22
+44	+16	+82	+20		+30	-4	+60	-0		+30	+38	+6	+14
+34	+12	+78	+10		+22	-10	+54	-2		+24	+30	-2	+8
+26	+4	+72	-0		+14	-14	+48	-4		+18	+22	-12	+2
+18	-4	+68	-8		+8	-18	+42	-6		+12	+16	-18	-2
+4	-12	+58	-14		+2	-24	+36	-8		+4	+8	-28	-10
-0	-26	+48	-18		-4	-28	+32	-10		-2	+2	-32	-14
-10	-32	+40	-28		-10	-32	+22	-12		-8	-4	-36	-20
-18	-40	+32	-38		-14	-36	+14	-22		-14	-10	-38	-24
-28	-46	+22	-44		-22	-42	+8	-30		-20	-14	-44	-28
-36	-52	+14	-52		-28	-48	-2	-636		-24	-26	-48	-32
-46	-56	+6	-58		-40	-50	-10	-42					
-54	-62	-2	-64		-52	-53	-16	-46					
-60	-66	-12	-72		-58	-58	-24	-52					
-65	-72	-20	-80										

Anhand der obigen Tabellen erhärtet sich der Verdacht, daß in diesem »Persönlichkeitstest« bewußt manipuliert wird. Es ist durchaus möglich, daß bei Pubertierenden, deren Persönlichkeit altersbedingt noch nicht gefestigt ist, massive Ängste angesprochen bzw. Minderwertigkeitsgefühle verstärkt werden. Es muß hier nochmals betont werden, daß keine der Testfragen geschlechtsspezifisch ist. Somit muß die vierteilige Auswertungstabelle als „wissenschaftlicher Wahnsinn **mit Methode**" kritisiert werden.

Der konstruierte Absturz

Von den 200 Fragen des OCA-Test werden 28 als „Joker" (= Fragen ohne „Nährwert") bezeichnet, weil die Testperson maximal einen Rohpunkt verlieren oder gewinnen kann. „Siamesische Zwillinge" jedoch können zu gravierendem Punktverlust führen, da sie mit dem Mittelwert und dem Anfangs-/Endwert übereinstimmen. Durch Vergleich mit den auf S. 62 bis 69 im Anhang können die testrelevanten Auswirkungen dieser Testfragen leicht ermittelt werden.

Hinweise: Bei den „Siamesischen Zwillingen" werden die Fragen nach ihrem testrelevanten Wert sortiert. Nach der Auflistungen der Fragen wird die **skurrile Bepunktung** der Testfragen dargestellt. Dies ist ein weiterer Hinweis auf die unwissenschaftliche Bewertung in diesem »Persönlichkeitstest«.

„Joker"	„Siamesische Zwillinge"
061 Würden Sie in der Hoffnung, die Raten einhalten zu können, etwas auf »Kredit« kaufen?	**111** Zahlen Sie Ihre Schulden und halten Sie Ihre Versprechen, wenn dies möglich ist? **191** Geben Sie Ihr Geld im Verhältnis zu Ihrem Einkommen zu leichtfertig aus? **021** Handeln Sie eher impulsiv als überlegt? **071** Planen Sie früh genug auf ein Ereignis hin und führen Sie Ihre Pläne dann aus? **161** Erholen Sie sich schnell wieder, nachdem Sie einen tragischen Film oder ein tragisches Schauspiel gesehen haben, anstatt noch eine Weile lang beunruhigt zu sein? **041** Treffen Sie vernünftige Vorsorgen, um Unfälle zu vermeiden? **051** Geraten Sie gelegentlich in Schwierigkeiten? **091** Sind Ihre Reaktionen in Worten und Aktionen heftiger, als es der Situation entspricht? **101** Können Sie einen stabilisierenden Einfluß ausüben, wenn andere in Panik geraten? **151** Führen Sie normalerweise zugewiesene Arbeiten prompt und systematisch aus?
012 Singen oder pfeifen Sie gerne? **042** Erholen Sie sich schnell von den Wirkungen schlechter Nachrichten? **082** Hat die Jugend heutzutage mehr Möglichkeiten als vor einer Generation?	**172** Sind Ihnen der Gedanke an den Tod oder sogar nur die Erinnerung an den Tod zuwider? **162** Stimmt Sie eine bestimmte Unterlegenheit traurig? **152** Lachen oder lächeln Sie gerne?

043 Macht Sie die Vorstellung, vor anderen Leuten zu sprechen nervös?	**033** Beginnen einige Ihrer Muskeln zu zucken, wenn etwas Unerwartetes geschieht? **013** Bekommen Sie manchmal ein Zucken in Ihren Muskeln, auch wenn es keinen ersichtlichen Grund dafür gibt? **083** Sind Sie normalerweise durch »ferne Geräusche« gestört, wenn Sie versuchen, sich auszuruhen? **163** Entspannen Sie sich leicht? **173** Werden Sie manchmal so erschreckt oder verängstigt, daß Sie körperliche Reaktionen verspüren? **183** Verbringen Sie viel Zeit mit »unnötigen Sorgen«? **073** Fühlen Sie sich in Ihrer Konzentration nur selten durch »Lärm von außen« gestört? **153** Lassen Sie sich durch Kinder irritieren? **193** Können Sie ein »kalkuliertes Risiko« auf sich nehmen, ohne sich große Sorgen darüber zu machen?
xx4 keine Frage!	**xx4 keine Frage!**
035 Sprechen Sie langsam? **075** Schenken Sie dem, was um Sie herum vorgeht, weniger Aufmerksamkeit als die meisten anderen Leute? **105** Sind Sie ein langsamer Esser? **125** Vorausgesetzt, die Entfernung wäre nicht zu groß, würden Sie es immer noch vorziehen, zu laufen, anstatt zu fahren? **135** Sind Sie manchmal sehr fröhlich? **145** Bleiben Sie oft sehr lange auf?	**085** Fällt es Ihnen leicht, in Gang zu kommen? **045** Gehen Sie in einer Gesellschaft von einem zum anderen? **095** Werden Ihre Interessen und Aktivitäten in gewisser Weise durch die Interessen und Aktivitäten eines anderen beeinflußt? **155** Sind Sie weniger gesprächig als Ihre Bekannten?
006 Nehmen Sie es übel, wenn andere Ihnen sagen wollen, was Sie tun sollen? **026** Sind Sie in der Disziplin eher streng als locker? **036** Würden Sie eingestehen, im Unrecht zu sein, nur um des lieben Friedens willen? **046** Halten Sie Ihre Meinung oft zurück, weil Sie Ihnen nicht wichtig genug erscheint, um sie anderen mitzuteilen? **066** Kümmern Sie sich wenig darum, das Ansehen Ihrer Stellung oder Ihrer Position im Leben beizubehalten?	**016** Würden Sie lieber Befehle geben als empfangen? **166** Sind Sie von der Richtigkeit Ihrer Meinungen sehr überzeugt, wobei jene Fachgebiete ausgenommen sind, in denen Sie Experte sind? **086** Würden Sie einen eingeschlagenen Weg ohne weiteres aufgeben, wenn er Ihnen beträchtliche Schwierigkeiten bereiten würde? **126** Versuchen Sie, andere von Ihren Ideen über verschiedene Fachgebiete, in denen Sie kein Experte sind, zu überzeugen? **136** Sind Sie manchmal sehr fröhlich? **146** Bedrückt es Sie, wenn eine Menge unerledigter Arbeiten zu erledigen sind? **176** Halten Sie weniger von Ihren Fähigkeiten, als augrund der Tatsachen gerechtfertig wäre?

017 Interessieren Sie sich für die Angelegenheiten anderer Leute? **117** Wird Ihre Meinung dadurch beeinflußt, daß Sie Dinge vom Standpunkt Ihrer Erziehung, Erfahrung und Beschäftigung betrachten?	**037** Fällen Sie ein Urteil erst, nachdem Sie das Für und Wider abgewägt haben? **057** Fällt es Ihnen leicht, unparteiisch zu sein? **137** Können Sie den Standpunkt eines anderen einnehmen, wenn Sie wollen?
048 Wenn Sie kritisieren, versuchen Sie zur selben Zeit zu ermutigen? **058** Verurteilen Sie jemanden voll und ganz, nur weil er in einem Punkt seiner Beziehung zu Ihnen eine Rivale oder ein Widersacher ist?	**028** Sind Sie leicht an der Unterhaltung anderer Leute interessiert? **078** Akzeptieren Sie Kritik ohne Verstimmung? **178** Wenn Sie einen Gegenstand vermissen, kommt Ihnen der Gedanke, daß „jemand ihn gestohlen oder verlegt haben muß".
009 Wollen Sie zwei Kinder oder weniger in der Familie haben, obwohl Ihre Gesundheit oder Ihr Alter mehr erlauben? **019** Glauben Sie, daß zuviel Geld für die soziale Sicherheit ausgegeben wird? **059** Halten Sie bestimmte Höflichkeitsformen im Umgang mit anderen Familienmitgliedern ein? **109** Würden Sie anhalten und herausfinden, ob jemand Hilfe braucht, auch wenn er nicht direkt darum gebeten hat?	**089** Wenn Sie jemanden sehen, der Schmerzen hat, sind Sie mitfühlend genug, um etwas dagegen unternehmen zu wollen? **069** Ziehen Sie eher das Wohl aller in Betracht als Ihre eigenen, persönlichen Vorteile? **079** Glauben Sie, daß der Strafvollzug mit »Gefängnissen ohne Gitter« zum Scheitern verurteilt ist?
100 Ist Ihr Gesichtsausdruck eher abwechslungsreich als gleichbleibend?	**150** Sind Sie gerne mit anderen Leuten zusammen? **120** Sind Sie, wenn überhaupt, nur Freunden gegenüber herzlich? **020** Werden Sie von Ihren Freunden für warmherzig gehalten? **050** Werden Sie von einigen Leuten für heiter und fröhlich gehalten? **080** Begrüßen Sie Leute herzlich? **160** Sind Sie nur engen Freunden gegenüber herzlich? **180** Sind Sie in Ihrer Stimme, Einstellung und Ausdruck freundlich? **030** Empfinden Sie es als einfach, Ihre Gefühle zum Ausdruck zu bringen? **060** Übt gefühlvolle Musik eine ziemlich starke Wirkung auf Sie aus? **070** Zeigen Sie offen Bewunderung für schöne Dinge? **140** Möchten Sie lieber die ganze Zeit lang mit Erwachsenen zusammen sein, als zeitweise Kinder um sich zu haben? **200** Glauben Sie, daß Sie viele gute Freunde haben?

Folgende Grafik stellt den *Maximalwert minus 20 %* und den *Mittelwert* dar. Nach allgemeinem Empfinden müßten diese Werte bei *+60* bzw. *0* liegen. Sehr deutlich ist hier die gezielte Manipulation der Testergebnisse. Gute Ergebnisse werden „automatisch" in den Teilbereichen **sicher (D), aktiv (E)** und **tatkräftig (F)** erzielt; verheerende Werte zeigen sich bei **nervös (C), deprimiert (B), kritisierend (H), labil (A), nicht verantwortlich (G), Mangel an Übereinstimmung (I)** und **in sich zurückgezogen (J)**.

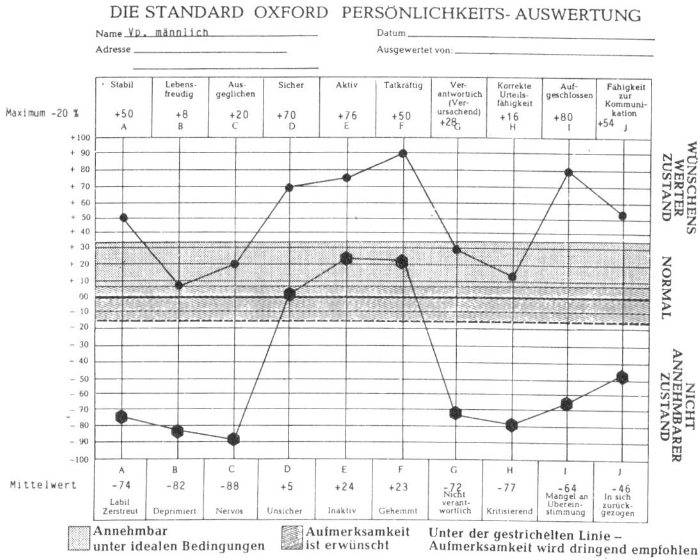

Absichtlich werden hier »Ruinpunkte« konstruiert; jede Testperson muß also versagen. Das »Auswertungs Manuskript« (siehe Anhang S. 61) und die »Aussagen einer Scientologin« (siehe Anhang S. 59f) zeigen auf, mit welchen knallharten Methoden hier zu Werk gegangen wird. Die „Testauswertung" entpuppt sich als gut trainiertes Verkaufsgespräch, wenn der Test kostenlos angeboten wird. Fast unverändert wird dieser „Test" durch **U-MAN International** (siehe S. 9ff) im Wirtschaftsbereich eingesetzt. Scientologen unterziehen sich diesem Test nach jedem Kursabschluß, um so den „Erfolg" zu dokumentieren. Einen »Gewöhnungseffekt«, wie er in der klassischen Psychologie beschrieben wird, scheint es hier wohl nicht zu geben.

Der Jahresbericht des Hamburger Datenschutzbeauftragten, Az D5/79.05, sagt zu diesem Test:

„28.2 Psycho-Tests bei der Bewerberauswahl

Im Rahmen der Auseinandersetzung um die Scientology-Church erhielten wir Unterlagen einer Personalberatungsfirma, die Anlaß boten für weitere Nachforschungen. Ein Hamburger Unternehmen bediente sich des folgenden Auswahlverfahrens dieser Personalberatungsfirma: Der Arbeitgeber prüft die fachliche Qualifikation eines Bewerbers und legt ihm dann Persönlichkeits-Fragebogen der Beratungsfirma vor. Diese bestehen aus 200 zum Teil sehr persönlichen Fragen wie z.B. »*Wird Ihr Urteil durch Ihre Gefühle stark beeinflußt?*«, »*Sind Sie für Rassentrennung und Klassenunterschiede?*«, »*Grübeln Sie oft über Tod, Krankheit, Schmerz und Kummer nach?*«.

Der gesamte Fragenkatalog entspricht dem Persönlichkeitstest, den die Scientology-Church für ihre Anhänger verwendet. Der Bewerber hat bei jeder Frage zwischen JA/UNSICHER/NEIN zu entscheiden ... Auf einem gesonderten Bogen vermerkt der Arbeitgeber den Namen der Firma, das Datum, die Stellenbezeichnung sowie das Geschlecht und das Alter über oder unter 18 Jahre des Bewerbers, nicht aber seinen Namen. Alle Antworten sowie die letztgenannten Angaben werden vom Arbeitgeber kopiert und an die Personalberatungsfirma übersandt. Diese wertet die Daten elektronisch aus, teilt das Ergebnis dem Arbeitgeber mit und berät ihn ggf. in einem persönlichen Gespräch.

Datenschutzrechtlich sind insbesondere zwei Bereiche bedenklich:

- Zum einen erhält der Arbeitgeber, bei dem die ausgefüllten Fragebogen verbleiben, die Antworten auf Fragen, die über das von der Rechtsprechung umrissene »Fragerecht des Arbeitgebers« weit hinausgehen. Zusätzlich zu den Antworten auf zum Teil intime Einzelfragen enthält die Auswertung der Personalberatungsfirma ein umfassendes Persönlichkeitsprofil des Bewerbers. ... Ergänzt wird die Tabelle durch eine »detaillierte Beschreibung der Eigenschaften« und eine Empfehlung für die Stellenbesetzung. Der Test wird für alle Bewerber unabhängig vom Fachgebiet, von der Hierarchiestufe und von bestimmten Aufgaben in gleicher Weise verwendet. Er ist ein allgemeiner psychologischer Persönlichkeitstest, der weder auf besondere Anforderungen des zu besetzenden Arbeitsplatzes Rücksicht nimmt, noch wissenschaftlich anerkannt ist. Der Bewerber hat in der Regel keine Vorstellung davon, was bzw. welche Eigenschaften mit dem Fragebogen getestet werden. Damit verstößt der Test gegen das **Persönlichkeitsrecht**, wie es das Bundesverfassungsgericht etwa im sog. *Mikrozensus-Urteil* näher konkretisiert hat.

- Zum anderen besteht die Gefahr, daß das Personalberatungsunternehmen ... eine Reidentifikation vornehmen kann. ... Es ist zudem sehr wahrscheinlich, daß die mit dem höchsten Wert empfohlene Person auch tatsächlich vom Arbeitgeber ausgewählt wurde. So können die Testergebnisse und die ausgewählte Person unschwer miteinander verknüpft werden."

[zitiert aus Unterlagen des *ARCHIVS GANDOW (Berlin)*]

Auswertung von zwei OCA-Tests, den Autor betreffend

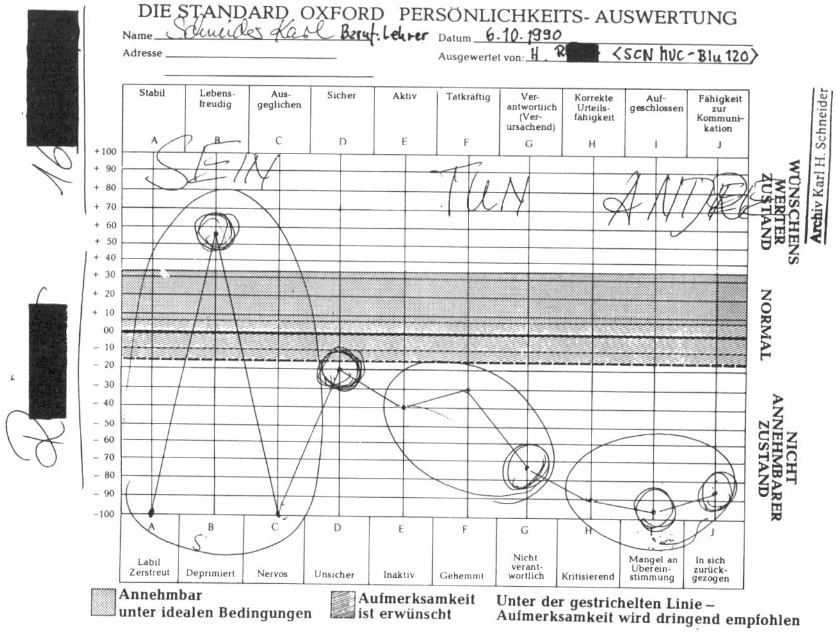

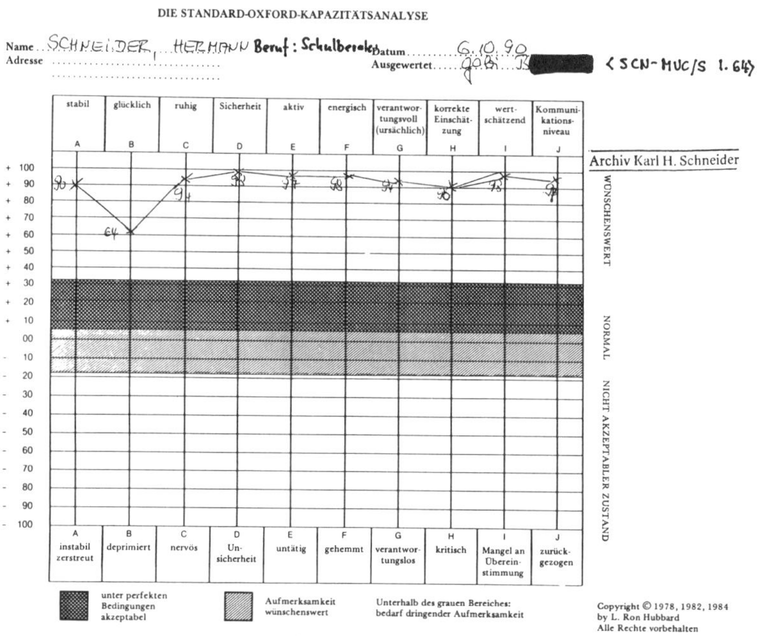

Einordnung des Tests

In wissenschaftlich anerkannten Fachwerken ist dieser zur Diskussion stehende OCA-Test nicht aufgeführt. Es ist daher anzunehmen, daß

- der Test nicht vorgelegt wurde,
- keine Hinweise vorliegen, daß der Test wissenschaftlich fundiert ist,
- der Test nicht mit einem wissenschaftlich üblichen und akzeptierten Instrumentarium geeicht wurde (fehlende Eichstichprobe) und
- somit keine allgemeingültige Relevanz gegeben ist.

Das **psychologische Gutachten der Universitätsnervenklinik München** vom 27.12.1984 [17] stellt zusammenfassend fest:

> „Die **Oxford Capacity Analyse** wird in der wissenschaftlichen Literatur nicht besprochen und ist im fachpsychologischen Handel nicht erhältlich. Das sich das Verfahren hinsichtlich seiner Gütekriterien [Anm.: *Objektivität, Reliabilität, Validität*] nicht ausweist, ist eine sichere Stellungnahme bezüglich der wissenschaftlichen Fundierung nicht möglich. Bedenken gegen diesen Fragebogen werden aber auch durch die Inkonsistenz der Persönlichkeitsbeurteilung und der vermutlich hohen Skaleninterkorrelation verstärkt."

Der auf S. 43 zitierte Datenschutzbericht (Hansestadt Hamburg, 1991) bezeichnet den OCA-Test als „allgemeinen psychologischen Persönlichkeitstest" und relativiert dann den Sachverhalt. Plakativ ausgedrückt könnte ein ausgebuffter Zyniker die »Wissenschaftlichkeit« des OCA-Tests mit der Witzfrage »Warum gehen Ostfriesen mit einem Zollstock ins Bett? - Damit sie am nächsten Morgen feststellen können, wie tief sie geschlafen haben!« beantworten. In diesem Fall können auch »wissenschaftlich gesicherte« Werte abgelesen werden, die aber aufgrund der Lebenserfahrung **out of reality** (umgangssprachlich: **wirr**) sind. Der Leser kann sich selbst eine genaue Vorstellung über den *Wert* oder *Unwert* dieses »Persönlichkeitstests« machen. Somit ist auch für den Normalbürger ein **Handlungsbedarf** der zuständigen Behörden als dringlich erkennbar. Letztere scheinen sich hinter Artikel 4 des Grundgesetzes zu verschanzen, wobei ihre Maxime »nihil obstruere« lauten dürfte.

---

[17] als Anlage 41 zur Verfügung der Staatsanwaltschaft beim Landgericht München I, Az 115 Js 4298/84; hier versuchte SCIENTOLOGY **erfolglos** u.a. gegen den Autor gerichtlich vorzugehen.

In diesem Kontext sind die weiteren Aussagen der schon erwähnten Dokumentation der Staatsanwaltschaft beim Landgericht München I (vgl. Fußnote 17 auf S. 45) richtungsweisend:

> „Die Kompetenz zu psychologischer Diagnostik muß jenen Interpreten abgesprochen werden, welche folgende Punkte nicht oder nur ungenügend erfüllen:
>
> - Sensibilisierte Beobachtung, der berufsethischen Verpflichtungen,
> - hohes Maß an klinischer Erfahrung und kontrollierter Gegenübertragungsprozesse bei der Interpretation von psychopathologischen Testbefunden,
> - notwendige und selbstkritische Skepsis gegenüber der Testpsychologie,
> - Abbau magischer Erwartungshaltungen beim Probanden, relativierte Bewertung der »Magie der Zahl« und
> - Kenntnis verschiedener Persönlichkeitstheorien und Fähigkeit zur Integration mehrerer Interventionstechniken im Rahmen eines geregelten Eklektizismus."

All diese zur Selbstkorrektur erforderlichen Punkte treffen bei der scientologischen Vorgehensweise eben nicht zu. Auf gesetzlicher Ebene fehlt das lange überfällige **Psychotherapeutengesetz**. Jeder kann sich - auch ohne wissenschaftliche Ausbildung als »Psychotherapeut« oder »Lebensberater« bezeichnen und diesen Titel dann führen. Scientology hat ein stringentes duales Weltanschauungsprinzip, mit der die Menschheit in *Pro-* und *Anti-Scientology-Menschen* separiert wird. Die »Auditoren« haben keine wissenschaftlich anerkannte Ausbildung; theoretisch könnte ein geistig behinderter Sonderschüler AUDITOR werden. L. Ron Hubbard persönlich stellte dies klar [18]:

> *„Eine Untersuchung ergab, daß Auditor B einen IQ von etwa 75 hatte. Es stellte sich heraus, daß Ausbilder A großartige Ideen darüber hatte, daß man niemals jemanden abwerten dürfte, nicht einmal einen Wahnsinnigen. Der Fallüberwacher erwies sich als* ***mit Verwaltungsarbeit zu beschäftigt, um Zeit für tatsächliche Fälle zu haben****".*

☞ *Wahnsinn mit Methode?*

---

[18] Handbuch des Ehrenamtlichen Geistlichen, S, 643

»Auditoren« werden von Hubbard als die wertvollsten Menschen (für wen wohl?) dargestellt; sie sind als in **crash-Kursen** trainierte Lehrlinge anzusehen, denen eine »ehrenamtliche« Funktion innerhalb der SCIENTOLOGY CHURCH zugewiesen wird. Sie sind - nach Meinung des Autors - bedauernswerte Verführte, die vor den Karren der des**orient**ierenden »Church« gespannt werden; grundlegende Informationen werden auch ihnen vielfach vorenthalten. Experten sprechen hier von einem »System der gestaffelten Information«.

Unter der Überschrift ***Scharlatane auf Dummenfang*** berichtete das PUBLIK FORUM (bereits am 18.04.80 !, Nr. 8) über den OCA-Test:

> „...Dieser Persönlichkeitsfragebogen, der den Intimbereich nicht ausspart, ist an ein »College für Angewandte Philosophie« der Sekte in Augsburg einzusenden. Den Fragen ist ein listiges »Auswertungsblatt« vorgegeben, in dem »Abweichungen« von der »Norm« überproportional graphisch dargestellt werden. Somit wird dem unbefangenen Laien der beunruhigende Eindruck »tiefgreifender Störungen« suggeriert.
>
> In der Regel fallen die Tests dann überwiegend auch negativ aus. Die solchermaßen Verunsicherten werden darauf mit Angeboten für 400 DM teure »Kommunikationskurse« bearbeitet, in denen bestimmte Verhaltensweisen, wie etwa die Mißachtung Andersdenkender ähnlich einer Dressur, eingeübt werden.
>
> Das Programm steht im Widerspruch zum Ziel einer freien, selbstverantwortenden Entfaltung der Persönlichkeit. Der *Bundesverband Deutscher Psychologen* beurteilt diese Aktivitäten der SCIENTOLOGY CHURCH zutreffend als *Scharlatanerie im Bereich der Psychotherapie*".

Dem potentiellen Kunden will SCIENTOLOGY alias DIANETIK weismachen, er bedürfe dringend einer **Lebensreparatur**, wie SCIENTOLOGY ihre dilettantische »Psychotherapie« nennen könnte. Da aber *Psychotherapie* und *Psychologie* bzw. *Psychiatrie* zu »Erzfeiden« der scientologischen Weltbetrachtung erklärt wurden (vgl. S. 19f), dürfen diese Begriffe im scientologischen Sprachgebrauch nicht eingesetzt werden, es sei denn, es wird üble Propaganda betrieben.

Scientologen scheinen **out of reality** zu sein. Ein sinnvolles Gespräch mit ihnen ist eher zum Scheitern verurteilt. Eine genuine Dialogfähigkeit mit ihnen ist nicht gegeben.

Weitere Intentionen

Viele Testfragen erlauben dem auswertenden Scientologen einen Einblick in die Intimsphäre der Testperson. Im »Auswertungsgespräch« werden die »Ruinpunkte« - wie bereits erwähnt - angesprochen und ausgeschlachtet, um so einen neuen **Kunden** zu gewinnen.

Ein **infamer Trick** ist die Umwertung eines „guten" Tests in das Gegenteil: man dreht einfach den Test um und tauscht somit die **„+ / -"-Testwerte"** aus[19]. Dem neuen - nichtsahnenden - Kunden (dieser wird auch als *raw flesh = „rohes Fleisch"* bezeichnet), wird dies wohl kaum mitgeteilt. Hauptsachle ist, er hat seine persönlichen Daten preisgegeben und sich für »Dienstleistungen« der **Church** eingeschrieben.

Der Test kann bei einem Einsteiger, der dann die »Brücke hinauf geht« - also auf den scientologischen *Ego-Trip* einsteigt - zu einer schnellen Änderung folgender Lebensbezüge führen:

- ♦ Gleichgültigkeit gegenüber anderen,
- ♦ Steigerung der Aggressivität,
- ♦ Abbau von Hemmungen,
- ♦ Ausschalten von Emotionen und dadurch bedingt
- ♦ Unfähigkeit zur Kritik.

Haben Sie die Fragen 004 und 194 mit JA beantwortet?

004 Sind Sie manchmal mehrere Tage besonders aktiv?
194 Sind Sie manchmal traurig und niedergeschlagen, anstatt mehr oder weniger auf demselben Stimmungsniveau zu bleiben?

Bei einem einmaligen **JA** werden Sie als *möglicher Ärgernisverursacher* eingestuft. Bei **JA/JA** gelten Sie als *unterdrückerische Person*, die gegen die Ziele von SCIENTOLOGY (destruktiv) arbeitet und von der man sich baldmöglichst trennen muß.

Scientologen glauben, in der **Arche der geretteten Familie** beheimatet zu sein, umgeben von Feinden (= *suppressive persons*); aber sie können auch - verdeckt operierend - ein großes Destruktionspotential entfalten. Diese Taktik ist mit U-Booten durchaus vergleichbar.

---

19 Persönliche Mitteilung eines hochrangigen Ex-Scientologen an den Autor.

So könnte auch Ihr Test aussehen!

Persönlichkeitstest vor und nach dem Reinigungs-Rundown

Scientology verwendt in einem DIN A5-großen Werbezettel den OCA-Test, um damit eine Bonität des für alle Neu-Scientologen verpfichtenden Kurses zu suggerieren. Zunächst ein Zitat aus der Werbung:

„Klarer denken können - wer möchte das nicht?

Beim Reinigungs-Programm geht es um die geistige Klarheit, wobei die Entgiftung des Organismus ein notwendiger Schritt ist. Man weiß ja, wie das so ist: Hier und da mal ein Schluck Alkohol, ab und zu eine Kopfschmerztablette. Gegen Schlaflosigkeit schluckt man eine Beruhigungspille und der Zahnarzt gibt einem eine Spritze (Narkosegifte).

Selbst wenn diese Gifte bereits vor Jahren in den Körper gelangt sind, so sind sie inzwischen nicht völlig ausgeschieden. Die Rückstände häufen sich an und beeinträchtigen das geistig-seelische Wohlbefinden. Neben der Zellschädigung durch derartige Restsubstanzen tragen Röntgenstrahlen, starke Sonnenbrände und radioaktive Belastung dazu bei, den Schwung und die Lebensfreude, das Erreichen von Zielen zu beeinträchtigen. Das Maß der Auswirkungen wird einem erst bewußt, wenn man wieder davon frei ist.

...Vor dem Programm werden drei Tests gemacht: Der Persönlichkeitstest, der Intelligenztest und ein Test, welcher die Denkgeschwindigkeit mißt. Nach Abschluß des Programms werden diese Tests wiederholt und miteinander verglichen: Man kann dann erkennen, wie sich die »Persönlichkeitskurve« verändert. Eine Steigerung des Intelligenzquotienten zwischen 10 und 15 Punkten ist durchaus üblich. ... Sie können die erreichten Verbesserungen dann anhand der Tests erkennen, die vor und nach dem Programm gemacht werden."

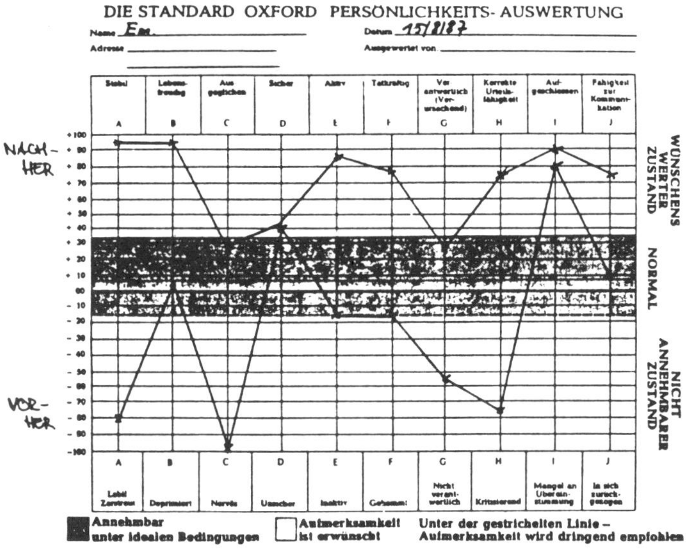

Warum diese Tarnfirmen?

Wer nichts zu verbergen hat, braucht sich auch nicht zu tarnen. Hinter folgenden Firmen bzw. Aktivitäten verbirgt sich SCIENTOLOGY bzw. scientologische Ideologie:

- o ABLE - Association for Better Living and Education (Nachhilfe)
- o Apple School
- o Applied Scholastics (Nachhilfe)
- o Bürgerkomitee gegen Übergriffe der Psychologie
- o Childbirth Education Center
- o College für angewandte Philosophie
- o Crimanon (Gefangenenrehabilitation)
- o Delphian School
- o Gesellschaft gegen psychiatrische Gewalt
- o Gesellschaft zur Förderung religiöser Toleranz und zwischenmenschlicher Beziehungen
- o HELP Rumänien
- o Institut für Wissen und Können
- o Kinderliga mit Ernährungsumstellung gegen Drogen
- o Kommision für Polizeireform
- o Kommission für Verstöße der Psychiatrie gegen Menschenrechte
- o Kommission zum Schutze der Bürger gegen Datenmißbrauch
- o MBS Motivationsberatung & Schulung
- o Missions Network International
- o Narconon (Drogenrehabilitation)
- o New Age Management
- o New Era Publications
- o Radio Freiheit
- o Soziale Koordination
- o Trägerverein zur Gründung einer multikulturellen Grundschule mit pädagogischem Konzept nach Hubbard
- o U-MAN International (Personalberatung)
- o Verband engagierter Manager
- o Verband engagierter Zahnärzte
- o Verband verantwortungsbewußter Geschäftsleute
- o Vereinigung zur Humanisierung religiös-ideologischer Konflikte
- o ZIEL - Zentrum für individuelles und effektives Lernen (Nachhilfe)

Diese (stark gekürzte) Liste - nach F.-W. Haack - gibt Einblick in die vielfältigen Aktivitäten der SCIENTOLOGY alias DIANETIK. Für einen Laien ist es oftmals nicht auszumachen, wer sich hinter solchen Aktivitäten verbirgt. Weitere Tarnfirmen wurden und werden gegründet. Wer vermutet denn schon hinter dem **Elternverein FAST (Förderverein zur Anwendung der Studiertechnologie)** eine scientologische Aktivität?

Schwarze Propaganda

Der Autor wurde von einem Scientologen als »Krimineller«, »Geisteskranker«, »Religionsbeschimpfer«, »Volksverhetzer« usw. bezeichnet. Damit kann man leben, wenn man weiß, daß alle Kritiker des Weltrettungssystems SCIENTOLOGY so bezeichnet werden. Eine unverhoffte - wenn auch auf den ersten Blick nicht erkennbare - Ehrung wurde dem Autor zuteil, als er von o.a. fanatischem SCIENTOLOGEN als »**Mörder auf Raten**« tituliert wurde. Dies bedeutet letztlich, daß durch die vielfältigen Aktivitäten (Vorträge, Publikationen etc.) des Autors es (hoffentlich) möglichst vielen Menschen, besonders jungen Leuten, unmöglich gemacht wird, daß sie *unsterblich à la SCIENTOLOGY* werden.

Was hier betrieben wird, ist angewandte »schwarze Propaganda«, die L. Ron Hubbard [20] so beschreibt:

> „*schwarze Propaganda (schwarz* = **schlecht, herabwürdigend;** *Propaganda* = Verbreitung von Behauptungen oder Ideen): Propaganda zur Zerstörung des Ansehens von oder des Vertrauens der Öffentlichkeit in Personen, Firmen oder Nationen. Sie ist ein Werkzeug von Leuten oder Gruppen, die wirkliche oder eingebildete Feinde zu vernichten versuchen oder nach Vorherrschaft in einem Bereich streben."

Zum Schluß noch ein nachdenkenswerter Vorfall: Eine Hubbardistin, die sich mit dem Konzern SCIENTOLOGY überworfen hatte, teilte dem Autor, der ihre hubbardistische Nachhilfefirma zum Abwandern in ein anderes Bundesland gezwungen hatte, mit:

> „Einen schönen Gruß von L. Ron Hubbard." Als sie darauf hingewiesen wurde, daß Hubbard [offiziell] am 24. Januar 1986 verstorben ist, antwortete sie: „Er hat nur seine körperliche Hülle verlassen. Er ist mein Fallüberwacher aus dem Jenseits. Ich kann mit ihm telepathischen Kontakt aufnehmen. Wie gesagt, er läßt Sie persönlich recht herzlich grüßen!"

Dem sei nichts mehr hinzuzufügen, es sei denn, man läßt sich auf eine widersinnige Diskussion ein, ob SCIENTOLOGY eine **Kirche** ist.

---

20 im bereits zitierten »Handbuch des Ehrenamtlichen Geistlichen«, S. LXVII, Fußnote

Altes OCA-Auswertungsformular

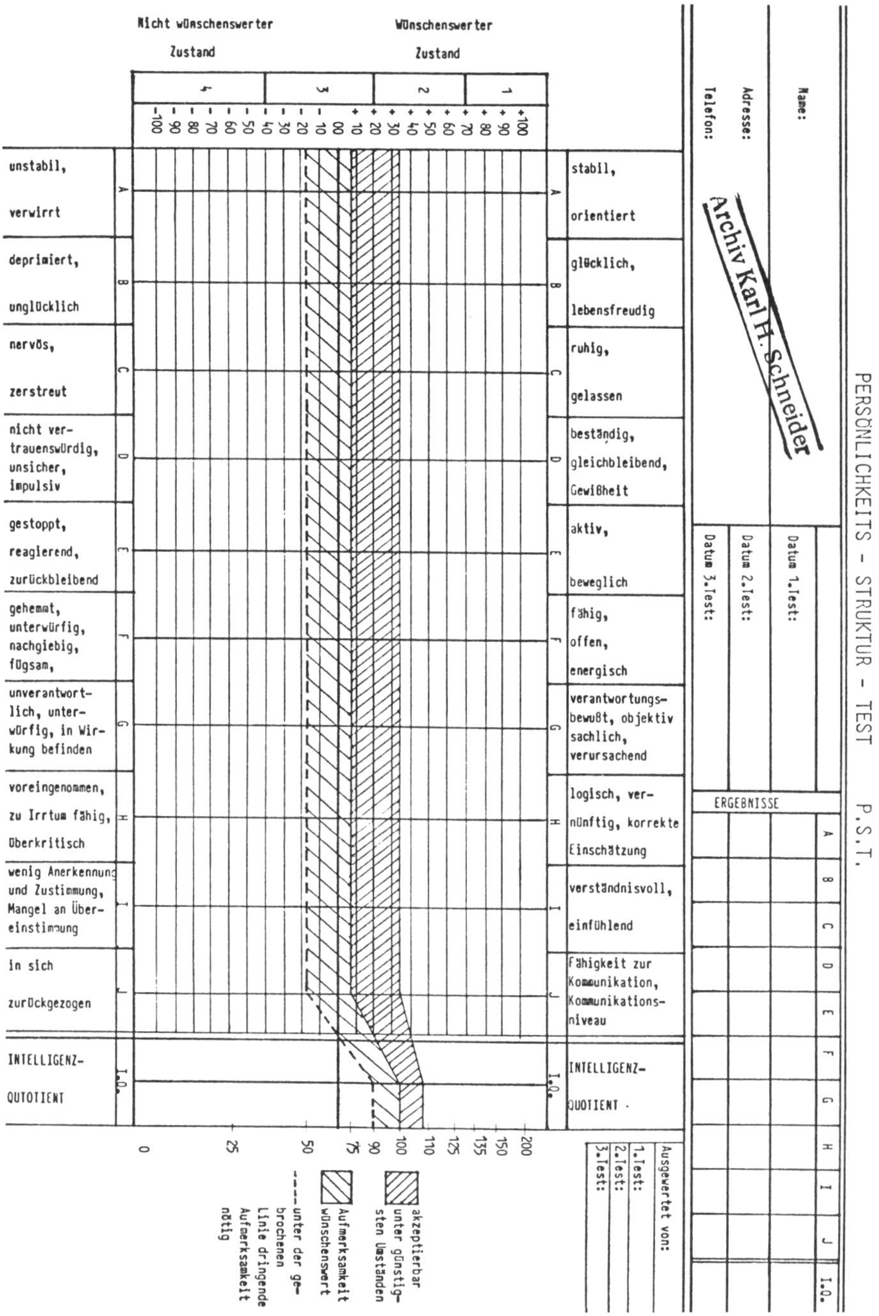

AUSSAGEN EINER EX-SCIENTOLOGIN

„Im September 89 bekam ich von einem renommierten Hamburger Musikverlag die Adresse einer Schallplattenfirma, **ARC Music**, die in Hamburg in der Eiffestr. 422 ansässig ist. Dieser Firma, die internationale Folklore produziert, bot ich meine Kinderlieder an. Der Chef, Horst Tubbesing, war von meiner Produktion angetan und er schloß eine Veröffentlichung nicht aus. Da ich nach meinem Marketing-Studium einen Job suchte, nahm ich das Angebot von Herrn Tubbesing an, nach einem Praktikum in seiner Firma zu arbeiten. ‚Wir brauchen Leute, die die Firma tragen, sich mit ihr identifizieren. Bei uns können Sie zur Führungskraft aufsteigen und auch Ihre Musik verwirklichen. Mit uns gemeinsam können Sie sehr **erfolgreich** sein.' Natürlich wollte ich Erfolg haben, wer will das nicht ...

Das Gespräch mit Herrn Tubbesing dauerte über zwei Stunden. Während dieser Zeit fragte er mich, ob ich L. Ron Hubbard kenne. Herr Tubbesing klärte mich auf: ‚L. Ron Hubbard hat eine neue Weltphilosphie entdeckt, die eine **Welt ohne Krieg, Krankheit und Korruption** schafft.' Er bat mich, das »Dianetik«-Buch zu lesen, das er mir in die Hand drückte. Am Ende des Gesprächs bat er mich noch um einen persönlichen Gefallen: ‚Würden Sie bitte diesen Persönlichkeitstest ausfüllen, es ist sehr wichtig.' Er sagte, daß alle seine Mitarbeiter diesen Test gemacht hätten. Ich bat jedoch, dies zuhause tun zu dürfen und nahm den Test mit nach Hause. Die Fragen beantwortete ich sehr ungern, da sie doch in die Intimsphäre eindrangen. Fragen wie *‚Haben Sie schon einmal an Selbstmord gedacht?' ‚Würden Sie Schulden machen?'* irritierten mich. Den ausgefüllten Persönlichkeitstest schickte ich an Herrn Tubbesing zurück.

Nach einigen Tagen rief er mich an und sagte, ihm liege das Ergebnis meines Tests vor, und ich möchte doch so schnell wie möglich zu ihm kommen. In seinem Büro legte er mir die Graphik vor, die er mir erläuterte. ‚Ich muß Ihnen sagen', begann Tubbesing, ‚daß Sie schwerwiegende Probleme im zwischenmenschlichen Bereich haben'. Ich war ziemlich geschockt, da ich in diesem Bereich mit Sicherheit keine Probleme hatte. ‚Wir müssen dieses Problem unbedingt handhaben, denn sonst können Sie nicht bei uns arbeiten. Sie machen einen Kommunikationskurs und dann ist alles in bester Ordnung.'

Daß danach überhaupt nichts mehr in Ordnung war, erfuhr ich bald. Den Kommunikationskurs besuchte ich fast jeden Abend nach der Arbeit. Da ich oft bis nach 19 Uhr, manchmal auch länger arbeitete, anschließend am Steindamm im DIANETIK-Zentrum den Kom-Kurs absolvierte, kam ich meist gegen Mitternacht und oft noch später nach Hause.

Der Kom-Kurs war für mich die **Einstiegsdroge** in SCIENTOLOGY. Die erste Übung im Kom-Kurs bestand darin, meinen gegenübersitzenden Partner ein Stunde lang mit den Augen zu fixieren, für mich eine schreckliche Tortur. In einer anderen Übung mußte man den Partner, der überhaupt nicht redet, zum Reden bringen. Man mußte solange den anderen mit einer Frage quälen, bis dieser schließlich mürbe war und das sagte, was der Fragende wissen wollte. Einige Übungen mußte ich mit einem elf- bis zwölfjährigen (!) Jungen machen, der während dieser unmenschlichen Übungen kurz vorm Weinen war.

Nach Beendigung des Kom-Kurses bekam ich eine Urkunde, und die SCIENTOLOGEN gratulierten mir überschwenglich und wollten mich gleich zum nächsten Kurs überreden. Da ich aber nun meine angeblichen Probleme gehandhabt hatte, sah ich keine Veranlassung, einen neuen Kurs zu machen.

Doch hatte ich die Rechnung ohne Herrn Tubbesing gemacht. Nun war der RR (Reinigungs-Rundown) angesagt. ‚Damit du noch effektiver arbeiten kannst, ist es dringend notwendig, daß du den Reinigungs-Rundown machst. Während des RR wird dein Körper alle Schadstoffe, wie z.B. Drogen, Narkosen, sämtliche Sonnenbrände, die du gehabt hast, Umweltschäden, abstoßen und du wirst so sauber sein wie bei deiner Geburt.' Tubbesing überredete mich, bei meiner Bank einen Kredit zu holen (er hatte mir eine Verdienstbescheinigung ausgeschrieben, die viel höher war als das, was ich wirklich verdiente). Ich bekam den Kredit von der Bank und marschierte nun täglich ins DIANETIK-Zentrum zum Schwitzen. Der RR ist ein Saunaprogramm mit der Einnahme von Vitaminen. Je nach Schwere des Falles (bei SCIENTOLOGY wird man als »Fall« behandelt, betreut wird man vom »Fallüberwacher«) ist auch die Vitamindosierung. Meine Dosierung war ziemlich hoch, da ich etliche Narkosen rauszuschwitzen hatte.

Während dieser Saunagänge ging es mir oft sehr schlecht. Ich hatte enorme Kreislaufstörungen; es handelte sich nicht um einen normalen Saunagang, sondern um eine Prozedur von drei bis fünf Stunden. Pause durfte ich nur machen, um mich kalt abzuduschen; und dann ging's gleich wieder in den Schwitzkasten. Wir Saunagänger wurden von einem Arzt betreut, der aber meistens durch Abwesenheit glänzte, da er im Nebenraum Regale zusammenbaute. Selbstverständlich wurde ich vor dem RR vom Arzt untersucht; so schnell und so dilettantisch bin ich noch nie untersucht worden.

Oft ging es mir nach dem Saunagang so schlecht, daß ich Angst hatte, auf dem Nachhauseweg zusammenzuklappen. Nach 17 Tagen war die Prozedur zu Ende, und ich um 3.000 Mark ärmer.

Nun war ich **sauber** und **rein** und **gut gewappnet** für meine Tätigkeit im Außendienst. Vorher war ich bei ARC Music im Tourneebüro tätig gewesen. Was macht wohl eine Außendienstmitarbeiterin ohne Auto? Das habe ich Herrn Tubbesing gefragt. Die

Antwort war natürlich sehr einfach: Sie kauft sich eins, aber bitteschön ein neues. Mit einem Gebrauchtwagen könnte ich ja liegenbleiben und keinen Umsatz machen. Da Tubbesing mir ein Anfangsgehalt von 6.000.- DM versprach, begann ich zu rechnen. Da meine Freundin beim Autohaus für mich bürgte, hatte ich einige Tage später einen neuen Wagen und 20.000.- DM Schulden am Hals.

Nachdem ich drei Wochen im Außendienst geschuftet und noch zwei Wochen im Innendienst gearbeitet hatte, bekam ich von Tubbesing die Quittung: 2.600.- DM sollte ich verdient haben, aber aufgewendet hatte ich 4.600.- DM. Nun war Tubbesing wieder am Zug. Er warf mir **Unfähigkeit** vor, und diese Unfähigkeit müsse nun schnellstens gehandhabt werden. Ich wollte aber nichts mehr handhaben lassen, sondern nur ein paar Tage Urlaub, um mich von den anstrengenden Außendienstwochen zu erholen.

Ich hatte im Außendienst oft bis zu 16 Stunden gearbeitet. In großen Städten hatte ich meistens nur zwei Kunden, und die Wege, die ich zu fahren hatte, waren weit. Ich konnte gar nicht den Umsatz machen, den er von mir forderte. Die meiste Zeit saß ich im Auto. Ich wurde auch von der Firma zu einer nicht existierenden Firma geschickt.

Ich bekam keinen Urlaub. Stattdessen schickte mich Tubbesing ins Auditing, um meine Unfähigkeit zu handhaben. Das Auditing ist eine Verhörmethode, die dazu dient, Menschen die intimsten Dinge zu entlocken, um sie **erpreßbar** zu machen. Ostern mußte ich dann in der Firma erscheinen. Der Geschäftsführer, Thomas Karllson, eröffnete mir, daß ich nun drei Wochen hintereinander in den Außendienst müßte. Da hätte ich die Möglichkeit, wieder fähig zu werden. Das sollte also meine **Strafe** sein.

Als ich vom ARC an diesem Ostertag nach Hause kam, hörte ich endlich auf, mich selbst und andere Menschen zu belügen. Ich erzählte meiner Freundin die ganze Wahrheit, einen Teil hatte sie selbst mitbekommen.

Ich begriff, daß ich auf eine **kriminelle** Organisation reingefallen war, die darauf abzielt, Menschen für ihre Ziele zu **mißbrauchen**. Ich begriff, daß diese straff geführte Organisation unter dem Deckmantel »Kirche« Menschen **unmündig** macht, sie wie Marionetten tanzen läßt und ihnen ihre **Identität raubt**. Als Scientologin hatte ich einen Realitätsverlust. Da ich fast ausschließlich mit Scientologen zusammen war und auch ihre Sprache sprach, von der Außenwelt regelrecht abgeschirmt war, hatte ich kein Gefühl mehr für Realität.

Als ich an diesem Ostertag aufhörte, mich selbst zu belügen, wußte ich nicht, was noch alles auf mich zukam. Ich ging nicht mehr in die Firma ARC Music. Meine Freundin hatte Urlaub, und dieser Umstand war meine Rettung.

Denn jetzt setzte der Telefonterror ein. Zunächst eimal rief ARC an; meine Freundin sagte, ich sei verreist. Mein Arzt hatte mich aufgrund meiner psychischen und physischen Verfassung krankgeschrieben. Ich ging nie ans Telefon. Meine Freundin versuchte, so gut es ging, ARC und SCIENTOLOGY abzuwimmeln. Eine ehemalige Mitsaunagängerin, die ihren Beruf als Krankenschwester aufgegeben hatte, um nur noch für SCIENTOLOGY zu arbeiten, lag vor unserem Haus einige Male auf der Lauer. In den ersten vier Wochen nach meinem Ausstieg aus ARC und SCIENTOLOGY bin ich nicht aus dem Haus gegangen. Nachdem ich mir einen Anwalt genommen hatte, hörte die Belagerung auf und der Telefonterror.

Sie werden sicher wissen wollen, warum ein Mensch dies mit sich machen läßt. Ich habe es kurz nach meinem Ausstieg herausgefunden. Für mich war es der **Erfolg**, der mich in SCIENTOLOGY einsteigen ließ; auf die Idee, in einer Sekte gelandet zu sein, konnte ich gar nicht kommen; denn in SCIENTOLOGY verkehren höhergestellte Herren von zwei Firmen in Hamburg, die Managementkurse belegten. Eine der beiden Firmen bezeichneten das **Ethik-Buch** von L. Ron Hubbard als ihre Unternehmensphilosophie.

Man muß SCIENTOLOGY als **Droge** verstehen: Menschen süchtig machen nach Erfolg, Menschen süchtig zu machen nach Bewältigung ihrer Probleme, die sie nicht haben. Nach einem Jahr Abstand zur ARC und SCIENTOLOGY (ARC ist mit SCIENTOLOGY identisch und umgekehrt) behaupte ich, daß SCIENTOLOGY

Selbstmord auf Raten

ist. Wer sich in SCIENTOLOGY begibt, muß damit rechnen, daß er sich umbringt. Ich habe Glück gehabt; ich wollte nach meinem Ausstieg noch einmal zu den SCIENTOLOGEN; ich wollte sie fragen, warum sie Menschen so viel Grausames antun, warum sie Familien zerstören und Menschen aussaugen wie Vampire.

Ich habe diese Frage den SCIENTOLOGEN Gott sei Dank nie gestellt - denn als ich wie unter einem Zwang zum Steindamm wollte, hat mich meine Freundin eingesperrt. Wenn ich dorthin gegangen wäre, hätten Sie n i e etwas über mich erfahren."

Bemerkung: Dieser Text wurden im Rahmen von Aufklärungsveranstaltungen an Münchner Schulen eingesetzt (ab der 9. Jahrgangsstufe). Es wurde ein Arbeitsblatt erstellt, das den zeitlichen Ablauf und die Verstrickung in die Ideologie des amerikanischen Psychokults darstellt.

In diesem Zusammenhang ist die Kleine Anfrage / Landtag Mecklenburg-Vorpommern vom 25.09.91 (Drs. 1/770) wichtig und deren Beantwortung vielsagend:
"Die Landesregierung bemüht sich, durch Förderung spezieller Projekte in der Jugend- und Sozialarbeit insbesondere für gefährdete Gruppen **Lern-** und **Sozialisationshilfen** zu schaffen, die den besonderen Bedürfnissen der Jugendlichen gerecht werden. Die Schulen, Jugendämter sowie freien Träger der Wohlfahrtspflege werden angeregt, im Schulunterricht oder im Bereich der Jugendarbeit über Jugendsekten zu informieren und über evtl. Gefahren aufzuklären. Geplant sind vor allem präventive Maßnahmen, die darauf abgerichtet sind, zu informieren und ein kritisches Bewußtsein hinsichtlich Jugendsekten zu fördern. Um dieses zu gewährleisten, werden Informationsveranstaltungen / Seminare für Jugendhelfer, Sozialarbeiter, Erzieher und Lehrer angeboten."

Arbeitsblatt - ARC Musik (Aussagen einer Ex-Scientologin)

1) Schulischer/beruflicher Werdegang der Ex-Scientologin: ....
2) Ihre Hobbies: ....
3) **L. Ron Hubbard** = Gründer von .... / .... Er erfand eine „Weltphilosophie", die (angeblich) eine Welt ohne .... ermöglicht.
4) **DIANETIK** = »Die Wissenschaft der geistigen Gesundheit« = „ ...." der Scientologen
5) **O**xford **C**apacity **A**nalyse (**OCA**) = kosten-, aber nicht folgenloser »Persönlichkeitstest«; er mündet in ein Verkaufsgespräch.
6) Was waren die Schritte und Folgen, wie er (= T.) sie zu Scientology brachte? a) .... b) .... c) .... d) .... e) .... f) .... g) ....
7) Die »Wissenschaft der geistigen Gesundheit«, die sich selbst auch als die »Wissenschaft, wie man weiß« definiert, machte sie .... und kostete in etwa .... DM (Minimalbetrag).

8. Zähle die *„schrägen Handlungen"* der SCIENTOLOGY CHURCH bzw. ihrer Mitglieder auf:

1) ....

2) ....

3) ....

4) ....

5) ....

6) ....

7) ....

8) ....

9) ....

10) ....

9. Warum meint sie, SCIENTOLOGY sei eine **„kriminelle Organisation"**?

Begründe dies: ....

....

10. Erkläre den letzten Absatz ihrer Aussage:

....

....

....

11) Ist Scientology eine „Kirche" oder eine „Mäusefallen-Religion"? Begründe Deine Meinung anhand obiger Aussagen:

....

....

....

AUSSAGEN EINER SCIENTOLOGIN

Dem Autor liegt eine **Hut**-Abschrift von Anne H. vor; Auszüge aus diesem Papier, das möglicherweise als »Strafarbeit« zu fertigen war, geben Einblick in die Machenschaften dieses Psychokonzerns. Scientologische Fachausdrücke sind am **Fettdruck** erkennbar. Sie sollen hier nicht erläutert werden.

„Public Reg. Anne H.
Div. VI, Dept. 17

Zweck des Postens:

Genügend Leute zu interessieren, daß sie etwas kaufen und tun (Bücher und Kurse).

Pflichten eines Reg.:

Eine wichtige Voraussetzung für einen ***Reg*** *sind gute* ***TRs*** *und echtes Interesse, den Leuten die zu ihm kommen mit SCIENTOLOGY zu helfen. ... Um 9.30 Uhr starte ich mit telefonieren. Es sind Leute, die an dem Tag den* ***Komm Kurs*** *starten wollen, die ich anrufe. Ich sage ihnen, wer ich bin und daß ich sie halt daran erinnern möchte, daß wir um sagen 14.00 Uhr verabredet sind, weil sie da den Kurs starten wollen. Danach gehe ich in* ***Qual*** *und mache* ***TRs****, mindestens eine halbe Stunde lang. Anschließend sind die ersten Leute mit dem* (hier behandelten) *Test fertig und meine Interviews gehen los.*

Das Interview sieht folgendermaßen aus: Ich stelle mich der Person vor und wenn ich meine es ist in Ordnung ‚Du' zu sagen, frage ich sie, ob sie damit einverstanden ist. Ich frag sie ob sie schon jemals etwas von SCIENTOLOGY gehört hat. Wenn sie feindselig ist ***handhabe*** *ich das, wende die* ***Tonscala*** *an. Dann finde ich heraus, was die Person tut, damit ich weiß mit wem ich spreche (Student, Schüler etc.).*

Danach mache ich eine Testauswertung mit ihm, mit gutem ***TR 1*** *und fast* ***Ton 40****.* ***(Eval. Script****)*

Wenn ich alle Punkte durchhabe frage ich die Person was ihr am meisten Schwierigkeiten macht ***(Dissem Drill****). Meine Absicht ist es, die Person für den* ***Komm Kurs*** *abzuzeichnen. Dann geht das* ***Handhaben*** *los* ***(Big League Sales****). Einer der meisten Ausflüchte ist: ‚Ich muß mir das noch überlegen'. Meine Frage darauf ist, was sich die Person überlegen will. Oder, was ihr noch* *unklar ist. Auf jeden Fall bringe ich die Person dahin zurück, daß sie ja etwas tun will um mit ihren Schwierigkeiten besser fertig zu werden und daß ihr Scn helfen kann. Ich beantworte Fragen die noch unklar sind und gebe ihr zu verstehen, daß sie es gleich machen soll und daß sie jetzt am meisten über den* ***Komm Kurs*** *weiß.*

Eine Person die an Verbesserung interessiert ist bekomme ich auf diese Weise ***gehandhabt****.*

Dann mache ich einen Termin mit ihr aus und zwar so, daß ich sie frage ob es ihr lieber ist gleich anzufangen oder heute abend (2 Möglichkeiten). Und so machen wir dann einen Zeitpunkt aus. Ich versuche natürlich immer das Geld gleich zu bekommen, zumindest eine Anzahlung. Während die Person sich anmeldet mache ich noch einmal wie zuvor viel ***ARK****. Vor allem sorge ich dafür, daß ich eine Tel.Nummer bekomme und sage auch der Person, wenn sie nicht gleich startet, daß ich sie gern anrufen würde um sie daran zu erinnern, falls sie nichts dagegen hat, im Gegenteil, die Leute finden es nett von mir, daß ich das tun will. Ich hab was vergessen, zuhören ist wichtig, nicht viel reden.*

Falls eine Person absolut nicht den Kurs machen will, sag ich zu ihr, daß ich mir denke, es liegt zum Teil daran, daß es so neu für sie ist und sie nicht genug darüber weiß. Dann schlage ich ihr vor was zu lesen, damit ich zu meinem Produkt komme. Ich finde heraus, ob sie gut englisch kann und verkaufe ihr ein Buch. Ehe sie geht, lade ich sie zu unserem ***Anatomie Kurs*** *ein und sag ihr falls sie Fragen zu dem Buch* (DIANETIK) *hat, daß sie auf jeden Fall wiederkommen soll.*

So schauen meine Interviews aus. Ich mache schnelle gute Interv. Manchmal kommt es auch vor, daß ich jemand sagen muß, daß Scn nichts für ihn ist, aber selten. Zwischendurch mache ich Termine mit Leuten unter 18 Jahre. Ich erkläre ihnen, warum sie die Auswertung nur mit Zustimmung der Eltern bekommen können. Stelle ***ARC*** *her und versuche sie für Scn zu interessieren mit der Absicht ein Buch zu verkaufen, oder zumindest eins anzuzahlen, weil wir nicht so viele Bücher in deutsch haben.* [Heute wohl nicht mehr zutreffend!] *Was ich übrigens immer mache wenn Leute nicht genügend Geld bei haben um das Buch mitzunehmen.*

Was ich auch noch tue, ich gebe Leuten, die bei mir im Interview sind, Tests mit für Freunde. Das gleiche mache ich auch bei Leuten, die schon auf dem ***HAS Kurs*** *sind, damit sie Freunde reinbringen und mithelfen auf diese Weise Scn zu verbreiten. Außerdem ist es mir noch sehr wichtig, nicht viel zu* ***reachen****."*

Hinweis: Orthographie und Satzbau wurden nicht verändert.

»AUSWERTUNGS MANUSKRIPT«

„Abschrift (aus HCO PL 15. Febr. 1961 - Auszug Volume 6, S. 710)
‚Nun lassen Sie uns einen Blick auf Ihre Persönlichkeit werfen. Das ist, was Sie uns über sich selbst erzählt haben. Verstehen Sie, dies ist nicht unsere Meinung über Sie, sondern es ist eine tatsächliche wissenschaftliche Analyse, die von Ihren Antworten gemacht wurde.'

Die Auswertung wird mit ausgezeichnetem ***TR 1*** *gegeben. Fast* ***Ton 40****. Die Idee dabei, die Person zu treffen. Je widerstandsvoller die Person ist, und je mehr sie herumredet, desto mehr Punkte sollen ihr vorgeknallt werden. Sehe ihm gerade in die Augen und laß ihn wissen: ‚**So ist es und nicht anders**'.*

‚Oberhalb dieser Linie [wahrscheinlich **+33**] *ist zufriendenstellend, aber sogar diese Punkte kann man höher bringen. Ebenso ist Wissen erforderlich, um vollen Gebrauch der besten Punkte seiner Persönlichkeit zu ermöglichen. Dies kann man durch SCIENTOLOGY erreichen.'*
‚Diese mittleren Punkte [wahrscheinlich **+33 bis -16**] *sind noch annehmbar, solange es keine Krise oder Schwierigkeiten in Ihrem Leben gibt.'*
‚Nun, dieser Teil [wahrscheinlich **unter -16**] *zeigt, daß Sie sehr viel Hilfe brauchen.'*

Schreite fort mit der Auswertung der tiefen Punkte, Abschnitt für Abschnitt. Mache eine bestimmende Aussage über jeden. Wenn die Person übereinstimmt, sagt ‚ja, das stimmt' oder ‚das beschreibt mich richtig' oder ähnlich, gehe gleich weiter, Du hast getroffen. Wenn die Person Einwände macht, oder protestiert, versteife Dich nicht. Du sprichst einfach nicht auf ihrer ***Realitätsstufe****. Formuliere Deine Aussage neu, bis sie ihm* ***real*** *wird. Halte an, sobald Du durchkommst. Sobald Du einen Treffer gelandet hast, schau die Person direkt an und sage mit Absicht ‚Das kann mit SCIENTOLOGY geändert werden' oder irgendeine positive Aussage.*

NIEMALS sage es halbherzig oder entschuldigend!

Sorge Dich nicht um die hohen Punkte. Wenn er nach ihnen fragt, erzähle ihm, die tiefen Punkte seien die Ursachen seiner Schwierigkeiten - und daß diese geändert werden können. Wenn mehrere hoch sind, kannst Du hinzufügen, daß aufgrund dieser es ihm leichter als den meisten Leuten fallen wird, SCIENTOLOGY zur Verbesserung zu benutzen."

Testwerte (männlich) 14 - 18 Jahre

A	B	C	D	E	F	G	H	I	J
			108 +100						
			107 +99						
			106 +98						
			106 +97						
			104 +97						
			103 +96	108 +100	108 +100				
			102 +95	107 +99	107 +100				
			101 +92	106 +98	106 +99				
			100 +90	105 +97	105 +98				
			99 +88	104 +97	104 +97				
			98 +85	103 +96	103 +96				
			97 +80	102 +94	102 +94				
			96 +76	101 +92	101 +92				
110 +99			95 +70	100 +90	100 +90				
109 +98			94 +68	99 +88	99 +88				
108 +96			93 +66	98 +84	98 +86				
107 +95			92 +62	97 +80	97 +84				114 +100
104 +92			91 +58	96 +78	96 +80				113 +99
103 +91			90 +54	95 +74	95 +78				112 +98
102 +90			89 +52	94 +72	94 +76	112 +100	115 +100		111 +97
101 +88			88 +50	93 +68	93 +70	111 +98	114 +99		110 +96
100 +84	119 ???		87 +48	92 +64	92 +66	110 +96	113 +98		109 +95
99 +80	118 ???	114 +100	86 +46	91 +60	91 +60	109 +94	112 +94	101 +100	108 +94
98 +76	117 +100	113 +98	85 +44	90 +56	90 +54	108 +92	111 +90	100 +99	107 +90
97 +70	116 +98	112 +94	84 +42	89 +52	89 +50	107 +90	110 +86	99 +98	106 +86
96 +64	115 +96	111 +90	83 +40	88 +48	88 +42	106 +84	109 +82	98 +96	105 +80
95 +58	114 +90	110 +86	82 +38	87 +44	87 +36	105 +82	108 +76	97 +94	104 +74
94 +52	113 +82	109 +82	81 +36	86 +40	86 +30	104 +78	107 +70	96 +90	103 +68
93 +48	112 +76	108 +76	80 +34	85 +36	85 +26	103 +72	106 +64	95 +86	102 +60
92 +42	111 +68	107 +72	79 +32	84 +32	84 +24	102 +66	105 +56	94 +80	101 +54
91 +36	110 +62	106 +64	78 +28	83 +28	83 +22	101 +58	104 +48	93 +72	100 +46
90 +30	109 +54	105 +54	77 +24	82 +24	82 +16	100 +50	103 +40	92 +62	99 +38
89 +24	108 +44	104 +44	76 +20	81 +20	81 +14	99 +44	102 +30	91 +50	98 +30
88 +18	107 +36	103 +34	75 +14	80 +16	80 +10	98 +34	101 +22	90 +40	97 +24
87 +12	106 +20	102 +22	74 +10	79 +10	79 + 6	97 +26	100 +14	89 +28	96 +18
86 + 6	105 +10	101 +10	73 + 6	78 + 4	78 + 4	96 +18	99 + 8	88 +18	95 +12
85 + 0	104 + 6	100 + 2	72 + 2	77 + 2	77 + 2	95 + 4	98 + 2	87 + 6	94 + 4

84 - 6	103 -6	99 -6	71 -2	76 -4	76 -2	94 -0	97 -4	86 -4	93 -2
83 -12	102 -18	98 -12	70 -6	75 -14	75 -12	93 -10	96 -10	85 -16	92 -8
82 -18	101 -26	97 -20	69 -8	74 -22	74 -20	92 -18	95 -14	84 -28	91 -14
81 -26	100 -32	96 -26	68 -10	73 -26	73 -30	91 -28	94 -22	83 -40	90 -20
80 -32	99 -36	95 -32	67 -12	72 -40	72 -40	90 -36	93 -28	82 -56	89 -24
79 -40	98 -44	94 -40	66 -16	71 -48	71 -50	89 -46	92 -40	81 -62	88 -28
78 -46	97 -48	93 -46	65 -20	70 -58	70 -58	88 -54	91 -52	80 -70	87 -32
77 -54	96 -54	92 -54	64 -24	69 -66	69 -64	87 -60	90 -58	79 -78	86 -36
76 -60	95 -58	91 -60	63 -28	68 -72	68 -72	86 -65	89 -62	78 -80	85 -40
75 -66	94 -62	90 -66	62 -30	67 -78	67 -80	85 -70	88 -68	77 -84	84 -44
74 -72	93 -66	89 -74	61 -36	66 -82	66 -85	84 -76	87 -72	76 -86	83 -48
73 -76	92 -70	88 -76	60 -42	65 -86	65 -90	83 -80	86 -74	75 -88	82 -52
72 -80	91 -72	87 -80	59 -48	64 -88	64 -94	82 -85	85 -76	74 -90	81 -56
71 -82	90 -76	86 -84	58 -50	63 -90	63 -95	81 -90	84 -78	73 -91	80 -60
70 -84	89 ???	85 -86	57 -52	62 -91	62 -96	80 -91	83 -80	72 -92	79 -64
69 -88	88 -78	84 -88	56 -58	61 -92	61 -97	79 -91	82 -82	71 -93	78 -66
68 -90	87 -82	83 -90	55 -60	60 -93	60 -98	78 -92	81 -84	70 -94	77 -68
67 -91	86 -84	82 -91	54 -62	59 -94	59 -99	77 -92	80 -86	69 -95	76 -72
66 -92	85 -86	81 -91	53 -64	58 -95	58 -100	76 -93	79 -87	68 -96	75 -74
65 -93	84 -88	80 -92	52 -70	57 -97		75 -93	78 -88	67 -97	74 -76
64 -94	83 -89	79 -92	51 -74	56 -98		74 -94	77 -89	66 -98	73 -80
63 -95	82 -89	78 -93	50 -76	55 -99		73 -94	76 -90	65 -98	72 -82
62 -96	81 -90	77 -93	49 -80	54 -100		72 -95	75 -91	64 -99	71 -84
61 -96	80 -90	76 -94	48 -82			71 -95	74 -92	63 -99	70 -86
60 -97	79 -91	75 -94	47 -86			70 -96	73 -93	62 -100	69 -88
59 -97	78 -91	74 -95	46 -90			69 -96	72 -94	61 -100	68 -90
58 -98	77 -92	73 -95	45 -92			68 -97	71 -94		67 -90
57 -98	76 -92	72 -96	44 -93			67 -97	70 -95		66 -91
56 -99	75 -93	71 -96	43 -94			66 -98	69 -95		65 -91
55 -99	74 -93	70 -97	42 -95			65 -98	68 -96		64 -92
54 -100	73 -94	69 -97	41 -96			64 -99	67 -97		63 -92
53 -100	72 -94	68 -98	40 -97			63 -99	66 -97		62 -93
52 -100	71 -95	67 -98	39 -98			62 -100	65 -97		61 -93
51 -100	70 -95	66 -98	38 -99				64 -98		60 -94
50 -100	69 -96	65 -99	97 -100				63 -98		59 -94
	68 -96	64 -99					62 -99		58 -95
	67 -96	63 -99					61 -99		57 -95
	66 -97	62 -100					60 -99		58 -95
	65 -97	61 -100					59 -99		57 -96
	64 -98	60 -100					58 -100		56 -96
	63 -98	59 -100					57 -100		55 -97
	62 -99	58 -100					56 -100		54 -97
	61 -99	57 -100					55 -100		53 -98
	60 -100								52 -99
	59 -100								51 -100
	58 -100								50 -100
	57 -100								
	56 -100								
	55 -100								

Testwerte (weiblich) 14 - 18 Jahre

A	B	C	D	E	F	G	H	I	J
			108 +100						
			107 +99						
			106 +98		108 +100				
			105 +97		107 +99				
			104 +97		106 +99				
			103 +95	108 +100	105 +98				
			102 ???	107 +100	104 +96				
110 +100			101 +92	106 +99	103 +94				
109 +99			100 +90	105 +98	102 +92				
108 +98			99 +88	104 +96	101 +90				
107 +97			98 +85	103 +94	100 +88				
106 +96			97 +80	102 +92	99 +86				
105 +94			96 +76	101 +90	98 +80				
104 +92			95 +70	100 +88	97 +76	112 +100			
103 +88			94 +68	99 +82	96 +72	111 +100			
102 +86			93 +66	98 +78	95 +70	110 +99	115 +100		
101 +84			92 +62	97 +74	94 +68	109 +98	114 +99		
100 +82			91 +58	96 +70	93 +64	108 +97	113 +98		
99 +78			90 +54	95 +68	92 +60	107 +96	112 +96		
98 +76	117 +100	114 +100	89 +52	94 +62	91 +58	106 +95	111 +94		
97 +74	116 +99	113 +98	88 +50	93 +58	90 +56	105 +94	110 +92		114 +100
96 +70	115 +96	112 +96	87 +48	92 +54	89 +54	104 +93	109 +90		113 +99
95 +66	114 +90	111 +92	86 +46	91 +50	88 +52	103 +92	108 +86		112 +98
94 +64	113 +88	110 +90	85 +44	90 +48	87 +50	102 +91	107 +82	101 +100	111 +94
93 +60	112 +84	109 +86	84 +42	89 +42	86 +48	101 +90	106 +78	100 +98	110 +90
92 +58	111 +80	108 +82	83 +40	88 +38	85 +44	100 +88	105 +74	99 +96	109 +86
91 +52	110 +74	107 +78	82 +38	87 +34	84 +40	99 +82	104 +70	98 +94	108 +80
90 +48	109 +70	106 +74	81 +36	86 +30	83 +38	98 +78	103 +64	97 +90	107 +74
89 +42	108 +62	105 +68	80 +34	85 +26	82 +36	97 +72	102 +60	96 +88	106 +68
88 +26	107 +60	104 +62	79 +32	84 +22	81 +32	96 +68	101 +54	95 +82	105 +62
87 +34	106 +50	103 +54	78 +28	83 +18	80 +30	95 +58	100 +48	94 +74	104 +54
86 +28	105 +42	102 +48	77 +24	82 +14	79 +24	94 +48	99 +42	93 +64	103 +50
85 +24	104 +34	101 +38	76 +20	81 +10	78 +20	93 +40	98 +36	92 +54	102 +44
84 +18	103 +26	100 +26	75 +14	80 + 8	77 +18	92 +32	97 +32	91 +44	101 +34
83 +12	102 +18	99 +18	74 +10	79 + 6	76 +10	91 +22	96 +22	90 +32	100 +24
82 + 6	101 +12	98 +10	73 + 6	78 + 4	75 + 4	90 +14	95 +14	89 +20	99 +16
81 + 0	100 + 8	97 + 2	72 + 2	77 + 2	74 + 2	89 + 6	94 + 8	88 + 6	98 + 6

80 -8	99 -4	96 -6	71 -2	76 -2	73 -6	88 -2	93 -2	87 -8	97 -2
79 -16	98 -10	95 -12	70 -6	75 -6	72 -20	87 -12	92 -10	86 -20	96 -12
78 -26	97 -16	94 -18	69 -8	74 -24	71 -30	86 -20	91 -16	85 -34	95 -18
77 -34	96 -24	93 -24	68 -10	73 -34	70 -42	85 -28	90 -24	84 -46	94 -26
76 -42	95 -30	92 -30	67 -12	72 -42	69 -52	84 -38	89 -28	83 -56	93 -32
75 -50	94 -34	91 -38	66 -16	71 -50	68 -60	83 -46	88 -34	82 -68	92 -36
74 -58	93 -42	90 -40	65 -20	70 -58	67 -68	82 -54	87 -40	81 -72	91 -38
73 -62	92 -46	89 -48	64 -24	69 -64	66 -76	81 -62	86 -46	80 -78	90 -44
72 -68	91 -48	88 -54	63 -28	68 -70	65 -82	80 -68	85 -50	79 -84	89 -48
71 -72	90 -54	87 -62	62 -30	67 -74	64 -88	79 -74	84 -56	78 -88	88 -52
70 -74	89 -60	86 -66	61 -36	66 -80	63 -92	78 -76	83 -60	77 -90	87 -56
69 -78	88 -64	85 -72	60 -42	65 -86	62 -96	77 -82	82 -64	76 -91	86 -60
68 -82	87 -68	84 -74	59 -48	64 -88	61 -98	76 -84	81 -68	75 -92	85 -64
67 -86	86 -72	83 -78	58 -50	63 -90	60 -99	75 -86	80 -72	74 -93	84 -68
66 -90	85 -76	82 -82	57 -52	62 -92	59 -100	74 -88	79 -76	73 -94	83 -70
65 -91	84 -80	81 -84	56 -56	61 -94	58 -100	73 -90	78 -78	72 -95	82 -72
64 -92	83 -82	80 -88	55 -60	60 -96		72 -91	77 -92!	71 ???	81 -74
63 -93	82 -84	79 -90	54 -62	59 -97		71 -92	76 -93	70 -96	80 -76
62 -94	81 -86	78 -90	53 -64	58 -98		70 -93	75 -93	69 -96	79 -78
61 -95	80 -88	77 -91	52 -70	57 -98		69 -94	74 -94	68 -97	78 -80
60 -96	79 -90	76 -91	51 -74	56 -99		68 -95	73 -94	67 -97	77 -78!
59 -96	78 -90	75 -92	50 -76	55 -100		67 -96	72 -95	66 -98	76 -84
58 -97	77 -91	74 -92	49 -80	54 -100		66 -97	71 -95	65 -98	75 -86
57 -97	76 -91	73 -93	48 -82			65 -97	70 -96	64 -99	74 -86
56 -98	75 -92	72 -93	47 -86			64 -98	69 -96	63 -99	73 -88
55 -98	74 -93	71 -94	46 -90			63 -98	68 -97	62 -100	72 -90
54 -99	73 -93	70 -94	45 -92			62 -99	67 -97	61 -100	71 -90
53 -99	72 -94	69 -95	44 -93			61 -99	66 -98		70 -90
52 -100	71 -94	68 -95	43 -94			60 -100	65 -98		69 -90
51 -100	70 -95	67 -96	42 -95			59 -100	64 -98		68 -91
50 -100	69 -95	66 -97	41 -96			58 -100	63 -99		67 -91
	68 -96	65 -98	40 -97				62 -99		66 -92
	67 -96	64 -98	39 -98				61 -99		65 -92
	66 -97	63 -98	38 -99				60 -100		64 -93
	65 -97	62 -99	37 -100				59 -100		63 -94
	64 -98	61 -99					58 -100		62 -94
	63 -98	60 -100					57 -100		61 -95
	62 -99	59 -100					56 -100		60 -95
	61 -99						55 -100		59 -96
	60 -100								58 -96
	59 -100								57 -97
	58 -100								56 -97
	57 -100								55 -98
	56 -100								54 -98
	55 -100								53 -99
									52 -99
									51 -100
									50 -100

Testwerte - männliche Erwachsene

A	B	C	D	E	F	G	H	I	J
			108 +98						
			107 +98						
			106 +98						
			105 +98						
			104 +98						
			103 +98		108 +100				
			102 +96	104 +100	107 +99				
			101 +95	103 +99	106 +98				
			100 +92	102 +98	105 +97				
			99 +90	101 +97	104 +96				
			98 +88	100 +94	103 +95				
			97 +85	99 +93	102 +94				
			96 +80	98 +90	101 +93				
			95 +76	97 +88	100 +92				
			94 +70	96 +84	99 +91				
			93 +68	95 +80	98 +90				114 +100
			92 +66	94 +76	97 +88				113 +99
110 +98			91 +62	93 +72	96 +86				112 +98
109 +96			90 +58	92 +70	95 +82				111 +97
108 +95			89 +54	91 +66	94 +78				110 +96
107 +94			88 +52	90 +60	93 +74				109 +90
106 +92			87 +50	89 +54	92 +70	112 +99			108 +80
105 +90		114 +94	86 +48	88 +52	91 +60	111 +96		101 +100	107 +76
104 +82	117 +92	113 +88	85 +46	87 +50	90 +56	110 +94		100 +99	106 +70
103 +78	116 +88	112 +82	84 +44	86 +48	89 +52	109 +88	115 +100	99 +98	105 +66
102 +74	115 +84	111 +74	83 +42	85 +46	88 +48	108 +82	114 +90	98 +97	104 +62
101 +68	114 +78	110 +68	82 +40	84 +44	87 +44	107 +82	113 +84	97 +96	103 +60
100 +62	113 +72	109 +60	81 +38	83 +40	86 +40	106 +74	112 +78	96 +90	102 +58
99 +56	112 +64	108 +54	80 +36	82 +36	85 +36	105 +66	111 +72	95 +86	101 +54
98 +50	111 +56	107 +48	79 +34	81 +32	84 +32	104 +56	110 +64	94 +82	100 +50
97 +42	110 +48	106 +40	78 +32	80 +28	83 +28	103 +46	109 +56	93 +80	99 +44
96 +36	109 +40	105 +34	77 +30	79 +24	82 +24	102 +36	108 +48	92 +72	98 +38
95 +28	108 +32	104 +28	76 +28	78 +20	81 +20	101 +28	107 +40	91 +60	97 +30
94 +22	107 +24	103 +20	75 +20	77 +16	80 +16	100 +20	106 +36	90 +46	96 +22
93 +14	106 +16	102 +14	74 +14	76 +12	79 +12	99 +16	105 +28	89 +32	95 +16
92 + 8	105 + 8	101 + 8	73 + 8	75 + 8	78 + 8	98 +12	104 +16	88 +18	94 + 8
91 + 0	104 + 2	100 + 2	72 + 2	74 + 4	77 + 4	97 + 4	103 + 2	87 + 2	93 + 2

91 0	103 -4	99 -4	71 -2	73 -2	76 -2	96 -4	102 -4	86 -10	92 -4
90 -6	102 -12	98 -10	70 -6	72 -6	75 -12	95 -12	101 -10	85 -22	91 -10
89 -14	101 -18	97 -16	69 -8	71 -12	74 -20	94 -26	100 -14	84 -32	90 -14
88 -20	100 -24	96 -22	68 -10	70 -18	73 -30	93 -26	99 -18	83 -46	89 -20
87 -28	99 -28	95 -28	67 -12	69 -24	72 -40	92 -32	98 -24	82 -56	88 -24
86 -34	98 -34	94 -34	66 -16	68 -30	71 -50	91 -40	97 -28	81 -64	87 -28
85 -40	97 -40	93 -40	65 -20	67 -36	70 -58	90 -46	96 -32	80 -70	86 -32
84 -46	96 -44	92 -46	64 -24	66 -40	69 -64	89 -52	95 -36	79 -76	85 -36
83 -52	95 -50	91 -52	63 -28	65 -46	68 -72	88 -56	94 -42	78 -80	84 -40
82 -58	94 -55	90 -58	62 -30	64 -50	67 -80	87 -62	93 -46	77 -86	83 -44
81 -64	93 -60	89 -64	61 -38	63 -56	66 -85	86 -66	92 -50	76 -90	82 -46
80 -74	92 -65	88 -70	60 -42	62 -62	65 -90	85 -72	91 -54	75 -92	81 -50
79 -76	91 -70	87 -76	59 -48	61 -70	64 -94	84 -76	90 -58	74 -95	80 -56
78 -80	90 -78	86 -82	58 -50	60 -76	63 -95	83 -80	89 -62	73 -96	79 -58
77 -82	89 -80	85 -86	57 -52	59 -82	62 -96	82 -82	88 -66	72 -96	78 -60
76 -84	88 -82	84 -90	56 -56	58 -90	61 -97	81 -84	87 -70	71 -97	77 -62
75 -88	87 -86	83 -92	55 -60	57 -92	60 -98	80 -86	86 -74	70 -97	76 -64
74 -92	86 -80!	82 -94	54 -62	56 -94	59 -99	79 -88	85 -76	69 -98	75 -68
73 -94	85 -90	81 -96	53 -64	55 -98	58 -100	78 -88	84 -78	68 -98	74 -70
72 -96	84 -92	80 -97	52 -70	54 -99		77 -90	83 -80	67 -99	73 -72
71 -97	83 -93	79 -98	51 -76			76 -92	82 -84	66 -99	72 -74
70 ???	82 -94	78 -98	50 -78			75 -92	81 -86	65 -99	71 -76
69 -98	81 -95	77 -98	49 -82			74 -94	80 -87	64 -99	70 -77
68 -99	80 -95	76 -98	48 -86			73 -96	79 -88	63 -100	69 -78
67 -100	79 -96	75 -99	47 -90			72 -98	78 -89	62 -100	68 -80
66 -100	78 -97	74 -99	46 -92			71 -98	77 -90	61 -100	67 -82
65 -100	77 -98	73 -99	45 -93			70 -99	76 -90		66 -84
64 -100	76 -99	72 -99	44 -94			69 -99	75 -90		65 -86
63 -100	75 -100	71 -99	43 -95			68 -99	74 -91		64 -90
62 -100	74 -100	70 -99	42 -96			67 -99	73 -92		63 -92
61 -100	73 -100	69 -99	41 -97			66 -99	72 -93		62 -94
60 -100	72 -100	68 -99	40 -98			65 -99	71 -94		61 -95
59 -100	71 -100	67 -99	39 -99			64 -99	70 -95		60 -96
58 -100	70 -100	66 -99	38 -100			63 -99	69 -96		59 -97
57 -100	69 -100	65 -100	37 -100			62 -100	68 -96		58 -98
56 -100	68 -100	64 -100				61 -100	67 -96		57 -99
55 -100	67 -100	63 -100				60 -100	66 -97		56 -99
54 -100	66 -100	62 -100				59 -100	65 -98		55 -99
53 -100	65 -100	61 -100				58 -100	64 -98		54 -99
52 -100	64 -100	60 -100					63 -99		53 -100
51 -100	63 -100	59 -100					62 -100		52 -100
50 -100	62 -100	58 -100					61 -100		51 -100
	61 -100	57 -100					60 -100		50 -100
	60 -100						59 -100		
	59 -100						58 -100		
	58 -100								
	57 -100								
	56 -100								
	55 -100								

Testwerte - weibliche Erwachsene

A	B	C	D	E	F	G	H	I	J
					108 +100				
			108 +100	108 +100	107 +100				
			107 +99	107 +100	106 +99				
			106 +98	106 +100	105 +98				
			105 +97	105 +100	104 +97				
			104 +97	104 +99	103 +96				
			103 +96	103 +99	102 +94				
			102 +95	102 +98	101 +92				
			101 +92	101 +97	100 +90				
			100 +90	100 +97	99 +87				
			99 +88	99 +96	98 +84				
			98 +85	98 +94	97 +81				
			97 +80	97 +92	96 +78				
110 +99			96 +76	96 +90	95 +75				
109 +98			95 +70	95 +88	94 +72				
108 +96			94 +68	94 +84	93 +70				
107 +94			93 +66	93 +80	92 +67				
106 +92			92 +62	92 +76	91 +64				
105 +90			91 +58	91 +72	90 +61				
104 +88		108 +98	90 +54	90 +70	89 +57				114 +100
103 +86		107 +96	89 +52	89 +66	88 +54				113 +98
102 +84		106 +94	88 +50	88 +62	87 +51				112 +94
101 +80		105 +92	87 +48	87 +58	86 +48				111 +90
100 +78		104 +88	86 +46	86 +54	85 +45	112 +100		101 +100	110 +88
99 +76	111 +98	103 +84	85 +44	85 +50	84 +42	111 +99		100 +99	109 +84
98 +72	110 +92	102 +80	84 +42	84 +46	83 +39	110 +98	115 +90	99 +98	108 +80
97 +70	109 +86	101 +76	83 +40	83 +42	82 +36	109 +90	114 +86	98 +95	107 +74
96 +66	108 +80	100 +70	82 +38	82 +38	81 +33	108 +88	113 +80	97 +92	106 +68
95 +62	107 +74	99 +64	81 +36	81 +34	80 +30	107 +86	112 +76	96 +86	105 +64
94 +58	106 +68	98 +58	80 +34	80 +30	79 +27	106 +82	111 +70	95 +80	104 +58
93 +54	105 +62	97 +50	79 +32	79 +28	78 +24	105 +80	110 +64	94 +72	103 +52
92 +48	104 +54	96 +44	78 +28	78 +24	77 +21	104 +78	109 +58	93 +64	102 +44
91 +42	103 +46	95 +38	77 +24	77 +20	76 +18	103 +66	108 +50	92 +56	101 +38
90 +38	102 +38	94 +30	76 +20	76 +16	75 +15	102 +54	107 +42	91 +46	100 +30
89 +28	101 +30	93 +24	75 +14	75 +12	74 +12	101 +42	106 +34	90 +34	99 +22
88 +20	100 +20	92 +18	74 +10	74 + 8	73 + 9	100 +30	105 +24	89 +22	98 +14
87 +12	99 +10	91 + 8	73 + 6	73 + 4	72 + 6	99 +20	104 +16	88 +12	97 + 8
86 + 4	98 + 2	90 + 6	72 + 2	72 + 2	71 + 3	98 +10	103 +6	87 +10	96 + 2

85 - 4	97 - 4	89 - 2	71 - 2	71 -12	70 -10	97 - 0	102 -0	86 - 2	95 - 2
84 -12	96 -10	88 - 8	70 - 6	70 -26	69 -22	96 - 8	101 - 2	85 -14	94 -10
83 -20	95 -16	87 -14	69 - 8	69 -38	68 -36	95 -14	100 - 4	84 -28	93 -14
82 -26	94 -22	86 -20	68 -10	68 -48	67 -48	94 -18	99 - 6	83 -40	92 -20
81 -28	93 -28	85 -26	67 -12	67 -58	66 -58	93 -28	98 - 8	82 -50	91 -24
80 -38	92 -32	84 -30	66 -18	66 -68	65 -68	92 -38	97 -10	81 -62	90 -28
79 -44	91 -38	83 -36	65 -20	65 -74	64 -78	91 -44	96 -12	80 -70	89 -32
78 -50	90 -40	82 -42	64 -24	64 -78	63 -86	90 -52	95 -22	79 -80	88 -36
77 -54	89 -44	81 -48	63 -28	63 -82	62 -92	89 -58	94 - 30	78 -86	87 -40
76 -60	88 -46	80 -54	62 -30	62 -86	61 -97	88 -64	93 -36	77 -90	86 -44
75 -64	87 -50	79 -60	61 -36	61 -90	60 -98	87 -68	92 -42	76 -92	85 -46
74 -70	86 -54	78 -66	60 -42	60 -92	59 -99	86 -72	91 -46	75 -95	84 -50
73 -74	85 -58	77 -70	59 -48	59 -94	!59 -100	85 -78	90 -52	74 -96	83 -56
72 -78	84 -62	76 -76	58 -50	58 -96		84 -80	89 -56	73 -96	82 -58
71 -84	83 -66	75 -82	57 -52	57 -97		83 -84	88 -58	72 -97	81 -60
70 -88	82 -68	74 -86	56 -58	56 -98		82 -87	87 -62	71 -97	80 -62
69 -90	81 -72	73 -90	55 -60	!68 -99		81 -88	86 -66	70 -98	79 -66
68 -92	80 -76	72 -91	54 -62	55 -100		80 -90	85 -70	69 -98	78 -68
67 -94	79 -80	71 -92	53 -64			79 -91	84 -74	68 -98	77 -70
66 -95	78 -82	70 -93	52 -70			78 -92	83 -76	67 -99	76 -72
65 -96	77 -86	69 -94	51 -74			77 -93	82 -80	66 -99	75 -74
64 -97	76 -88	68 -95	50 -76			76 -94	81 -83	65 -99	74 -76
63 -98	75 -90	67 -96	49 -80			75 -95	80 -84	64 -99	73 -78
62 -99	74 -91	66 -96	48 -82			74 -96	79 -85	63 -100	72 -82
61 -99	73 -92	65 -97	47 -86			73 -96	78 -86	62 -100	71 -84
60 -99	72 -92	64 -97	46 -90			72 -97	77 -87	61 -100	70 -86
59 -100	71 -93	63 -98	45 -92			71 -98	76 -88		69 -88
58 -100	70 -93	62 -98	44 -93			70 -98	75 -89		68 -90
57 -100	69 -94	61 -99	43 -94			69 -98	74 -90		67 -92
56 -100	68 -94	60 -99	42 -95			68 -99	73 -91		66 -93
55 -100	67 -95	59 -100	41 -96			67 -99	72 -92		65 -94
54 -100	66 -95	58 -100	40 -97			66 -99	71 -93		64 -95
53 -100	65 -96	57 -100	39 -98			65 -99	70 -94		63 -95
52 -100	64 -96		38 -99			64 -99	69 -95		62 -96
51 -100	63 -97		37 -100			63 -99	68 -96		61 -96
50 -100	62 -97					62 -99	67 -97		60 -97
	61 -98					61 -100	66 -98		59 -98
	60 -99					60 -100	65 -99		58 -98
	59 -99					59 -100	64 -99		57 -99
	58 -100					58 -100	63 -100		56 -99
	57 -100						62 -100		55 -99
	56 -100						61 -100		54 -100
	55 -100						60 -100		53 -100
							59 -100		52 -100
							58 -100		51 -100
							57 -100		50 -100
							56 -100		
							55 -100		

Selbstversuch für Schüler(innen)
Untertest J (10) = »Kommunikation«

010 Bevorzugen Sie einen kleinen Kreis von engen Freunden anstatt viele Freunde und flüchtige Bekannte?
020 Werden Sie von Ihren Freunden für warmherzig gehalten?
030 Empfinden Sie es als einfach, Ihre Gefühle zum Ausdruck zu bringen?
040 Gibt es nur wenige Leute, die für Sie wirklich Zuneigung empfinden?
050 Werden Sie von einigen Leuten für heiter und fröhlich gehalten?
060 Übt gefühlvolle Musik eine ziemlich starke Wirkung auf Sie aus?
070 Zeigen Sie offen Bewunderung für schöne Dinge?
080 Begrüßen Sie Leute herzlich?
090 Führen Sie ein Leben, in dem Sie nur selten Begeisterung an den Tag legen?
100 Ist Ihr Gesichtsausdruck eher abwechslungsreich als gleichbleibend?
110 Wenn Sie an einem lieben Kind vorbeigehen, vermeiden Sie es, Interesse zu zeigen, anstatt hinzuschauen und zu lächeln?
120 Lächeln Sie oft?
130 Wenn Sie einen amüsanten Vorfall wiedererzählen, können Sie die Eigenheiten oder den Dialekt der ursprünglichen Situation leicht nachahmen?
140 Möchten Sie lieber die ganze Zeit lang mit Erwachsenen zusammen sein, als zeitweise Kinder um sich zu haben?
150 Sind Sie gerne mit anderen Leuten zusammen?
160 Sind Sie, wenn überhaupt, nur engen Freunden gegenüber herzlich?
170 Wenn Sie Freunde treffen, die Sie lange nicht mehr gesehen haben, geben Sie ihnen einen Kuß, umarmen Sie sie, klopfen Sie ihnen auf den Rücken oder bringen Sie auf irgendeine andere Weise Ihre Freude zum Ausdruck, anstatt einfach nur höflich zu sein?
180 Sind Sie in Stimme, Einstellung und Ausdruck freundlich?
190 Bitten Sie flüchtige Bekannte in ihren persönlichen Schwierigkeiten um Rat und Hilfe?
200 Glauben Sie, daß Sie viele gute Freunde haben?

Kreuzen Sie deutlich Ihre Antworten in nachstehender Tabelle an:

010	020	030	040	050	060	070	080	090	100
+ ? -	+ ? -	+ ? -	+ ? -	+ ? -	+ ? -	+ ? -	+ ? -	+ ? -	+ ? -
110	120	130	140	150	160	170	180	190	200
+ ? -	+ ? -	+ ? -	+ ? -	+ ? -	+ ? -	+ ? -	+ ? -	+ ? -	+ ? -

Paralleler Selbstversuch für Schüler(innen)
Untertest C (3) = »Ausgeglichenheit«

003 Bleiben Sie in Situationen, in denen andere verwirrt werden, ziemlich ruhig?
013 Bekommen Sie manchmal ein Zucken in Ihren Muskeln, auch wenn es keinen ersichtlichen Grund dafür gibt?
023 Ist Ihre Stimme eher abwechslungsreich als gleichbleibend?
033 Beginnen einige Ihre Muskeln zu zucken, wenn etwas Unerwartetes geschieht?
043 Macht Sie die Vorstellung, vor anderen Leuten zu sprechen, nervös?
053 Gibt es etwas Spezielles, was Ihnen verhaßt ist oder vor dem Sie sich fürchten?
063 Sind Sie einige Zeit nach einem Unfall oder einem anderen störenden Geschehnis durcheinander?
073 Fühlen Sie sich in Ihrer Konzentration nur selten durch »Lärm von außen« gestört?
083 Sind Sie normalerweise durch »ferne Geräusche« gestört, wenn Sie versuchen, sich auszuruhen?
093 Kauen Sie an Ihren Fingernägeln oder Gegenständen herum?
103 Haben Sie manchmal einen einzigen Gedanken, der Ihnen tagelang nicht aus dem Kopf geht?
113 Schlafen Sie gut?
123 Fühlen Sie sich durch Geräusche des Windes oder durch knarrende Geräusche in einem Haus gestört?
133 Sind Sie sich irgendwelcher andauernder körperlichen Angelegenheiten bewußt, wie sich an den Haaren, an der Nase, an den Ohren zu zupfen oder so etwas Ähnliches?
143 Verursachen Ihnen manche Geräusche unangenehme körperliche Empfindungen?
153 Lassen Sie sich durch Kinder irritieren?
163 Entspannen Sie sich leicht?
173 Werden Sie manchmal so erschreckt oder verängstigt, daß Sie körperliche Reaktionen verspüren?
183 Verbringen Sie viel Zeit mit »unnötigen Sorgen«?
193 Können Sie ein »kalkuliertes Risiko« auf sich nehmen, ohne sich große Sorgen darüber zu machen?

Kreuzen Sie deutlich Ihre Antworten in nachstehender Tabelle an!

003	013	023	033	043	053	063	073	083	093
+ ? -	+ ? -	+ ? -	+ ? -	+ ? -	+ ? -	+ ? -	+ ? -	+ ? -	+ ? -
103	113	123	133	143	153	163	173	183	193
+ ? -	+ ? -	+ ? -	+ ? -	+ ? -	+ ? -	+ ? -	+ ? -	+ ? -	+ ? -

Die Tabellen auf S. 62 - 69 erlauben eine angeblich »wissenschaftlich / scientologisch gesicherte« Auswertung des umstrittenen »Tests«.

> Gerade beim **Untertest C (3)** muß eindringlich auf die »verquere« Bepunktung« hingewiesen werden, wie Sie auf S. 37 im »Normalbereich« dargestellt wurde. Extremwerte können aus den Tabellen auf S. 62 - 69 nachgeschlagen werden.

Aus drucktechnischen Gründen - es sei denn, man wolle den Umfang dieser Broschüre unnötig aufblähen - kann ein für *Schüler(innen)* oder sonstige Personen gedachtes Auswertungsformblatt nicht angeboten werden.

»Wortsalat«

Ein »Wortsalat« stellt ein von der Jugend akzeptiertes Kommunikationsmittel dar, mit dem Botschaften an die ***männliche / weibliche Person*** gebracht werden können. Durch die Wahl der Buchstaben konnten folgende »messages« vermittelt werden:

SCIENTOLOGY - NEIN DANKE!
SCIENTOLOGY = DIANETIK
SCHULE = SCHOEN

Die suggestiven Werbemitteilungen sind *diagonal* zu lesen. Nachstehend werden mehr als 20 Begriffe, die irgendwie mit SCIENTOLOGY in Verbindung gebracht werden können, dargestellt. Im *Glossar* werden die hier wichtigen Begriffe dann auf S. 74ff erläutert.

Die hier relevanten Begriffe können *horizontal* oder *vertikal* versteckt sein. Die eher »kindlich« anmutende Vorgehensweise, mit der Jugendliche und Erwachsene zum Suchen gezwungen werden, dient zur Lernzielkontrolle.

Dieses System, in dem bei fast »leeren Kreuzworträtsel-Formblättern« Begriffe einzutragen und dann von anderen Schülern zu finden sind (wobei die leeren Kästchen mit irgendwelchen Buchstaben auszufüllen sind), hat sich als äußerst erfolgreich erwiesen, wenn es darum ging, anderen Lehrkräften für Vertretungsstunden Material anzubieten, mit dem die Schüler arbeiten können. Ein fast leerer »Wortsalat« kann in allen Unterrichtsfächern eingesetzt werden.

Wichtig hierbei sind immer die suggestiv wirkenden Aussagen, die in das somit fast leere Formblatt eingedruckt werden. Nachstehend sei nun ein »voller Wortsalat« zum Thema »SCIENTOLOGY« wiedergeben, wobei die zu Informierenden die **Begriffe** zu finden haben.

A	L	R	A	K	U	L	O	R	S	C	H	W	E	I	N	A	E	N	F
D	B	Y	S	O	T	G	S	A	T	C	L	E	A	R	A	E	N	P	S
H	U	C	L	M	T	S	C	H	N	E	I	D	E	R	R	D	A	U	A
N	M	E	D	M	U	K	N	P	O	E	T	E	V	O	K	K	L	M	I
S	A	M	A	U	D	I	T	O	R	D	I	A	N	E	T	I	K	S	N
R	N	B	S	N	E	M	O	A	I	E	L	N	Z	T	E	S	B	R	T
A	E	S	R	I	C	H	T	E	R	M	A	G	-	J	O	N	E	V	H
W	O	R	T	K	L	A	E	R	E	N	H	U	N	D	R	L	U	R	I
S	E	F	K	A	L	I	F	O	R	N	I	E	N	E	A	T	O	G	L
O	C	A	S	T	U	W	I	S	E	S	T	R	A	P	S	N	E	G	L
E	H	I	Z	I	B	X	R	E	E	P	U	L	E	T	H	I	K	T	Y
T	A	R	E	O	H	D	E	Y	N	R	H	A	R	S	U	M	C	E	E
S	R	E	I	N	I	G	U	N	G	S	R	U	N	D	O	W	N	H	I
C	F	S	T	S	T	A	V	O	R	S	I	C	H	T	E	N	N	N	E
H	A	W	S	K	L	O	N	T	A	Q	Z	L	A	F	F	E	F	E	O
E	L	P	P	U	E	E	L	P	M	H	A	R	H	R	O	S	L	X	E
R	L	M	U	R	R	D	R	O	M	E	D	A	R	H	O	I	O	T	D
A	U	R	R	S	F	F	L	A	G	P	R	E	C	L	E	A	R	E	X
N	E	P	L	C	N	O	R	E	W	Y	I	S	E	F	E	D	I	R	L
U	B	E	A	M	H	B	N	I	N	K	=	G	L	E	N	B	D	I	J
R	E	D	E	F	I	N	I	E	R	E	N	D	H	A	H	R	A	O	I
E	R	L	U	A	B	O	H	E	L	A	U	D	I	T	I	N	G	R	D
K	W	O	R	E	N	S	W	U	C	H	E	R	L	A	T	T	N	I	E
B	A	U	E	R	R	B	H	A	R	K	B	S	F	R	N	H	O	S	I
T	C	E	H	N	O	C	H	S	E	A	N	U	E	S	T	E	I	A	L
R	H	K	W	I	S	S	E	N	S	B	E	R	I	C	H	T	T	T	E
S	E	E	L	E	N	W	A	E	S	C	H	E	D	A	W	A	E	I	P
I	R	L	N	K	E	L	T	W	R	A	F	D	L	I	O	N	R	O	K
D	M	H	E	L	P	S	Y	C	H	O	M	U	T	A	T	I	O	N	N
A	J	G	R	U	N	D	G	E	S	E	T	Z	U	Z	A	R	K	H	S

Wortsalat „**Scientology**" (26 Begriffe)

Lösungen

1. Arbeitsblatt (S. 57f)

1. Abitur / Studium
2. Komponieren von Kinderliedern
3. SCIENTOLOGY / DIANETIK; Welt ohne Krieg, Krankheit und Korruption
4. Bibel
6. a) L. Ron Hubbard
   b) DIANETIK-Buch
   c) Persönlichkeitstest → »schwerwiegende Probleme«
   d) Kommunikationskurs
   e) Reinigungs-Rundown
   f) Auditing
   g) Ausstieg → Krankheit / Telefonterror etc.
8. Test (vgl. S. 43)/ Kommunikationskurs (Körperverletzung?) /Reinigungs-Rundown (Körperverletzung?) / ungenügende ärztliche Betreuung bei RRD / Kredite / falsche Verdienstbescheinigung / Gehalt / »Sklavenarbeit« / kein Urlaub / Telefonterror

2. »Wortsalat«

Folgende Begriffe (26) verstecken sich auf der vorhergehenden Seite. Am Ende des Glossars werden ihre Koordinaten aufgeführt. Sie werden nun aufgelistet und erläutert (in Anlehnung an Thomas Gandow in **F.-W. Haack, Scientology, Dianetik und andere Hubbardismen,** Münchner Reihe, 1993):

ARK (auch **ARC**): Abkürzung für »*Affinität*« = Verbindung, Anziehung, Zuneigung, Haß; »*Realität*« = Einverständnis über Realität in scientologischer Betrachtung; »*Kommunikation*« = Wechselseitige Beziehung (vgl. hierzu S. 17). Der Zusammenhang zwischen den Beziehungs-Begriffen, die zusammen »*Verstehen*« bedeuten, wird symbolisch mit dem gleichschenkligen ARK-Dreieck dargestellt. ARK wird auch statt „Alles Gute" z.B. als Briefschlußformel verwandt.

AUDITING: hubbardistische Technik zur »Befreiung des Menschen von Engrammen«. Die »Beichte« der Scientogen am »E-Meter«. Hier sollen mittels eines primitiven Lügendetektors die Schwachstellen der Menschen gefunden werden. Ehemalige Scientologen vergleichen diese Behandlung mit einer »Gehirnwäsche«. Nach deutschem Recht ist der Einsatz eines Lügendetektors ein Verstoß gegen die Menschenwürde.

AUDITOR: ein Scientologe, der mittels Auditing Leute verhört. Der Begriff Auditor bedeutet eigentlich: »Rechnungsprüfer, Kassenprüfer, Bücherrevisor«, auch »Feldrichter, der im Heere die Stelle eines ordentlichen Richters vertritt, Kriegsgerichtsrat«. Er führt schriftliche Aufzeichnungen über die Auditing-Sitzung und liefert die umfangreichen Unterlagen beim Fallüberwacher ab. Die sog. »*Pre-Clear Folder*« werden dann im Zentralarchiv gespeichert. (Vgl. hierzu S. 43, Bericht des Datenschutzbeauftragten in Hamburg)

CLEAR: Bezeichnung für einen, der eine bestimmte Anzahl scientologischer Kurse abgeschlossen hat. Früherer Endzustand, bevor die »*OT-Grade*«, die laufend erweitert werden, geschaffen wurden. „Man könnte sagen, daß sich ein Clear zu einem Durchschnittsmensch verhält wie ein Durchschnittsmensch zu einem Geisteskranken." Eine andere Definition ist: „Ein Clear ist ein Wesen, das seinen eigenen reaktiven Verstand nicht mehr besitzt" und keine Engramme mehr hat. Alle, die sich tatsächlich auf dem Weg zum Clear befinden, werden *Pre-Clear* genannt.

DIANETIK: »*Die moderne Wissenschaft der geistigen Gesundheit*«, die »Bibel« der Scientologen. Das Wort wurde von Hubbard aus den griechischen Wörtern „dia" (durch) und „nous" (Verstand) zusammengesetzt und soll so viel wie Heilung »durch den Verstand« bedeuten. Dianetik richtet sich an den »*Körper*« (body), während sich Scientology auf den »*Geist*« bezieht. Tatsächlich wird der Begriff DIANETIK überall dort verwendet, wo der Begriff SCIENTOLOGY aus irgendeinem Grunde in Mißkredit geraten ist.

ENGRAMMe: eingeprägte, schmerzhafte, jedenfalls bis ins Detail vollständige Erinnerungen (auch aus früheren Leben) entlang der Zeitspur die durch Auditing gelöscht werden müssen. Am ehesten könnte ein Engramm mit einem Trauma (im psychologischen Sinne) verglichen werden.

ETHIK: Hubbard schreibt dazu: „Der Zweck von ETHIK ist: Gegenabsichten aus der Umwelt zu entfernen. Nachdem das erreicht ist, hat sie zum Zweck, Fremdabsichten aus der Umwelt zu entfernen. Dadurch ist Fortschritt für alle möglich." **Ethisch** ist demnach alles, was Scientology fördert und weiterbringt; demnach kann eine Straftat (nach deutschem Recht) für einen Scientologen durchaus »**ethisch**« sein. Andererseits aber muß jede Kritik - die nach deutschem Recht erlaubt ist und nicht gerichtlich bestraft wird - von scientologischem Standpunkt aus als »**unethisch**« angesehen und mit (nicht immer) legalen Mitteln bekämpft werden.

EXTERIORISATION: vergleichbar den Out-of-the-Body-Experiences; der »*Thetan*« soll sich hinter dem Körper aufhalten und diesen lenken.

FALLÜBERWACHER: ein angeblich hochqualifizierter Auditor, der das Auditieren der Preclear inhaltlich und formal überwacht und dazu die Auditoren handhabt. Er erteilt den Auditoren für jeden einzelnen Preclear genaue Anweisungen.

FLAG: Stützpunkt der Sea-Org (innere Elitegruppe von Scientology) in *Clearwater, Florida*. Höchste Organisation, die Kurse über dem OT III durchführt. Arbeitsverträge über „Billionen" von Jahren.

FLORIDA: siehe FLAG

KALIFORNIEN: Los Angeles, Sitz der Verwaltungszentrale von Scientology.

KOMMUNIKATIONSKURS: der wichtigste Kurs zur Einbeziehung von Menschen in die Scientology-Organisation; es werden einige (harte) Kommunikationstechniken im Sinne der hubbardschen Kommunikationstechnologie eingeübt (vgl. S. 54).

OCA = Oxford Capacity Analyse: der hier behandelte „kosten-, aber nicht folgenlose Persönlichkeits-»Test«", der einerseits als »Lockvogelangebot« zur Kundenwerbung eingesetzt wird; andererseits aber wird dieser unwissenschaftliche »Test« von hubbardistisch geprägten Tarnfirmen in der Personalberatung eingesetzt, wie z.B. durch **U-MAN International**. Er trägt auch den Namen ARK-Test (s.o.) und Persönlichkeits-Struktur-Test (P-S-T) [vgl. S.52].

PRECLEAR: der noch zum *Clear* zu machende; Interessenten und Kursteilnehmer werden so tituliert.

PSYCHOMUTATION: ein Zustand der also Folge einer Gehirn- oder *Seelenwäsche* eine totale, kurzfristig erzielte und fremdgewirkte Persönlichkeitsveränderung zum Ergebnis hat.

REDEFINIEREN: Hubbard erklärt dies so: „Der Trick ist - Worte zu redefinieren, bis sie zum Vorteil des Propagandisten ganz etwas anderes bedeuten [vVgl. S. 19f].

REINIGUNGSRUNDOWN: ein Kurs, der u.a. Strahlenbelastungen, auch aus früheren Leben, beseitigen soll. Die Mittel dazu sind Saunagänge, hohe Niacin- und Vitamindosen, darunter die auch nicht unproblematischen fettlöslichen Vitamine, die nicht einfach bei Überdosierung durch Niere und Blase wieder ausgeschwemmt werden können, sowie »*Auditing*«, bei dem entsprechende Belastungen »herausauditiert« werden sollen.

SAINT HILL: Saint Hill Manor, Landsitz in East Grinstead, Sussex (GB), wo Hubbard die Auditorenkurse entwickelte. Heute werden alle Organisatinoen, wo die Auditorenausbildung stattfindet, als Saint Hill Organisationen bezeichnet.

SEELENWÄSCHE: Der Begriff wurde gewählt, um eine Abgrenzung gegenüber dem im Zusammenhang mit psychomutatorischen Bewegungen oft (fälschlich) benutzten *terminus technicus* **Gehirnwäsche** vollziehen zu können. Als Seelenwäsche wird jener Vorgang beschrieben, daß man sich **freiwillig** in eine Gruppe begibt und dort durch ständige Belehrung (Indoktrination) und bestimmte (meist bewußt eingesetzte) Techniken wie Schlafentzug, künstlich erzeugte Notumstände (viele Personen auf zu engem Raum, Schlafen unter erschwerten Umständen, völlige Ausfüllung der Zeit, so daß keine Zeit zur Muße bleibt, usw.) von der Außenwelt isoliert wird. Vor allem wird durch die Seelenwäsche eine völlige Kritiklosigkeit sowie ein starker Widerwille gegen jede Kritik an der neuen Gruppe, ihrem Führer, ihren Lehren, Zielen und Unternehmungen erreicht. Ein wesentlicher Bestandteil ist auch die Zielveränderung, d.h. die *Ausrichtung auf »weltweite Ziele« bei gleichzeitiger Verdrängung der Nahziele*. Beispiel: ‚Du wirst doch nicht so egoistisch sein, auf eine Berufsausbildung für dich zu pochen, wenn du der ganzen Welt helfen mußt.' Tatsächlich sind junge Menschen dann oft völlig verändert. Sie wirken nicht mehr, wie sie früher gewirkt haben. Sie reden anders, handeln anders, selbst ihr Blick und ihr Lächeln wirken verändert. Sie wirken programmiert. Das Geschehen, insbesondere die Folgen einer solchen Seelenwäsche ist als **Psychomutation** beschrieben worden (F.-W. Haack).

THETAN: ein Art Geistwesen. Er sucht sich beim Tod des Körpers sofort einen neuen Körper; solange er nicht OT ist (=Operierender Thetan = höhere „Dienstgrade" über der CLEAR-Stufe), ist er ständig auf einen neuen Körper angewiesen, dann aber kann er sich außerhalb des Körpers bewegen.

U-MAN International: hubbard./scientol. Know-how zur Anwendung im Personalwesen in Betrieben. Ein **U-Test** wird zur Personalauswahl angeboten (vgl. **OCA** und S. 9ff)

WISE - World Institute of Scientology Enterprises: verwendet und verbreitet die hubbardistische Management Technologie, um geistig gesunde, ethische und produktive Unternehmen weltweit zu schaffen.

WISSENSBERICHT: ein Bericht, den jeder Scientologe über alle »*unethischen*« oder von Scientology abweichenden Handlungen innerhalb und außerhalb von Scientology schreiben *muß* und an die sog. Ethikabteilung zu schicken hat, damit diese Ermittlungen einleiten und Handhabungen durchführen kann.

WORTKLAEREN: Scientologen gehen davon aus, daß Dummheit und unverstandene Kommunikation dadurch entsteht, daß man beim Lesen eines Buches ein ungeklärtes Wort überlesen hat, das später Verständnisschwierigkeiten verursacht. Die angeblich unverstandenen Worte werden herausgesucht und mit Hilfe von Wörterbüchern (re)definiert. Der Normalbürger hat eine Vorstellung von dem Begriff »*ETHIK*«; Scientology betrachtet alles, was ihr nützt, als »*ethisch*«; demnach muß alles, was ihr schadet als »*unethisch*« bezeichnet und dementsprechend geahndet (= gehandhabt) werden.

ZEITSPUR: eine Art Tonband; auf ihr wird hintereinander alles, was der Mensch erlebt hat, aufgezeichnet. Man kann beim Auditing jeden beliebigen Zeitpunkt auch in der Vergangenheit (z.B.: vor »Billionen« von Jahren) aufsuchen.

Koordinaten: Die Spalten A-T und Zeilen 1-30 werden vom Schüler in den »Wortsalat« eintragen. Somit können unentdeckte Begriffe - wie beim bei Schülern beliebten »Schiffeversenken« - angesprochen werden. ARK: 24 I-K; Auditing: 22 K-Q; Auditor: 5 D-J; Clear: 2 K-O; Dianetik: 5 K-R,; Engramm: J 11-17; Ethik: 11 N-R; Exteriorisation: S 15-29; Fallüberwacher: B 14-28; Flag 18 G-J; Florida: R 15-21; Kalifornien: 9 D-N; Kommunikationskurs: E 1-18; OCA: 10 A-C: Preclear: 18K-R; Psychomutation: 29 F-S; Reinigungsrundown: 13 B-R, Saint Hill:T 2-10; Seelenwäsche:27 A-M; Thetan: Q 23-28; U-Man: B 3-6; WISE: 10 G-J; Wissensbericht: 26 D-Q; Wortklären: 8 A-K; Zeitspur: D 11-18.

Wären Sie ein „guter" Scientologe?

WIRK
OENNTENAL
LESLESENWEN
NWIRNURWOLLT
ENEINESEHSCHWÄCHEISTAU
FDIEUNFÄHIGKEITZUKONFRONTIE
RENZURUECKZUFÜHRENEINGUTERSCI
ENTOLOGEBRAUCHTNAEMLICHKEINEBR
ILLEDIESISTNACHZULESENIMHANDB
UCHDESEHRENAMTLICHENGEISTLICHENVO
NLRONHUBBARDDEMGRÜNDERDERSCIENTOLOGY
[illegible]

Leider: Nein

„Schwindelerregende" Kosten (alias »Spenden«)

Folgende Angaben wurden der augenblicklich gültigen Preisliste (aus Zeitschrift ADVANCE! = Vorstoß, Vormarsch) entnommen. Das Pfund Sterling wurde mit £ 1 ~ DM 2,60 gewertet. Folgende Dienstleistungen und Waren sind in der ADVANCED ORGANISATION SAINT HILL (Sussex, England) erhältlich:

AUDITING	DM 520 - 360
AUDITING (for Clears)	DM 455 - 390
NEW OT V Intensives	DM 750 - 560
KEY TO LIFE- & LIFE ORIENTATION COURSE	DM 13.000

Hinweis: Beim Auditing, das von Scientology als Beichte, von Kritikern jedoch als knallharte Verhörmethode bezeichnet wird, sind die **Gebühren pro Stunde** angegeben. (Gleiches gilt für Intensives). Diese Dienstleistungen sind jedoch nur im Paket von jeweils 12 ½, 25 etc. Stunden zu kaufen. Nach oben hin ist die Anzahl der Auditings theoretisch unbegrenzt. Man braucht schon eine ganze Menge. Für jeden Kurs wird ein spezielles Auditing-Angebot unterbreitet.

OT Lecture Series & Transcripts (nur Tonbandvorträge)

Ability Congress (9 lectures)	DM 620
Solution to Entrapment (35 lectures)	DM 2.400
Route to Infinity (7 lectures)	DM 500
Anatomy of Cause (28 lectures)	DM 1.850
Perception of Truth (4 lectures)	DM 300
Creation of Human Ability (38 lectures)	DM 2.030
Power of Simplicity (26 lectures)	DM 1.625
Universes & the War Between Them & MEST (33 lectures)	DM 2.030
Philadelphia Doctorate Course (76 lectures in stereo)	DM 5.740
Phoenix Lectures (25 lectures)	DM 1.140
Secrets of the MEST Universe (5 lectures)	DM 520
State of Man Congress (9 lectures)	DM 715
Conquest of Chaos (6 lectures)	DM 470

Eine Grundausstattung (AUDITOR TOOLS und Technical Volumes) kostet weit über DM 20.000. Dazu kommen noch die von Kunden nicht abschätzbaren AUDITING-Gebühren.

☞ **Es ist leicht möglich, daß man in SCIENTOLOGY mehr als DM 500.000 investiert (d.h. »in den Sand setzt«) - und / oder den Kopf verliert.**

Ein gelungener, da zutreffender Poster zu SCIENTOLOGY:

Archiv Karl H. Schneider

Titel von Friedrich-Wilhelm Haack im Verlag der A.R.W.

Geheimreligion der Wissenden. Neugnostische Bewegungen. 83 S., DM 8,–

Hexenwahn und Aberglaube in der Bundesrepublik. Eine Dokumentation. 48 S., DM 8,–

Die freibischöflichen Kirchen im deutschsprachigen Raum. Amtsträger und Institutionen. LV, 207 S., DM 72,–

Kein Blatt vor dem Mund. Von der Religions-Freiheit, Ja und Nein zu sagen. 278 S., DM 36,–

Rendezvous mit dem Jenseits. Der moderne Spiritismus/Spiritualismus und die Neuoffenbarungen. Bericht und Analyse. 176 S., DM 28,–

Die Fraternitas Saturni (FS) als Beispiel für einen arkanmystogenen Geheimorden des 20. Jahrhunderts. 143 S., DM 36,–

Führer und Verführte. Jugendreligionen und politreligiöse Jugendsekten. 190 S., DM 8,60

Der Weg des Lebens nun ist dieser... Apologetik an der Schwelle des 3. Jahrtausends. 140 S., DM 36,–

Was können wir tun, wenn... (deutsch/englisch) 28 S., DM 5,–

Gotteskraft aus Menschenhänden. Die japanischen Ki-Bewegungen. 70 S., DM 18,–

Die Lebensgottheit und der Bibelgott. New Age, Okkultismus, Christenglaube. 86 S., DM 18,–

Jesus Christus und/oder San Myung Mun. Begegnungen zwischen möglichen Bekenntnisstandpunkten oder status confessionis? 40 S., DM 5,50

Hirten im eigenen Auftrag. Sheperding/Discipling. Bob Weiner's Maranatha & Kip McKean's Boston Church of Christ. 40 S., DM 5,50

Religion und Dekoration. Freibischöfe, Neo-Orden, Vagantenpriester. 420 S. (DIN A4), DM 200,–

Das Mun-Imperium. Beobachtungen, Informationen, Meinungen. (Findungshilfe Mun-Bewegung) 244 S., DM 36,–

Anmerkungen zum Satanismus. 286 S., DM 36,–

Findungshilfe Religion 2000. Apologetisches Lexikon. 286 S., DM 36,–

Weitere Veröffentlichungen zum Thema Scientology

UMFASSENDE SACHBÜCHER

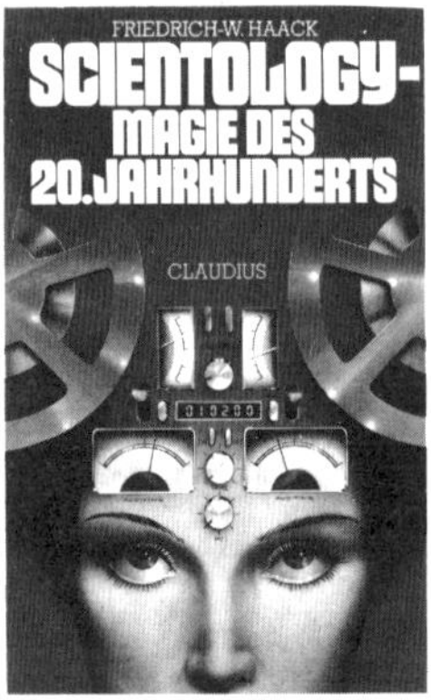

Friedrich-Wilhelm Haack
Scientology – Magie des 20. Jahrhunderts

2. Aufl., 392 Seiten, Pb., DM 44,–, sFr 45,50, öS 343,–, ISBN 3-532-62003-0

Dieses Buch bezeichnet der Stern als das „juristisch unangefochtenen Standardwerk über Scientology"

„F.-W. Haacks Scientology-Report schildert den grenzenlosen Irrsinn eines realen Horrortrips, der alle Qualitäten eines ... Kriminalromans aufweist. Keine andere kritische Veröffentlichung ... gibt so erschöpfend, so entlarvend Auskunft." (WDR)

Silvia Redhead/Ralf-Dietmar Mucha
Der teure Traum vom Übermenschen
Eine ehemalige Scientologin berichtet. Mit einem begleitenden Kommentar zu Mechanismen und Hintergründen.

Ca. 200 Seiten, Pb., ca. DM 19,80, sFr 20,80, öS 155,–, ISBN 3-532-62157-6

Der Erfahrungsbericht einer ehemaligen Scientologin versetzt die Leserin und den Leser in die damalige Situation der Autorin. Diese Sichtweise und die begleitenden Kommentare von Ralf-Dietmar Mucha erhellen die Strukturen und Mechanismen, die Scientology einsetzt, um Mitglieder in ihrer Organisation zu halten. Eine Hilfe zur Aufklärung, z.B. im Unterricht, aber auch für Betroffene und Angehörige, die verstehen, begleiten und helfen möchten.

MÜNCHENER REIHE

3. erweiterte und überarbeitete Auflage

Friedrich-Wilhelm Haack
Scientology, Dianetik und andere Hubbardismen
3. Aufl., 112 S., 12x19cm, Brosch., DM 9,80, sFr 10,80, öS 77,– + Staffelpr., ISBN 3-583-50650-2

Diese kompetente Information über die Scientology-Organisation ist aktuell recherchiert und weiterhin juristisch unumstritten. Sie dient deshalb oft als zuverlässige Grundlage anderer Ausarbeitungen, u.a. in der Presse. Der stark erweiterte Band enthält eine „Findungshilfe" mit Hinweisen auf über 200 hubbardistische Organisationsnamen und mit 100 erklärten Stichworten.
Neu: Ratschläge für betroffene Firmen, Hinweise für Ausstiegswillige, Literaturtips und Beratungsadressen.

Claudius Verlag   Evangelischer Presseverband für Bayern e.V.   München

JENNIFER CRUSIE

Der Frühjahrsputz

Buch

Quinn McKenzie, 35, wäre eine Bilderbuch-Schwiegertochter: attraktiv, gebildet und zurückhaltend. Bill Hilliard, ihr Freund seit High-School-Tagen, Sportskanone und begehrtester Mann am Platz, sieht daher ihrem jüngsten Anfall von unmotivierter Tierliebe gelassen ins Auge: Nicht zum ersten Mal bringt Quinn einen streunenden Hund mit nach Hause, den Bill nicht zum letzten Mal schnellstens wieder hinausbefördert. Denn normalerweise lässt sich Quinn problemlos davon überzeugen, daß ein Hund nur Dreck und Ärger macht.

Doch bei Katie, der Mischlingshündin mit dem seltsamen Blick, schaltet Qinn auf einmal auf stur. Wie Schuppen fällt es ihr von den Augen, daß ihr Leben so langweilig ist wie Bills heißgeliebter beigebrauner Teppich, den sie noch nie leiden konnte. Die Konsequenz: Sie zieht kurzerhand aus.

Diese Entscheidung ist folgenreich, denn sowohl Quinns beste Freundin Darla, die als Friseuse immer über alles in der Kleinstadt informiert ist, als auch Quinns Mutter haben schon lange das Gefühl, daß sich in ihrem Leben etwas ändern sollte: Fade und langweilig sind die Ehen geworden und benötigen dringend etwas Politur. Doch erst als Quinn demonstriert, wie einfach das ist, kann der Frühjahrsputz beginnen. Und Quinn setzt alles daran, diesmal den richtigen Mann zu erobern – Widerstand ist zwecklos.

Autorin

Jennifer Crusie gehört in Amerika zu den erfolgreichsten Autorinnen heiterer Frauenromane. Und mit »Die Gerüchteköchin« hatte sie auch in Deutschland, England, Frankreich und den Niederlanden auf Anhieb durchschlagenden Erfolg. Jennifer Crusie unterrichtet Literatur an der Ohio State University.

Von Jennifer Crusie außerdem bei Goldmann lieferbar

Verliebt in eine Diebin. Roman (45247)
Naschkatzen. Roman (44896)
Liebe auf den zweiten Kuss. Roman (45829)
Die Gerüchteköchin. Roman (45671)
Liebe und andere Zufälle. Roman (45837)

Jennifer Crusie

Der Frühjahrsputz

Roman

Aus dem Amerikanischen
von Jacqueline Klein

PORTOBELLO

Die Originalausgabe erschien unter dem Titel »Crazy for You«
bei St. Martin's Press, New York

Umwelthinweis:
Alle bedruckten Materialien dieses Taschenbuchs
sind chlorfrei und umweltschonend.

Portobello Taschenbücher erscheinen im Goldmann Verlag,
einem Unternehmen der Verlagsgruppe Random House GmbH

Einmalige Sonderausgabe Dezember 2005

Umschlaggestaltung: Design Team München
Umschlagfoto: Hanka Steidle
Druck: GGP Media GmbH, Pößneck
KC · Herstellung: WE
Printed in Germany
ISBN-10: 3-442-55451-9
ISBN-13: 978-3-442-55451-5
www.portobello-verlag.de

10 9 8 7 6 5 4 3 2 1

Für Lee K. Abbott,
einen göttlichen Mann

1

An einem trüben Nachmittag im März, in demselben Klassenzimmer der High-School, in dem sie seit dreizehn Jahren saß und ihrer besseren Hälfte mit unterdrückter Wut zum zweiundsiebzigsten Male, seit sie sich kannten, erklärte, daß sie um sechs nach Hause komme, weil es Mittwoch war und sie mittwochs immer um sechs nach Hause kam (»Genau wie immer, Bill«), hob Quinn McKenzie den Blick von den Aquarellarbeiten ihrer Schüler vor ihr auf dem Pult und begegnete ihrem Schicksal.

Ihr Schicksal war ein kleiner schwarzer Hund mit traurigen Augen, dessen Bedeutung ihr zunächst entging.

Alles andere entging ihr nicht. Das Hündchen, das ihr ihre Lieblingsschülerin des Kunstkurses entgegenstreckte, war ein Nervenbündel in Hundegestalt: ein drahtiger schwarzer Körper, dünne weiße Beinchen und ein kleiner schwarzer Kopf. Das arme Geschöpf war völlig verkrampft und zitterte am ganzen Körper. Es sah verfroren und verschreckt und hungrig und ängstlich aus, während es sich in Theas Armen wand, und Quinn brach das Herz. Kein Tier sollte jemals so aussehen.

»Oh«, meinte Quinn, stand auf und ging zu Thea hinüber, während Bill gutmütig seufzte und sagte: »Nicht noch einer.«

»Ich habe sie auf dem Parkplatz gefunden«, erklärte Thea und setzte den Hund auf den Boden vor Quinn. »Ich dachte mir, Sie wüßten, was zu tun ist.«

»Hallo, Kleine.« Quinn hockte sich vor sie – nicht zu nahe, nicht zu weit weg – und klopfte auf den Fußboden. »Komm her, mein Schatz. Du brauchst keine Angst zu haben. Jetzt wird alles gut. Ich werde mich um dich kümmern.«

Der Hund zitterte noch heftiger und schaute sich hektisch um. Dann stürmte er unvermittelt auf die nächste Tür zu, die zu seinem Pech zum Materialraum führte.

»Nun, das macht es einfacher, ihn zu erwischen und einzufangen«, meinte Bill in seinem üblichen unbeschwerten Ton.

Schlechte Tage kannte Bill Hilliard nicht, der Mann, der das Footballteam der Tibbett High zu fünf aufeinanderfolgenden Meisterschaften geführt hatte und das Baseballteam zu vieren – wobei die fünfte vor der Tür stand –, und das eigentlich nur deshalb, so dachte Quinn, weil er nie die Möglichkeit einer Niederlage in Betracht zog. »Wer weiß, was er will, dem gelingt es auch«, pflegte er die Jungs anzuspornen, und sie schafften es.

Quinn wollte eigentlich zu ihrem Pizzaessen, aber zunächst mußte sie diesen Hund trösten und Bill loswerden. Auf Händen und Knien kroch sie zur Tür und bemühte sich, nicht bedrohlich zu wirken. »Sieh mal, Hunde mögen mich«, sagte sie in ihrem besten Komm-zu-Mama-Tonfall, während der Hund neben einem Karton mit Holzmaterial an der hinteren Wand des engen Materialraums kauerte. »Diese Chance willst du dir doch wohl nicht entgehen lassen. Wirklich, ich bin berühmt dafür. Komm her.« Immer noch auf Händen und Knien rutschte sie ein wenig näher, und der Hund beäugte sie mißtrauisch.

»Ich nehme an, das mußte sein.« Bill wandte sich gelassen an Thea, und Quinn empfand gleichermaßen Ärger und Schuldgefühle ihm gegenüber, weil sie ihn getäuscht hatte. »Keine Hunde mehr«, hatte er das letzte Mal gesagt, als sie einem Streuner zu Hilfe gekommen war. »Du kannst sie nicht alle retten.« Sie hatte genickt, um zu erkennen zu geben, daß sie ihn gehört hatte, und er hatte dies als Zustimmung aufgefaßt. Sie hatte ihn in diesem Glauben gelassen, weil das einfacher war – es machte keinen Sinn, ein Problem zu schaffen, mit dem sie sich dann nur herumschlagen mußte, um eine Lösung zu finden.

Und nun hinterging sie ihn mit einem Mischlingshund. Wieder blickte sie dem Hund in die Augen. *Alles wird gut. Hör nicht auf das, was der große blonde Kerl sagt.* Das Hündchen preßte sich nicht mehr ganz so fest gegen den Karton und schaute sie nun wachsam und nicht mehr verängstigt mit seinen kleinen kummervollen Augen an. Ein Fortschritt. Wenn sie noch zehn Stunden Zeit hätte und dazu ein Schinkensandwich, würde es vielleicht sogar von alleine zu ihr kommen.

»Du willst ihn doch wohl nicht mit nach Hause nehmen, oder?« Bill erschien hinter ihr und warf im Nachmittagslicht, das schwach durch die Fensterfront einfiel, einen Schatten über den Hund. Der wich aus Angst vor der Dunkelheit wieder zurück.

Bill konnte nichts dafür, daß er groß war, aber er hätte wenigstens merken können, daß er überall einen beträchtlichen Schatten warf.

»Schließlich ist Hundehaltung in unserer Wohnung nicht erlaubt.« Bills Stimme klang geduldig, während er im Tonfall eines Lehrers weiterredete, der ihr etwas erklärte, was sie bereits wußte, und sie zu der richtigen Schlußfolgerung führen wollte.

Meine Schlußfolgerung ist, daß du mich bevormundest. »Irgend jemand muß sich um streunende Hunde kümmern und ein Zuhause für sie finden«, erwiderte Quinn, ohne sich umzuschauen.

»Stimmt«, sagte Bill. »Und deshalb bezahlen wir Beiträge an den Tierschutzverein. Ich könnte ja dort anrufen, um –«

»Im Tierheim?« fragte Thea entsetzt.

»Schließlich bringt man sie dort nicht um«, antwortete Bill. »Nur die kranken Tiere.«

Quinn sah über die Schulter und wechselte einen Blick mit Thea, die sie ansah. *Tja,* wollte Quinn ihr sagen, *das glaubt er tatsächlich.* Statt dessen klopfte sie erneut auf den Fußboden. »Komm her, Süße. Komm schon.«

»Liebling«, Bill legte ihr eine Hand auf die Schulter, »komm jetzt, steh auf.«

Wenn sie seine Hand von ihrer Schulter abschütteln würde, wäre er verletzt, und das wäre nicht fair. »Schon gut«, sagte Quinn.

Bill bewegte seine Hand, und Quinn stieß den Atem aus, den sie unbewußt angehalten hatte.

»Ich rufe einfach bei –«

»Bill.« Quinn bemühte sich, so freundlich wie möglich zu sprechen. »Geh jetzt und räume den Kraftraum auf, damit ich mich um dies hier kümmern kann. Ich bin um sechs Uhr zu Hause.«

Bill nickte und strahlte dabei trotz ihres unlogischen Widerwillens gegen den Tierschutzverein Toleranz und Verständnis aus. »Natürlich. Aber zuerst werde ich den Wagen für dich vorwärmen und vor die Tür fahren.« Er tätschelte ihre Schulter und fügte hinzu: »Du wartest hier«, so als beabsichtige sie, ihm zu folgen. Er verließ den Raum, und im Geiste sah sie ihn über den vereisten Parkplatz zu ihrem CRX stapfen, als wäre ein Ausrutschen gar nicht möglich. Wahrscheinlich würde ihm das tatsächlich nie passieren; Wikinger liebten Eis, und mit seinen knapp zwei Metern, seinen hundertzwanzig kraftstrotzenden Kilos und seinem Blondschopf war Bill das Musterbeispiel eines Wikingers. Ganz Tibbett bewunderte Bill, den einzigartigen Coach, nur Quinn beschlichen allmählich Zweifel.

Dabei war es so unfair von ihr, Zweifel zu haben. Sie wußte, er würde ihren Wagen vorwärmen und die Tür mit seinem statt mit ihrem Schlüssel aufschließen, noch so eine Sache, die sie störte. Vor zwei Jahren, als sie begannen, miteinander auszugehen, hatte er ohne ihre Einwilligung ein Duplikat des Schlüssels anfertigen lassen. Aber da er dies getan hatte, um ihren Wagen immer vollzutanken, war es völlig unlogisch, sich darüber zu ärgern. Es war nicht richtig, sich über einen Mann ohne Fehl und Tadel zu beschweren, einen Mann, der ordentlich, großzügig, rücksichtsvoll, fürsorglich, verständnisvoll und erfolgreich war, und der seit 1997 Hunderte von Dollars für ihr Benzin geblecht hatte. Dieser Schwachkopf war tatsächlich der perfekte Mann.

Quinn sah wieder zu dem Hund und sagte: »Sobald ich dich aus diesem Abstellraum herausgelockt habe, werde ich mein Liebesleben ernsthaft unter die Lupe nehmen.«

»Was?« fragte Thea, aber noch bevor sie das Wort ganz ausgesprochen hatte, schüttelte Quinn den Kopf.

»Vergiß es. Du hast nicht zufällig etwas Eßbares in deiner Tasche, oder? Ich könnte zwar einfach hineingehen und sie holen, aber sie ist so verängstigt, daß sie besser von alleine zu mir käme.«

»Warten Sie.« Thea wühlte in der großen Ledertasche, die sie stets mit sich herumschleppte, und förderte einen halben Müsliriegel zutage.

»Müsli«, seufzte Quinn. »Grandios.« Sie wickelte ihn aus, brach ein Stück ab und ließ es über den Boden zu dem Hund rutschen. Er wich zurück, kam dann jedoch zögernd ein wenig vor und schnupperte mit seiner kleinen schwarzen Nase. »Das ist lecker«, flüsterte Quinn, und der Hund begann vorsichtig, daran zu knabbern.

»Was für ein süßer kleiner Hund«, wisperte Thea neben ihr, und Quinn nickte und legte noch ein Stück auf den Boden, diesmal ein wenig näher. Langsam wagte sich der Hund vor, um es sich zu holen, wobei er sie jedoch nicht aus den Augen ließ, nur für den Fall, daß sie etwas Hundeunfreundliches tun würden – große, dunkle, feuchte Augen, die Quinn zu sagen schienen: *Hilf mir, rette mich, kümmere dich um mich.*

»Komm her, Kleine«, flüsterte Quinn, und der Hund traute sich tatsächlich, das nächste Stück zu holen.

»Fast«, hauchte Thea, als er sich vor sie setzte, zwar immer noch wachsam, aber schon ruhiger, während er auf dem Müsliriegel kaute.

»Hi«, sagte Quinn. »Willkommen in meinem Leben.«

Der Hund legte seinen Kopf schief und klopfte mit seinem schwarzen Schwänzchen auf den Boden. Quinn sah, daß er einen weißen Fleck über einem Auge hatte und vier weiße Pfoten; auch die Schwanzspitze war weiß, als sei sie in einen Farbtopf getunkt worden.

»Ich werde dich jetzt hochnehmen«, sagte Quinn zu ihm. »Ganz langsam.«

Sie streckte ihre Hand aus und hob ihn vorsichtig hoch, dann setzte sie sich und nahm ihn auf ihren Schoß. Sie gab ihm das letzte Stück Müsliriegel, und er entspannte sich und kaute darauf herum, während sie ihm den Rücken streichelte. »Ein wirklich süßer kleiner Hund«, meinte sie zu Thea und lächelte zum erstenmal, seit Bill den Raum betreten hatte. Ein weiteres Problem gelöst.

»Der Wagen steht bereit«, verkündete Bill im Türrahmen, was den Hund zusammenfahren ließ. »Du kannst ihn jetzt auf dem Weg zu deinem Pizzaessen beim Tierheim vorbeibringen.«

Quinn streichelte den Hund und wog im Geiste ihr Glück ab. Sie konnte *froh* sein, Bill zu haben; schließlich hätte sie auch bei jemandem enden können, mit dem das Zusammenleben schwierig war. Jemandem wie ihrem Vater, der nur für das Sportprogramm auf ESPN lebte, oder ihrem Ex-Schwager, der an angeborener Beziehungsunfähigkeit litt. Nick hätte sie nach einem Jahr sitzenlassen und sich aus Langeweile nach etwas anderem umgesehen, was ein lausiger Grund dafür war, jemandem den Laufpaß zu geben. Anderenfalls hätte sie Bill bereits vor langer Zeit verlassen.

»Es liegt außerhalb an der alten Schnellstraße«, ergänzte Bill. »Hinter dem alten Autokino.«

Quinn lächelte Thea zu. »Das hast du gut gemacht, vielen Dank für den Müsliriegel.« Sie erhob sich, wobei sie den Hund weiter streichelte, und Bill griff nach ihrem Mantel.

»Setz dieses Viech ab«, sagte er und hielt ihr den Mantel entgegen.

Quinn reichte Thea den Hund und ließ sich von Bill in den Mantel helfen.

»Bleib nicht zu lange bei Darla«, sagte er und drückte ihr noch einen Kuß auf die Wange. Sie schob sich an ihm vorbei, um den Hund wieder an sich zu nehmen. Sie sehnte sich danach, die Wärme seines drahtigen kleinen Körpers in ihren Armen zu spüren. Er blickte sie ängstlich an, und sie beruhigte ihn: »Alles in Ordnung, keine Sorge.«

Bill begleitete sie zur Tür und dann nach draußen in den kalten Märzwind. Er hielt Quinn die Tür ihres Wagens auf, während sie Thea fragte: »Soll ich dich mitnehmen?«

»Nicht nötig«, erwiderte Thea. »Bis morgen.« Zögernd warf sie Bill einen vorsichtigen Blick zu und fügte hinzu: »Danke, McKenzie.«

»Ist mir ein Vergnügen«, meinte Quinn, und Thea stapfte über den vereisten Boden in Richtung Studentenparkplatz davon, während Quinn auf den Fahrersitz glitt.

»Du wirst ihn doch ins Tierheim bringen, oder?« fragte Bill, der noch immer die Tür offenhielt.

Quinn wandte sich ab. »Wir sehen uns später.« Sie zog die Tür zu und hörte Bill seufzen, als hätten sich seine schlimmsten Befürchtungen bestätigt. Sie sah auf den Hund hinunter, der nun angespannt auf ihrem Schoß stand, und sagte mit sanfter Stimme: »Du bringst meinen Tag ganz schön durcheinander, weißt du das?« *Aber kein Problem, überhaupt keines, hier im* Auto *ist alles in Ordnung, vor allem, wenn du ein Hund bist.* »Ich war mit Darla um halb vier zum Pizzaessen verabredet, und jetzt bin ich zu spät. Du warst in meinem Plan nicht vorgesehen.«

Die Augen des Hündchens hellten sich auf, blickten nahezu interessiert, und Quinn mußte lächeln, weil es so klug aussah. »Ich wette, du bist ein kluges Tier«, sagte sie. »Ich wette, du bist der klügste Hund weit und breit.«

Der Hund kuschelte sein knochiges kleines Hinterteil auf ihrem Schoß zurecht, kringelte seinen Schwanz mit der weißen Spitze um den Körper und schaute neugierig zu ihr hoch.

»Wie niedlich.« Sie streichelte sein glänzendes weiches Fell und spürte, wie eisig es sich anfühlte, kein Schutz vor der Kälte. Der Hund erschauerte unter ihrer Hand, und sie konnte seine angespannten Sehnen und verkrampften Muskeln fühlen. Quinn knöpfte ihren Mantel auf und wickelte ihn um den zitternden kleinen Körper, bis nur noch das Köpfchen herausragte und der Hund sich seufzend an sie schmiegte und es sich in der Wärme gemütlich machte. Das Anschmiegen zeugte von purer Dankbarkeit – ein kompromißloses, simples, körperliches *Dankeschön* ohne irgendwelche Bedingungen –, und Quinn überließ sich dem wohligen Gefühl dieses Augenblicks, obschon ihr klar war, daß sie den Hund nicht behalten konnte. Bill wäre fassungslos, wenn er sie so sähe. Er würde ihr erklären, daß sie gebissen werden oder Flöhe oder Gott weiß was bekommen könnte, aber Quinn wußte, daß dieser Hund nicht beißen würde und daß es für Flöhe zu kalt war. Wahrscheinlich zumindest.

»Alles in Ordnung«, sagte sie und sah hinab in die dunklen, dankbaren Augen des Hündchens. Auf der Suche nach mehr Wärme und Sicherheit schob es seinen Kopf unter ihren Mantel, und Quinn spürte, wie sie sich zum erstenmal an diesem Tag völlig entspannte. Kunstunterricht zu geben war nie einfach – Tage voller Präzisionsmesserschnitte und verschütteter Farbe und aufgeblasener Vorgesetzter und künstlerischer Verzweiflung –, und in letzter Zeit war sie nervlich noch angespannter gewesen als üblich, fast ein wenig depressiv, so als liefe etwas schief. Nun jedoch, als sie den Hund noch enger an sich drückte und er eines seiner knochigen kleinen Knie in ihren Magen bohrte, fühlte sie sich besser.

»Was bist du für ein süßes Ding«, flüsterte sie in ihren Mantel.

Bill pochte gegen das Fenster, und der Hund streckte erschrocken seinen Kopf aus dem Mantel. Quinn stieß zwischen zusammengepreßten Zähnen die Luft aus und kurbelte die Scheibe herunter. »Was?«

»Ich überlegte nur gerade«, setzte Bill an, als sein Blick ins Auto fiel und er den Hund in ihrem Mantel sah. »Ist das eine gute Idee?«

»Ja«, erwiderte Quinn. »Was überlegtest du gerade?«

»Du bist doch sowieso schon zu spät für deine Pizza mit Darla«, meinte Bill, »deshalb wäre es doch sinnvoll, wenn ich ihn ins Tierheim bringe. Um so eher können ihn sich viele Leute ansehen. Dann findet er schneller ein Zuhause.«

Quinn stellte sich vor, wie das Hündchen zitternd auf einem kalten Betonboden saß, allein und ängstlich hinter einem dicken Stahlgitter eingesperrt und auf doppelte Weise betrogen, weil sie ihm Wärme versprochen hatte. Wieder blickte sie hinab in seine tiefdunklen Augen. Irgend jemand hatte diesen süßen kleinen Hund einfach ausgesetzt. Das würde nicht wieder passieren. *Ich werde dich nicht verraten.*

»Sei vernünftig, Quinn.« Bill hörte sich verständnisvoll, aber unnachgiebig an. »Das Tierheim ist ein sauberer, warmer Ort.«

Ihr Mantel war auch ein sauberer, warmer Ort, aber das zu sagen, wäre kindisch. Okay, sie konnte den Hund nicht behalten, das wäre unvernünftig, sie mußte ihn an jemanden abgeben, aber unter keinen Umständen käme er ins Tierheim. Wer also könnte ihn nehmen?

Vertrauensselig, nahezu hingebungsvoll erwiderte der Hund ihren Blick. Quinn lächelte ihm zu. Sie mußte eine liebe, ruhige Person finden, der sie uneingeschränkt vertrauen konnte. »Ich werde ihn zu Nick bringen«, sagte sie zu Bill.

»Nick will keinen Hund«, antwortete Bill. »Das Tierheim –«

»Das wissen wir nicht.« Quinn drückte den Hund fester an sich. »Er hat eine eigene Wohnung über der Reparaturwerkstatt, also gibt es kein Problem mit einem Vermieter. Ich wette, er hätte diesen Hund gerne.«

»Nick wird ihn nicht nehmen«, sagte Bill bestimmt, und Quinn wußte, daß er recht hatte. Darla hatte irgendwann einmal gesagt, Nick wäre am besten als groß, dunkel und abseits von der Menschheit zu beschreiben. Sie griff nach einem äußerst dünnen Strohhalm, wenn sie glaubte, Nick würde sich für einen Hund aufopfern.

»Bring ihn ins Tierheim«, beharrte Bill, aber Quinn schüttelte den Kopf.

»Warum nicht?« fragte Bill, und beinahe hätte Quinn gesagt, *weil ich ihn haben will.*

Der Gedanke war so absolut selbstsüchtig und fühlte sich so absolut richtig an, daß Quinn den Hund nun mit neuen Augen betrachtete.

Vielleicht war sie dazu bestimmt, diesen Hund zu behalten.

Die Erregung, die bei dem Gedanken von ihr Besitz ergriff, etwas so Unvernünftiges zu tun, war so intensiv, daß sie fast etwas Sexuelles hatte. *Es ist mir egal, ob das unklug ist,* könnte sie sagen. *Ich will ihn.* Wie egoistisch. Wie aufregend. Quinns Herz klopfte schneller, als sie darüber nachdachte.

Nur ein bißchen egoistisch. Ein Hund war ein so kleiner Wunsch – schließlich ging es nicht darum, ein neues Leben zu beginnen, den Liebhaber zu wechseln oder irgend etwas grundsätzlich zu verändern.

Nur eine kleine Veränderung. Nur ein kleiner Hund. Etwas Neues in ihrem Leben. Etwas anderes.

Sie umklammerte den Hund noch fester.

Edie, die beste Freundin ihrer Mutter, ermahnte sie schon seit Jahren, sie solle aufhören, immer alles regeln zu wollen, immer so vernünftig zu sein, immer das Leben anderer in Ordnung bringen zu wollen. Sie solle sich lieber um ihr eigenes Leben kümmern. »Mir geht es nicht schlecht«, hatte sie erwidert, aber vielleicht hatte Edie recht. Vielleicht sollte sie mit so etwas Kleinem wie einem Hund anfangen, mit diesem Hund, mit einer kleinen Veränderung, einer kleinen Verbesserung, um sich dann größeren Dingen zuzuwenden. Vielleicht war dieser Hund ein Zeichen, ihr Schicksal. Und mit dem Schicksal ließ sich nicht diskutieren. Man denke nur an all die griechischen Helden, die das versucht hatten.

»Du kannst den Hund nicht behalten«, sagte Bill, und Quinn antwortete: »Laß mich mit Edie sprechen.«

Bill lächelte, wobei sein hübsches Gesicht Erleichterung und Wohlwollen zeigte. Ein glücklicher Wikinger. »Großartige Idee. Edie ist sowieso allein. Sie könnte einen Hund gebrauchen, der ihr Gesellschaft leistet. Das ist sehr klug von dir.«

So *habe ich das nicht gemeint,* wollte Quinn sagen, aber es war sinnlos, einen Streit zu provozieren; daher sagte sie stattdessen nur: »Danke, tschüs dann.« Sie kurbelte das Fenster hoch und sah dem Hund in die dunklen Augen. »Du sollst es gut haben.« Der Hund stieß einen leisen Seufzer aus und schmiegte den Kopf an Quinns Brust, ohne den Blickkontakt aufzugeben, als hinge sein Leben davon ab. Vor lauter Intensität zitterte er ein wenig. Kluger, kluger Hund. Quinn tätschelte ihn, um ihn zu beruhigen, und lächelte. »Du siehst aus wie eine Katie. K-K-K-Katie, genau wie in diesem Lied. Eine süße kleine K-K-K-Katie.« Sie beugte sich hinab und wisperte: »Meine Katie«, und der Hund seufzte zustimmend und verkroch sich wieder in die dunkle Wärme von Quinns Mantel.

Bill stand draußen und winkte ihr zu, eindeutig erfreut darüber, daß sie so vernünftig war. Sie winkte zurück. Mit ihm konnte sie sich später befassen, aber nun wurde es wirklich Zeit, zu ihrer Pizzaverabredung zu fahren.

Mit ihrem Hund.

Am anderen Ende der Stadt beugte sich Nick Ziegler in der hell erleuchteten zweiten Bucht der Tankstelle und Reparaturwerkstatt der Brüder Ziegler unter die Motorhaube von Barbara Niedemeyers Camry und bedachte den Motor mit einem finsteren Blick. Soweit er sehen konnte, war er völlig in

Ordnung, was wiederum bedeutete, daß es Barbara um etwas anderes ging. Und in Anbetracht der Vorliebe Barbaras für verheiratete Handwerker konnte er sich nur zu gut vorstellen, was das war. Offenbar war nun sein Bruder Max an der Reihe. Das könnte ein Problem für Max werden, aber Nick sah eigentlich keinen Grund, sich darüber Gedanken zu machen. Bereits vor langer Zeit, als er selbst in sein Unglück gerannt war, war er zu dem Schluß gekommen, daß sich die Leute ihr Grab selbst schaufeln mußten, und wenn er auch ein paar Narben von einigen vergangenen Dummheiten davongetragen hatte, konnte er zumindest auch auf einige interessante Erinnerungen zurückblicken. Er hatte keine Lust, sich in Max' Leben einzumischen.

Er ließ die Haube von Barbaras trojanischem Pferd zufallen, zog einen Lappen aus seiner Hosentasche und wischte den glänzenden Lack sauber, um sicherzugehen, daß er keine Fingerabdrücke hinterlassen hatte. Dann ging er zur dritten Garagenbucht hinüber, um sich mit seinem nächsten Problem zu befassen, Bucky Manchesters Auspufftopf.

»Hast du ein Leck in dem Toyota gefunden?« fragte Max Nick von der Bürotür aus.

»Es gibt kein Ölleck.« Nick stand unter Mrs. Manchesters Chevy, rieb sich die Hände an dem Lappen ab und betrachtete den Schaden. Das Auspuffrohr war so löchrig wie ein Schweizer Käse. Er würde sie anrufen müssen, um ihr zu sagen, daß die Reparatur ziemlich teuer werden würde. Sie wäre bestimmt nicht begeistert, aber sie vertraute ihm.

»Das habe ich Barbara auch schon erklärt«, meinte Max. »Aber sie sagte, ›sieh es dir doch bitte noch einmal an‹. Diese Frau ist einfach übervorsichtig.«

Nick spielte kurz mit dem Gedanken, Max zu warnen, daß Barbara nicht an einem imaginären Ölleck interessiert war, schob die Idee dann jedoch beiseite. Max war kein Ehebrecher, und selbst wenn er seinen Verstand verlieren und einen Seitensprung tatsächlich in Betracht ziehen sollte, gab es immer noch Darla. Und Darla war keine Frau, die ein Mann zum Narren halten konnte und die sich mit Lügengeschichten abspeisen ließ. Es gab kein Problem namens Barbara.

»Sie hat noch nie soviel Aufhebens um ihren Wagen gemacht«, murrte Max weiter und trat aus dem Büro. »Man sollte glauben, sie vertraut uns nicht mehr.« Er blieb stehen, um aus einem der Fenster in der Tür zur ersten Bucht hinauszuschauen. »Hat Bill Quinn etwa heimlich ein Kind gemacht?«

Nicks Hand schloß sich fester um den Lappen, und er starrte ein paar Sekunden auf den Auspuff, bevor er antwortete: »Ziemlich unwahrscheinlich, daß Bill so was tut.«

»Sie geht ins Upper Cut.« Max blinzelte angestrengt durch das Fenster. »Sie scheint sich den Bauch festzuhalten. Vielleicht ist ihr schlecht.«

Die Tür lag sowieso auf Nicks Weg zum Büro, daher trat er hinzu und spähte über Max' Ohr hinweg. Es sah merkwürdig aus, wie Quinn mit der Tür zum Schönheitssalon kämpfte; ihr dunkelblauer Matrosenmantel wölbte sich über ihrem Bauch, die langen Beine, die in einer Jeanshose steckten, stemmten sich kräftig gegen den Wind, und ihre rötlichbraunen Fönwellen fielen ihr ins Gesicht, als sie sich vorbeugte. Dann drehte sie sich mit dem Rücken zur Tür, und er sah einen Hund, der den Kopf aus dem Kragen ihres Mantels hervorstreckte. »Vergiß es«, meinte er zu Max. »Es ist ein Hund.«

»Ich werde nicht noch einen Hund adoptieren«, sagte Max. »Zwei sind mehr als genug.«

Nick trat ans Waschbecken, um seine Hände von den letzten Ölresten zu säubern. »Vielleicht bringt sie ihn zu Lois.«

»Heute ist Mittwoch«, sagte Max düster. »Sie trifft sich dort mit Darla auf eine Pizza. Sie wird sie überreden, und dann müssen wir uns mit noch einem abfinden.« Seine Miene erhellte sich. »Es sei denn, Lois wirft sie raus, weil sie den Hund mit hineingeschleppt hat. Mit ihrem Schönheitssalon ist sie sehr eigen.«

Nick drehte mit dem Handgelenk den Wasserhahn auf.

»Wenn Quinn den Hund mit hineinnehmen will, wird Lois sie lassen.«

Das heiße Wasser rann über seine Hände, und er schrubbte sie mit der körnigen Seife, wobei er darauf mehr Aufmerksamkeit als üblich verwandte, weil er wütend auf Max war und er es nicht mochte, wütend auf Max zu sein. Nick drehte den Hahn zu, trocknete seine Hände ab und hörte Max einen Satz zu Ende bringen, dessen Anfang er versäumt hatte. »Was?«

»Ich meinte, daß Lois aber verdammt gute Laune haben müßte, um das zuzulassen.«

»Hat sie wahrscheinlich.« Nicks Verärgerung veranlaßte ihn dazu, ein wenig Unruhe in Max' Leben zu stiften. »Vermutlich hat sie gehört, daß Barbara Matthew sitzengelassen hat.«

Max sah so bestürzt aus, wie dies für einen Menschen mit einem permanent gelassenen Gesichtsausdruck möglich war. »Was?«

»Barbara Niedemeyer hat Lois' Mann vor die Tür gesetzt«, wiederholte Nick. »Pete Cantor hat es mir heute morgen erzählt.«

Max deutete mit dem Finger auf ihn. »Die nächsten Checks für Barbara übernimmst du.«

»Warum führst du nicht einfach sofort eine Komplettinspektion an dem verdammten Wagen durch, damit sie erst gar nicht mehr zurückzukommen braucht?« Nick ging zum Büro hinüber, um Mrs. Manchester anzurufen. »Würde uns beiden eine Menge Ärger ersparen.«

»Sie ist eine gutaussehende Frau«, meinte Max. »Hat 'nen guten Job in der Bank. Du checkst den Wagen durch.«

»Ich brauche keine Frau mit einem guten Job. Barbaras Wagen ist deine Sache, und das gilt auch für Barbara.«

»Die Werkstatt gehört zur Hälfte dir«, wandte Max ein. »Du bist hier der Single. Warum, verdammt noch mal, bittet sie nicht dich, ihre Ölleitung zu überprüfen?«

»Weil sie dich lieber mag, Gott sei Dank.« Nick betrat das Büro und hörte Max hinter sich einen Seufzer ausstoßen. Einige Minuten später, als er Mrs. Manchesters Nummer wählte, hörte er vom Büro aus, wie die Motorhaube von Barbaras Toyota geöffnet wurde.

»Nick?« fragte Max mit dem Kopf unter der Haube.

»Ja?«

»Sorry für den Witz über Quinn eben. Ich hab's nicht so gemeint, wie es sich anhörte.«

Nick lauschte dem Besetztzeichen bei Mrs. Manchester und dachte an Quinn, die Herzliche und Zielstrebige und Verläßliche, das vollkommene Gegenteil zu ihrer verrückten Schwester Zoë. Quinn in Schwierigkeiten war gar nicht lustig. »Schon gut.«

»Ich weiß, daß ihr euch nahesteht.«

Nick legte auf. »So nahe nun auch wieder nicht.«

Als Max nichts darauf erwiderte, ging Nick zurück in die Garage und konzentrierte seine Gedanken auf den Chevy, wo sie hingehörten. Autos konnte man verstehen. Man brauchte zwar ein wenig Geduld und mußte sich gut auskennen, aber Autos verhielten sich immer gleich. Man konnte sie reparieren. Und das war mehr, als man von den Menschen behaupten konnte. Kein guter Mechaniker hätte beispielsweise etwas für ihn und Zoë tun können. Er dachte nicht mehr häufig an Zoë; selbst die Nachricht vor zehn Jahren, daß sie wieder heiraten werde, hatte ihm nur einen kleinen Stich versetzt. Und das war nichts gewesen gegen das, was Max gerade mit seiner Witzelei über Quinn erreicht hatte.

»Nick?«

Max' Stimme klang immer noch ein wenig besorgt, deshalb sagte Nick: »Hältst du es für möglich, daß Barbara zwei Wagen hat? Dann könntest du beträchtliche Zeit mit ihr verbringen.«

»Sehr witzig«, grummelte Max, widmete sich dann aber wieder seiner Arbeit, so daß Nick sich auf den Auspuff konzentrieren konnte. Der war sowieso das einzige echte Problem, das er hatte, weil Max Darla niemals betrügen würde und Quinn stets streunende Hunde aufgriff und ein Zuhause für sie suchte. Nichts in seinem Leben würde sich jemals ändern.

Außer an Bucky Manchesters Auspuffrohr.

Auf der anderen Straßenseite ließ sich Darla Ziegler in dem kleinen Pausenraum des Upper Cut gerade auf die Couch aus verschlissenem Tweedstoff fallen, als Lois Ferguson mit finsterem Blick hereinkam. Mit ihrer orange schimmernden Hochsteckfrisur sah sie aus wie eine kleine Fackel. Seitdem sie das Upper Cut vor sechs Jahren übernommen hatte, versuchte Lois, Darla gegenüber ihre Autorität durchzusetzen, aber Darla hatte Lois bereits im Kindergarten Klebstoff futtern sehen. Da war also nichts mehr zu machen.

»Machst du schon Feierabend?« fragte Lois schnippisch. »Es ist erst vier Uhr.«

»Heute ist Pizza-Tag«, erwiderte Darla. »Ich bin fertig.«

»Diese Ginny Spade hast du jedenfalls toll frisiert, das muß ich dir lassen.« Lois verschränkte die Arme so fest, daß sich ihr grauer Kittel straff über der knabenhaft kleinen Brust spannte. »So gut hat sie seit Jahren nicht ausgesehen.«

»Ja, vielleicht wird sie nun jemanden kennenlernen und über diesen untreuen Mistkerl Roy hinwegkommen«, erwiderte Darla und hätte sich im gleichen Moment am liebsten selbst dafür getreten, weil sie vergessen hatte, daß Lois erst vor einem Jahr einen untreuen Mistkerl namens Matthew verloren hatte.

»Matthew möchte zu mir zurückkommen«, sagte Lois, und Darla richtete sich ein wenig auf, um Lois zur Abwechslung einmal etwas mehr Aufmerksamkeit zu schenken. Da kam Quinn durch die Ladentür gerauscht, mit fliegendem kupferfarbenem Haar und einem Hund, den sie unter ihrem Matrosenmantel verborgen hatte.

»Ich weiß, ich bin spät«, stieß sie hervor. »Tut mir leid –«

Überrascht beäugte Darla den Hund und hielt abwehrend die Hand hoch. »Warte einen Moment.« Sie sah zu Lois. »Du willst mich auf den Arm nehmen. Er hat sie verlassen?«

»Wer hat wen verlassen?« Quinn kämpfte damit, aus den Ärmeln ihres Mantels zu schlüpfen. Darla fand, daß der Hund aussah wie eine Ratte. Allerdings war es für Quinn normal, unansehnliche Hunde aufzulesen, und daher der Hund nicht annähernd so interessant wie die Bombe, die Lois gerade hatte platzen lassen. Sie widmete ihre ganze Aufmerksamkeit Lois.

»Das ist ein Hund«, sagte Lois.

»Gut erkannt.« Quinn drapierte ihren Mantel über der Lehne eines Sessels aus Avocadoholz. »Keine Sorge, ich halte sie fest. Sie wird den Boden nicht berühren, versprochen. Wer hat wen verlassen?«

»Ha.« Lois' Lippen verzogen sich zu einem süffisanten Lächeln, und sie triumphierte: »Barbara hat Matthew verlassen. Die Bankschlampe hat ihm gestern eiskalt den Laufpaß gegeben.«

»Wow.« Den Hund sicher in den Armen, sank Quinn in ihren Sessel.

»Unglaublich.« Darla lehnte sich zurück und atmete hörbar aus, während sie die Ereignisse überdachte. »Ein ganzes Jahr lang hingen sie wie die Kletten zusammen. Was ist passiert?«

»Irgendwas auf dieser dämlichen Reise nach Florida, die sie unternommen haben.« Lois preßte die Lippen noch fester zusammen. »Mich hat er nie auf eine dämliche Reise nach Florida mitgenommen.«

Im Geiste ging Darla die Möglichkeiten durch. »Ein anderer Mann?«

»Wenn ja, dann hat er ebenfalls den Abgang gemacht. Sie ist noch in der Stadt und lebt allein in ihrem kleinen Haus, und Matthew ist ins Anchor gezogen.« Lois nahm Darla gegenüber auf dem anderen durchgesessenen Sessel Platz. »Er will wieder bei mir einziehen.«

Darla zuckte die Achseln. »Das macht Sinn. Warum sollte ein Kerl in einem Motel wohnen wollen?«

»Wirst du ihn zurücknehmen?« wollte Quinn wissen.

Lois hob unschlüssig die Schultern. »Warum sollte ich? Das Haus und dieses Geschäft hier gehören mir. Wozu brauche ich ihn?«

Darla dachte an Max. »Freundschaft. Spaß. Sex. Erinnerungen. Damit du jemanden hast, der dich Neujahr küßt.«

»Er hat mich wegen einer Bankschlampe verlassen«, sagte Lois. »Wie steht es also deiner Meinung nach um unsere Freundschaft?«

Irgend etwas an der Art und Weise, wie sie das Wort *Bankschlampe* auf der Zunge zergehen ließ, verriet Darla, daß Lois nicht allein Matthew grollte. Vielleicht war diese Ehe noch zu retten. In dem Falle wäre es weitaus angenehmer, für Lois zu arbeiten. »Du hast ihn am Tag nach unserem Schulabschluß geheiratet. Sechzehn Jahre warst du mit ihm zusammen. Nur ein Jahr hat er mit Barbara Niedemeyer verbracht, und jetzt tut es ihm leid. Das ist doch schon etwas.« Wenigstens nahm Darla an, daß es ihm leid tat. Wenn er ernsthaft in Betracht zog, zu Lois zurückzukehren, obwohl er ihre Kratzbürstigkeit kannte, bevor er sie wegen einer jüngeren Frau verließ, mußte es ihm nun *tatsächlich* leid tun. »Und außerdem verdient er gut.« Sie dachte an das letzte Mal, als Matthew bei ihnen zu Hause den Abfluß repariert hatte. »Er verdient verdammt gut.«

»Ich verdiene auch gut«, meinte Lois. »Wer braucht ihn?«

»Nun, du wahrscheinlich«, mischte sich Quinn pragmatisch wie immer ein, »ansonsten würdest du nicht davon sprechen.«

»Es macht mich einfach nur wütend, das ist alles.« Lois' Kiefer mahlten heftig, bevor sie weitersprach. »Es ging uns wirklich gut, bis sie mit ihrem kaputten Badewannenabfluß und verstopften Waschbeckenrohr und Plänen für ein zweites Bad unten auftauchte. Als ob sie ein zweites Badezimmer bräuchte, wo sie doch ganz allein wohnt. Wenn ihr mich fragt, hat sie das geplant –«

Darla schaltete auf Durchzug, sie hatte diesen Wortschwall bereits mehrere Male gehört, genaugenommen seit dem Tag im vergangenen April, als sich Barbara Niedemeyer Matthew geangelt hatte. Was die Sache mit Barbaras gezieltem Vorgehen betraf, nun – Matthew war schließlich nicht ihr erster verheirateter Mann gewesen. Eigentlich hätte Lois hellhörig werden müssen, als Barbara von dem zweiten Badezimmer zu reden begann. Darla wäre jedenfalls bei dem zweiten Anruf in der Reparaturwerkstatt hellhörig geworden. Diese Frau hatte ein Vorleben. Lieber Himmel, Matthew war die Nummer Drei gewesen.

»– und jetzt glaubt er, er könne einfach mir nichts, dir nichts wieder zu Hause hereinspazieren«, beendete Lois ihren Satz. »Zum Teufel mit ihm.«

»Ich würde mir die Sache noch mal durch den Kopf gehen lassen«, meinte Darla. »Barbara ist so etwas wie eine Grippe. Männer holen sie sich, aber sie kommen darüber hinweg. Gil und Louis scheinen ihr gegenüber keine innigen Gefühle mehr zu hegen. Ich habe erst kürzlich gehört, daß Louis wieder geheiratet hat. Ich meine, Barbaras Männer erholen sich offensichtlich. Und da Matthew verdammt gutes Geld verdient, wird er andere Chancen haben, wenn du ihn nicht zurücknimmst.«

Lois starrte sie an.

»Sie hat den springenden Punkt erfaßt«, sagte Quinn. »Wenn du ihn zurückwillst.«

Darla spreizte die Hände und versuchte, unschuldig dreinzublicken. »Ich meine ja nur, wenn es dir wirklich egal wäre, wärst du nicht so wütend. Nimm ihn zurück. Laß ihn dafür bezahlen. Wenn du es richtig anstellst, wird er dich auch auf eine dämliche Reise nach Florida mitnehmen.«

»Du kapierst das nicht«, meinte Lois. »Was, wenn es Max wäre?«

Der Gedanke, daß Max sie betrügen könnte, war so lächerlich, daß Darla beinahe gekichert hätte. Max war ein wunderbarer und toller Mensch, sofern man dies von einem Mann behaupten konnte. Aber die Frauen wagten nicht einmal, mit ihm zu flirten, weit er so augenscheinlich glücklich verheiratet war. Oder zumindest, wenn sie ehrlich war, so eindeutig nicht an irgendeiner Veränderung in seinem Leben interessiert. Das war, genau betrachtet, nicht unbedingt dasselbe. Darlas Drang zum Kichern verflüchtigte sich, doch sie sagte sich, sie könne sich glücklich schätzen, einen so zufriedenen Mann zu haben. »Ich würde sagen, ›Max, du Arschloch, was zum Teufel hast du dir dabei gedacht?‹« erklärte sie Lois. »Und dann würde ich ihn zurücknehmen. Er ist dein Mann, Lois. Er hat Scheiße gebaut und muß dafür büßen, aber du solltest ihn nicht einfach aufgeben.«

Lois sah noch immer stocksauer aus, aber in die Wut schien sich eine gewisse Nachdenklichkeit zu mischen.

»Es sei denn, du liebst ihn nicht mehr«, fügte Quinn hinzu. »Es sei denn, du möchtest frei sein, um tun zu können, was du willst.«

»Bitte?« fragte Darla nach. Das hörte sich gar nicht nach Quinn an, die doch sonst für jedes Problem eine Lösung fand. »Natürlich will sie ihn zurück.«

Lois stand auf. »Das ist doch lächerlich«, sagte sie, ging in den Laden zurück und schlug die Tür hinter sich zu.

»Weißt du, ich verstehe Barbara nicht«, meinte Quinn stirnrunzelnd, während sie den Hund auf ihrem Schoß streichelte. »Sie ist doch eine nette Frau. Warum angelt sie sich immer wieder die Ehemänner anderer Frauen?«

»Weil sie keine nette Frau ist«, antwortete Darla entschieden. »Was ist in dich gefahren, Lois etwas von Freiheit zu erzählen? Lois möchte so gerne frei sein wie älter werden.«

»Ich meinte nur, sie sollte darüber nachdenken«, erwiderte

Quinn, wich Darlas Blick aus und lehnte sich in ihrem Sessel zurück. »Es steht nirgendwo geschrieben, daß das Leben mit einem Mann an der Seite besser ist.«

»In Tibbett ist es das«, sagte Darla. »Oder glaubst du wirklich, daß Lois in Bo's Bar & Grill herumhängen und geschiedene Trunkenbolde zur Wiederbelebung aufsammeln möchte?«

Quinn schnitt eine Grimasse. »Ach, komm schon. Zwischen Eheleben und Bo's muß es doch ein Mittelding geben.«

»Klar. So ein Leben, wie Edie es führt.« Darla streckte sich wieder auf dem Sofa aus. »Die ganze Woche unterrichten, am Feierabend mit deiner Mom Garagenverkäufe abklappern und abends Essensreste in einem einsamen Haus aufwärmen.« Für Darla hörte sich das wie die Hölle an.

»Allein muß nicht unbedingt einsam heißen«, sagte Quinn. »Ich denke, Edie gefällt ihr Alleinsein – sie spricht doch immer davon, wie gut es tut, nach Hause zu kommen, wo alles still ist. Andererseits kannst du auch mit jemandem zusammen sein und dich trotzdem einsam fühlen.«

Darlas Ansicht nach war die Einsamkeit mit einem anderen Menschen vermutlich die Lebensweise der meisten Leute. Was natürlich nicht bedeutete, daß sie mit Max einsam war.

Quinn drückte den zwergwüchsigen, schmächtigen Hund fester an sich und sah nicht gerade glücklich aus, so daß Darla sie prüfend anschaute. »Irgend etwas nicht in Ordnung bei dir und Bill?«

Mit gesenktem Kopf blickte Quinn dem Hund unverwandt in die Augen. »Nein.«

»Okay«, meinte Darla. »Heraus damit.«

Quinn rutschte im Sessel herum, während das Tier sie beide beobachtete. »Ich werde diesen Hund behalten.«

Du hast beigen Teppichboden, wollte Darla einwerfen, aber das würde vermutlich nicht nach Unterstützung klingen.

»Bill verlangt, daß ich sie ins Tierheim bringe«, fuhr Quinn fort. »Aber ich werde sie behalten. Es ist mir egal, was er sagt.«

»Herrje.« Darla bemerkte Quinns trotzig emporgerecktes Kinn und registrierte die ersten Alarmsignale. Bill benahm sich unglaublich dumm. »Er ist nun seit zwei Jahren mit dir zusammen, und er kennt dich so wenig, daß er ernsthaft glaubt, du würdest einen Hund ins Tierheim bringen?«

»Es wäre das Vernünftigste«, meinte Quinn, den Blick immer noch auf den Hund gerichtet. »Und ich bin ein vernünftiger Mensch.«

»Ja, das bist du.« In Darla machte sich nun entschieden Unbehagen breit. Einerseits hatte sie sich für Quinn immer eine so gute Ehe wie ihre eigene gewünscht. Gut, Bill war ein bißchen langweilig, aber das war Max schließlich auch. Man konnte nicht alles haben.

Man mußte Kompromisse eingehen. Genau darum ging es in einer Ehe. »Was, wenn er sagt, ›der Hund oder ich‹? Sag bitte nicht, daß du deine Beziehung wegen eines Hundes aufs Spiel setzen willst.«

Bei diesen Worten starrte der Hund zu ihr herüber und fixierte sie geradezu, und Darla fiel zum erstenmal auf, wie einschmeichelnd er aussah. Bezwingend. Nahezu teuflisch. Nun, das ergab einen Sinn. Wäre Quinn im Garten Eden, würde ihr der Teufel in Form eines Cockerspaniels erscheinen.

»Bill ist nicht so schwierig.« Quinn lehnte sich zurück und war offensichtlich bemüht, unbekümmert zu klingen, hörte sich aber nur noch angespannter an. »Wir haben keine Probleme. Er will, daß jeder Tag gleich abläuft, und weil dies der Fall ist, ist er glücklich.«

Das könnte Max sein. »Nun, so ist das mit den Männern.«

»Das Problem ist nur, daß mir das, glaube ich, nicht genügt.« Quinn streichelte den Hund, der sich an sie schmiegte, mit diesen hypnotischen schwarzen Augen zu ihr hochschaute und sie dazu verleiten wollte, eine absolut einwandfreie Beziehung zu verderben. »Der Gedanke, daß mein ganzes Leben so ablaufen wird, fängt an, mir zuzusetzen. Ich meine, ich liebe es zu unterrichten, und Bill ist ein guter Kerl –«

»Moment mal.« Darla richtete sich auf. »Bill ist ein *großartiger* Kerl.«

Quinn sank ein wenig zusammen. »Ich weiß.«

»Er reißt sich den Hintern auf für die Jungs im Team«, sagte Darla. »Und nach der Schule bleibt er dort, um Mark für die SAT-Meisterschaft zu trainieren –«

»Ich weiß.«

»– und bei Wohltätigkeitsveranstaltungen steht er immer in der ersten Reihe –«

»Ich *weiß.*«

»– und letztes Jahr war er Lehrer des Jahres, und das war lange überfällig –«

»Darla, ich *weiß* das.«

»– und er behandelt dich wie eine Prinzessin«, schloß Darla.

»Und das bin ich leid«, sagte Quinn und streckte ihr Kinn erneut empor. »Sieh mal, Bill ist nett – okay, er ist großartig«, korrigierte sie sich und hielt abwehrend die Hände hoch, bevor Darla wieder Einwände vorbringen konnte.

»Aber wir erleben nichts Aufregendes. Mir ist noch nie etwas Aufregendes passiert. Und so, wie Bill alles plant, werde ich auch nie etwas Aufregendes erleben.«

Ich *hatte* aufregende Momente, hätte Darla am liebsten gesagt. Sie und Max waren einst heiß wie die Hölle aufeinander gewesen. Sie konnte ihn wieder vor sich sehen – diesen Blick in seinen Augen, mit dem er sie fixierte, dieses Grinsen, das sagte, *ich habe noch etwas vor mit dir,* die Art, wie sie gemeinsam lachten – aber schließlich konnte man nicht erwarten, daß dies ewig so blieb. Sie waren nun seit siebzehn Jahren verheiratet. Aufregung konnte man nicht siebzehn Jahre lang erhalten.

»Es ist nicht wirklich Bills Schuld«, meinte Quinn. »Ich meine, auch bevor er auftauchte, gab es nichts Aufregendes. Wahrscheinlich ist das einfach nicht für mich vorgesehen. Ich bin keine aufregende Person.«

Darla öffnete den Mund und verschloß ihn gleich wieder. Quinn war ein Schatz, aber –

»Siehst du?« Resignierend blickte Quinn Darla endlich an. »Du willst mir sagen, daß ich aufregend bin, aber das kannst du nicht. Zoë war aufregend, ich bin langweilig. Mama sagte immer, ›einige Menschen sind wie Ölgemälde und andere wie Aquarelle‹, aber was sie meinte, war, ›Zoë ist interessant, und du bist irgendwie farblos‹.«

»Du bist die Verläßliche«, meinte Darla. »Du bist diejenige, bei der jeder Halt sucht. Wenn du aufregend wärst, wären wir alle ganz schön aufgeschmissen.«

Quinn ließ sich zurückfallen. »Aber ich bin es *leid.* Und hier geht es nicht um Bungeespringen oder irgend etwas ähnlich Verrücktes. Ich will nur diesen Hund.« Wieder blickte das Tier zu ihr auf, und Darlas Besorgnis verwandelte sich in echten Schrecken. »Einen Hund zu adoptieren ist noch nicht einmal aufregend. Und es ist doch wohl nicht zuviel verlangt, oder?«

»Nun ja, das kommt darauf an.« Darla starrte den Hund an. *Das ist alles deine Schuld.*

»Sehnst du dich nicht manchmal nach mehr?« Quinn beugte sich vor und fixierte Darla mit ihren haselnußbraunen Augen mit einer Leidenschaft, die ihr Unbehagen verursachte. »Schaust du dir nie dein Leben an und fragst dich, ob das alles ist?«

»Nein«, antwortete Darla. »Nein, nein, das tue ich nicht. Sieh mal, manchmal muß man sich mit weniger zufriedengeben, wenn man seine Beziehung aufrechterhalten möchte.«

»Max gegenüber warst du immer kompromißlos«, wandte Quinn ein, und Darla biß sich auf die Lippen. »Und jetzt werde ich mich wie du benehmen. Nur dieses eine Mal werde ich kompromißlos sein.«

Sie umklammerte den Hund fester, und Darla dachte, *jeder geht Kompromisse ein.* Das Tier warf Darla einen Blick zu und schien sie herauszufordern, dies laut auszusprechen – der Teufel in Hundegestalt. *Vergiß es*, teilte Darla ihm stillschweigend mit. *Mich bringst du nicht in Schwierigkeiten.* »Also, was möchtest du auf deiner Pizza?« Darla beugte sich über den Tisch und griff nach dem Telefon. »Das übliche?«

»Nein«, sagte Quinn. »Ich will etwas anderes.«

2

Ein wenig verdrossen wegen Quinn, mehr noch aber belustigt, war Bill in den Kraftraum zurückgegangen. Der Rektor, Robert Gloam, der in einem königsblauen Trainingsanzug elegant vor sich hin schwitzte, hörte beim Anblick von Bills Miene auf, sein Gesicht mit einem Handtuch von Ralph Lauren abzuwischen, und fragte: »Was ist so lustig, Sportsfreund?«

Von all den Kreuzen, die Bill in seinem Leben zu tragen hatte – Eltern und Sponsoren, pubertäre Athleten, in deren Körpern die Hormone wie in einem Flipper hin und her schossen, die Bemühung, einer Generation verzogener Kredit-Junkies eine lebendige und aussagekräftige Vorstellung von der Großen Wirtschaftskrise zu vermitteln – war das Kreuz, das am schwersten wog, sein größter Fan Bobby Gloam, der Boy Principal. Bill versuchte angestrengt, Robert in Gedanken nicht Bobby oder BP zu nennen, weil das respektlos und Robert ein hart arbeitender, kleiner und sportbesessener Mann war; aber er war gleichzeitig noch so jung und unerfahren, daß Spitznamen nahezu unvermeidlich waren.

»Lustig? Oh, Quinn hat mal wieder einen Hund gefunden«, sagte Bill, und Bobby verdrehte in männlicher Solidarität die Augen.

»Du zeigst wirklich viel Geduld mit ihr, Sportsfreund«, meinte er.

»Sie ist vernünftig«, erwiderte Bill. »Sie wird das Richtige tun.« Er machte sich an den letzten Kontrollgang durch den

Kraftraum, der eigentlich ziemlich überflüssig war. Er hatte die Jungs gut erzogen; außerdem war der BP in seiner Abwesenheit dort gewesen, um über jedes heruntergefallene Handtuch oder falsch abgelegte Gewicht zu meckern. Der BP betrachtete diesen Raum als sein Revier. Er war erst im letzten Monat renoviert worden und wirkte nun auf beinahe peinliche Weise plüschig, eine Sinfonie aus Scharlachrot und Grau. »Das Lehrerzimmer sollte mal so gut aussehen«, hatte Quinn gemeint, woraufhin Bobby geantwortet hatte: »Hey, die Sportler haben das verdient. Für wen haben denn die Lehrer etwas geleistet?«

»Ich wünschte, Greta würde auch das Richtige tun«, fuhr Bobby nun fort. »Klar, nach dem nächsten Jahr geht sie in Rente, aber bis dahin dauert es noch anderthalb Jahre, und das ist eine lange Zeit, wenn man mit einer widerborstigen Sekretärin auskommen muß.«

Bill hörte ihm nur halb zu, während er zum Lichtschalter ging, um alles dichtzumachen. Er wollte nach Hause und wie jeden Mittwoch das Abendessen für Quinn vorbereiten. Quinn. Allein bei dem Gedanken an sie wurde ihm warm ums Herz.

»Ich meine, manchmal habe ich den Eindruck, sie *verachtet* mich«, sagte Bobby gerade.

»Sie ist nur manchmal ein bißchen taktlos«, antwortete Bill. »Aber sie ist eine verflucht gute Kunstlehrerin, und das ist das Wichtigste.«

»Nicht Quinn, Greta«, erklärte der BP. »Obwohl ich auch bei Quinn so meine Zweifel habe.«

»Was macht Greta denn genau?« erkundigte sich Bill ein wenig schuldbewußt, weil er nicht richtig zugehört hatte.

»Nun, nimm zum Beispiel meinen Kaffee«, sagte Bobby. »Ich bitte sie, mir eine Tasse zu bringen, und sie füllt eine Tasse und stellt sie auf die Ecke ihres Schreibtischs. Dann muß ich sie noch einmal bitten, sie zu mir ins Zimmer zu bringen.«

»Warum holst du dir deinen Kaffee nicht selbst?« schlug Bill vor. »Die Maschine steht direkt auf dem Tisch neben deiner Tür. Wahrscheinlich noch näher bei dir als bei ihr.«

»Hierarchie«, sagte Bobby. »Wieviel Autorität bleibt mir denn, wenn ich meinen Kaffee selbst hole?«

Keine, und das ist sowieso nichts Neues.

»Was würdest du tun?« fragte Bobby, und Bill unterdrückte das Verlangen zu erwidern, daß er sich seinen Kaffee selbst holen würde, und meinte statt dessen: »Vermutlich würde ich einfach deutlich sagen, was ich erwarte, genauso, wie ich es bei den Jungs mache.«

Bobby schaute ihn verständnislos an, daher fuhr Bill fort: »Ich mache ihnen klar, was ich von ihnen will. Ich rege mich nicht auf, ich erwarte lediglich, daß sie meine Ansprüche erfüllen. Erwarte von Greta, dir zu geben, was du willst, und letztendlich wird sie es tun.«

»Das klingt reichlich optimistisch«, meinte Bobby.

»Nein.« Bill schaltete die Lichter aus und ging zur Tür. »Nimm zum Beispiel diese Sache mit Quinn und dem Hund. Sie weiß, daß wir keinen Hund halten können, also habe ich sie einfach daran erinnert, bis sie einverstanden war, ihn Edie zu geben.«

»Edie ist noch so eine Person, die mich verunsichert«, sagte Bobby. »Diese älteren Frauen kennen keine Autorität.«

»Sieh mal«, setzte Bill an, obwohl er ziemlich sicher war, auf verlorenem Posten zu stehen. »Die Menschen möchten, daß man gut von ihnen denkt, sie wollen die gute Meinung, die andere von ihnen haben, rechtfertigen. Wenn du den Menschen zeigst, was sie tun müssen, damit du sie schätzt, werden sie sich auch entsprechend verhalten – natürlich nur, wenn es im Bereich ihrer Möglichkeiten liegt. Erwarte niemals etwas von jemandem, das er nicht erfüllen kann.«

»Greta kann mir Kaffee bringen«, sagte Bobby.

»Und Quinn kann den Hund in ein gutes Zuhause abgeben.«

Bill öffnete die Tür, und das letzte Sonnenlicht dieses Nachmittags fiel in seinen Kraftraum. »Man muß nur ein bißchen Geduld haben.«

»Du bist echt klasse, Sportsfreund«, meinte Bobby, »ein wahrer Meister im Umgang mit Menschen.«

Zufrieden fuhr Bill nach Hause. Den Hund Edie zu überlassen war eine gute Idee gewesen, typisch Quinn: Auf diese Weise löste sie Edies Einsamkeitsproblem und fand noch dazu ein gutes Zuhause für den Hund – zwei gute Taten auf einmal. Zwischen seinen Beziehungen hatte Bill einige Male alleine gelebt und es gehaßt; er war deshalb sicher, daß es Edie auch nicht gefiel. Als er Quinn kennenlernte, hatte er sofort gewußt, daß sie die Richtige war, weil sie so vernünftig war und immer alles regelte. Mit Quinn in der Nähe gab es keinen Wellengang, sie sorgte für ruhiges Fahrwasser. Ein Jahr hatte er dazu gebraucht, sie zu überreden, ihn bei sich einziehen zu lassen, und weitere sechs Monate, damit sie mit ihm in die große Wohnung zog, die er für sie gefunden hatte. Schließlich aber hatte sie nachgegeben, und nun war sein Leben perfekt.

Im Juni würden sie sich verloben, die Hochzeit würde Weihnachten stattfinden. Er hatte alles genau geplant, es würde keine Probleme mit der Schule oder der Spielsaison geben. Während er den Wagen vor der Wohnung parkte, malte er sich die Zukunft mit Quinn aus. Selbstverständlich würden sie Kinder haben. Sie würde auf der Tribüne sitzen, wenn er ihre Söhne trainierte, und sie abends ins Bett bringen; sie würde eine gute Mutter sein.

Immer, wenn er Mütter sah, die ihre Kinder in Geschäften anbrüllten, dachte er an Quinns rundes, freundliches Madonnengesicht und war sicher, daß sie seine Kinder niemals so behandeln würde. Und auch für ihn würde sie immer da sein, liebe- und verständnisvoll. Sie war alles, was er brauchte, der solide, sichere Mittelpunkt seines Lebens.

Als Quinn um viertel nach sechs mit dem Hund auf dem

Arm nach Hause kam, blieb er daher ruhig und sagte lediglich in warnendem Tonfall, der verlauten ließ, daß es hier nichts zu verhandeln gab: »Quinn, der Hund kommt zu Edie.«

Mit zusammengepreßten Lippen reckte Quinn ihr Kinn empor, und plötzlich sah ihr Gesicht gar nicht mehr so rund aus wie üblich. Auf ihren Wangen bildeten sich zwei rote Flecken. Sie sah furchtbar aus, der Hund noch entsetzlicher, geradezu bösartig, so als hätte er sie gebissen und infiziert.

»Nein«, sagte sie.

»Hey« begrüßte Darla Max, als sie das leicht schmuddelige und vollgestopfte Büro der Werkstatt betrat, dessen Einrichtungsstil laut Quinn an die ersten Klemmbretter erinnerte. »Von wem ist denn der Toyota da draußen?«

»Von Barbara Niedemeyer«, erwiderte Max, ohne den Blick von der Rechnung zu heben, die er gerade schrieb. »Und wir werden nicht noch einen Hund adoptieren, also vergiß das gleich.«

Darla grinste seinen Hinterkopf an und dachte, wie sexy der Bogen seines Nackens war, dessen Linie hinten in seinem T-Shirt verschwand. Max hatte in den siebzehn Jahren seit ihrem Schulabschluß ein paar Kilo zugenommen, und sein dunkles Haar war ein wenig dünner geworden, aber sie konnte immer noch den attraktivsten Jungen aus der Abschlußklasse vor sich sehen, der ihr die Ehre zuteil werden ließ, als erstes Mädchen in dem Auto, das er endlich zum Laufen gebracht hatte, mit ihm ins Autokino zu fahren. Sie hatten sich *Das Imperium schlägt zurück* angeschaut, oder zumindest den größten Teil davon. Als sie ihn nun betrachtete, wäre sie am liebsten sofort wieder über ihn hergefallen. Nach siebzehn Jahren nicht schlecht, immerhin.

Sie spähte in die Werkstattbucht hinaus. »Wo ist Nick?«

»Oben.« Max schob seinen Stuhl zurück. »Ich meine das ernst, kein Hund.«

Darla setzte sich auf die Schreibtischkante und stupste sein

Bein mit ihrem Schenkel leicht an. »Auch nicht, wenn ich ganz lieb frage?«

»Nicht einmal dann«, sagte Max, aber der Unterton in ihrer Stimme war ihm nicht entgangen – das konnte sie an dem leichten Zucken seiner Lider erkennen. »Du könntest allerdings versuchen, mich zu überzeugen.«

Darla rutschte ein wenig nach vorn, bis ihre Beine die von Max umschlossen, und beugte sich vor, um sich mit den Händen auf den Armlehnen des Stuhls abzustützen. »Weißt du, ich würde diesen Hund furchtbar gerne haben. Was muß ich denn genau dafür tun?«

»Komm mit mir nach Hause, und mach mir eine Rückenmassage«, schlug Max vor. »Und noch ein bißchen was anderes. Obwohl du den Hund trotzdem nicht bekommst, das muß ich fairerweise gleich sagen.«

Er versuchte, streng dreinzublicken, und Darla mußte lachen und beugte sich noch weiter vor. »Vergiß das mit zu Hause«, flüsterte sie ihm ins Ohr. »Da wimmelt es von Kindern. Du und ich, mein Schatz, hier und jetzt.« Er hob die Augenbrauen, während sie anfing ihn zu küssen. Er erwiderte ihren Kuß mit einem dieser guten, soliden verdammt-bin-ich-froh-daß-du-hier-bist-Küsse, aber an diesem Abend wollte sie mehr, weil sie nicht zu Hause waren, sondern im Büro, hell erleuchtet und mit Fenstern ringsum, und sich wieder wie alberne Teenager benahmen. Sex mit Max war nie schlecht, aber er war nicht immer atemberaubend und auch nicht allzu häufig in letzter Zeit.

Jetzt jedoch war sie kaum zu bremsen.

»Warte mal«, murmelte Max und schnappte nach Luft, während sie sich auf seinen Schoß gleiten ließ, so gut dies trotz der Armlehnen ging, und dabei seine Schenkel auseinanderdrückte. Aber sie war ihm nicht so nah, wie sie das gerne sein wollte.

»Komm her«, flüsterte sie, und er antwortete: »Mein Gott, die ganze Welt kann uns sehen.«

»Dann werden sie was von uns lernen«, meinte Darla, aber Max erhob sich, wobei sich sein Körper einen wundervollen Moment lang dicht an sie preßte, bevor er sie wieder auf die Schreibtischplatte setzte.

»Laß uns nach Hause gehen«, sagte er. »Um elf Uhr sind die Kinder im Bett. Dann haben wir Zeit für uns, Süße.«

Darla spürte, wie sich ihre Lust in Luft auflöste. »Das sind noch fünf Stunden.«

Max grinste. »Das werden wir wohl noch schaffen. Komm schon, laß uns gehen, bevor uns hier jemand herumknutschen sieht.«

»Ja, das wäre furchtbar«, meinte Darla resignierend und folgte ihm zur Tür hinaus. Wieder fiel ihr der weiße Toyota ins Auge, der im Garagenlicht glänzte. »Wessen Wagen ist das, sagtest du?«

»Barbara Niedemeyers«, antwortete Max.

»Sie hat gerade Matthew hinausgeworfen«, sagte Darla und blieb abrupt stehen. »Oh, mein Gott, sie hat es auf Nick abgesehen.«

»Vielleicht glaubte sie auch nur, daß irgend etwas mit ihrem Wagen nicht stimmt«, erwiderte Max. »Du willst doch nicht tatsächlich noch einen Hund, oder?«

»Nein, und außerdem möchte Quinn ihn selbst behalten.« Im Geiste ging Darla die Möglichkeiten durch und lenkte sich damit von ihrer eigenen Enttäuschung ab. »Ich sage dir nur eins: Wenn der Toyota innerhalb einer Woche wieder hier steht, hat sie Nick im Visier.« Sie wandte sich zu Max. »Sollen wir versuchen, ihn zu retten?«

»Nick braucht niemanden, der ihn rettet«, sagte Max und sah dabei so verlegen aus, daß Darla das Thema fallenließ. Max und Nick standen sich nahe, aber sie mischten sich nicht in die Angelegenheiten des anderen ein. Diese Art Verhältnis hatte in den fünfunddreißig Jahren, die sie Brüder waren, immer funktioniert. Es gab keinen Grund, daran etwas zu ändern.

»Schon gut«, sagte sie, und Max meinte daraufhin: »Was meinst du damit, Quinn behält ihn? Das paßt nicht zu ihr.«

Darla folgte ihm hinaus in die trostlose Märzdämmerung, stapfte durch den Morast und dachte daran, wie Quinn sich darüber amüsieren würde, wenn sie hörte, daß Barbara hinter Nick her war. Gleichzeitig versuchte sie angestrengt, nicht daran zu denken, wie gerne sie eben im Büro Sex gehabt hätte – einfach mal eine kleine Abwechslung nach siebzehn Jahren.

»Vielleicht will sie eine Abwechslung«, meinte Darla, und Max erwiderte: »Quinn? Unwahrscheinlich.« Er riß die Fahrertür des Lasters auf und kletterte in den Wagen. »Sie führt ein gutes Leben, und wenn sie ihre Karten richtig ausspielt, kann das für immer so bleiben. Warum sollte sie sich das vermasseln?«

Darla stand auf dem Parkplatz, während die Schneeflocken um sie herumwirbelten, und ihr wurde plötzlich eiskalt. »Vielleicht braucht man ab und zu eine Abwechslung, um sich wieder lebendig zu fühlen, Max. Manchmal ist das, was immer gut war, nicht genug.«

»Wovon sprichst du eigentlich?« Max beugte sich hinüber und öffnete die Beifahrertür. »Das ist das Dümmste, was ich je gehört habe. Komm, steig ein, bevor du festfrierst.«

Darla ging um den Laster herum und kletterte auf ihren Sitz. Sie war sich nicht sicher, wovon sie sprach, aber sie war sich vollkommen sicher, daß sie wußte, wie sie sich fühlte.

Und wenn Max glaubte, er werde heute abend, nachdem die Kinder im Bett waren, verführt werden, hatte er gar nichts verstanden.

Er tätschelte ihr Knie. »Nach den Nachrichten, Süße«, sagte er. »Du und ich.«

Nein zu sagen, geradeheraus nein, stieg Quinn in den Kopf wie billiger Wein – sie fühlte sich schwindelig und benommen, und ihr wurde ein wenig übel, als Bill sie mit geschlossenen Lippen nachsichtig anlächelte.

»Nein, das wirst du nicht tun, Liebling«, sagte er. »Sei nicht albern.« Er hatte diesen wohlwollenden Blick à la Captain of the Universe aufgesetzt, der ihm in ganz Tibbett Respekt verschaffte. Ein echtes Mannsbild, hatte ihr Vater gesagt, als sie ihn das erste Mal mit nach Hause gebracht hatte. Was erklären würde, warum sie ihn im Moment nicht ertragen konnte. Sollten die Männer ihn doch haben.

Quinn bückte sich, um Katie auf den Boden zu setzen. Als sie sich wieder aufrichtete, fiel ihr Blick an Bill vorbei auf die Töpfe, die auf dem Herd köchelten. Vor Ärger stieg ihr die Röte ins Gesicht. »Du hast ja schon wieder gekocht. Wie oft soll ich dir denn noch sagen, daß ich mittwochs mit Darla esse –«

»Du hast doch früh gegessen«, sagte Bill. »Und Pizza ist nicht gesund. Du brauchst etwas Nahrhaftes.« Er öffnete den Schrank und nahm einen Teller heraus.

Quinn spielte mit dem Gedanken, die Nährstoffe aufzuzählen, die in Pizza enthalten waren, schwieg dann aber. Es war einfacher zu essen als zu argumentieren. Sie ging durch die Küche zu dem Schrank unter der Spüle und kramte darin herum. Katie trippelte ängstlich hinter ihr her, wobei ihre Krallen auf dem Fliesenboden klackten. »Wo ist denn das Welpenfutter vom letzten Mal?«

»Ganz hinten.« Bills Stimme klang gleichgültig, und Quinn zog ihren Kopf aus dem Schrank und sah, wie er Katie anstarrte.

Sie steckte den Kopf wieder in den Schrank und fischte das Welpenfutter heraus. Als sie sich erhob, hatte Bill ihr den Rücken zugewandt und häufte Nudeln und Sauce auf den Teller.

»In unserem Mietvertrag ist Tierhaltung verboten.« Bill stellte den Teller auf den Tisch und blieb wie ein mißgelaunter Popeye mit verschränkten Armen daneben stehen.

Quinn füllte eine Schüssel mit Futter und stellte sie auf den Fußboden. »Komm her, Kleine. Abendessen.«

Der Hund beschnüffelte das Futter und begann vorsichtig

zu fressen. Quinn füllte eine zweite Schüssel mit Wasser und stellte sie neben die andere. Mit gebeugtem Köpfchen verschlang Katie das Futter und sah dabei so niedlich aus, daß Quinn ihr über den Rücken streichelte.

Katie hockte sich nieder und begann zu pinkeln.

»Quinn!« schnauzte Bill so laut, daß der Hund zusammenzuckte.

»Ist ja schon gut.« Quinn wickelte ein Papiertuch von der Küchenrolle neben der Spüle ab. Katie blickte sie schuldbewußt und bestürzt an, und Quinn redete leise und beruhigend auf sie ein, während sie den Urin aufwischte und eine Flasche Desinfektionsspray aus dem Schrank holte. »Sie ist ein Unterwürfigkeitspinkler«, erklärte sie Bill und schrubbte derweil den Boden. »Das wußte ich nicht, weil ich sie den ganzen Tag auf dem Arm getragen habe. Sie wird nervös, wenn jemand sie streichelt, und –«

»Nun, ganz offensichtlich kann sie nicht hierbleiben«, meinte Bill triumphierend. »Heute nacht können wir den Boden im Badezimmer mit Zeitung auslegen, aber morgen verschwindet sie.«

Ohne eine Erwiderung wischte Quinn den Fußboden trocken. Während sie sich die Hände wusch, machte Bill ihr ein Friedensangebot. »Dein Stroganoff wird kalt.«

Quinn ließ sich auf ihren Stuhl gleiten und nahm die Gabel auf.

Beifällig lächelte Bill ihr zu. »Also nimmt Edie den Hund –«

»Ich werde diesen Hund behalten.« Quinn legte ihre Gabel hin.

»Das geht nicht«, sagte Bill. »Er wird den Teppich ruinieren, und wir müssen den Schaden dann von unserer Kaution bezahlen. Außerdem bist du den ganzen Tag in der Schule. Wer soll denn dann auf ihn aufpassen?« Von seiner eigenen Logik überzeugt, schüttelte er den Kopf. »Du wirst ihn Edie geben.«

»Nein.«

»Dann werde ich es tun«, sagte Bill und begann zu essen.

Quinn wurde kalt. »Das soll ein Witz sein, oder?«

»Du bist unvernünftig«, sagte Bill kauend, bevor er den Bissen hinunterschluckte. »Dieser Hund würde dich in Null Komma nichts verrückt machen. Sieh ihn dir doch an. Alles, was er tut, ist zittern. Und pinkeln.«

»Ihr ist kalt«, sagte Quinn, doch Bill schüttelte nur den Kopf und aß weiter. »Hörst du mir überhaupt zu?« fragte sie und spürte, wie der Ärger in ihr hochstieg.

»Ja, ich höre dir zu«, antwortete Bill. »Und es geschieht nur zu deinem Besten, wenn ich ihn zu Edie bringe.«

Eine Minute lang platzte Quinn nahezu vor Wut, schluckte ihren Ärger dann jedoch hinunter, weil Herumschreien nur ein Problem schaffen würde, das sie anschließend wieder in Ordnung bringen mußte.

»Es ist wirklich sinnvoll«, meinte Bill zu ihr. »Iß jetzt dein Abendessen.«

Quinn starrte in sein blasiertes und selbstsicheres Gesicht und erkannte schlagartig, daß sie ein Monster herangezüchtet hatte. Bill dachte, sie werde nachgeben, weil sie das immer getan hatte; warum sollte er also etwas anderes erwarten? Sie hatte ihm seine Blasiertheit *antrainiert.* Sie blickte sich um. Noch nicht einmal die Wohnung war ihre. Bill hatte sie ausgesucht und den Umzug organisiert, und als sie gemeint hatte: »Sie ist zu beige«, hatte er nur erwidert: »Sie ist nur fünf Minuten von der Schule entfernt«, und das hatte so viel Sinn gemacht, daß sie nachgegeben hatte. Auch die Möbel hatte er gekauft, alles aus zweckmäßigem furniertem Fichtenholz, und als sie geliefert wurden und sie gemeint hatte: »Sie gefallen mir nicht, sie sehen so kühl und modern aus«, hatte er gesagt: »Ich habe sie schon bezahlt, und nun sind sie da. Einen Versuch ist es wert; sollten sie dir in ein paar Monaten immer noch nicht gefallen, werden wir etwas anderes kaufen, das du magst.« Und sie hatte eingewilligt, weil es ja schließlich nur um Möbel ging, über die es nicht zu streiten lohnte.

Katie schmiegte sich an ihr Bein und rutschte mit ihrem

Hinterteil über den Teppich. Für Katie lohnte es sich zu streiten.

Und vielleicht hätte es sich auch gelohnt, über die Möbel zu streiten. All dieses verdammte Beige.

Bill, ebenso beige, lächelte ihr über den Tisch hinweg zu.

Genau betrachtet war in diesem Moment *alles* einen Streit wert.

»Jetzt hör schon auf zu schmollen«, sagte Bill. »Edie wird den Hund gut behandeln.«

»Ich hasse diese Möbel.« Quinn schob den Stuhl vom Tisch zurück und stand auf, um ihren Mantel zu holen.

»Quinn?« Bill klang, als sei er ein wenig aus der Fassung geraten. »Wovon redest du?«

»Von allem.« Sie zog sich den Mantel an. »Ich mag alte Sachen. Warme Möbel. Ich hasse diese Wohnung. Und ich hasse beigefarbenen Teppichboden.«

»Quinn.«

Sie wandte ihm den Rücken zu und nahm Katie auf den Arm. »Und im Augenblick bin ich auch nicht besonders scharf auf dich.«

Das letzte, was sie hörte, bevor sie die Tür hinter sich ins Schloß zog, waren Bills Worte: »Quinn, du benimmst dich *kindisch.*«

Nick hatte gerade Carl Hiaasens neuesten Roman aufgeschlagen, als jemand an seine Tür klopfte. Er war erst vor einer Stunde nach Hause gekommen, die Eiswürfel in seinem zweiten Chivas waren noch nicht geschmolzen, und nun stand Besuch vor der Tür. Einer der zahlreichen Vorteile des Single-Lebens war, daß er sehr viel Zeit allein an einem ruhigen Ort verbringen konnte. Er ließ das Buch auf den Boden fallen und erhob sich seufzend aus seinem alten Ledersessel, mit der festen Absicht, den Besucher, wer auch immer es sein mochte, so schnell wie möglich wieder loszuwerden.

Als er jedoch die Tür aufriß, stand Quinn davor, bis zur Nasenspitze in einen dicken blauen Wollschal gehüllt, ihr kupferfarbenes Haar glänzte im Licht der Veranda. Quinn die Tür vor der Nase zuzuschlagen war ein Ding der Unmöglichkeit. Sie trug einen unterernährten schwarzen Hund auf dem Arm, der ihn mit dem flehenden Blick eines verwaisten Hundes ansah, so daß er sagte: »Ich will keinen Hund«, aber dennoch zurücktrat, um sie hereinzulassen.

Quinn rauschte an ihm vorbei und setzte den Hund auf den Boden, während er die Tür schloß. Sie zog sich den Schal vom Mund und antwortete: »Das ist auch gut so, weil du sie nicht haben kannst.« Sie lächelte zu dem Hund hinunter, der vorsichtig die Wohnung zu erkunden begann, und wandte sich dann ihm zu, mit glänzenden Augen und schimmerndem Haar, die Wangen in ihrem runden Jungmädchengesicht gerötet. »Ich behalte sie.«

»Blöde Idee«, meinte er, jedoch völlig ohne Nachdruck, und lächelte sie an aus Gewohnheit und aus Freude, weil sie da war. »Etwas zu trinken?«

»Ja, bitte.« Quinn wickelte ihren Schal ab und ließ ihn auf den Hartholzboden direkt neben den alten Flechtteppich seiner Mutter fallen. Sofort kringelte sich der Hund darauf zusammen und sah Nick an, als erwarte er, sich einzuquartieren. *Denk noch nicht einmal daran, Hund.*

»Lieber Himmel, was für ein Tag«, stöhnte Quinn.

»Was ist denn passiert?« Nick ging in seine kleine Küche, und sie folgte ihm und nahm sich ein Glas aus dem Kiefernholzregal über der Spüle, während er ein paar Eiswürfel aus der Eisschale in seinem alten Kühlschrank herausbrach.

»Ich weiß gar nicht, wo ich anfangen soll«, meinte Quinn.

Die Küche war für zwei Personen etwas zu eng, aber da es Quinn war, spielte das keine Rolle. Sie hielt ihr Glas vor die Brust, weil sie so nahe beieinander standen, daß sie den Arm anwinkeln mußte. Er ließ das Eis hineinfallen und griff hinter ihr nach dem Chivas auf dem Regal, während er geistesabwesend ihre Nähe genoß. »Fang mit dem Schlimmsten an«, schlug er vor und schenkte eine Daumenbreite in ihr Glas. Schließlich mußte sie noch fahren; mehr würde sie nicht bekommen. »Dann werden wir mit einem Highlight enden.«

Sie grinste ihn an und sagte: »Danke. Kann ich noch etwas mehr haben?«

»Nein.« Er stellte den Chivas zurück und schob sie gleichzeitig mit seiner Hüfte in Richtung Wohnzimmer. »Du bist sowieso noch zu jung für Alkohol.«

»Ich bin fünfunddreißig.« Quinn ließ sich auf dem Teppich neben dem Hund nieder. Nicks Blick fiel auf ihre langen Beine und ihr schimmerndes Haar. Sie trug einen Pullover mit Farbflecken und Jeans. »Ich kann tun und lassen, was ich will.« Sie hielt inne, als habe sie sich selbst etwas Radikales anstatt Sarkastisches sagen hören, und zuckte dann mit den Schultern. »Okay, das Schlimmste ist, daß ich mich mit Bill gestritten habe.«

Einen Augenblick lang erfreute sich Nick an dem Farbenspiel – dem Kupferton ihrer Haare, der Honigfarbe des Eichenfußbodens, dem blassen Blau ihres Pullovers und dem verblichenen Grün des Teppichs –, am meisten jedoch am Anblick von Quinn, wie sie in ihrer Natürlichkeit dort inmitten all dieser Wärme zu glänzen schien. Plötzlich registrierte er, was sie gesagt hatte. »Was?«

»Ich habe mich mit Bill gestritten. Zumindest glaube ich, daß es ein Streit war. Schwer zu sagen, weil er nie aus der Fassung zu bringen ist. Ich habe ihm erklärt, daß ich diesen Hund behalten werde, aber er war strikt dagegen. Er tat gerade so, als sei ich ein kleines Kind.«

Quinn war so aufgeregt und schaute ihn mit ihren großen haselnußbraunen Augen auf eine Weise an, daß er unwillkürlich grinsen mußte. »Nun ja, manchmal benimmst du dich wirklich wie ein kleines Kind. Du wohnst in einer Mietwohnung. Wo willst du denn da einen Hund unterbringen?«

Sie schüttelte den Kopf, und ihr Haar schwang wie kupferfarbene Seide hin und her. »Darum geht es doch gar nicht. Der springende Punkt ist, daß ich ihn haben will und er nein gesagt hat.«

»Er will ihn einfach nicht.« Nick machte es sich in seinem Ledersessel gemütlich, fest entschlossen, sich nicht in Quinns Streitereien hineinziehen zu lassen und sich auch keine Gedanken darüber zu machen. Er konnte darauf verzichten, in Quinns Leben verwickelt zu werden. Er konnte nur nicht auf ihre Gesellschaft verzichten. »Er sollte nicht mit einem Tier leben müssen, wenn er das nicht will.« Der Hund bedachte ihn mit einem vorwurfsvollen Blick, den er ignorierte.

Quinn schüttelte den Kopf. »Und ich sollte nicht ohne eines leben müssen.«

»Einer von euch wird schon nachgeben«, meinte Nick. »Ihr werdet eine Lösung finden.« Er bemerkte, wie sie trotzig ihr Kinn vorschob, und dachte, *Bill, du bist gerade zum Hundeliebhaber geworden.* Er kannte Quinn, seit sie fünfzehn war, und wenn sie sich einmal etwas in den Kopf gesetzt hatte, konnte niemand sie davon abbringen.

»Es gibt nur eine Lösung«, sagte Quinn. »Ich behalte Katie.«

»Wen?«

»Katie. So heißt sie.«

Quinn zog den Hund auf ihren Schoß und streichelte ihm über den Kopf. Nick betrachtete ihn genauer und versuchte, ihn mit Quinns Augen zu sehen. Mit dem glatten Fell und dem klapperdürren Körper sah er aus wie eine Ratte auf Stelzen, und seine großen dunklen Augen machten Nick nervös. *Rette mich,* schien er zu sagen. *Kümmere dich um mich. Sei immer für mich da.* Er schüttelte den Kopf. »Hättest du dir nicht einen tausendmal weniger netten Namen als Katie ausdenken können?«

»Wenn du einen eigenen Hund haben und ihn Killer nennen willst, bitte schön«, antwortete Quinn. »Das hier ist mein Hund, und sie heißt Katie.« Plötzlich nachdenklich sah sie ihn an. »Ich finde, ein Hund täte dir gut.«

»Nein.« Nick rutschte tiefer in den Sessel. »Eine Etagenwohnung ist ein lausiger Ort für einen Hund. Außerdem brauche ich nicht noch eine Verpflichtung.«

Quinn betrachtete ihn mit liebevoller Geringschätzung. »Ein Hund wäre nicht noch eine Verpflichtung, weil du gar keine andere Verpflichtung hast. Er wäre deine erste Verpflichtung. Es wäre ein Anzeichen, daß du endlich reif wirst.«

»Ich sehe an mir genügend Anzeichen für meine Reife«, grummelte Nick. »Meine Haare werden grau.«

»Ich weiß«, sagte Quinn trocken. »Aber nur an den Schläfen. Sieht übrigens sehr attraktiv aus, schreckt aber vielleicht die Teenies ab, die du ständig verführen willst.«

»Ich verführe keine Teenager.« Nick bedachte sie mit einem grimmigen Blick. Nein, er verführte keine Teenager. Schließlich hatte auch er moralische Grundsätze.

»Ach, nein? Wie alt ist Lisa denn? Zwölf?«

»Zweiundzwanzig«, antwortete Nick. »Glaube ich jedenfalls.«

»Eine unreife Zweiundzwanzigjährige«, meinte Quinn. »Und du wirst vierzig.«

»Achtunddreißig.« Nick dachte daran, ihr zu sagen, daß er Lisa seit Weihnachten nicht mehr gesehen hatte, schwieg dann jedoch. Das würde das Gespräch in völlig andere Bahnen lenken, wozu er keine Lust hatte. Sie hatten dieses Thema schon unzählige Male diskutiert, die Tatsache, daß er mit Frauen ausging, die zu jung für ihn waren, damit er sich nicht auf etwas Ernstes einlassen mußte. Das stimmte zwar, aber es funktionierte schließlich – warum also darüber diskutieren? Zeit für einen Themenwechsel. »Also, was gibt's Neues? Ich habe heute den ganzen Tag niemanden zu Gesicht bekommen, weil ich bis sechs Uhr durchgearbeitet habe. Der Auspuff an Bucky Manchesters Chevy ist kaputt.«

»Er kann sich wohl einen neuen leisten«, meinte Quinn. »Mama sagt, daß er sich in seinem Immobilienbüro dumm und dämlich verdient.« Sie nahm den ersten Schluck von ihrem Chivas und trank gleich die Hälfte davon.

»Das ist auch gut so, weil Max und ich ihm einen Teil davon abknöpfen wollen.« Nick zeigte mit dem Finger auf sie. »Kipp das Zeug nicht so schnell hinunter. Du mußt noch fahren.«

»Nur nach Hause zu Bill.« Plötzlich wieder verdrossen nippte sie an ihrem Drink. »Weißt du, wenn er bei diesem Hund nicht nachgibt, werde ich ausziehen.«

»Das solltest du dir gut überlegen«, erwiderte Nick, eindeutig nicht an einer Diskussion über Bill interessiert. »Wie läuft's in der Schule?«

»Schule?« Mit einem Stirnrunzeln versuchte Quinn, dem plötzlichen Themenwechsel zu folgen. »Wie immer. Edie hat wieder das Theaterstück übernommen, und sie bringt Bobby damit zur Weißglut. Alles, was nicht Sport heißt, interessiert ihn nicht. Sie möchte, daß ich die Bühnenbilder und Kostüme mache, aber ich habe abgelehnt. Ich brauche nicht noch mehr Kopfschmerzen. Außerdem treibt Bobby auch Greta zum Wahnsinn, aber wir setzen unser ganzes Geld auf sie, weil sie seit Ewigkeiten die Schulsekretärin und er noch ganz neu ist. Ohne sie kann er die Schule nicht leiten.«

»Du redest ihn mit Bobby an?«

»Nein. Noch nicht einmal im Lehrerzimmer nennen wir ihn Bobby. Als er im November anfing, hat Edie ihn Boy Principal getauft, und jetzt nennt ihn jeder BP. Ich glaube, das ist einer der Gründe, warum er sie nicht leiden kann.«

»Kann ich mir denken«, meinte Nick, hauptsächlich, damit sie weiterredete. Quinn pflegte mit ihrem ganzen Körper zu sprechen; Arme, Augen, Schultern, Mund waren ständig in Bewegung. Sie bot eine so lebendige Vorstellung, daß er manchmal eine Diskussion mit ihr anfing, nur um sie erröten und gestikulieren zu sehen.

Mit unverhohlener Schadenfreude in der Stimme fuhr Quinn fort: »Ja, und außerdem hat er, glaube ich, irgendwann nach einer seiner Moralpredigten gehört, wie sie sagte –«,

Quinn verstellte die Stimme, um Edies hellen und leisen Sopran zu imitieren, diesen leichten Südstaaten-Singsang, aber giftig wie der Stachel eines Skorpions, »›*ich* finde, es ist viel einfacher, Robert zu mögen, wenn er nicht da ist.‹«

Nick mußte grinsen, und Quinn fügte abschließend hinzu: »Nun ja, ich glaube, der BP fand das gar nicht lustig.«

»Keinen Sinn für Humor«, meinte Nick.

»Keinen Verstand«, sagte Quinn. »Diese aufgeblasene kleine Null glaubt, alles zu wissen. Ich habe ja schon Harvey für eine Pfeife gehalten, aber nun, seit er pensioniert ist und uns der BP vor die Nase gesetzt wurde, wird mir klar, wie gut wir es mit jemandem hatten, der Greta die Schulleitung überließ. Bobby ist wie besessen davon, alles zu verändern, und schafft damit nur überall ein riesiges Durcheinander, aber wenn wir ihn auf seine Fehler aufmerksam machen, will er nichts davon hören. Bill ist der einzige, dem er überhaupt zuhört, aber auch nur, weil er ihn anhimmelt wegen all dieser Meisterschaften. Wenn Bill dieses Frühjahr den Baseball-Cup gewinnt, wird der BP ihn wahrscheinlich bitten, ihn zu adoptieren. Aber was soll's – meiner Meinung nach haben sie einander verdient.«

Wieder legte sich ein Schatten auf ihr Gesicht, und Nick fühlte sich unwohl. »Sieh mal, Bill kann nicht so blöd sein und riskieren, dich wegen eines Hundes zu verlieren«, meinte er schließlich. Er wollte nicht in diesen Streit hineingezogen werden, andererseits hatte er das Bedürfnis, sie zu trösten. »Wenn er sieht, wieviel dir das Tier bedeutet, wird er nachgeben.«

»Da bin ich mir nicht so sicher«, sagte Quinn. »Manchmal habe ich das Gefühl, er sieht mich gar nicht. Ich glaube, er sieht nur das Bild, das er sich von mir gemacht hat. Weißt du, was ich meine? Die Person, mit der er zurechtkommt. Weil mein wahres Ich zu problematisch und schwierig ist.«

Nick schüttelte den Kopf. Bill konnte nicht ernsthaft so dämlich sein, nicht zu verstehen, wer Quinn war und was sie ihm bedeutete. Sie beugte sich vor und drückte den Hund noch fester an sich; ihr Haar, wie kupferfarbene Seide, bildete im Lampenlicht einen schimmernden Kontrast zu ihrem goldfarbenen Teint.

Man mußte wirklich ein absoluter Idiot sein, um Quinn nicht zu sehen.

»Na los, erzähl mir, wo du diese Ratte gefunden hast«, sagte er, nur um ihre Augen aufblitzen zu sehen, und als sie den Kopf hochriß und ihm einen bösen Blick zuwarf, mußte er lachen.

Die gute, alte, verläßliche und berechenbare Quinn.

Als Bill sich am nächsten Morgen herumwälzte, hatte sich Katie zwischen ihm und Quinn auf die Bettdecke gekuschelt. Jetzt lag dieser verdammte Hund also mit ihnen im Bett, trotz seiner Pläne mit der Zeitung im Badezimmer. Quinn hatte dies mit einem knappen »Nein« abgelehnt und eine Decke neben dem Bett ausgebreitet. Klar, daß der Hund in der Nacht ins Bett gekrochen war. Ein Wunder, daß er nicht hineingepinkelt hatte. Er spürte den Ärger in sich aufsteigen und besänftigte sich, wie er das immer tat – tief durchatmen und klar denken. Quinn war einfach nur durcheinander. Am vorigen Abend war sie spät nach Hause gekommen und hatte nur den Kopf geschüttelt, als er versuchte, mit ihr zu reden. Sie hatte sich auch geweigert, das Stroganoff zu essen, das er für sie aufwärmte, und sich statt dessen mit dem Hund ins Schlafzimmer verzogen. Sie führte sich auf wie ein Kind, aber schließlich war er den Umgang mit Kindern gewöhnt. Er war Lehrer. Geduld war alles.

Nachdem sie am Abend zuvor aus der Wohnung gerauscht war, hatte er darüber nachgegrübelt, wo das Problem liegen mochte, bis ihm plötzlich klar wurde, daß sie vermutlich nur so verstimmt war, weil sie – genau wie er – heiraten und Kinder haben wollte. Er hatte natürlich noch eine Menge Zeit, Vater zu werden, aber sie war fünfunddreißig und wurde schließlich nicht jünger. Und nun war sie enttäuscht, weil er nicht von Heirat sprach und sich voll auf die Saison konzentrierte.

Also mußte er nur den Hund aus dem Weg räumen und ihr schnell einen Antrag machen, und dann würden sie heiraten und die Kinder bekommen, die sie sich wünschte, und er würde morgens aufwachen und Bill Junior zwischen ihnen liegen sehen. Bei diesem Gedanken wurde ihm warm ums Herz. Ein kleiner Junge mit seiner Kraft und Aufrichtigkeit und Intelligenz, gepaart mit Quinns sanftem Wesen. Er mußte nur Geduld haben und den Hund loswerden, dann würde sich alles wie von selbst ergeben.

Der Hund streckte seine dünnen Beine und seinen mageren Körper, um sich dann enger an Quinns Rücken zu schmiegen.

»Runter hier«, zischte Bill so streng er konnte, ohne Quinn aufzuwecken.

Der Hund schlug die Augen auf und starrte ihn an.

Mit der Hand schob Bill das Hinterteil des Hundes beiseite. *»Runter.«*

Der Hund hob eine Lefze und begann, tief in der Kehle bösartig zu knurren, um seinen Anspruch auf Quinn zu verteidigen. Bill zog seine Hand zurück.

»Was machst du da?« murmelte Quinn schläfrig über ihre Schulter.

»Der Hund hat mich angeknurrt.«

»Wahrscheinlich hast du sie geweckt.« Quinn gähnte und klopfte auf ihrer anderen Seite auf das Bett. »Komm her, Katie.«

Langsam stand Katie auf, streckte sich provozierend und kletterte dann über Quinns Hüfte, um sich triumphierend an ihrem Bauch einzurollen. Unbekümmert legte Quinn ihren Arm über den Rücken des Hundes und streichelte ihn ein wenig, bevor sie wieder in den Schlaf sank.

Bill atmete noch ein paarmal tief durch und mußte niesen. Wahrscheinlich war er gegen Streß mit Hunden allergisch.

Dieser Hund gehörte der Vergangenheit an.

»Ist Max hier?« Nick streckte seinen Kopf unter der Haube von Mary Galbraiths altem Civic hervor und fragte »Bitte?«, aber er hatte die Stimme bereits erkannt, bevor er die schlanke Blondine in dem marineblauen Kostüm vor sich stehen sah.

Die Barbie aus der First National Bank, hatte Darla sie getauft, und das war weitaus netter als der Spitzname, mit dem Lois Ferguson sie bedachte. Sie sah tatsächlich so unecht aus, daß es schwerfiel zu glauben, sie könne es auf Max abgesehen haben. Dennoch stand sie nun vor ihm. »Hi, Barbara. Nein, er ist gerade unterwegs. Alles klar mit deinem Wagen, hoffe ich?«

»Oh, er hat tolle Arbeit geleistet.« Barbara sah unsicher aus, völlig fehl am Platze in der schmutzigen Garage, aber schließlich wirkte Barbara außer in der Bank überall fehl am Platze. Sie ging Nick auf den Geist, aber das war nicht fair, das wußte er. Schließlich war sie verdammt gut in ihrem Job. Jedermanns Geld wurde immer richtig angelegt, wenn Barbara sich darum kümmerte.

»Ich weiß nicht, wann er zurückkommt«, fügte Nick hinzu, als Barbara offensichtlich nicht zu wissen schien, was sie sagen sollte.

»Ich wollte ihm nur das hier vorbeibringen.« Zögernd streckte sie ihm eine bemalte Dose entgegen, und Nick hatte beinahe Mitleid mit ihr und machte sich Sorgen um Max. Die Dose war bemalt und mit einer grünen Schleife und einer weißen Karte mit der Aufschrift DANKE! verziert. »Das sind Plätzchen«, erklärte Barbara. »Weil er so tolle Arbeit geleistet hat.«

»Oh.« Was zum Teufel sollte er mit Plätzchen anfangen? »Warum stellst du sie nicht einfach ins Büro? Ich werde Max ausrichten, daß sie von dir sind.«

»Danke, das wäre sehr nett.« Wieder um Worte verlegen blieb Barbara in ihrem perfekten Outfit wie angewurzelt stehen.

»Dort hinten im Büro«, sagte Nick und versuchte, aufmunternd zu klingen.

Barbara holte tief Luft. »Er kennt sich wirklich mit Autos aus, nicht wahr?«

»Er ist der Beste«, erwiderte Nick. »Das Büro ist dort drüben hinter der Tür.«

»Mein Wagen fährt jetzt nämlich viel besser. Er hat sogar die Heizung repariert.«

»Das war nur ein Wackelkontakt im Schalter«, sagte Nick, ohne zu erwähnen, daß er es gewesen war, der ihn behoben hatte. »Solche Dinge merkt Max immer schnell.«

»Ja, das habe ich auch gedacht.« Barbara trat einen Schritt näher, und Nick bemerkte, daß irgend etwas an ihr anders war.

Aus irgendeinem Grunde sah sie nicht mehr so aufgedonnert aus. Vielleicht war ihr Haar dunkler. »Ich finde, es ist wichtig, auf Kleinigkeiten zu achten, oder?«

»Stimmt wohl.« Nick hörte auf, sich Gedanken über ihre Haarfarbe zu machen, weil es ihn nicht wirklich interessierte. »Du kannst die Plätzchen einfach ins Büro stellen.«

»Ist er zu Hause auch so geschickt?« wollte Barbara wissen, was Nick seltsam vorkam.

»Ich denke schon«, meinte Nick. »Zumindest beschwert sich Darla nicht.« Er erwog, mehr zu sagen, entschied sich dann aber dagegen. Es war sinnlos, sich in diese Sache hineinziehen zu lassen.

»Ich weiß. Sie ist eine tolle Friseuse.« Barbara klang aufrichtig. »Sie kann froh sein, daß sie Max hat.«

»Hinten im Büro«, lenkte Nick ab, »da wäre der richtige Ort für die Plätzchen.«

»Du hast viel zu tun.« Barbara trat einen Schritt zurück. »Es muß toll sein, mit Max zusammenzuarbeiten.«

»Läßt sich aushalten«, meinte Nick.

»Du bist bestimmt auch sehr gut«, fügte Barbara höflich hinzu.

»Nicht besonders«, erwiderte Nick.

»Nun, dann werde ich das hier im Büro abstellen.«

»Das ist eine gute Idee.« Nick steckte seinen Kopf wieder

unter die Motorhaube des Honda und dachte, *Max, da mußt du dir etwas einfallen lassen.*

Und dann konzentrierte er sich auf den Honda, weil Max und Barbara ihn nichts angingen.

Quinn kam kurz nach drei nach Hause, etwas früher als sonst, weil sie sich so sehr auf Katie freute. Bestimmt mußte sie sofort raus, also würde sie mit ihr wie schon morgens früh auf die Wiese hinter dem Wohnhaus gehen und zusehen, wie sie durch das gefrorene Gras sprang und hüpfte, um dann zu ihr zurückzulaufen. Bei diesem Anblick würde sie wieder die gleiche Freude wie am Morgen spüren, das erhebende Gefühl, jemanden zu haben, der sie liebte, ohne irgend etwas von ihr zu erwarten.

Katie würde mit den Pfoten aufgeregt und ängstlich zitternd an ihrem Mantel kratzen, und sie könnte sie hochnehmen und ihr Wärme schenken, während sie Katies kleinen Kopf wieder an ihrer Schulter fühlte. Es war so wundervoll, einen eigenen Hund zu haben, daß sie lächeln mußte, als sie die Wohnungstür aufschloß und »Katie!« rief in der Erwartung, wieder dieses niedliche Tapsen der Hundekrallen auf den Küchenfliesen zu hören.

In der Wohnung blieb alles still.

»Katie?«

Noch immer kein Tapsen. Quinn schloß die Tür hinter sich und begann, mit klopfendem Herzen die Wohnung abzusuchen, um sicher zu sein, daß Katie nicht im Badezimmer eingeschlossen war oder schlafend auf dem Bett aus Kiefernholz lag. Die Wohnung war so klein, daß sie sie innerhalb von zwei Minuten bis in den letzten Winkel abgesucht hatte. Keine Katie.

Sie quälte sich mit dem Gedanken, daß der Hund irgendwie aus der Wohnung herausgekommen sein müsse, aber als sie nachschaute, wieviel Hundefutter noch übriggeblieben war, um einen Anhaltspunkt zu haben, wie lange Katie in der

Wohnung gewesen sein mochte, waren beide Schüsseln verschwunden. Quinn fand sie in der Spülmaschine.

Bill war immer ordentlich.

Das Blut schoß ihr in den Kopf, und all der Ärger und die Frustration, die sich in ihr aufgestaut hatten, vereinigten sich zu grenzenloser Wut.

Er hatte ihren Hund weggebracht.

Er hatte ihren Hund *gestohlen.*

Die Meile bis zur Schule legte sie in Rekordgeschwindigkeit zurück.

3

Am anderen Ende der Stadt toupierte Darla im Upper Cut Susan Bridges' Haare und versuchte, ihren Ärger zu verdauen. Es gab keinen Grund, sauer zu sein. Max hatte am vorigen Abend recht gehabt. Sex vor den Augen von ganz Tibbett wäre vermutlich schlecht fürs Geschäft gewesen. Außerdem hatte sie es Max heimgezahlt, als sie ihn um elf Uhr abgewiesen hatte. Nachdem Mark und Mitch endlich ins Bett gegangen waren, hatte er sie in der Küche umarmt, doch sie hatte nur gesagt: »Bin nicht mehr in der Stimmung.« Daraufhin hatte Max mit dem Kommentar »Oooohkay« die Arme sinken lassen und war alleine ins Bett gegangen, ohne ein weiteres Wort mit ihr zu sprechen. Nicht ein einziges Wort.

»Autsch«, ließ sich Susan vernehmen, woraufhin Darla sich entschuldigte und ihre Aufmerksamkeit wieder Susans Frisur schenkte.

»Hast du jemals daran gedacht, deinen Stil zu verändern?« fragte sie Susan und blickte sie über deren Schulter in dem grau und purpurrot umrahmten Spiegel an. »Du trägst diese Frisur nun schon seit … einer ganzen Weile.« Dreißig Jahre lang, schätzte Darla. »Dir würde bestimmt ein Stufenschnitt gut stehen. Der würde deine Wangenknochen betonen.«

Susan sog die Backen ein und betrachtete sich prüfend im Spiegel. »Darryl würde mich nicht wiedererkennen.«

»Das wäre doch toll«, meinte Darla. »Zeig ihm mal etwas anderes, damit er dich wieder wahrnimmt. Gib ihm das Gefühl, mit einer brandneuen Frau zu schlafen.«

»Du änderst deinen Haarschnitt doch auch nicht«, sagte Susan.

Darla betrachtete ihren hellbraunen Nackenknoten im Spiegel. »Max mag lange Haare, und nur so stören sie mich während des Tages nicht.«

»Schneide sie doch ab«, schlug Susan vor. »Gib ihm das Gefühl, dich zu betrügen.«

»Das ist nicht gerade das, was ich will«, antwortete Darla, obgleich der Gedanke, sich einen Kurzhaarschnitt zuzulegen, verlockend war. Nur, daß Max auf lange Haare stand. Es wäre reichlich plump, Max für etwas zu bestrafen, dessen er sich gar nicht bewußt war und das sie ihm noch nicht einmal erklären konnte. *Ich will eine Abwechslung,* hätte sie ihm am liebsten gesagt. *Ich will, daß wir wieder wie frisch verliebt sind.* Und dann würde der arme alte Max wie vom Donner gerührt dort stehen, ohne einen blassen Schimmer, wie er ihr das bieten könnte, was sie wollte. Es war nicht seine Schuld. »Das kann ich Max nicht antun.«

»Probier's doch einfach mal«, meinte Susan. Nachdem Susan gegangen war, kam Darlas Schwester Debbie aus dem Pausenraum zurück und ließ sich auf den purpurroten Stuhl neben Darlas Arbeitsplatz fallen.

»Mama sagte, du hättest sie gar nicht angerufen.« Debbie überprüfte ihre unglaublich blonde Haarpracht im Spiegel. »Sie meinte, sie hätte dich besser erzogen, und fragt sich, was du dir dabei denkst. Findest du, daß ich mit dieser Frisur wie Prinzessin Diana aussehe? Ich dachte, die Haare wären vielleicht zu lang, aber Ronnie findet das nicht. War das gerade Susan Bridges? Diese Frau hat ihr Aussehen nicht verändert, seitdem die Doobie Brothers sich aufgelöst haben.«

»Hallo, Deb.« Darla kehrte den Rest von Susans abgeschnittenen Haaren von dem grau und purpurrot gefliesten Boden um ihren Arbeitsplatz herum auf und unterdrückte den Impuls, Debbie darauf hinzuweisen, daß es etwas Morbides an sich hatte, wie Prinzessin Diana aussehen zu wollen, da sie leider keine neuen Modetrends mehr kreieren konnte.

Debbie strich ihren Upper Cut-Kittel im Spiegel glatt, während sie weiterquasselte. »Weißt du, was ich gehört habe?« Sie verdrehte den Kopf, um zu sehen, ob jemand an den anderen Stühlen mithören konnte, aber die drei einzigen Angestellten, die außer ihnen in dem Schönheitssalon beschäftigt waren, arbeiteten am anderen Ende des Raums. »Barbara Niedemeyer hat mit Matthew Ferguson Schluß gemacht. Sie hat ihm einen regelrechten Tritt in den Hintern gegeben.« In voller Zustimmung nickte Debbie mit dem Kopf.

Schnee von gestern, Deb, dachte Darla, hielt jedoch ihren Mund, während sie ihren Arbeitsplatz säuberte. Laß Debbie ihren Spaß. Wahrscheinlich würde sie sich niemals eine Veränderung in ihrem Leben wünschen – ihr reichten Ronnie, das Upper Cut und die Tatsache, den neuesten Klatsch aus erster Hand erfahren zu können.

»Und weißt du auch, was das bedeutet? Bald wird sie hier auftauchen, um sich einen neuen Haarschnitt verpassen zu lassen. Dann wissen wir jedenfalls, wer ihr neues Opfer ist.«

Unvermittelt hielt Darla im Kehren inne. »Was meinst du damit?«

»Nun ja.« Debbie beugte sich vor und wartete darauf, daß Darla sich zu ihr gesellte. Darla jedoch warf einen Blick auf ihre Uhr. Es war vier. »Marty Jacobsen hat jetzt einen Termin bei mir.«

Debbie winkte mit der Hand ab. »Marty kommt immer zu spät. Wahrscheinlich läuft sie gerade wieder durch die Gegend, um den neuesten Klatsch aufzuschnappen. Leute gibt's.«

»Stimmt«, meinte Darla und setzte sich. »Okay, laß hören.«

»Gut, erinnerst du dich noch an den Abend, unmittelbar bevor Barbara Matthew ins Visier nahm? Sie kam hier herein und wollte eine Hennaspülung und eine Hochsteckfrisur von mir haben, wobei sie meinte, ›Debbie, laß es geschmackvoll und weich aussehen, so wie bei Ivana‹. Damals fand ich das seltsam, aber nun, da Ronnie mir erzählte, daß sie Matthew vor die Tür gesetzt hat, habe ich gedacht, ›mal sehen, ob sie wieder für einen neuen Haarschnitt kommt‹, und da ist es mir wie Schuppen von den Augen gefallen.«

»Kläre mich bitte auch auf«, meinte Darla. »Das verstehe ich nicht.« Debbie beugte sich noch weiter vor, so daß sich die Armlehne des Stuhls in ihre Taille bohrte. »Sie wollte wie Lois aussehen.«

Zweifelnd hob Darla die Augenbrauen. »Glaubst du das wirklich?«

Zufrieden lehnte Debbie sich zurück. »Klar. Schließlich fiel mir ein, daß sie diesen Pferdeschwanz wie Janice trug, als sie hinter deren Mann Gil her war, nur daß sie ihn aufbauschte und ich ihn im Ansatz flechten sollte, damit sie wirklich klasse aussah. Und als Beas Louis aktuell war, sollte ich ihr einen hochangesetzten Haarknoten binden, wobei sie allerdings diese Strähnen an der Seite heraushängen ließ, damit es richtig sexy wirkte, weißt du noch? Die arme alte Bea sah aus, als hätte sie einen Bagel auf dem Kopf, aber Barbara stand das großartig. Und dann hat sie sich die Haare für Matthew im Ivana-Look erdbeerblond färben lassen, weil Lois seit Ewigkeiten mit diesem orangen Bienenkorb auf dem Kopf herumläuft, obwohl sie verdammt noch mal Inhaberin eines Schönheitssalons ist, also –«, Debbie beugte sich erneut vor, »wette ich darauf, daß sie im Laufe dieses Monats hier aufkreuzen wird, um sich einen neuen Haarschnitt zuzulegen. Und dann werden wir wissen, auf wen sie es abgesehen hat, je nachdem, welche Ehefrau ihre neue Frisur trägt. Ist das nicht aufregend?«

»Sie ist hinter Nick her«, sagte Darla. »Gestern hat sie ihren

Wagen in der Werkstatt abgeliefert, obwohl er völlig in Ordnung war.«

»Nick.« Debbie lehnte sich zurück, ohne die Augenbrauen zu heben, weil das ja Falten verursachen könnte, dennoch offensichtlich aus dem Konzept gebracht. »Lieber Himmel, dann könnte es ja jede sein. Wer ist denn gerade bei ihm aktuell? Diese kleine Lisa?«

»Nein.« Darla stand auf und fuhr fort, ihren Arbeitsplatz zu säubern. »Diese Geschichte ist schon seit längerem zu Ende. Zu Weihnachten hatte sie sich einen Ring gewünscht, und er schenkte ihr die *Dusty Springfield-Anthologie*, dabei wußte sie noch nicht einmal, wer Dusty Springfield ist. Augenblicklich hat er, glaube ich, nichts laufen.«

»Nun, er hat es ja noch nie lange mit einer ausgehalten. Höchstens ein Jahr.« Debbie schüttelte den Kopf. »Mit einem Mann, der über seine Scheidung vor zwanzig Jahren nicht hinweggekommen ist, kann irgendwas nicht stimmen.«

»Er war zwanzig Minuten, nachdem die Scheidung ausgesprochen war, darüber hinweg«, sagte Darla und versuchte, die Schärfe in ihrer Stimme zu unterdrücken. In bezug auf Frauen mochte Nick sprunghaft sein, aber er war ein verdammt guter Schwager und ein verdammt feiner Kerl.

Außerdem war er nicht in dem ewig gleichen Trott festgefahren wie einige andere Leute. »Er will sich eben einfach nicht binden.«

»Ein Mann sollte verheiratet sein.«

»Warum?«

Verärgert starrten sie einander mit dem wütenden Blick an, mit dem sie sich immer wieder anschauten, seit Darla zum ersten Mal über den Rand der Wiege ihrer neugeborenen Schwester geschaut hatte und gar nicht begeistert gewesen war von dem, was sie sah. Es gab keinen Grund, warum jeder Mann verheiratet sein sollte. Oder jede Frau. Egal, wie glücklich Debbie in ihrer Ehe mit diesem Schwachkopf Ronnie sein mochte.

Oder wie glücklich sie mit dem alten festgefahrenen Max war, verdammt noch mal.

In ihrem Gedankengang lief irgend etwas falsch. Sie sollte nicht so wütend sein.

Vor allem sollte sie nicht so wütend auf Max sein, der überhaupt nichts falsch gemacht hatte und der zwanzigmal mehr wert war als dieser Nichtsnutz Ronnie. Es war nicht richtig, sich mit ihm zu langweilen, und sie schämte sich für diese Empfindung.

Dennoch ließ sich dieses Gefühl nicht verleugnen.

»Warum bist du plötzlich so empfindlich?« fragte Debbie, und wieder hatte Darla ein schlechtes Gewissen. Debbie mochte keine intellektuelle Leuchte sein, aber sie war eine gute Schwester. Schlimmer wäre es, die aufregende Zoë ertragen zu müssen, neben der Quinn grau und langweilig aussah. Deb war einfach Deb.

»Tut mir leid« sagte sie, und Debbie meinte: »Denk an meine Worte, Barbara wird in den nächsten Tagen hier auftauchen. Und wenn sie wie Lisa aussehen möchte, müßte sie ihre Haare auf wundersame Weise wachsen lassen, weil sie dem Mädchen fast bis zum Hintern reichten, als ich sie das letzte Mal sah.«

»Er trifft sich nicht mehr mit Lisa.« Darla stand auf, als Marty Jacobsen, wie immer zu spät, hereinrauschte. »Vielleicht wird Barbara ja vernünftig und hat es nun auf ungebundene Männer abgesehen.«

»Das glaubst du doch selbst nicht«, sagte Debbie. »Die Menschen verändern sich nicht. Sie wird ihr Leben lang mit verheirateten Männern ausgehen. Eins kann ich dir sagen: Sollte sie jemals anfangen, ständig im Eisenwarenladen bei Ronnie herumzuhängen, braucht sie bald keinen Friseur mehr, weil ich ihr sämtliche Haare ausreißen werde.«

»Menschen verändern sich wohl«, meinte Darla. »Wenn sie einen hinreichenden Grund dafür haben, können sie –«

Marty plumpste in Darlas Stuhl und sagte: »Hi, ich bin

doch nicht zu spät, oder? Sprecht ihr über Barbara? Sie hat nämlich endgültig mit Matthew Schluß gemacht. Ich habe gehört, daß –«

Vier Uhr. Bill hatte einen anstrengenden Tag hinter sich, der noch anstrengender wurde, weil der BP darauf bestand, den Jungs beim Krafttraining zu helfen, obgleich sie mehr davon verstanden, als er jemals darüber wissen würde. »Hey, Coach, glaubst du, Corey braucht mehr Gewichte?« rief Bobby nun zu ihm herüber, während Corey Mossert, Bills gewichtigster Sportler in mehr als einer Hinsicht, die Augen verdrehte.

»Er hat genug«, antwortete Bill und ging weiter zur nächsten Kraftbank, dicht gefolgt von Bobby.

»Diese Greta bringt mich noch zum Wahnsinn. Sie ist einfach alt, weißt du.« Bobby schüttelte den Kopf, und Bill hätte beinahe gesagt, »Sie ist fünfzig, das ist nicht alt«, aber da der BP gerade mal achtundzwanzig geworden war, hatte es vermutlich keinen Sinn, auf die relative Jugend seiner Sekretärin hinzuweisen.

»Sie glaubt, alles sollte so gemacht werden, wie Harvey es getan hat«, fuhr Bobby fort. »Kannst du dir das vorstellen?«

»Eigentlich hat Harvey alles so getan, wie sie es wollte«, sagte Bill, während er die Form des nächsten Spielers prüfte. »Im Grunde hat immer sie die Schule geleitet.« Das war auch nötig gewesen, weil Harvey in den letzten zwanzig Jahren geistig tot gewesen war, sich jedoch standhaft geweigert hatte, in Pension zu gehen, bis er vor vier Monaten auf dem Kürbisfest mit einem Herzinfarkt umgekippt und schließlich wirklich gestorben war, obwohl Quinn fand, das wäre schwer zu beurteilen, weil er fast genauso ausgesehen hatte wie bei jeder Konferenz.

»Siehst du?« meinte Bobby. »Deshalb geht es mit der Schule bergab; die Führung fehlt. Bis jetzt jedenfalls.«

Bill kontrollierte Jason Barnes' Gewichtspaket, das genau die richtige Schwere hatte. Auf Jason konnte er sich verlassen.

Er nickte dem großen blonden Oberstufenschüler zu, den Quinn ›den Bill der nächsten Generation‹ zu nennen pflegte. Ihre Söhne würden eines Tages so wie Jason sein, groß und kräftig und zuverlässig.

»Weißt du, was Carl Brookner mir erzählt hat?« fragte Bobby unterdessen.

»Was denn?« erkundigte er sich, hauptsächlich, um Bobby einen Gefallen zu tun.

»Er sagte, er glaube, daß der Zuschuß für dieses Jahr durch ist.« Bobbys Augen glänzten, während er den Blick verträumt in die Ferne richtete. »Ihm sind die Malereien an der Wand aufgefallen, und er findet, daß ein neuer Kraftraum kaum genug Belohnung ist für das, was du mit den Jungs schaffst.«

»Nun, diesen Zuschuß brauchten wir schon lange«, meinte Bill milde. »Neue Schulbücher, Gehaltserhöhungen für die Lehrer – wir sind überfällig.« Die Wandbilder waren ein empfindliches Thema, da er Quinn und die Kunstgruppe gebeten hatte, sie zu malen, aber Quinn war dagegen gewesen. »Erkläre mir doch einmal, warum die Kunstschüler für die Sportgruppe schuften sollen«, hatte sie gesagt, aber er hatte Geduld gezeigt, und schließlich hatte sie nachgegeben.

»Ja, aber das Beste kommt noch«, fuhr Bobby fort. »Er sagte, wir sollten nicht zu bescheiden sein. Im Herbst steht nämlich eine Anleiheemission für neue Gebäude an.«

Bei dem Gedanken daran senkte Bobby die Stimme verschwörerisch. »Ein Stadion und eine neue Halle.«

Bei diesen Worten spitzte Bill die Ohren. »Du machst Witze.«

»Nein.« Bobby schüttelte den Kopf und blickte in die Zukunft. »Bill-Hilliard-Stadion.« Den Zusatz Robert-Gloam-Halle fügte er zwar nicht hinzu, aber Bill konnte seine Gedanken lesen.

»Es ist mir egal, wie sie es nennen«, sagte Bill. »Aber wir brauchen ein Stadion.«

»Ich weiß, ich weiß, Sportsfreund«, pflichtete der BP bei, eifrig darauf bedacht, sich bei Bill einzuschmeicheln. »Und wir können es auch bekommen. Wenn du die zehnte Meisterschaft gewinnst, ist es uns sicher.«

Er würde die zehnte Meisterschaft gewinnen. Schließlich hatte er fünf Jahre damit zugebracht, ein erstklassiges Baseball-Team aufzubauen. Er würde diesen Cup erringen.

Und dann das Stadion. Bill lächelte bei der Vorstellung.

»Uns stehen rosige Zeiten bevor«, sagte der BP.

Bevor Bill antworten konnte, hörte er, wie die Tür zum Parkplatz zugeknallt wurde, und er vernahm Quinns Stimme hinter sich. »Ich muß mit dir sprechen.«

Er drehte sich um und sah, wie sie ihn schwer atmend anstarrte. Neugierig hörten einige der Jungs auf, ihre Gewichte zu stemmen, bis er sie mit hochgezogenen Augenbrauen ansah und sie alle ihr Training wieder aufnahmen, mit Ausnahme von Jason Barnes, der seine Gewichte ablegte.

»Jason«, mahnte Bill und wartete, bis Jason gehorchte und das rhythmische Klirren seiner Gewichte wieder einsetzte. Dann wandte er sich zu dem BP, der seinerseits Quinn anstarrte, und sagte: »Übernimm du, Robert.«

Quinn stampfte zurück zur Tür, gefolgt von Bill, der vermutete, daß sie nur ein wenig aufgebracht war wegen des Hundes. Nichts, was er ihr nicht in einem vernünftigen Gespräch ausreden konnte.

»Wo ist sie?« wollte Quinn wissen, sobald sie draußen neben ihrem Wagen standen. Ihre haselnußbraunen Augen blitzten ihn an, ihre Wangen waren gerötet. Sie sah toll aus.

»An einem sicheren und warmen Ort.« Beschwichtigend tätschelte Bill ihren Arm. »Alles in Ordnung, beruhige dich.«

Quinn schüttelte seine Hand von ihrem Arm ab und trat einen Schritt näher.

»*Nichts* ist in Ordnung. Ich will diesen Hund zurückhaben. Wo immer du sie auch hingebracht hast, wir werden sofort dorthin fahren und sie abholen. Und ich hoffe für dich, daß es nicht das Tierheim ist, weil ich sonst nie wieder ein Wort mit dir wechsle.«

»Du reagierst überzogen«, sagte Bill äußerlich ruhig, aber er wunderte sich. Die Sache lief schlecht. Sie sollte nicht so wütend sein. »Dem Hund geht es gut. Ich habe ihnen gesagt, sie sollen ihn nicht einschläfern und uns anrufen, falls niemand –«

»Du hast sie ins Tierheim gebracht.« Quinns Stimme überschlug sich. »Du wirst *auf der Stelle* mit mir dorthin fahren.«

»Quinn, sei vernünftig –«

»Ich bin vernünftig.« Quinn sprach leise und mit tödlichem Ernst, ihr rundes Gesicht war noch blasser als üblich. »Aber ich stehe kurz davor, einen Anfall zu bekommen, den du dir gar nicht ausmalen kannst. Du wirst mit mir jetzt meinen *gottverdammten Hund* abholen!«

Er half ihr auf den Beifahrersitz ihres Wagens und setzte sich selbst hinter das Steuer. Er sollte ihr wirklich neue Sitzbezüge besorgen, ihre waren ja ganz abgenutzt. Wenn er sie erst einmal besänftigt hatte, könnten sie bei Target anhalten und welche kaufen. »Es tut mir leid, wenn du wütend bist.«

»Wenn?« Quinns Stimme schwoll zu einem Kreischen an. »Du hast gehört, was ich gesagt habe, und du bist dir *nicht sicher?* Nun, *verlaß dich drauf! Ich bin wütend!«*

»Aber wir können den Hund doch sowieso nicht behalten«, fuhr Bill fort, wobei er seiner Stimme einen beruhigenden Klang verlieh, während er den Wagen startete und vom Parkplatz fuhr. »Ich habe mit der Hausverwalterin gesprochen, aber da läßt sich absolut nichts machen.«

»Dann werde ich ausziehen.« Quinn verschränkte die Arme vor der Brust.

Bill atmete tief durch. Sie war noch immer aufgebracht, hatte sich aber ein wenig beruhigt. »Wir können doch nicht aus dieser Wohnung ausziehen. Sie ist preiswert, außerdem liegt sie in der Nähe der Schule. Sie ist –«

»Ich sagte, *ich* werde ausziehen«, unterbrach ihn Quinn. »Du kannst dort wohnen bleiben.«

»Quinn –«

»Das mit uns beiden hat sowieso nicht funktioniert«, sagte sie tonlos und ohne jede Emotion in der Stimme, jedoch voller Entschlossenheit. »Und nun hast du meinen Hund gestohlen. Jetzt ist es völlig aus.«

Bill wollte sie anbrüllen, aber er tat es nicht. Es machte keinen Sinn, wenn sie sich beide dumm benahmen. »Mach dich nicht lächerlich. Du wirst nicht ausziehen.«

Sie warf ihm einen Blick zu, den Bill lieber nicht gesehen hätte. »Glaube es mir einfach«, sagte sie ruhig.

»Glaube mir einfach, daß ich dich verlasse.«

Bill argumentierte nicht mehr weiter. Wenn Quinn in dieser irrationalen Stimmung war, war das zwecklos. Sie würde sich schon wieder beruhigen und ihren Verstand einschalten. Seine Gedanken wanderten zum Kraftraum – wer faulenzte, wer mehr Gewicht machen mußte, wer vor lauter Eifer zuviel Gewicht machte –, und er war so mit seinen eigenen Plänen beschäftigt, daß er beinahe die Abzweigung zum Tierheim verpaßt hätte.

Dort angelangt präsentierte sich Quinn noch übler gelaunt und schien drauf und dran zu sein, über den Empfangstisch zu springen, um der armen Frau, die eine braune Uniform trug, an die Gurgel zu gehen. Sie war eine nette Frau, ein wahrer Tiger-Fan, hatte sie ihm erzählt, als er den Hund abgeliefert hatte. »Sie machen Ihre Arbeit so toll, Coach«, hatte sie gesagt, und er hatte sich bedankt, weil ein gutes Sportprogramm nicht auf die Unterstützung der Öffentlichkeit verzichten konnte. Sie hieß Betty, fiel ihm nun wieder ein. Es war ihm ein wenig peinlich, als sie die beiden nach hinten zu den Zwingern führte, wo Quinn auf dem Betonboden auf die Knie sank, ihre Hand durch die Gitterstäbe steckte und »Katie« rief, so als sei sie von dem Köter nicht nur ein paar Stunden, sondern ganze Jahrhunderte getrennt gewesen. Am ganzen Körper zitternd kam der Hund zu ihr getrippelt. Er schauspielerte, das erkannte Bill sofort. Hunde verstanden es hervorragend, Menschen zu manipulieren. Sie sahen einen immer mit diesem berechnenden Blick an, insbesondere diese heimtückische und hinterhältige kleine Ratte.

Der Zwinger war groß, der Raum beheizt, und auf dem Boden standen ein Futternapf und eine Wasserschale; dieser Hund mußte eindeutig nicht leiden.

»Hol sie hier heraus«, sagte Quinn, ohne ihn eines Blickes zu würdigen. Ihre volle Aufmerksamkeit widmete sie dem Hund, den sie durch die Gitterstäbe streichelte. »Hol sie auf der Stelle hier heraus.«

Irgend etwas in ihrer Stimme, dieser merkwürdige und ein wenig beängstigende Tonfall, ließ Bill zu dem Schluß kommen, daß dies nicht der richtige Zeitpunkt für Einwände war. »Ich habe diesen Hund gestern hier abgegeben«, sagte er zu Betty. »Ich würde ihn gerne wiederhaben.«

»Tut mir leid, Coach, aber das kostet dreißig Dollar zuzüglich der Lizenzgebühr.« In Bettys Stimme schwang aufrichtiges Bedauern mit. »So will es das Gesetz.«

Bill wollte protestieren, daß er schließlich derjenige war, der den Hund hergebracht hatte, und ihn daher doch auch sicherlich kostenlos wieder abholen dürfe, aber es war unkomplizierter, das Geld einfach zu bezahlen. Es war es nicht wert, einen Tiger-Fan zu verärgern, und außerdem konnte er, je schneller sie hier herauskamen, Quinn um so früher zur Vernunft bringen und den Hund ohne Streit loswerden. Obwohl er eine Bleibe für das Tier finden mußte. Mit dem Tierheim war Quinn ganz offensichtlich nicht einverstanden.

Es paßte nicht zu ihr, so unvernünftig zu sein. Vielleicht litt sie am PMS.

Draußen im Wagen drückte Quinn den Hund schweigend an sich, während er über ihre Schulter Bill hämisch anstarrte. Bill ignorierte ihn. Vielleicht mußte er sich eine Weile mit diesem Mistvieh abfinden, aber nicht allzu lange. Er und Quinn hatten Zukunftspläne, in denen für einen Hund kein Platz war, mochte sie nun auch noch so wütend sein.

»Was hast du denn heute nachmittag vor?« fragte er betont herzlich, in dem Versuch, zur Normalität zurückzukehren.

»Ich ziehe aus«, sagte Quinn in dem gleichen Tonfall, mit dem sie auch hätte sagen können: »Ich gehe mit Darla Pizza essen.«

»Ach, Quinn, nun komm schon.« Verärgert bog Bill ein wenig zu abrupt in die Straße zur Schule ein. »Hör auf, so kindisch zu sein. Du ziehst nicht aus. Laß uns darüber sprechen, wenn ich nach Hause komme.«

Als sie nichts darauf erwiderte, wußte er, daß er sie überzeugt hatte, und ließ seine Gedanken wieder zu seinen Schützlingen zurückwandern. Einigen von ihnen fehlte die richtige Einstellung, darunter auch Corey Mossert.

Zu schade, daß Corey nicht ein wenig mehr von Jason Barnes hatte, obwohl Corey und Jason die besten Freunde waren. Vielleicht sollte er mal mit Jason sprechen.

Neben ihm schwieg Quinn beharrlich, während der Hund ihn über ihre Schulter hinweg beobachtete.

»Okay, jetzt beruhige dich erst einmal, um Gottes willen«, sagte Nick von der anderen Seite eines Blazers her und fragte sich, warum ausgerechnet er sich an diesem Tag nur mit abgedrehten Frauen herumschlagen mußte.

Quinn bedachte ihn über den Wagen hinweg mit einem Blick, als könne sie seine Gedanken lesen. »Ich will mich jetzt aber nicht beruhigen.«

Sie preßte Katie fester an sich, und der Hund legte sein Kinn auf Quinns Arm und starrte ihn vorwurfsvoll an. Sie gaben zweifellos ein harmonisches Bild ab, aber Nick hatte keine Lust, sich in harmonische Bilder einwickeln zu lassen. »Ich kann dir nicht helfen, solange ich nicht weiß, was los ist, und ich weiß nicht, was los ist, solange du es mir nicht erklärst.«

Quinn holte tief Luft. »Ich brauche lediglich jemanden, der mir hilft, meine Sachen aus der Wohnung herauszuschaffen und bei meiner Mutter unterzubringen, während Bill noch in der Schule ist. Das ist alles.«

Das war alles. Nick lehnte sich gegen den Wagen und wünschte sich an einen anderen Ort. Er mochte Bill. Er spielte mit ihm zusammen Poker. »Vielleicht solltest du mit Bill sprechen, dann –«

»Er hat meinen Hund ins Tierheim gebracht und den ganzen Tag dort in diesem kalten Zwinger gelassen. Sie hätte *sterben* können.« Quinn drückte Katie noch fester an sich und sah bei diesen Worten ganz jämmerlich aus. »Sie schläfern die Tiere ein, die sie für krank halten, und sie zittert doch die ganze Zeit. Sie hätten sie umbringen können.«

Nick schüttelte den Kopf. »Bill ist ein guter Kerl. Vielleicht –«

»Hast du überhaupt ein Wort von dem kapiert, was ich sagte?« wollte Quinn wissen. »Er hat Katie ins *Tierheim* gebracht.«

»Ja, hab' ich verstanden.« Angestrengt versuchte Nick, die richtigen Worte zu finden, die Quinn beruhigen und ihn aus diesem Schlamassel heraushalten würden.

»Aber deswegen ist er doch kein übler Typ, Quinn, und das weißt du auch. Bevor du etwas tust, was du später bereust, solltest du dich beruhigen.«

»Nein.« Quinn begann, in der Garagenbucht auf und ab zu gehen, wobei sie Katie weiterhin umklammerte. »Ich werde mich nie wieder beruhigen. Ich habe mich lange genug unterbuttern lassen. Zoë bricht ständig irgendwelche Regeln, meine Mutter tut immer so, als wäre alles in Ordnung, mein Vater bleibt vor der Glotze sitzen, bis sich die Wogen geglättet haben, Darla macht dauernd spitze Bemerkungen, und du wirst dich nie binden. Und ich war immer das dumme Schaf, das die Dinge in Ordnung brachte.«

»Nun, das kannst du auch ausgesprochen gut«, meinte Nick und wünschte, sie würde mit dem Herumlaufen aufhören.

»Ich bin aber kein sanftes Lamm. Das ist einfach nicht wahr.« Quinn preßte Katie noch fester an sich und atmete heftiger. »Wenn alle anderen herumschreien, muß jemand Ruhe bewahren und neutral reagieren. Bisher habe immer ich den Schiedsrichter gespielt, bin vollkommen ruhig geblieben und habe meine Gefühle ausgeschaltet. Deshalb gelang es mir immer, Kompromisse zu finden und alles wieder einzurenken. Aber genau das werde ich nicht mehr tun. Von jetzt an werde ich mich wie Zoë benehmen. Zum Teufel mit der Vernunft. Jetzt muß wohl jemand anders den reifen Part übernehmen, weil ich ab jetzt nur noch an mich selbst denken und machen werde, was ich will.«

Nick ließ sie nicht aus den Augen, während dieser Wortschwall aus ihr hervorbrach. Er machte sich fast ein wenig Sorgen, als er ihren Blick sah. Daß Quinn ankündigte, nicht mehr die Rolle des sanften Lammes spielen zu wollen, war fast so unvorstellbar, als behaupte sie, sie wolle das Atmen einstellen. Als ihre Mutter die Abzweigung unten bei dem Kräuterbierstand verpaßt hatte und gegen die dicke Eiche gefahren war, war es Quinn gewesen, die mit ihrer Tennissocke Meggys Blutung stoppte, während Zoë völlig hysterisch herumschrie. Als Zoë bei ihrer Hochzeit mit ihm nach der Hälfte des Mittelganges auf dem Absatz kehrtmachte, war es Quinn gewesen, die sie dazu überredete, wieder in die Kirche hineinzugehen. Als Max seine Abschlußprüfung in Geschichte vermasselte, war es Quinn gewesen, die ihm durch die Nachprüfung half, zu der sie den Lehrer überredet hatte, damit er seinen Abschluß bekam.

Nick kannte Quinn nun schon seit zwanzig Jahren, und während all dieser Zeit war immer sie es gewesen, die die Dinge in Ordnung brachte, die sich durch nichts aus der Fassung bringen ließ und die alle Probleme löste.

Als er nun darüber nachdachte, wurde ihm klar, daß das nicht ewig so weitergehen konnte.

Sie wollte nur einen Hund haben.

Und Quinn hatte es verdient, alles zu bekommen, was sie haben wollte.

Quinn unterbrach ihre Tirade, um Luft zu holen, und Nick sagte: »Okay.«

Verblüfft blinzelte sie ihn an. »Sonst nichts? Okay?«

»Wann ziehen wir um?«

»Du wirst es tatsächlich tun?«

Die Ungläubigkeit in ihrer Stimme ärgerte ihn. »Habe ich dir jemals einen Gefallen abgeschlagen?«

»Noch nie.« Sie antwortete so prompt, daß seine Mißstimmung auf der Stelle verflog.

»Ich wollte nur sichergehen, daß du das auch wirklich willst.«

Quinn nickte. »Ja, ich will es wirklich.«

»Ich meine nicht den Hund. Ich meine, Bill zu verlassen.«

»Ich will es wirklich«, wiederholte Quinn mit fester Stimme.

»Okay.« Nick ging um den Wagen zum Garderobenständer. »Kannst du mir denn auch noch erklären, warum wir diese Aktion starten müssen, während Bill in der Schule ist?«

»Ich will ihn nicht mehr sehen«, sagte Quinn. »Ich habe ihm im Auto erklärt, daß ich ihn verlasse, aber er hat nur gelächelt.«

Nick wollte gerade seine Jacke nehmen und hielt nun in der Bewegung inne. »Er hat was getan?«

»Nur gelächelt.« Quinn schüttelte den Kopf. »Er möchte darüber sprechen, wenn er nach Hause kommt, aber er würde sowieso nicht zuhören, und ich habe keine Lust mehr, gegen eine Wand anzureden.«

»Er hat nur gelächelt? Bist du sicher, daß du dich klar ausgedrückt hast?«

»Ich habe gesagt, ›ich ziehe *aus*‹. Ich habe gesagt, ›glaube mir einfach, daß ich dich verlasse‹«.

»Und er hat gelächelt.« Nick nahm seine Jacke vom Haken. »Ich denke, du hast ein Problem.«

»Aus diesem Grunde ziehe ich aus.« Ungeduldig wie ein kleines Kind trat Quinn von einem Fuß auf den anderen. »Könntest du dich ein bißchen beeilen? Er wird heute abend zwar wegen der Baseball-Besprechung erst später nach Hause kommen, aber ewig wird die auch nicht dauern.«

»Ich bin schon unterwegs. Was willst du denn alles mitnehmen?«

Quinn hielt inne, um nachzudenken. »Die Vitrine und Grandpas Waschtisch und Grandmas Silberbesteck. Meine Bücher, meine Steppdecken, meine Bilder und meine Klamotten. Das ist wirklich klasse von dir, Nick.«

»Hast du Kartons für die Bücher?«

»Nein.« Quinns Stimme schwankte.

»Okay, ich werde morgen welche besorgen.« Nick wandte ihr den Rücken zu, um seine Handschuhe aus den Taschen zu ziehen und nicht sehen zu müssen, wie ihr Kinn zitterte. »In der Zwischenzeit können wir die Möbel und die anderen Sachen herausholen, damit du schon einmal das Gefühl hast, ausgezogen zu sein. Die Bücher und alles andere, was du vergessen hast, können wir später abholen.«

»Danke«, sagte Quinn hinter ihm.

»Keine große Sache.« Er drehte sich um und sah, wie Quinn den Hund an sich drückte; und er sah den Blick in ihren großen haselnußbraunen Augen – dankbar und lebhaft und intensiver als je zuvor.

»Es ist eine große Sache«, widersprach sie. »Ich weiß, was du tust, ich weiß, wie schwer es dir fällt, dich in die Angelegenheiten anderer Leute einzumischen. Ich weiß, wie sehr du das haßt und wie unangenehm es dir Bill gegenüber sein wird.«

»Schon in Ordnung«, sagte er, woraufhin sie zu seinem Entsetzen näher kam und ihn innig umarmte, wobei sie den Hund zwischen ihnen beinahe erdrückte. Ihr weiches Haar kitzelte ihn sanft am Kinn. Er spürte ihre Wärme an seinem Körper, sie roch nach Seife, und sein Herz begann, viel zu schnell zu klopfen. Plötzlich war er sich jeder Kurve ihres

Körpers bewußt, jedes Atemzuges, den sie tat. Er erwiderte ihre Umarmung nicht.

»Es ist nicht nur in Ordnung«, flüsterte sie an seinem Hals. »Es ist genau das, was ich brauche und was dir zuwider ist. Du bist ein Schatz.« Lichtjahre später, so schien es ihm, löste sie sich endlich von ihm und ging zur Tür.

Er konnte wieder atmen. »Schön. Denk demnächst daran.« Von ihrem Gefühlsausbruch ein wenig aus dem Konzept gebracht, rief er Max zu, er solle die Pumpen im Auge behalten, und folgte ihr nach draußen, fest entschlossen, nichts mehr zu tun, was sie ihm noch einmal so nahe bringen könnte.

Die kurze Fahrt zu Quinns Wohnung kam ihm länger als üblich vor und die Kabine des Lasters enger als sonst. Nick fühlte sich mies, weil sie so durcheinander war, und er hatte Bill gegenüber ein schlechtes Gewissen, ihn so zu hintergehen, aber vor allem war er sehr angespannt. Sie saß neben ihm, den verfluchten Hund an sich gedrückt, und das wahnsinnige Verlangen, ihre Wärme wieder an seinem Körper zu spüren, wurde immer stärker. Aus diesem Grunde war es besser, wenn Quinn mit jemandem liiert war. Solange Quinn als tabu galt, war sie einfach nur Quinn, und er dachte nicht viel an sie. Es waren die Zeiten zwischen ihren Beziehungen, die ihn beunruhigten, aber Gott sei Dank kam das nicht oft vor, weil Quinn nicht flatterhaft war, und dennoch –

»Warum bist du so still?« fragte Quinn. »Du willst mir lieber nicht helfen, stimmt's?«

»Ich will, daß du glücklich bist«, sagte er ehrlich. »Ich will nicht, daß du allein bist.«

»Ich werde nicht allein sein.« Ihre Stimme klang überrascht und zitterte immer noch ein wenig vor Aufregung. »Ich bin nie allein. Es gibt eine Menge Leute in meinem Leben.«

»Ich spreche von einem Mann.«

»Ich brauche keinen Mann.« Quinn wandte sich von ihm ab und blickte aus dem Fenster. »Insbesondere keinen, der meinen Hund stiehlt.«

»Stimmt.«

Nick fuhr die Einfahrt zu Quinns Wohnanlage hinauf. »Der Hund bleibt besser im Wagen«, sagte er, und Quinn liebkoste den Köter ein letztes Mal, bevor er ihn in der Kabine einschloß. Als sie sich zum Gehen wandten, schaute er sie mit anklagendem Blick an. *Was ist mit mir?* schien er zu sagen. *Wer kümmert sich um mich?*

Nick ignorierte ihn.

Oben in der Wohnung stellte er fest, daß Quinn recht gehabt hatte. Es gab nicht viel, was sie mitnehmen wollte. Außer ihren Kleidern hatten sie alles in einer halben Stunde in den Laster geladen. »War das alles?« fragte Nick sie. »Sonst willst du nichts mitnehmen?«

»Ich fühle mich schon schuldig genug, weil ich ihn verlasse«, sagte Quinn. »Er hat zwar meinen Hund gestohlen, deshalb kann ich unmöglich bei ihm bleiben, aber ich werde ihn nicht ohne Möbel zurücklassen. Dies hier sind die Dinge, die meiner Familie wichtig sind. Der Rest war nur Kram aus Garagenverkäufen oder Sachen, die er neu gekauft hat und die ich sowieso nie leiden mochte. Ich verstaue meine Kleider noch schnell in Müllsäcken, dann sind wir fertig. Ist ihr noch warm genug?«

Nick schaute Katie an, die sie angstvoll durch das Rückfenster der Fahrerkabine beobachtete, die Pfoten gegen die Scheibe gepreßt. Für eine Ratte sah sie eigentlich ganz niedlich aus. Eigentlich. »Ihr geht es gut. Laß uns noch deine Klamotten holen.«

»Ich weiß das wirklich zu schätzen, Nick.«

Nick konzentrierte sich weiter auf Katie. »Laß uns deine Klamotten holen.«

Er folgte ihr nach oben, um ihr zu helfen, was sich als Fehler herausstellte. Ihr dabei zuzusehen, wie sie Kleider faltete und in Müllsäcke steckte, war nicht das Problem, aber dann zog sie die Schubladen auf und begann, ganze Hände voll seidener Unterwäsche in einen Beutel zu werfen, alles in den ausgefallensten Farben wie elektrisierendem Blau und heißem Rot und metallischem Gold, mit Karos und Pünktchen und Leopardenmuster und Zebrastreifen. Unwillkürlich stellte er sich vor, wie sie wohl darin aussehen mochte – die kräftigen Farben auf ihrer hellen Honighaut, der Seidenstoff rund und warm ausgefüllt, genauso, wie sie sich vorhin bei ihrer Umarmung angefühlt hatte.

»Ich bringe die hier schon mal nach unten«, sagte er und griff nach den beiden nächstbesten Beuteln, als sie begann, Nachthemden hervorzuziehen. »Bin sofort wieder da.« Hastig lief er die Treppe hinunter und warf die Säcke hinten in den Laster, bevor er reglos in der Kälte stehenblieb und versuchte, seine Gedanken wieder in die richtigen Bahnen zu lenken, um herauszufinden, was zum Teufel los war mit ihm. Katie starrte ihn vorwurfsvoll durch die Fensterscheibe an und las seine Gedanken.

Quinn war eine gute Freundin, mehr nicht.

Okay, abgesehen von Max war sie der beste Kumpel, den er hatte, und er mochte sie sehr – eine freundschaftliche Zuneigung, das war alles. Bloß keine wollüstigen Phantasien über Quinn. Das wäre völlig verrückt.

Es ist ja nicht das erste Mal, gestand er sich ein, und seine Gedanken wanderten neunzehn Jahre zurück zu dem Tag im August, als er und Zoë nach Hause zurückkehrten, weil ihre Beziehung eine einzige Katastrophe war. In den drei Monaten, die sie verheiratet waren, hatten sie festgestellt, daß das einzige, was sie gemeinsam hatten, ihre üblen Launen waren. Quinn jedoch hatte sich während dieser drei Monate verändert. Als er die Stadt verlassen hatte, war sie eine unfertige sechzehnjährige Unschuld in einem Brautjungfernkleid aus blauem Chiffon gewesen, die versuchte, seine Hochzeit zu retten, als ihre Schwester sich plötzlich nach dem halben Weg im Mittelgang sträubte. »Ich nehme das in die Hand«, hatte sie zu ihm gesagt, und das hatte sie auch getan, während er kochend vor Wut dort gesessen und sich gefragt hatte, ob er Zoë überhaupt heiraten wollte. Als er jedoch drei Monate später zurückkehrte, kam Quinn in Shorts und Trägertop aus dem Haus zum Wagen gelaufen, um ihre Schwester in die Arme zu schließen – wobei Zoë sie inniger und mit mehr Gefühl umarmte, als sie ihm jemals entgegengebracht hatte –, und er starrte sie mit offenem Mund voller Überraschung und schuldbewußter Lustgefühle an, während Quinn lachte und Zoë hin und her wiegte, selbstsicher, wohlgerundet, glücklich und plötzlich sexy. *Shit, ich habe die falsche Schwester erwischt,* war es ihm damals mit der ganzen Weisheit eines Neunzehnjährigen durch den Kopf geschossen.

Genau in diesem Moment hatte Zoë zu ihm herübergeblickt und ihn ertappt. Sie hatte ihn so vernichtend angesehen, daß er zum Auto zurückging und ihre Sachen herausholte, bevor sie irgend etwas laut sagen konnte. Später an diesem Abend hatte sie ihm ein Küchenmesser an den Hals gehalten, ihn gegen den weißen Metallküchenschrank ihrer Mutter gedrängt und gesagt: »Sie ist sechzehn, du Hurenbock.«

Bei dem Gedanken daran zuckte er zusammen. Oh Gott, sechzehn, und er hatte sich lüsterne Phantasien von ihr ausgemalt. Natürlich war er selbst erst neunzehn gewesen, also war das etwas anderes, als wenn er dies in seinem heutigen Alter täte.

Er stellte sich Quinn in diesem goldenen Leoparden-BH vor, den sie in einen der Beutel geworfen hatte. Ja, er war reifer geworden.

»Wenn du mich jemals betrügen solltest, Nick Ziegler«, hatte Zoë zu ihm gesagt, »werde ich dich einfach fallenlassen wie eine heiße Kartoffel. Solltest du dich jedoch jemals an meiner Schwester vergreifen, werde ich dir die Leber mit meiner Nagelschere herausschneiden und dich *dann* fallenlassen wie eine heiße Kartoffel.« Da Zoë niemals leere Drohungen ausstieß, hatte er schlagartig aufgehört, Quinn überhaupt anzusehen. Seine Ehe steckte zu diesem Zeitpunkt bereits ohne

Quinn und Nagelscheren tief genug in der Krise. Zu seiner Überraschung und gleichzeitig großen Erleichterung hatte Zoë sich drei Monate später aus dem Staub gemacht. Er hatte sie und Quinn und ganz Tibbett aus seinen Gedanken verbannt, während er vier Jahre bei Uncle Sam* verbrachte und dann seine Abfindung benutzte, um ein Handelsdiplom mit englischer Dichtung als Nebenfach zu machen. Die Poesie wirkte wie ein Magnet auf die Mädchen, die sich gern von ihm verführen ließen. Es war nicht schwer, die McKenzie-Schwestern aus seiner Erinnerung zu löschen. Als er nach Hause zurückkehrte, unterrichtete Quinn Kunst und war mit einem netten Typen namens Greg Soundso liiert. Das reichte aus, um sie aus der Gefahrenzone zu bringen, während er vor verblüfften, aber beeindruckten Mädchen aus Tibbett Donne und Marvell zitierte und Nagelscheren zu einer schemenhaften Erinnerung verblaßten.

Seine Gedanken wanderten zurück zu Quinn in diesem Leoparden-BH. Irgendwie konnte er sich nicht vorstellen, daß Bill ebenso erleichtert sein würde, von Quinn verlassen zu werden, wie er damals bei Zoë.

Er wäre es mit Sicherheit nicht.

Oben in der Wohnung nahm Quinn einen Block Notizpapier aus der Schreibtischschublade und setzte sich an den Eßtisch aus furniertem Fichtenholz.

Lieber Bill, schrieb sie.

Und weiter? Natürlich war sie wütend auf ihn wegen des Hundes, aber eine kurze Nachricht hatte er verdient. Nach zwei Jahren hatte er definitiv eine kurze Nachricht verdient.

Ich ziehe aus.

Ja, das klang gut. Kurz und präzise.

Es ist nicht nur wegen Katie …

Aber es hatte viel damit zu tun. Er hatte ihr einfach ihren

* amerikanische Armee

Hund genommen, als zähle das, was sie wollte, gar nichts. Er dachte, sie würde darüber hinwegkommen. Er kannte sie überhaupt nicht.

... aber die Sache mit Katie hat mir klargemacht, daß wir beide uns völlig fremd sind.

Klar, das war vermutlich ihre Schuld. Sie hatte nie wirklich dafür gesorgt, daß er sie wahrnahm, sie hatte nie gesagt, »Damit bin ich nicht einverstanden«, nie gesagt, »Ich will wirklich einen Hund«, während sie all die, die sie aufgelesen hatte, an andere abgab. Es war tatsächlich ihre Schuld. Sie konnte nicht mit ihm zusammenbleiben, erst recht nicht nach dieser Geschichte mit dem Tierheim, aber sie brauchte deshalb nicht gemein zu werden, bittere Gefühle auszulösen und die Dinge für alle Beteiligten noch schwieriger zu machen.

Dies alles ist meine Schuld, weil ich niemals ehrlich zu Dir war, aber ich habe erkannt, daß wir zu verschieden sind. Mit uns hätte es niemals funktioniert.

Das hörte sich gut an, vernünftig. Viel mehr fiel ihr auch nicht ein, also kritzelte sie den Brief schnell zu Ende – *ich ziehe zu Mom und Dad, bis ich eine eigene Wohnung gefunden habe. Meine Bücher werde ich später abholen und dann den Schlüssel hierlassen.* Beinahe hätte sie aus Gewohnheit mit *Love, Quinn* unterschrieben, hielt dann jedoch inne. Sie liebte ihn nicht. Sie hatte ihn nie geliebt. Sie hatte ihn gerne genug gehabt, um bei ihm zu bleiben, weil sie ihn nicht abstoßend genug fand, um ihn zu verlassen. Wie traurig.

Also unterschrieb sie nur mit *Quinn*, verließ die Wohnung und ging die Treppe zu Nick und Katie hinunter, ein wenig schuldbewußt, aber hauptsächlich erleichtert darüber, daß dieser Abschnitt ihres Lebens endgültig abgeschlossen war.

Nick half Quinn dabei, ihre Möbel in der Garage der McKenzies abzuladen, und blieb dann wider besseres Wissen noch auf ein Bier, um ihr Gesellschaft zu leisten, bis ihre Eltern nach Hause kämen. »Sie können jeden Augenblick hier sein«, hatte Quinn gesagt, als sie ihn bat zu bleiben. »Ich kann es gar nicht erwarten, ihnen diese Neuigkeit zu erzählen.«

»Werden sie sich aufregen?« Er folgte ihr in die Küche und versuchte, nicht auf ihren Hintern zu starren. Ihre Jeans saß zu eng.

Es war ihm nie zuvor aufgefallen, aber ihre Jeans war eindeutig zu eng. Ein Wunder, daß die Männer auf der Straße nicht über sie herfielen.

»Nun ja, sie hatten sich daran gewöhnt, Bill und mich zusammen zu sehen.« Quinn ließ den letzten Müllsack mit ihren Kleidungsstücken in der Küche ihrer Mutter auf den Boden fallen, wo Katie ihn genauso beschnüffelte wie die anderen acht, offensichtlich mißtrauisch, daß eine Gefahr darin lauere. »Ich bin nicht sicher, ob sie mich ohne ihn überhaupt sehen können. Nach zwei Jahren mit ihm glaube ich, daß mich überhaupt niemand mehr wahrnimmt, jedenfalls nicht so, wie ich wirklich bin. Nehmen wir dich zum Beispiel.«

Nick erstarrte einen Augenblick bei dem Griff nach einem Bier aus dem Kühlschrank. »Laß mich da raus.« Er schraubte den Drehverschluß ab und stieß die Tür mit der Schulter zu.

Quinn lehnte sich gegen die Anrichte und verschränkte ihre Arme, so daß der rote Pullover über ihren Brüsten spannte, während sie ihm mißbilligende Blicke zuwarf. »Ich wette, du hast mich dein ganzes Leben lang als Zoës Schwester oder als Freundin irgendeines Mannes betrachtet.«

Nick schüttelte den Kopf. »Das müßtest du eigentlich besser wissen.« Er zumindest wußte es besser, auch wenn er darüber nicht nachdenken wollte.

»Als Zoë noch hier war, war das etwas anderes.« Quinn ging an ihm vorbei zum Kühlschrank. »Ich konnte verstehen, daß mich niemand wahrnahm, als Zoë noch hier war.«

Ein Gentleman hätte dies abgestritten, aber es entsprach der Wahrheit. Zoë war perfekt gewesen, exotisch, ihr kleines Fuchsgesicht umrahmt von einer wilden, naturkrausen Mähne, die ihr auf die Schultern fiel und deren Rot so dunkel war, daß sie im Sonnenlicht beinahe schwarz schimmerte.

»Ich habe mich daran gewöhnt.« Quinn nahm sich ein Bier aus dem Kühlschrank. »Aber man sollte doch meinen, daß man mich zur Kenntnis nimmt, wenn ich neben einem *Mann* stehe.«

Sie schraubte den Drehverschluß an ihrer eigenen Flasche ab und nahm einen tiefen Schluck. Er registrierte die Linie ihres Halses, als sie den Kopf in den Nacken legte, und die Bewegung der Muskeln in ihrer Kehle.

Krampfhaft bemühte er sich, den Blick nicht tiefer gleiten zu lassen zu den Kurven unter diesem verfluchten roten Pullover. Ihr Haar fiel in dem gleichen glatten Schnitt zurück, den sie bereits mit fünfzehn getragen hatte.

Nicht die kleinste Unebenheit an Quinn, dachte er, um seine Gedanken von Kurven abzulenken. Nur all dieses weiche, seidige, rotgoldene Haar, das so aussah, als würde es wie Wasser durch seine Finger rinnen.

»Ich habe dich wahrgenommen.« Nick stellte sein Bier ab. »Hör zu, ich muß jetzt gehen.«

»Du hast dein Bier noch gar nicht ausgetrunken«, entgegnete Quinn. »Aber ich habe den Wink verstanden. Ich höre ja schon auf zu jammern.«

Sie ging aus der Küche durch den weiten Torbogen in das dunkle kleine Wohnzimmer, während Katie nervös neben ihr hertapste, und machte einen Bogen um die große rote Couch, die im Durchgang stand, solange er denken konnte. »Kannst du dir das vorstellen?« hatte Zoë ihn gefragt, als sie in die Abschlußklasse gingen. »Meine Mutter hat eine rote Couch gekauft, einfach irre. Bekommt man nicht allein schon bei einem solchen Anblick Lust zu vögeln?« Da er damals achtzehn war und jederzeit jede vögeln wollte, egal, wo er hinschaute, war die Frage überflüssig gewesen. Nun jedoch überfiel ihn der Gedanke wieder, da Quinn sich mitten darauf hatte fallen lassen – ein roter Pullover und kupferfarbenes Haar auf knallroter Couch: Er konnte die Sinnlichkeit selbst in der Küche spüren.

Sieh zu, daß du hier wegkommst, sagte er sich, aber Quinn verdrehte den Kopf, um ihn über die Rückenlehne der Couch hinweg anzulächeln. »Versprochen, ich höre auf zu jammern. Ich bin dir wirklich dankbar, daß du mir beim Auszug geholfen hast. Tut mir leid, daß ich so mies gelaunt war.«

Das Licht aus der Küche schimmerte auf ihrem Haar. »Deine Mutter sollte sich mal neue Möbel zulegen«, sagte er und ging um die Couch herum, um sich neben sie zu setzen.

»Meine Mutter sollte vieles tun.« Quinn rutschte ein Stück, um ihm Platz zu machen, während Katie sich hilfesuchend zu ihren Füßen auf den Boden kauerte. »Zum Beispiel anfangen zu leben. Ich glaube, das ist einer der Gründe, warum ich beschlossen habe, Katie zu behalten.« Quinn lächelte auf den kleinen Hund hinab. Dann erstarb ihr Lächeln jedoch. »Und Bill zu verlassen. Ich möchte nicht so enden wie meine Mutter und ständig Garagenverkäufe mit meiner besten Freundin abklappern, während mein Mann ewig fernsieht, anstatt mich anzusehen, und genauso wäre es mir mit Bill ergangen. Aber ich will etwas anderes. Aufregung. Leidenschaft.«

Nick lehnte sich in die Kissen, den Arm auf der Rückenlehne ausgestreckt, jedoch sorgsam darauf bedacht, sie nicht zu berühren – sie zu berühren, wäre schlecht, also hüte dich davor –, und beobachtete, wie ihre Lippen sich bei ihren Worten öffneten und schlossen. Er merkte, daß sein Atem ein wenig schneller ging.

Das wäre eine große Dummheit, bloß weg hier, sagte er sich und riß seine Gedanken gerade rechtzeitig von ihrem Mund los, um sie sagen zu hören, »Ich will etwas Neues, anders sein, aufregend. Ich will wie Zoë sein.«

»Diesen Teil kannst du meinetwegen auch auslassen«, meinte Nick.

»Ich glaube, Katie war ein Zeichen. Weißt du, so als wolle mir mein Schicksal sagen, ich solle anfangen zu leben.« Quinn lächelte ihn an und fügte hinzu: »Dein Schicksal kannst du nicht ignorieren«, und er verlor erneut den Gesprächsfaden. Alles an Quinn strahlte Wärme aus, das hatte er immer gewußt, aber seit zwanzig Jahren redete er sich ein, es sei eine unschuldige Wärme, niedlich und unverfänglich. Nun jedoch fiel sein Blick auf ihren verführerisch lächelnden Mund –

»Nick?« Quinn beugte sich zu ihm, so daß ihr Haar über die Rückenlehne fiel. »Alles in Ordnung?«

Ihre Stimme drang aus weiter Ferne zu ihm. Er mußte nur einen Finger bewegen, um ihr Haar zu berühren. Nur einen Finger. Es war so einfach, die Strähnen fühlten sich wie Seide an, genauso, wie er es sich vorgestellt hatte, kühl und geschmeidig. Ihm stockte der Atem.

Ihre Augen weiteten sich, sie hatte ihn ertappt, beide waren sie ertappt, während sie sich sekundenlang in die Augen sahen, zu lang, viel zu lang, Stunden zu lang, wie gefangen im Blick des anderen, und je länger er sie ansah, um so mehr sah er Quinn, ihre riesigen und überraschten Augen, Quinn, ihre weichen Lippen leicht geöffnet, Quinn, heißer als er es sich je erträumt hatte, *Quinn*. Langsam beugte er sich vor, verlor sich in ihrer Wärme, ein wenig schwindelig vor Verlangen nach ihrem Mund. Sie schloß die Augen und kam ihm entgegen, greifbar nahe, zu greifbar, *tu das nicht*, aber dennoch beugte er sich noch weiter vor, um all ihre Hitze in sich aufzunehmen – in diesem Moment fiel draußen eine Autotür zu. Katie begann zu bellen, und Nick fuhr zurück.

»Oh, *verdammt.*« Er löste sich von ihr und stand auf, so daß sie ein wenig nach vorne sank. Erschrocken verzog sich Katie unter den Couchtisch.

Scheiße, du hast deinen Verstand verloren. »Okay«, sagte er brüsk zu ihr, nur seine heisere Stimme verriet ihn. »Nichts passiert. Das bist nicht du. Du tust so etwas nicht. Tut mir leid. Es muß an der Couch liegen. Ich muß jetzt gehen.«

Quinn atmete tief durch, und er versuchte, den Blick von ihrem Pullover zu wenden, der sich hob und senkte. *Nagel-*

scheren, ermahnte er sich. *Schwägerin. Beste Freundin. Bills Mädchen.*

Nichts half.

»Vielleicht bin ich es doch«, sagte Quinn leise. »Vielleicht tue ich so etwas. Ich habe mich heute verändert.« Sie schluckte, und die Bewegung in ihrer Kehle trieb ihn erneut zum Wahnsinn.

»Nein, das hast du nicht«, sagte er. »Ich gehe jetzt.« Er ging gerade hinten um die Couch herum, als Quinns Mutter durch die Hintertür kam und einen Schrei ausstieß.

4

Es dauerte einige Minuten, alles zu erklären, vor allem, weil Nick ein schlechtes Gewissen hatte und herumstotterte. *»Es ist nichts passiert«*, murmelte er, während Quinn sich aufrichtete und sagte: »Alles in Ordnung, Mama, wir sind's nur.«

»Wir?« fragte ihre Mutter, und Nick sagte hastig: »Nein, es gibt kein Wir, es ist nur Quinn. Und ich. Nicht zusammen.«

Quinns Vater kam von der Garage herein und fragte: »Was *zum Teufel* geht hier vor?« *Gute Frage,* dachte Nick.

»Was tut ihr hier?« Meggy McKenzie sah zuerst sie an und dann auf den Haufen Müllsäcke in ihrer Küche. Das sanfte Deckenlicht ließ ihr kurzes kastanienbraunes Kraushaar wie einen unglaublich rotgoldenen Heiligenschein um ihr hübsches Gesicht schimmern, das einen verblüfften Ausdruck annahm. »Was ist das für Zeug? Warum sitzt ihr hier im Dunkeln?«

»Hallo, Nick«, sagte ihr Mann und blinzelte in das dunkle Wohnzimmer. Aus seinem bedächtigen Tonfall klang Mißtrauen. Joe war ein hochgewachsener Mann, ein wenig kahlköpfig, ein wenig beleibt, vor allem jedoch ein kräftiger Handwerkertyp, der Nick nun mißbilligend ansah.

Nick konnte das nachvollziehen. Schließlich war er selbst

momentan auf sich nicht sonderlich gut zu sprechen. »Hey, Joe. Tja, ich muß jetzt gehen. Gute Nacht. Quinn wird euch alles erklären.« Er machte einen Bogen um Meggy und schlüpfte zur Hintertür hinaus, bevor sie ihm noch weitere Fragen stellen konnte wie zum Beispiel, *Was hast du mit meiner Tochter auf meiner Couch gemacht?* Ihre zweite Tochter, mit der er auf dieser Couch gesessen hatte. *Bloß nicht daran denken.*

Als er im Wagen saß, bemerkte er, daß er seine Jacke vergessen hatte, aber das machte nichts. Die Kälte würde ihn wieder zur Vernunft bringen oder zumindest sein Blut so weit abkühlen, daß er wieder klare Gedanken fassen konnte. Er blieb eine Minute reglos sitzen und versuchte, nicht daran zu denken, wie idiotisch er sich soeben benommen und zwanzig Jahre der Selbstbeherrschung einfach zunichte gemacht hatte.

»Das ist nicht passiert«, sagte er laut und startete den Laster.

Es war einzig und allein die Schuld dieses gottverdammten Hundes. Wäre er nicht gewesen, hätte Quinn Bill nicht verlassen. Solange Quinn mit Bill zusammen gewesen war, war die Welt für ihn in Ordnung. Und vor Bill hatte es Alex gegeben und vor ihm Greg und vor ihm – warum zum Teufel hatte sie eigentlich keinen dieser Kerle geheiratet? Sie waren zwar alle nicht gut genug für sie, aber warum lief sie noch immer allein durch die Stadt, eine wandelnde Gefahr mit diesem Mund, der den Männern den Verstand raubte?

Was ging ihn das an?

Er legte den Gang ein, setzte rückwärts aus der Einfahrt und ließ Quinn, die ganze Verwirrung und alle Gefahren hinter sich, und je weiter er fuhr, um so leichter fiel es ihm zu leugnen, daß irgend etwas passiert sei, daß sich irgend etwas geändert habe.

Weil dem wahrhaftig nicht so war.

Wie vom Donner gerührt saß Quinn auf der großen roten Couch, während ihre Mutter die Müllsäcke in der Küche beäugte und ihr Vater um sie herumging und den Fernseher einschaltete. ESPN erschien im Bild, und irgendein Typ in Jackett und mit schlecht sitzendem Toupet lamentierte über die Niederlage irgendeines Teams, als sei dies eine wahre Tragödie.

»Hi, Daddy.« Quinn rutschte in die Ecke der Couch, um ihm Platz zu machen, und versuchte, ihre Gedanken von jenem anfallsartigen Verlangen abzulenken. Nick hätte sie beinahe geküßt. Und sie war alles andere als abgeneigt gewesen. Unbegreiflich.

»Wie geht's?« fragte ihr Vater, während er sich niederließ und den Blick nicht vom Bildschirm wandte. Joes Frage war lediglich das Äquivalent zu »Schöner Tag heute«, keine wirkliche Bitte um Auskunft. Quinn war ziemlich sicher, daß er nichts davon wissen wollte, was auch immer mit Nick vor sich ging.

»Ich habe Bill verlassen«, sagte Quinn, um die Lage zu erkunden.

»Gut«, erwiderte ihr Vater, den Blick immer noch auf den Fernseher gerichtet, bevor die Bedeutung ihrer Worte plötzlich zu ihm durchzusickern schien.

»Was?« Er hob die Augenbrauen, aber Quinn wußte, daß er bluffte.

»Vergiß es«, sagte Quinn, und als er ihr Knie tätschelte und seine Aufmerksamkeit erneut dem Fernsehprogramm zuwandte, ließ sie ihre Gedanken wieder zu ihrem eigenen Leben abschweifen, das plötzlich interessant zu werden begann.

Nick hatte sie beinahe geküßt, und sie hätte sich nicht gewehrt. Noch nicht einmal eine Stunde, nachdem sie bei dem einen Mann ausgezogen war, sandte sie einem anderen unmißverständliche Signale und entwickelte heißere Gefühle als jemals zuvor in ihrem Leben – und, was das Merkwürdigste war, gegenüber *Nick*. Je mehr sie nun an ihn dachte, um so schwindeliger wurde ihr. *Wie lange lief das schon so?*

»Was läuft hier eigentlich?« fragte Meggy aus der Küche. »Hier liegen neun Müllsäcke. Neun.«

»Stimmt.« Quinn erhob sich von der Couch, auf der sie beinahe etwas Aufregendes getan hätte, und ging in die halbdunkle kleine Küche ihrer Kindheit. »Ich bleibe eine Weile bei euch, wenn das in Ordnung ist.«

»Hier läuft ein *Hund* herum«, rief ihr Vater aus dem Wohnzimmer herüber.

»Streichele sie nicht«, rief Quinn zurück, während Katie um die Couch herum tapste und angstvolle Blicke über ihre Schulter in Joes Richtung warf.

»Beißt sie?« fragte Meggy.

»Nein, sie pinkelt.« Quinn hob sie auf den Arm. »Sie heißt Katie. Ich werde sie behalten. Ich habe nun einen Hund.«

Das hörte sich wundervoll an. *Ich habe einen Hund.* Und dann war da noch Nick. Wie interessant ihr Leben plötzlich wurde. Endlich.

»In eurer Wohnung?« Meggy legte die Stirn in Falten, ihr ehemals schönes Gesicht verzog sich voller Unverständnis. »Hast du Bill deshalb verlassen? Du kannst doch nicht so leichtfertig sein –«

»Natürlich kann ich das.« Quinn drückte Katie an sich. »Ich bin ausgezogen. Es ist vorbei.«

Meggys Stirnrunzeln wandelte sich zu schierer Besorgnis. »Oh, Liebes, ich glaube, das ist ein Fehler. Beziehungen erfordern Kompromisse. Wenn du zurückgehst, wird es vielleicht –«

»Er hat meinen Hund ins Tierheim gebracht«, unterbrach Quinn sie. »Ich habe ihm gesagt, daß ich Katie behalten werde, aber er hat sie trotzdem fortgebracht, während ich in der Schule war.«

Meggy wirkte hin- und hergerissen, vermutlich zwischen dem Verlangen zu fliehen und dem Wunsch, ihre Tochter vor der Männerlosigkeit zu bewahren. »Quinn, Schatz, wir sprechen von einem *Hund.* Das paßt nicht zu dir. Du bist doch sonst –«

»Nein, bin ich nicht«, widersprach Quinn. »Nicht mehr.

Ich bin es leid, immer vernünftig und entgegenkommend zu sein. Ich bin fünfunddreißig. Wenn ich jetzt nicht anfange, das zu tun, was ich will, werde ich es niemals tun.« Wie mit Nick. Es war ihr gar nicht klar gewesen, bevor er sie vorhin so angesehen hatte, aber sie wollte ihn. Er war die personifizierte Aufregung, die absolut unpassendste Person für sie auf der ganzen Welt. Perfekt.

Angesichts der Art jedoch, wie fluchtartig er das Haus verlassen hatte, bedürfte er selbstverständlich einiger Überredung. Vielleicht sollte sie zunächst einfachere Aufgaben in Angriff nehmen, bevor sie sich Nick widmete.

»Mit fünfunddreißig ist das Leben noch nicht zu Ende«, sagte Meggy. »Ich bin achtundfünfzig und immer noch fit. Du solltest nur aufhören, Risiken einzugehen, bevor du alles verlierst.«

Quinn fragte sich, ob ihre Mutter jemals etwas wirklich gewollt hatte, ob sie jemals den Stachel und den Drang verspürt hatte, den sie selbst beim Gedanken an Nick fühlte. Aufhören, Risiken einzugehen? Diesen Ratschlag hatte ihr ihre Mutter ihr ganzes Leben lang gegeben, und plötzlich ärgerte Quinn sich darüber. »Ich will nicht wie du sein«, sagte sie zu ihrer Mutter. »Du tust exakt das, was du immer getan hast. Du stehst auf, nimmst Anrufe in Buckys Immobilienbüro entgegen, gehst mit Edie nach der Schule zu Garagenverkäufen, kommst nach Hause und bereitest das Abendessen für Dad vor, und dann schaust du zu, wie er fernsieht.« Quinn zügelte sich ein wenig, als Meggys Miene sich verfinsterte. »Ich meine, wenn dich das glücklich macht, okay, aber mir wäre das nicht genug. Wenn ich bei Bill bliebe, würde ich genauso enden wie du – keine Leidenschaft, keine Aufregung, kein wirklicher Grund, um morgens aufzustehen. Nein, so werde ich nicht leben.«

Meggys Antwort klang steif. »Und das alles kann dieser Hund dir bieten.«

»Nein, dieser Hund ist nur der Anfang.« Quinn setzte Katie auf den Boden, damit sie noch einmal die Küche erkunden konnte. »Katie hat bei mir die Alarmglocken ausgelöst. Ich wußte nicht, wie eng mein Leben war, bis Bill sie mir nicht lassen wollte.« Quinn atmete tief durch. »Ich werde mich nicht mehr anpassen, Mama. Von nun an werden sich die Leute mir anpassen müssen. Ab jetzt werde ich tun und lassen, was ich will.« Das klang so wunderbar selbstsüchtig, daß Quinn einen Moment lang ganz schwindelig wurde. Zu diesem Satz sollte eigentlich Musik im Hintergrund spielen. Trompeten. Nick.

»Ich hätte gern ein Bier«, rief Joe aus dem Wohnzimmer. Meggy ging automatisch zum Kühlschrank, um eines zu holen, und brachte es ihm mit finsterer Miene. Als sie aus dem Wohnzimmer zurückkam, verschränkte sie offensichtlich noch immer nicht überzeugt die Arme und bewies ein erstaunliches Standvermögen in Anbetracht der Tatsache, daß ihre übliche Antwort auf alles, was sie aufregte, war, ›Nun gut, wie auch immer‹. »Hat das etwas mit Nick zu tun?«

Quinn fühlte, wie sie errötete. »Nein. Das hat etwas mit mir zu tun.«

»Du und Nick, das wäre ja schrecklich«, fuhr Meggy fort. »Bill –« Das Telefon klingelte, und Meggy wandte ihr den Rücken zu, um abzunehmen. »Hallo? Einen Augenblick.« Sie hielt Quinn den Hörer entgegen. »Es ist Bill.« *Überleg dir, was du sagst,* ließ sich aus ihrem Tonfall heraushören.

»Oh, Mist.« Quinn spürte ihren Magen in die Kniekehlen rutschen, als sie den Hörer entgegennahm. »Hi, Bill.«

»Was ist hier los?« fragte er. »Deine ganzen Kleider sind weg.«

»Ich weiß. Ich bin ausgezogen. Ich habe dir eine Nachricht hinterlassen.« Quinn schloß die Augen und lehnte sich gegen den Küchenschrank. »Meine Bücher werde ich noch abholen, aber alles andere kannst du behalten.«

»Deine Nachricht ergibt keinen Sinn«, sagte Bill. »Außerdem fehlt das Silberbesteck.«

»Ich weiß.« Quinn startete einen neuen Versuch. »Ich habe es mitgenommen. Ich bin ausgezogen. Du mußt dir ein neues kaufen.«

»Dann haben wir aber zwei Sets«, meinte Bill, und plötzlich fiel jedes Schuldgefühl von Quinn ab.

»Bill, ich bin ausgezogen. Es gibt kein ›Wir‹ mehr. Ich habe dich verlassen. Es ist aus.«

»Mach dich nicht lächerlich.« Die ruhige Gewißheit in seiner Stimme ließ Quinns Wut erneut aufflammen.

»Ich mache mich nicht lächerlich. Ich habe dich *verlassen.« Ich knutsche mit anderen Männern.* Fast jedenfalls. »Für mich geht es so nicht weiter, Bill.«

»Aber natürlich tut es das. Ich hole dich jetzt ab, du kommst heim, und morgen nach der Schule werden wir darüber reden.«

»Nein.«

Bestürzt drehte Meggy sich zu ihr um. In abwehrender Geste schüttelte Quinn den Kopf. »Nein, du wirst mich nicht abholen«, sagte sie zu Bill mit brutaler Entschlossenheit. »Ich habe dich verlassen. Es ist vorbei.«

»In fünf Minuten bin ich da«, erwiderte Bill und legte auf.

»Ich glaube das einfach nicht.« Quinn hängte den Hörer ein. »Er kommt her. Ich habe ihm gesagt, daß es aus ist, und er sagt, ich solle mich nicht lächerlich machen. Er glaubt tatsächlich, daß ich zu ihm zurückkomme.« Sie wandte sich um und sah, wie Meggy noch immer die Tüten beäugte, die sich unordentlich in ihrer Küche stapelten, als würden sie sich in Luft auflösen, wenn sie sie nur lange genug anstarrte. »Vergiß es. Meinetwegen kann ich in ein Motel ziehen, aber ich werde nicht zu ihm zurückkehren.«

»Du willst das wirklich.« Meggy hörte sich unglücklich an.

»Ich möchte wirklich frei sein«, sagte Quinn. »Es ist wirklich ein so gutes Gefühl, von ihm weg zu sein.«

»Ich muß mit Edie darüber sprechen«, meinte Meggy. »Das kommt alles so überstürzt. Ich wünschte, du –«

»Mama«, fiel Quinn ihr ins Wort. »Es ist vorbei. Morgen werde ich mir eine Wohnung suchen, aber wenn ich nur heute nacht hierbleiben könnte –«

»Natürlich kannst du heute nacht hierbleiben«, sagte Meggy. »Du bist meine Tochter und kannst immer hierbleiben, auch wenn du einen großen Fehler machst.«

»Mama –«

»Morgen werde ich dir eine Liste freier Wohnungen besorgen. Ich werde eine Computerliste ausdrucken lassen, die du dir nach der Schule abholen kannst, wenn du bis dahin noch nicht zur Besinnung gekommen sein solltest.« Meggy strich ihr über die Schulter und warf Katie dabei einen zweifelnden Blick zu, den diese ebenso zweifelnd erwiderte.

»Wohnungen, in denen die Hundehaltung gestattet ist«, ergänzte Quinn.

Mit offenkundiger Mißbilligung behielt Meggy Katie im Auge, während diese wieder dazu überging, die Müllsäcke zu beschnüffeln. »Dieser Hund führt irgendwas im Schilde. Er ist hinterlistig.«

Katie sah zu ihr auf, die Augen vor ängstlicher Unschuld weit aufgerissen.

»Ist sie nicht«, sagte Quinn. »Sieh doch mal, was für ein niedliches Gesicht sie hat.«

»Dieser Hund hat ein Geheimnis«, meinte Meggy.

»Mutter –«

»Na gut, Wohnungen für Hundebesitzer. Was hast du gerade gesagt? Bill kommt hierher?«

»Ja«, antwortete Quinn. »Er glaubt, er könne mich abholen.«

»Du solltest nicht alle Brücken hinter dir abbrechen«, sagte Meggy. »Bill ist ein anständiger Mann mit einem gutem Job und einer vielversprechenden Zukunft. Ich bin sicher, daß sich alles wieder einrenken wird.«

»Bill bedeutet weitere dreißig Jahre furnierte Fichtenmöbel, High-School-Sportler und ESPN«, sagte Quinn, und

Meggy starrte durch den Türbogen. Der Raum wurde von dem schwachen bläulichen Licht des Fernsehers erhellt. Die Jubelrufe der Menge bei irgendeinem Spiel drangen leise zu ihnen.

»Haben wir ein paar Cheetos?« erkundigte sich Joe. Ohne ein weiteres Wort kramte Quinn die Chips hervor, bereits voll schlechten Gewissens wegen des Kummers, den sie ihrer Mutter zugefügt hatte. Ihrer Mutter gefiel ihr langweiliges Leben. Leidenschaft würde sie wahrscheinlich nur ängstigen.

»Tut mir leid, Mama«, sagte sie, als sie aus dem Wohnzimmer zurückkam. »Ich hätte das alles nicht sagen sollen. Du führst das Leben, wie es dir gefällt. Was weiß ich schon von dir?«

»Nichts«, antwortete Meggy kurz angebunden, aber als Bill an der Haustür klingelte, während Quinn ihre Kleidungsstücke nach oben verfrachtete, öffnete Meggy mit den Worten: »Sie bleibt für eine Weile hier, Bill, geh nach Hause«, und schlug ihm die Tür vor der Nase zu.

»Gut gemacht, Ma«, sagte Quinn und kam die Treppe herunter.

»War das Bill?« erkundigte sich Joe.

»Sieh einfach weiter fern«, antwortete Meggy. »Du könntest um Gottes willen etwas verpassen, wenn du deine Aufmerksamkeit anderen Dingen zuwendest.«

»Was habe ich getan?« fragte Joe, aber Meggy ignorierte ihn und stieg die Treppe hinauf.

Als Meggy verschwunden war, ging Quinn in die Küche, drückte die Speichertaste Eins und wartete darauf, daß Zoë am anderen Ende abhob.

Quinn war Speicherplatz Zwei.

Statt dessen antwortete Zoës Ehemann. »Hallo?« fragte Ben, und Quinn malte sich aus, wie er sich großgewachsen und die Ruhe in Person gegen den Kühlschrank lehnte – der einzige Mann, der Zoë je geliebt hatte und nicht von ihr in den Wahnsinn getrieben worden war.

»Hier ist deine Schwägerin«, sagte sie. »Wie geht es den Kindern?«

»Hey Q«, begrüßte Ben sie. »Es geht ihnen prima. Harry hat eine Eins im Diktat bekommen, und Jeannie hat sich im Kindergarten Kopfläuse eingefangen. Was gibt's Neues bei dir?«

»Ich habe Bill verlassen«, sagte Quinn.

»Oh. Tja, dann möchtest du wahrscheinlich mit Zoë sprechen.« Er legte eine Hand über den Hörer und brüllte: »Zo, Quinn ist am Apparat!«

»Gehe ich recht in der Annahme, daß du keinen Wert darauf legst, mein Liebesleben mit mir durchzukauen?« fragte Quinn.

»Um Himmels willen, nein«, antwortete Ben. »Obwohl ich allerdings immer schon der Meinung war, daß er für dich nicht gut genug ist.«

»Oh, vielen Dank«, erwiderte Quinn. »Hättest du mir das nicht schon vor zwei Jahren sagen können?«

»Um Himmels willen, nein«, meinte Ben. »Da kommt Zo. Bleib dran.«

»Was ist passiert?« meldete sich Zoë, und Quinn sagte: »Ich habe Bill verlassen.« Dieser Satz war beinahe schon zu einem Mantra geworden; mit jedem Mal, mit dem sie ihn aussprach, fühlte sie sich besser. »Ich bin ausgezogen. Ich rufe von Mom und Dad aus an.«

»Du machst Witze«, meinte Zoë. »Du willst wieder bei ihnen wohnen?«

»Nur vorübergehend.« Quinn schwang sich auf die Anrichte und begann, mit den Beinen zu baumeln, so daß ihre Füße gegen den Metallschrank schlugen. Ein köstliches Déjà vu, wieder mit Zoë zu plaudern und gegen Schränke zu treten. »Ich bin gerade erst hergekommen. Nick hat mir geholfen, ein paar von meinen Sachen herzubringen, den Rest wird er am Montag abholen. Bis dahin weiß ich vielleicht auch schon, wo ich hinziehe.« Sie wartete darauf, daß Zoë einen Kommentar zu Nick abgab oder sich nach ihm erkundigte, aber es kam nichts.

»Was ist denn zwischen dir und Bill vorgefallen?«

»Er hat meinen Hund gestohlen.«

»Welchen Hund?« fragte Zoë, woraufhin Quinn ihr die ganze Geschichte erzählte.

»Ich kann es nicht fassen«, meinte Zoë, nachdem sie alles gehört hatte.

»Also, was meinst du?« Gespannt beugte Quinn sich ein wenig nach vorne. »Mom hält es für einen Fehler.«

»Klar, du brauchst dir nur Moms Leben anzusehen.« Zoës Mißbilligung drang deutlich durch die Leitung. »Du mußt tun, was du tun mußt, Kleine.«

»Mom meint, ich wäre übergeschnappt, weil ich das alles wegen eines Hundes tue.«

»Es geht doch gar nicht um den Hund«, sagte Zoë, bevor sie in eine andere Richtung tuschelte: »*Später*, okay? Ich muß das erst einmal selbst verstehen.« Dann war ihre Stimme wieder deutlich durch das Telefon zu vernehmen: »Ben findet, in Tibbett gehe es zu wie in einer Seifenoper. Er wartet immer noch darauf zu hören, daß irgendeine ihren Cousin geheiratet hat und von ihrem Onkel ein Kind bekommt. Er will schmutzige Geschichten hören.«

Ich fange gerade an, deinem Ex-Mann Avancen zu machen, schoß es Quinn durch den Kopf, sie sagte jedoch nur:

»Barbara Niedemeyer hat Matthew Ferguson vor die Tür gesetzt.« Sie öffnete den Schrank neben sich und fingerte einhändig nach Vollkorncrackern.

»Oh, das ist ja eine Wahnsinnsneuigkeit«, meinte Zoë. »Sie ist sterbenslangweilig und tut immer wieder dasselbe. Erzähl mir etwas wirklich Interessantes.«

»Nick und Lisa haben sich getrennt«, sagte Quinn auf gut Glück, während sie einen Cracker aus der Schachtel fischte.

»Wer ist Lisa?«

»Du weißt schon, Lisa Webster.«

»Bei einer Lisa Webster war ich Babysitter«, sagte Zoë.

»Genau die ist es.«

»Er war mit einem Mädchen zusammen, bei dem ich Babysitter gewesen bin?«

»Sie ist zweiundzwanzig«, erklärte Quinn mit dem Vollkorncracker im Mund in dem Versuch, fair zu sein.

»Und er ist zwölf«, erwiderte Zoë. »Ich schwöre dir, dieser Mann wird niemals erwachsen.«

»Er ist ziemlich zuverlässig«, wandte Quinn ein. »Er und Max leisten gute Arbeit in der Reparaturwerkstatt.«

»Ich meinte seine sozialen Kontakte«, sagte Zoë. »Er benimmt sich immer noch wie in der High-School. Aber Gott sei Dank ist er ja nicht mehr mein Problem.«

»Er ist wirklich lieb zu mir.«

»Das war er immer«, meinte Zoë. »Wahrscheinlich bist du das einzig Positive, das er von unserer Ehe hatte. Er hat immer schon gesagt, daß du das Beste daran warst.«

Quinn schluckte. »So, hat er das?«

»Ja. Er meinte, er hätte sich schon immer eine kleine Schwester gewünscht, und dann hat er in dir das perfekte Exemplar gefunden. Er hielt dich für harmlos, wie jeder andere auch.«

»Und dich hielt er für aufregend«, sagte Quinn. »Wie jeder andere auch.«

»Du hörst dich nicht besonders gut an«, meinte Zoë. »Alles in Ordnung?«

»Ich bin es nur leid, immer die Vernünftige zu sein«, antwortete Quinn. »Ich möchte nicht mehr die Verläßlichkeit in Person sein. Ich will Aufregung.«

»Dann war es ein guter Schachzug, Bill zu verlassen«, sagte Zoë. »Er hat mich immer schon zu Tode gelangweilt. Am besten stellst du jetzt irgendwas an, das alle schockiert, und sei offen für eine Veränderung. Du warst die einzige, die dachte, immer nur brav sein zu müssen.«

»Mom denkt das auch«, wandte Quinn ein. »Sie hat immer

gesagt, ich hätte ein genauso ruhiges Gemüt wie sie, erinnerst du dich?«

»Sie ist nicht ruhig, sie ist phlegmatisch.« Wieder entfernte sich Zoës Stimme. »In einer Minute«, sagte sie zu Ben, bevor sie sich erneut Quinn zuwandte. »Ich muß Schluß machen, dieser Mann bringt mich zum Wahnsinn. Ich hab dich lieb, hörst du, Q? Laß dich von den Alten nicht verrückt machen. Wenn du ein wenig Abstand brauchst, komm uns eine Weile besuchen.«

»Ich habe dich auch lieb, Zo. Tut mir leid wegen der Kopfläuse.«

»Die hätte ich täglich, wenn ich noch bei Mom und Dad wohnte«, erwiderte Zoë. »Such dir schnell eine Wohnung.«

Nachdem sie sich verabschiedet hatten, blieb Quinn mit abwesendem Blick auf der Anrichte sitzen, knabberte an einem weiteren Cracker und versuchte, ihre Gedanken um die neuen Untiefen ihres ohnehin schon aufgewühlten Lebens zu steuern. Wegen Bill hatte sie kein schlechtes Gewissen, wahrhaftig nicht – nun, vielleicht ein bißchen, aber nicht genug, um zu ihm zurückzukehren. Niemals würde sie zu ihm zurückkehren. Nein, morgen würde sie sich auf die Suche nach einer Wohnung begeben, nach einem Ort ganz für sie allein – diese Vorstellung ließ ihr Herz schneller schlagen –, und dann würde sie mit Katie dort einziehen. Sie blickte hinunter zu Katie, die aufmerksam neben ihren Füßen wartete, und fütterte sie mit einem Vollkorncracker, den sie ohne Hast und ganz vorsichtig aus ihrer Hand fraß – sie könnte sich eigene Möbel kaufen, und vielleicht würde Nick ihr beim Umzug helfen –

Stell irgendwas an, das alle schockiert, hatte Zoë gesagt.

Ein Verhältnis mit dem Ex-Mann ihrer Schwester würde diesen Zweck erfüllen. Bei dem Gedanken daran überlief sie ein kleiner Schauer. Nick war das einzig Aufregende in ihrem ganzen Leben; wie konnte ihr das bisher entgangen sein? Er war stets der Ungestüme der Ziegler-Brüder gewesen, obwohl sie das nie richtig verstanden hatte, weil sie sich bei ihm immer so gut aufgehoben gefühlt hatte. Bis er sie so merkwürdig angesehen hatte. Bis sie seinen Blick erwidert und ihn wirklich wahrgenommen hatte, dunkel und gefährlich und voller unmöglich realisierbarer Verheißungen. Ohne Zweifel, er war der perfekte Mann, genau der, den sie jetzt brauchte: ein schlechter Kerl, der ihr niemals weh tun würde. Aufregung ohne Risiko.

Je mehr sie darüber nachdachte, desto besser schien er ihr geeignet, und desto wohler fühlte sie sich.

Nun mußte sie ihn nur noch dazu bringen, nicht sofort schreiend das Weite zu suchen, sobald er sie sah, und dann wäre auch sie aufregend.

Genau wie Zoë.

Bill stand im Garten des kleinen weißen Holzhauses der McKenzies und verfluchte Quinns Mutter für ihre Begriffsstutzigkeit. Wahrscheinlich hatte sie Quinn noch nicht einmal gesagt, daß er dort war, sonst wäre sie sicherlich heruntergekommen, um mit ihm zu sprechen, und dann wären sie gemeinsam nach Hause gefahren. Er starrte zu dem hell erleuchteten Rechteck von Quinns Schlafzimmerfenster hinauf. Er konnte die Wand- und die Deckenlampe klar erkennen. Die Vorhänge waren nicht zugezogen. Das war unvorsichtig – wußte sie denn nicht, daß das unvorsichtig war? Fremde Männer könnten hineinschauen. Er hatte einen Moment lang nachdenken müssen, um sich an die Raumanordnung im ersten Stock zu erinnern, aber er war sicher, daß dies Quinns Fenster war, einsehbar und ungeschützt, so daß jeder hineinschauen konnte, und das war weiß Gott unvorsichtig.

Plötzlich erschien sie am Fenster, die Rundungen ihres Körpers von dem roten Pullover verhüllt; ihre Silhouette zeichnete sich scharf vor dem hellen Zimmerlicht ab. Sie streckte sich, um nach dem oberen Ende der Vorhänge zu greifen – er konnte die Außenwölbung ihrer Brust, die Innenwölbung ihrer Taille und wiederum die Außenkurve ihrer

Hüfte erkennen –, und Bill spürte, wie sich sein Herz zusammenzog, er fühlte ihren Verlust in jedem Muskel und jeder Faser, schob dann jedoch diesen Gedanken beiseite, denn sie war nicht verloren, sie würden über alles reden, alles würde gut werden, und sie würden auf ewig zusammenbleiben und Söhne bekommen und die Abende mit einem gutem Essen zubringen und das Leben führen, wie er es geplant hatte – nein, sie würde ihn nicht verlassen.

Langsam zog sie die Vorhänge zu, bis sie das Fenster verdunkelten und er allein zurückblieb.

Mindestens noch eine halbe Stunde blieb er dort stehen, unempfänglich für die Kälte, bis das Licht hinter den Vorhängen erlosch und das Fenster in trüber Dunkelheit zurückließ, so daß er wußte, daß sie zu Bett oder hinunter gegangen war und daß, wo auch immer sie sein mochte, kein Grund mehr für ihn bestand, dort auszuharren. Also stieg er ins Auto und fuhr heim in dem sicheren Gefühl, daß sie morgen zu ihm zurückkehren würde.

»Du willst also ausziehen«, fragte Darla sie am folgenden Nachmittag nach Schulschluß zum etwa vierzigsten Male, und Quinn gab sich Mühe, Geduld zu bewahren. Irgend etwas stimmte nicht mit Darla, und ihr Entschluß, sich von Bill zu trennen, schien ihr Problem – worum auch immer es sich handeln mochte – noch zu verstärken. Daher war eine barsche Reaktion nicht angebracht, vor allem angesichts der Tatsache, daß Darla die letzte halbe Stunde damit verbracht hatte, Quinn dabei zu helfen, ihre Bücher in Kartons zu packen.

Energisch schob Quinn den letzten Karton zur Wohnungstür, und Katie machte einen Satz nach hinten, um nicht zerquetscht zu werden. »Jawohl, es ist aus. Sobald Nick diese Kisten hier am Montag abgeholt hat, ist mein Auszug endgültig.« Sie warf einen Blick auf ihre Uhr. »Laß uns verschwinden. Bills Krafttraining ist in einer Viertelstunde zu Ende.« Sie warf ihren Mantel über und nahm Katie auf den

Arm, die mit ihrem üblichen Mißtrauen der ganzen Welt gegenüber über Quinns Schulter äugte.

»Okay, ich weiß, daß ich nervtötend bin«, meinte Darla, als sie in ihrem Wagen saßen und darauf warteten, daß die Heizung auf Touren kam, »aber könntest du mir bitte erklären, wie du einen Mann, mit dem du zwei Jahre zusammen warst, einfach so in den Wind schießen kannst?«

»Ich war nicht mit ihm zusammen.« Quinn hielt Katie fest, während der Hund seine Pfoten an der Fensterscheibe abstützte und den Gehsteig ängstlich nach Feinden absuchte. »Eigentlich hatte ich nur eine gewisse Sympathie für ihn. Er fragte mich, ob ich ihn zu der Party anläßlich der dritten Baseball-Meisterschaft begleiten wolle, und irgendwie war er ja ganz süß, deshalb fing ich an, mit ihm auszugehen. Kurze Zeit später begann er, seine Sachen in meiner Wohnung zu hinterlassen, bis mir klar wurde, daß er komplett eingezogen war. Schließlich hat er diese Wohnung hier gefunden und den Umzug klargemacht, obwohl ich niemals wirklich zugestimmt habe. Er ist einfach nur hartnäckig und gibt nie auf, und schließlich ist er genau da, wo er hin will. Aber ich will da nicht hin. Bis er Katie ins Tierheim gebracht hat, war mir das gar nicht bewußt, aber jetzt ist mir klar, daß ich nicht da sein will, wo er ist.« Sie erschauerte kurz, so daß Katie, die offensichtlich spürte, daß das Problem innerhalb und nicht außerhalb des Autos zu suchen war, ihre Aufmerksamkeit auf Quinn wandte.

»Er kam heute in den Kunstraum und tat so, als sei gar nichts geschehen, als sei ich nur zu Besuch bei meinen Eltern, und er scheint zu glauben, ich käme jeden Augenblick zurück. Er verursacht mir eine Gänsehaut.« Trostsuchend strich Quinn Katie übers Fell, und der Hund kringelte sich auf ihrem Schoß zusammen und warf ihr nervöse Blicke zu. »Könnten wir jetzt fahren? Ich soll noch zum Immobilienbüro kommen, um bei Mom eine Liste mit Wohnungen abzuholen. Laß uns dorthin fahren.«

Darla setzte den Wagen in Bewegung. »Sobald Nick die Bücher abgeholt hat, bist du endgültig ausgezogen. Dann wird sogar Bill begreifen, daß du nicht zurückkommst. Wie hast du es eigentlich geschafft, Nick dazu zu überreden, sich darauf einzulassen? Ich hätte angenommen, daß er schleunigst das Weite suchen würde, um nichts damit zu tun haben zu müssen.«

Quinn dachte an Nick am Abend zuvor, stark und warm neben ihr in dem Laster, stark und heiß neben ihr auf der Couch. »Er ist ein guter Kerl«, sagte sie in bemüht beiläufigem Ton.

Darla verringerte das Tempo, um in die Main Street einzubiegen. »Habe ich irgendwas verpaßt?«

»Ich glaube, Nick hätte mich gestern abend beinahe geküßt«, platzte Quinn heraus und fühlte sich gleichzeitig töricht und erleichtert.

Darla fuhr an den Straßenrand und stellte den Motor ab.

»Zum Immobilienbüro sind es noch zwei Blocks«, meinte Quinn. »Ja, aber das Interessante spielt sich hier ab.« Darla sah eher entsetzt als interessiert aus. »Er hat dich *geküßt?«*

»Ich sagte, *beinahe*.« Zu Katies Unbehagen rutschte Quinn verlegen auf ihrem Sitz hin und her. »Wir saßen auf der Couch und unterhielten uns, als er plötzlich innehielt und wir uns ganz lange in die Augen sahen, verstehst du?«

»Ich glaube schon«, meinte Darla. »Einer dieser langen Blicke, die mit einem normalen Hallo beginnen und dann zu einem *Hallo* werden?«

Quinn nickte und streichelte den Hund besänftigend. »Aber dann stand er auf, sagte, ›Das bist nicht du‹ und war verschwunden.«

Darla sank in ihren Sitz zurück. »Ach du lieber Himmel. Ich weiß nicht. Du und Nick?«

»Es gibt kein Ich und Nick.« *Aber es könnte eines geben.* »Da war so ein angenehmes Kribbeln für diesen Bruchteil einer Sekunde zwischen dem Moment, als ich seinen Blick auffing, und dem Moment, als er aufstand und die Flucht ergriff. Aber trotzdem ist er aufgestanden und davongelaufen.«

Darla starrte durch die Windschutzscheibe. »Ein Kribbeln, hmm?«

Quinn nickte. »Mehr Kribbeln bei ihm, ohne daß er mich küßte, als zwei Jahre lang bei Bill, wenn er mich küßte. Eindeutig ein Kribbeln.«

»Das Kribbeln hält nicht lange an«, sagte Darla resigniert. Quinn schaute sie überrascht an. »Wirklich nicht. Wenn du Bill also nur verläßt, weil es nicht mehr kribbelt –« Sie schüttelte den Kopf. »Ein anständiger Kerl, der treu ist und dich liebt, ist mehr wert als ein Kribbeln.«

»Nein, das stimmt nicht.« Quinn sah Darla vorsichtig von der Seite an. Darla würde erst über ihr Problem sprechen, wenn sie mit sich selbst im reinen und dazu bereit war. War sie mit sich selbst im reinen und dazu bereit?

»Herzklopfen läßt sich nicht konservieren«, fuhr Darla fort. »Es läßt nach. Und dann mußt du dich mit dem arrangieren, was dir bleibt, und wenn du einen wirklich guten Mann hast, ist das schon genug, mehr als genug, das ist toll. Vielleicht hat Bill die Sache mit dem Hund nicht verstanden. Vielleicht solltest du ihm noch eine Chance geben. Er könnte dir ein sicheres Leben bieten, ein –«

»Ich will das aber nicht«, unterbrach Quinn sie. »Ich habe fünfunddreißig Jahre lang ein sicheres Leben geführt und nun die Nase voll davon. Ich möchte jeden Morgen mit dem Gefühl aufwachen, daß mich etwas Gutes erwartet, daß es einen Grund gibt aufzustehen. Immer wieder der gleiche Mist ist kein Grund.«

Darla kniff die Augen zusammen und biß sich auf die Lippen. »Dann sorge für ein wenig Abwechslung. Fang mit etwas Kleinem an, nicht mit etwas so Entscheidendem.«

»Habe ich doch«, erwiderte Quinn. »Ich habe Katie adoptiert.‹« Katie sah zu ihr auf, und sie streichelte ihr über den Kopf, um sie zu beruhigen. »Bill hat aus einer Mücke einen

Elefanten gemacht, weil er mich einfach nicht anders sehen kann als so, wie er mich sehen will. Nick nimmt mich zumindest wahr.« Wieder schweiften ihre Gedanken zu dem Abend zuvor auf der Couch, und ein wohliges Gefühl stieg in ihr auf. »Gestern abend hat er mich richtig wahrgenommen.«

»In einem Jahr wird er dich sitzenlassen«, sagte Darla trocken. »Oder er wird dich so wahnsinnig machen, daß du ihn verläßt, nur, daß du ihn dann auch als Freund verlierst, und abgesehen von mir ist er der beste Freund, den du hast. Wenn du bei Bill bleibst, kannst du beide haben, aber wenn du etwas in dieser Richtung planst, wirst du auch Nick verlieren. Möchtest du das wirklich?«

»Ich will noch einmal dieses Gefühl spüren«, beharrte Quinn dickköpfig. »Zwar bin ich mir ziemlich sicher, daß Nick darauf keinen Wert legt, ich aber schon. Was nächstes Jahr passiert, ist Zukunftsmusik. Es geht um jetzt, und ich werde keine Kompromisse mehr schließen.«

Offenbar den Tränen nahe schüttelte Darla den Kopf. »Quinn –«

»Hast du Probleme mit Max?« fragte Quinn und bereute es sofort, als sie sah, wie Darla das Gesicht verzog. »Okay, tut mir leid. Laß uns später darüber reden.«

»Ich liebe Max«, sagte Darla.

»Das weiß ich«, antwortete Quinn.

»Ich habe alles unter Kontrolle«, sagte Darla. »Ich bin glücklich.«

»Absolut«, sagte Quinn und nickte zustimmend.

»Ich liebe mein Leben«, fuhr Darla fort. »Ich habe liebe Kinder und ein schönes Haus, meine Arbeit gefällt mir, und mein Mann ist fleißig und treu.«

»Das ist alles sehr wichtig«, meinte Quinn.

»Und ich langweile mich derartig, daß ich schreien könnte«, sagte Darla.

»Ich verstehe«, sagte Quinn, erleichtert, daß es ausgesprochen war. »Was also hast du vor?«

»Nichts.« Vorwurfsvoll sah Darla sie an. »Ich setze keine harmonische Beziehung aufs Spiel, nur weil mir langweilig ist.«

»Ich hatte keine harmonische Beziehung«, erwiderte Quinn. »Bill ist nicht Max.«

»Hört sich aber an wie Max«, meinte Darla verdrießlich. »Oh, Mist, vergiß es. Laß uns eine Wohnung für dich suchen.«

»Vielleicht brauchst du einfach eine kleine Abwechslung«, meinte Quinn. »Nichts Großartiges, nur eine Veränderung um ein Grad, um die Dinge ein wenig zu bewegen und zu erneuern.« Sie sah zu Katie auf ihrem Schoß hinunter. »Schon gut, vergiß, was ich gesagt habe.«

»Eine kleine Abwechslung«, wiederholte Darla.

»Kleine Abwechslungen haben die Angewohnheit, sich zu vervielfachen«, sagte Quinn. »Vielleicht –«

»Die Idee gefällt mir.« Darla umklammerte das Lenkrad fester. »Eine kleine Abwechslung. Nur eine Kleinigkeit, damit er mich wieder wahrnimmt, wie du so treffend sagtest.« Ihre Blicke trafen sich. »Ich glaube, er sieht mich schon seit Jahren nicht mehr. Ich bin einfach da, verstehst du? Und ich habe ihn auch nicht mehr gesehen, nicht wirklich. Neulich war ich abends in der Werkstatt und hatte plötzlich Lust, im Büro mit ihm zu schlafen –«

»Mit all diesen Fenstern?« fragte Quinn entrüstet und verblüfft. Sex am offenen Fenster hörte sich nach etwas an, was Nick tun würde.

»– aber er hat es nicht einmal in Betracht gezogen. Er hat noch nicht einmal gesagt, ›Laß uns ins Badezimmer gehen‹, vielmehr meinte er, ›Wenn die Kinder im Bett sind‹. Wie schlimm ist das?«

»Nun ja –« setzte Quinn an.

»Es gab Zeiten, da konnte er die Finger nicht von mir lassen, und jetzt will er warten?« Darla hob die Stimme, während sich ihre Miene verfinsterte. *»Er nimmt mich gar nicht mehr wahr.«*

»Okay, okay.« Quinn beugte sich zu ihr und strich ihr über den Arm. »Okay, wir kriegen das hin. Wir müssen nur seine Aufmerksamkeit erregen. Ich meine, du mußt seine Aufmerksamkeit erregen.«

»Wie denn?« fauchte Darla. »Ich habe ihn im Büro fast vergewaltigt, und er hat abgelehnt. Was noch mehr –«

»Vielleicht warst du zu subtil.« Schnell dachte Quinn nach. »Du mußt ihn schockieren. Ihn zum Beispiel in Klarsichtfolie an der Haustür empfangen oder so.« Sie verspürte einen kleinen Stich und war neidisch, weil Darla eine Beziehung hatte mit einem Mann, der Klarsichtfolie sicherlich zu schätzen wußte. Bill wäre angesichts der Vulgarität ohnmächtig umgekippt, und Nick würde vermutlich die Folie mitnehmen und bei einer anderen Frau ausprobieren.

»Klarsichtfolie«, wiederholte Darla.

»Oder ein wirklich sexy Negligé«, schlug Quinn vor. »Oder schwarze Spitzendessous –«

»Ich habe einen durchsichtigen Regenmantel aus Plastik«, überlegte Darla mit nun wieder ruhiger Stimme. »Max' Mutter hat ihn mir geschenkt, weil er zu allem paßt.«

»Das könnte gut kommen«, meinte Quinn.

»Freitags kehren die Jungs spät heim«, fuhr Darla fort. »Max kommt heute abend um halb sechs allein nach Hause.«

»Heute abend?« Quinn war ein wenig überrascht, wie schnell Darla die Sache in Angriff nehmen wollte – die Dinge mußten wirklich schlecht stehen –, aber sie nickte nur. »Gute Idee.«

»Das gefällt mir«, sagte Darla. »Großartiger Sex im Wohnzimmer bei hellem Tageslicht.«

»Ich werde richtig neidisch«, meinte Quinn, halb zur Ermutigung, halb ernst.

»Ein guter Plan.« Darla nickte und war wieder optimistisch. »Und nur ein kleiner Plan, der nichts Wichtiges ändert, sondern die Dinge nur wieder so werden läßt, wie sie waren.« Sie strahlte Quinn an. »Das ist wirklich eine tolle Idee. Danke.«

Unbehaglich richtete Quinn ihren Blick auf Katie. »Gern geschehen.«

Darla startete den Wagen. »Jetzt suchen wir dir schnell eine Wohnung. Ich muß um fünf Uhr zu Hause sein.«

»Hör zu, versprich dir nicht zuviel davon«, sagte Quinn. »Eine kleine Abwechslung, in Ordnung, aber sei realistisch. Erwarte keine Wunder oder Revolutionen.«

»Wie bei dir und Nick?« fragte Darla.

Quinn schloß die Augen und dachte an Nick. All dieses Kribbeln. »Okay, du hast recht. Wir haben Wunder und Revolutionen verdient. Wir werden das beide in Angriff nehmen.«

»Verdammt richtig«, stimmte Darla ihr zu. »Das wird großartig.«

»Verdammt richtig«, sagte Quinn und dachte, *oh Gott.*

5

Meggy hatte nur ein Apartment in Tibbett ausfindig gemacht – »In den anderen sind keine Tiere erlaubt, Liebes« –, und das war alles andere als schön. »Hier kannst du nicht wohnen«, hatte Darla ihr zugeflüstert und voller Entsetzen auf die Wasserflecken an den Wänden gestarrt. »Ich kann, wenn das bedeutet, daß ich meinen Hund behalten darf«, hatte Quinn geantwortet, als der Vermieter sich bückte, um Katie zu streicheln.

Eine Minute später standen sie auf der Straße und suchten Schutz vor den heftigen Böen des Märzwindes. »Nur stubenreine Hunde, habe ich gesagt«, hatte der Mann gewettert, bevor er die Tür hinter ihnen zuschlug.

»Sie ist stubenrein«, meinte Quinn und verfluchte den Vermieter stillschweigend, der offenbar keine Ahnung von Hunden hatte, während Darla Katie zum ersten Mal wohlwollend ansah.

»Sie wußte, daß das eine lausige Wohnung war«, sagte sie. »Guter Hund.«

»Und was bleibt mir für eine Alternative?« wollte Quinn wissen und schaute von der einen zur anderen. »Jetzt muß ich bei meinen Eltern wohnen.«

»Es muß doch noch etwas anderes geben«, erwiderte Darla. »Vorausgesetzt natürlich, daß du dir immer noch sicher bist, nicht zu Bill zurückkehren zu wollen.«

»Ich mag ihn nicht, okay?« sagte Quinn. »Ist das Thema damit beendet? Er hat meinen Hund gestohlen. Für mich ist er gestorben.«

»Schon gut.« Darla nickte. »Okay, vergiß ihn, ich werde ihn nie wieder erwähnen. Wie wär's denn mit Eigentum? Wenn du eine Anzahlung locker machen kannst, sind Hypothekenabtragungen häufig billiger als Mieten.«

»Ein Haus kaufen?« Quinn erschienen die Tara-ähnlichen Anwesen rund um Tibbett vor Augen. Ein Haus zu kaufen war eine ernsthafte Sache. »Was sollte ich mit einem ganzen Haus anfangen?«

»Nicht alle Häuser sind groß«, sagte Darla geduldig. »Such dir ein nettes Häuschen mit zwei Schlafzimmern. Deine Mutter arbeitet schließlich bei einem Immobilienmakler. Wir können uns doch einfach mal erkundigen.«

»Ein Haus kaufen.« Quinn stieg wieder auf den Beifahrersitz und ließ Katie auf die Rückbank krabbeln, während sie darüber nachdachte.

Ein Haus. Ihr eigenes Haus. Unabhängigkeit. Reife. Ungestörtheit. Der gleiche Begeisterungsausbruch, der sie ergriffen hatte, als sie beschloß, Katie zu behalten und Nick zu küssen, ergriff von ihr Besitz. »Eigentlich könnte ich das tun. Ein Haus kaufen. Ich ganz allein.« Ihr eigenes Heim. Mit einem eingezäunten Garten für Katie. Und einer Couch im Wohnzimmer für Nick. »Ich könnte das wirklich tun. Vielleicht. Die Idee gefällt mir.«

»Woher kommt dieser merkwürdige Ausdruck in deinen

Augen?« fragte Darla. »Wir sprechen über ein Eigenheim, nicht über Sex.«

»Beides ist aufregend«, erwiderte Quinn. »Ich werde heute abend mit Mom sprechen und sehen, was ich mir leisten kann, dann können wir uns morgen auf die Suche begeben. Hast du morgen schon etwas vor?«

»Nur vormittags im Geschäft.« Darla grinste. »Und heute abend. Heute abend werde ich sehr beschäftigt sein.«

Als Max an diesem Abend um sechs Uhr nach Hause kam, öffnete Darla ihm, nur mit ihrem transparenten Regenmantel bekleidet, die Tür.

»Hey, Schatz«, sagte er und gab ihr einen Kuß auf die Wange, während er sich an ihr vorbeischob, um in das tiefer gelegene Wohnzimmer zu treten. »Wir haben nur –«

»Ebenfalls hey«, sagte Darla. »Mein Gott, du siehst mich *tatsächlich* nicht mehr.«

Er drehte sich um, als sie ihren Mantel aufknöpfte. *»Was –«*

»Ich habe einiges mit dir vor.« Sie ließ den Mantel gerade zu Boden fallen, als sich die Tür hinter ihr öffnete.

»Seht mal, was ich mitgebracht –« hörte sie Nick sagen, und ihr wurde plötzlich eiskalt. Kein Wunder, schließlich war sie nackt, und eine kräftige Märzbrise blies ihr in den Rücken. Sich zu bücken und den Mantel aufzuheben kam nicht in Frage, außerdem war er sowieso durchsichtig. Bevor sie weiter darüber nachdenken konnte, hörte sie Nick sagen: »Oder auch nicht«, und die Tür fiel wieder ins Schloß.

»Was tust du da?« Max sah bestürzt und entsetzt aus, und Darla hatte weder das eine noch das andere Gefühl hervorrufen wollen. »Die *Jungs* werden jeden Augenblick hier sein!«

»Ich –« Sie brach ab. »Ach, zur Hölle damit.« Zu peinlich berührt, um ihren Mantel aufzuheben, rauschte sie an ihm vorbei. Sie lief schnurstracks ins Schlafzimmer, schloß die Tür hinter sich ab und setzte sich mit dem Gedanken, sich zu erschießen, auf das Bett, die Arme um ihren Körper geschlungen.

»Darla«, rief Max von der anderen Seite der Tür. »Hau ab«, sagte sie und hörte, wie jemand an die Haustür klopfte. Sie hörte, wie Max die Tür öffnete, sie hörte die Stimmen ihrer Söhne, von denen einer fragte: »Warum dürfen wir nicht einfach hereinkommen?«

»O Gott«, sprach sie laut mit sich selbst und ließ sich nach hinten fallen. Nach zehn Minuten der Selbstgeißelung zog sie ein T-Shirt und Jeans an und konzentrierte sich darauf herauszufinden, auf wen sie wütender war: Max oder Nick. Die Tatsache, daß keiner von beiden etwas falsch gemacht hatte und daß sie diejenige war, die sich töricht benommen hatte, machte es ihr nicht leichter, ihnen zu verzeihen.

Eine Stunde später hatte sie sich hinreichend beruhigt, um in die Küche hinunterzugehen und Hot Dogs für die vier zu machen, die sich vor dem Fernseher niedergelassen hatten und eine Videoaufzeichnung des letzten Football-Spiels anschauten, wobei sie die Stelle, an der Mark seinen Touchdown erzielt hatte, immer wieder zurückspulten.

»Das Band ist heute erst angekommen«, sagte Max zu ihr auf einer seiner Stippvisiten, um sich nach dem Essen zu erkundigen. »Bill hat aus der Schule angerufen, aber ich hatte leider keine Zeit, es dir zu sagen –«

»Kein Problem«, antwortete Darla und drückte ihm eine Schüssel Popcorn in die Hand. »Würdest du die bitte ins Wohnzimmer bringen? Danke.«

Ohne ein weiteres Wort trat Max den Rückzug an.

Eine halbe Stunde später kam Nick in die Küche, um sich ein Bier zu holen.

»Tut mir leid wegen vorhin«, sagte Darla und wünschte sich, Max wäre ein Einzelkind.

»Was meinst du?« fragte Nick. »Hast du ein paar Chips?«

»Natürlich.« Dankbar dafür, ihm ihren Rücken zuwenden zu können, um ihr feuerrotes Gesicht zu verbergen, griff sie in einen der Hängeschränke. Sie reichte ihm die Tüte über den Küchenblock hinweg und sagte: »Danke.«

»Wofür?« fragte Nick.

Darla holte tief Luft. »Weil du so tust, als sei nichts geschehen, um es mir leichter zu machen. Es funktioniert zwar nicht, aber ich weiß es zu schätzen.«

»Nun, auf jeden Fall war es mir ein Vergnügen«, meinte Nick. »Du hast einen tollen Arsch.«

»Hey«, sagte Darla und errötete noch mehr, mußte aber dennoch gegen ihren Willen grinsen.

»Leider werde ich diesen Anblick wohl nie wieder genießen«, sagte Nick und ging ins Wohnzimmer zurück.

Okay, Nick konnte sie verzeihen. Aber Max –

Nachdem alle satt waren, bereitete sie sich selbst einen Teller zu und verzog sich erneut ins Schlafzimmer.

Wenige Dinge, die sie bisher in ihrem Leben unternommen hatte, waren derartig schiefgegangen. Und Max war ihr keinen Deut zu Hilfe gekommen. Er hatte sie lediglich entsetzt angeschaut, weil sie nackt gewesen war. Wenigstens eine Sekunde lang hätte er freudig überrascht sein können – Natürlich konnte die Tatsache, daß er wußte, daß Nick gleich hereinkommen würde, etwas damit zu tun haben, aber dennoch wäre es eine nette Geste gewesen, verdammt noch mal. Genauso, wie nackt mitten im Wohnzimmer zu stehen. Sehnsüchtig stellte sie sich vor, wie erregend es für sie beide hätte sein können, nackt im Wohnzimmer bei hellem Tageslicht. Sie hätten –

Wieder erschien Max' entsetzter Gesichtsausdruck vor ihr.

Blöder Hund. Sie biß in ihren Hot Dog und verfluchte Max im Geiste, während sie darauf herumkaute.

Um elf Uhr stolperte Max in das stockdunkle Schlafzimmer, kroch neben sie unter die Bettdecke und flüsterte: »Jetzt noch mal zu deiner Nacktvorstellung an der Tür zurück –«

»Wage es, mich anzufassen, und du bist ein toter Mann«, sagte Darla mit bleigeladener Stimme.

»Gute Nacht«, ließ sich Max vernehmen und drehte ihr den Rücken zu.

Was Quinn sich leisten könne, so unterbreitete ihr ihre Mutter am Samstagmorgen, entspreche in keinster Weise ihrem Lebensstandard. »Fünfundsiebzigtausend höchstens, dafür kriegst du so gut wie gar nichts«, erklärte Meggy ihr. »Vielleicht solltest du besser bei uns bleiben, bis du die Dinge mit Bill wieder ins Lot gebracht hast.«

»Gib mir die Liste«, sagte Quinn und holte Darla am Nachmittag ab, fest entschlossen, sich ein eigenes Haus zu suchen. Die ganze Nacht hatte sie darüber nachgedacht: Ein gemütliches kleines Haus für sie allein, wo sie Besuch empfangen konnte, ohne sich über die neugierigen Ohren der Nachbarn durch dünne Wände Gedanken machen zu müssen. Bis jetzt hatte sie zwar nichts getan, was des Zuhörens wert gewesen wäre, aber in einem eigenen Haus konnte sich das schlagartig ändern. Kein Zweifel, es gab genügend Gründe für den Kauf eines eigenen Hauses.

»Los, erzähl schon, hat der Plastik-Regenmantel Max vor Lust ganz wild gemacht?« wollte sie wissen, während sie sich in den Straßenverkehr einfädelte.

»Nein.« Darlas Stimme klang schon wieder düster, so daß Quinn einen Blick auf ihr angespanntes Gesicht riskierte.

»Möchtest du darüber reden?«

»Ich habe ihn nackt an der Tür empfangen. Leider war Nick bei ihm. Das hat die Stimmung irgendwie versaut.«

»Oh.« Quinn fiel in ihren Sitz zurück. »Du hättest Nick ja zu mir schicken können.«

»Hat er dir etwa noch nichts davon erzählt?« hakte Darla nach und richtete sich in zwiespältiger Entrüstung auf. »Was für ein Idiot.«

Quinn warf ihr einen Blick zu. »Heißt das, daß du diese Geschichte mit Nick verdaut hast?«

»Nein.« Darla ließ sich in den Sitz zurückfallen und verschränkte die Arme. »Aber wenn dir soviel daran liegt, tue ich dir den Gefallen.«

»Danke.« In Quinns Ohren klang ihre eigene Stimme genauso flach wie Darlas. Depressive Stimmung schien ansteckend zu sein. »Irgendwelche Ideen?«

»Noch nicht«, sagte Darla. »Ich erhole mich gerade erst von gestern abend. Aber ich gebe nicht auf.«

»Gut«, sagte Quinn. »Laß uns jetzt ein Haus kaufen, und dann werden wir über Plan B für dich und Plan A für mich nachdenken.«

Nachdem sie jedoch den ganzen Nachmittag damit verbracht hatten, sich die Angebote anzusehen, mußte Quinn sich eingestehen, daß ihre Mutter recht gehabt hatte. »Sie sind häßlich. Selbst wenn ich sie renovieren würde, wären es noch immer häßliche, schäbige kleine Häuser. Ich hatte mir etwas Gemütliches und Nettes vorgestellt, aber die sind alle –«

»Absolut häßlich«, beendete Darla den Satz. »Deshalb sind sie auch so preiswert. Es gibt noch zwei weitere hier in der Gegend –«

»Nein«, wehrte Quinn ab. »Sie sehen doch alle gleich aus. Entsetzlich.«

»– und dann gibt es noch eins am anderen Ende der Stadt für fünfundachtzig, aber deine Mom hat eine Notiz gemacht, daß es bereits eine ganze Weile auf dem Markt ist, so daß sich wahrscheinlich über den Preis verhandeln läßt.«

»Am anderen Ende der Stadt.« Quinn seufzte und ließ den Motor an. »Zwanzig Minuten bis zur Schule und zu allem anderen. Und wie muß es aussehen, wenn es schon so lange auf dem Markt ist?«

Eine Viertelstunde später meinte Darla: »Wir brauchen eigentlich gar nicht hineinzugehen.«

Das Haus war hoch und schmal, etwa einen Raum breit, verkleidet mit abbröckelnden grauen Asbestschindeln und verrotteten dunkelgrauen Holzbrettern. Es hatte eine kleine Seitenveranda, aber das Verandageländer war größtenteils zerfallen. Mehrere der Doppelfenster waren zerbrochen, die Dachrinne schwankte wie betrunken im Wind, und der winzige Vorgarten wurde von zwei gewundenen Bäumen verschönert, von denen einer abgestorben war. Auf der einen Seite stand ein Haus in noch schlimmerem Zustand, auf der anderen befand sich ein von Unkraut überwuchertes offenes Gelände. Um dem Ganzen den Rest zu geben, war das Schild mit der Aufschrift ›ZU VERKAUFEN‹ umgefallen.

»Wir haben den Schlüssel, dann können wir auch hineingehen«, meinte Quinn. »Sieh es mal so: Sollte es drinnen nett sein, könnte ich ein wirklich gutes Geschäft machen.«

»Dann aber schnell, bevor es zusammenbricht«, erwiderte Darla, sagte jedoch nichts mehr, als sie schließlich im Haus standen.

Im Erdgeschoß befanden sich drei hintereinander liegende Zimmer, wobei sie über die Seitenveranda zuerst in den mittleren Raum gelangten. Die Hartholzböden glänzten im Licht, das durch zwei hohe Fenster einfiel.

Ein Torbogen führte zur Vorderseite des Hauses in ein Wohnzimmer mit einem Kamin aus Ziegelsteinen, neben dem Bücherschränke standen, in deren bleiverglasten Türen fast überall die Scheiben fehlten. Zwei weitere große Fenster gaben den Blick auf die menschenleere Straße und den abgestorbenen Baum frei.

»Viel Licht«, meinte Darla. »Die Bäume könnten dir natürlich Alpträume bereiten.«

Quinn sah sich um und stellte sich eine gemütliche Einrichtung vor, nichts aus furniertem Fichtenholz. Eine große Couch, das stand fest. »Ich glaube, es gefällt mir.«

Die andere Tür des mittleren Zimmers führte in die Küche auf der Rückseite des Hauses, einen tristen kleinen Raum mit grauen Schränken und grauer Anrichte, jedoch ebenfalls sehr hell durch ein weiteres hohes Fenster. Die Hintertür, versehen mit einer Hundeklappe, führte in den großen Garten hinaus, der wundersamerweise eingezäunt war.

»Vielleicht ein bißchen Farbe.« Skeptisch betrachtete Darla die Küchenschränke. »Hier muß jemand mit echten Depressionen gewohnt haben.«

Quinn löste die Verriegelung der Hundeklappe, und Katie beschnüffelte sie, als wäre sie die Höllenpforte, bevor sie hindurchschlüpfte. Nach einer vorsichtigen Runde durch den Garten – eine von Unkraut überwucherte Fläche mit vereinzelten Flecken kahler Erde darin – setzte sie zu einem Sprint an, einer Hundeversion von *Born Free.* »Es gefällt mir wirklich.«

»Wegen des Gartens?«

»Es ist groß«, meinte Quinn. »Wenn es oben nicht allzu schlimm aussieht, kaufe ich es.«

Die obere Etage sah nicht schlimm aus. Zwei kleine Schlafzimmer und ein großes mit noch einem gemauerten Kamin, ein Badezimmer mit einer auf Klauenfüßen stehenden Badewanne, die einst weiß gewesen war, und überall viel, viel Licht.

»Hier muß jemand mal die Tür eingetreten haben«, sagte Darla und bückte sich, um das Holz zu begutachten.

»Darla, das kann man doch alles herrichten.« Quinn ging zum Treppenabsatz, um die obere Etage von dort aus zu betrachten. Unvermittelt verspürte sie das gleiche wohlige Gefühl in ihrem Solarplexus, das von ihr Besitz ergriffen hatte, als sie Katie am ersten Tag im Auto anschaute, und vor allem die gleiche Wärme, die sie gespürt hatte, als Nick sie beinahe geküßt hatte.

»Ich werde dieses Haus kaufen.« Plötzlich lachte sie euphorisch. »Weißt du, vor drei Tagen war mein Leben so grau wie die Küche unten, und heute bietet es unzählige Möglichkeiten. Stell dir nur vor, was erst morgen kommen mag!«

»Ja«, meinte Darla und schaute sich um. »Stell dir nur vor.«

Sonntagabend. Meggy hatte nicht nur Bucky überredet, einen Verkauf für siebzigtausend auszuhandeln, sie hatte auch den Verkäufer dazu gebracht, Quinn das Haus vor dem Abschluß zu vermieten. »Du kannst am Freitag einziehen«, sagte sie zu Quinn. Der Blick, mit dem sie Katie bedachte, die abwartend und nervös zugleich auf dem gefliesten Küchenboden saß, besagte, *und das ist keine Minute zu früh.*

»Danke für alles.« Quinn umarmte ihre Mutter. »Ich bin dir wirklich so dankbar. Ich weiß, du bist der Meinung, ich solle zu Bill zurückkehren –«

»Nun, jetzt kann er ja bei dir einziehen«, sagte ihre Mutter. »Es ist ein gutes Haus, ich habe es heute morgen inspizieren lassen. Viel Arbeit, aber eine gute Substanz. Um die Reparaturen kann Bill sich kümmern.«

Den Teufel wird er tun, dachte Quinn, erwiderte jedoch nichts.

»Du mußt siebentausend als Anzahlung leisten«, fuhr ihre Mutter fort.

»Kein Problem«, meinte Quinn. »Ich habe über elftausend auf dem Sparbuch. Dann bleibt mir sogar noch ein Rest für Möbel.« *Ein neues Bett. Nick hatte viele Möglichkeiten, ihr zu helfen.*

»Neue Möbel.« Ihre Mutter ging durch den Torbogen und ließ ihren Blick durch das Wohnzimmer schweifen, das nur vom Schein des Fernsehers erhellt wurde. »Es ist Jahre her, daß ich etwas Neues gekauft habe.« Ihr Blick blieb an der Couch hängen, die derzeit von ihrem Ehemann in Beschlag genommen wurde, der sie gar nicht bemerkte. »Vielleicht kaufe ich mir ein neues Sofa und gebe dir dieses hier.«

Nick hatte der Couch die Schuld gegeben, fiel Quinn ein. *Es muß an der Couch liegen.* »Ich würde diese Couch sehr gerne haben«, sagte Quinn. »Dad kannst du allerdings behalten.«

»Mmmm«, machte ihre Mutter und wandte sich um, um den Rest des Zimmers in Augenschein zu nehmen. »Dieser Raum könnte einige Veränderungen vertragen.«

»Kleine Veränderungen«, meinte Quinn mit plötzlicher Nervosität.

Der Blick ihrer Mutter wanderte zur Couch zurück. »Natürlich.«

Joe sah auf und bemerkte, daß sie ihn anschauten. »Haben wir noch ein Bier?«

Quinn ging in die Küche, um eines zu holen. »Kleine Veränderungen, Mom. Nur kleine.«

Am Montag war Quinn immer noch sicher, daß der Kauf eines Hauses eine brillante Entscheidung gewesen war, aber ihr Optimismus wurde von Stunde zu Stunde gedämpfter; der Schultag stand nämlich unter keinem guten Stern.

Es begann während des ersten Unterrichtsblocks, als mehrere Sportstudenten sie mit finsteren Blicken bedachten und sie ansonsten ignorierten, während der Rest der Schüler in gedrückter Stimmung zu sein schien. Es hatte sich herumgesprochen, daß sie den Coach verlassen hatte. Sie würden darüber hinwegkommen, aber dennoch war es beunruhigend, da sie daran gewöhnt war, allseits beliebt zu sein.

Dann hielt der BP sie in der Pause im Korridor auf ihrem Weg zum Lehrerzimmer an und sagte: »Ich kann nicht glauben, daß du wegen eines Hundes so weit gehst. Siehst du nicht, was du Bill damit antust? Der ganzen Schule? Es läuft ein *Finanzierungsplan* für uns, Quinn.« Sie warf ihm einen vernichtenden Blick zu, woraufhin er davonstolzierte, aber Quinn war klar, daß – sollte irgend etwas schiefgehen mit der zehnten WBL-Meisterschaft oder dem Finanzierungsplan – man ihr dafür die Schuld geben würde und sie dafür bezahlen müßte.

Beim Mittagessen mußte sie Edie und der ganzen Fakultät Rede und Antwort stehen.

»Deine Mom hat mir erzählt, daß du Bill verlassen hast«, sagte Edie und blickte Quinn mit ihren blauen Augen über die verkratzte Holzmaserung des Kunststofftisches im Lehrerzimmer hinweg prüfend an. »Sie hat sich ziemlich darüber aufgeregt.«

»Ich weiß.« Energisch öffnete Quinn den Verschluß ihrer Diätcola und ignorierte das lebhafte Interesse der anderen Anwesenden, insbesondere das der beiden Frauen, die unmittelbar neben ihnen saßen.

Marjorie Cantor, die größte Klatschbase der ganzen Schule, war vermutlich hin- und hergerissen zwischen der Alternative, sich bei Quinn einzuschmeicheln, um die Informationen aus erster Hand zu bekommen, oder sie mit Mißachtung zu strafen, weil sie den netten Coach Hilliard hatte sitzenlassen. Die adrette kleine Petra Howard hingegen sah einfach nur verwirrt aus. Petra, stets weltfremd, war im letzten Monat zu dem Schluß gekommen, daß ihre Studenten sich gegen sie verschworen hatten – angesichts Petras miserabler pädagogischer Fähigkeiten war dies auch nicht völlig paranoid –, und nun verbrachte sie soviel Zeit wie möglich im Lehrerzimmer, um sich dort zu verstecken und sich zwecks Ablenkung mit dem Leben anderer zu beschäftigen.

»Du hast einen schönen Pullover an, Quinn«, ließ sich Petra nun vernehmen. »So eine tolle Farbe.«

»Danke«, sagte Quinn und wandte sich wieder Edie zu. »Mom regt sich immer über Veränderungen auf.«

»Sie befürchtet, daß du ein gesichertes Leben wegwirfst.« Edie schürzte leicht die Lippen. »Deine Mutter legt viel Wert auf Sicherheit.«

»Wirklich ein sehr schöner Pullover«, meinte Petra.

»Ich kann selbst für meine Sicherheit sorgen«, sagte Quinn.

»Hey, ich stehe auf deiner Seite«, sagte Edie. »Deine Mutter regt sich auf, nicht ich.«

»Wo hast du diesen hübschen Pullover gekauft?« fragte Petra, und Marjorie verdrehte die Augen. Auf das Belauschen von Gesprächen über die neueste Pullovermode war Marjorie nicht erpicht, sie wollte vielmehr bis ins letzte Detail alles über das größte Trennungsdrama in der Geschichte der Tibbett High erfahren, seit der letzte Coach seine Frau wegen einer Kellnerin verlassen hatte.

Um Marjorie zu ärgern, lächelte Quinn Petra zuckersüß zu und sagte: »Der ist schon alt. Ich habe ihn in einer Boutique in Columbus entdeckt, als ich meine Schwester das letzte Mal besuchte.«

»Ich glaube, du läßt sie ihr eigenes Leben mit anderen Augen sehen«, fuhr Edie fort.

»Wie kommst du denn darauf?« wollte Quinn ernsthaft verblüfft wissen. »Ich wüßte nicht, warum das, was ich tue, irgendeinen Einfluß auf sie haben sollte.«

»Gab es den auch noch in anderen Farben?« fragte Petra. »Lavendel steht mir einfach nicht.« Petra sah tatsächlich wie ein Zombie aus, aber das lag nicht an ihrer Kleidung.

»Neunzehnhundertsechzig war er bestimmt noch in anderen Farben zu bekommen«, sagte Quinn und versuchte, nicht genervt zu klingen. »Er ist alt, es gibt keine mehr.« Außerdem hatte er nur fünf Dollar gekostet, aber Quinn hatte keine Lust, Marjories Tag zu retten, indem sie ausposaunte, wie billig sie war.

»Wahrscheinlich gar keinen Einfluß«, meinte Edie beschwichtigend. »Also, da du nun ja mehr Freizeit hast, könntest du dich um die Ausstattung für das Theaterstück kümmern, um die Bühnenbilder und die Kostüme. Das Entgelt dafür beträgt tausend Dollar, das ist gar nicht schlecht. Wenn du es nicht machst, muß ich mich wohl wieder an die Eltern wenden. Erinnerst du dich noch an *Klang der Musik*?«

Quinn zuckte förmlich zusammen. In ihrem ganzen Leben hatte sie nie so schäbige Alpen gesehen. »Zehn Wochen lang jeden Abend. Das ist ein Hungerlohn.«

»Vielleicht in einem schönen Blauton«, meinte Petra. »Ist das Wolle?«

»Bitte sag mir nicht, daß das nein heißt.« Edie versuchte, streng auszusehen, aber das lag ihr nicht. Weichherzige kleine Blondinen werden nicht wütend.

»Ich beginne gerade ein völlig neues Leben«, sagte Quinn. »Ab jetzt bin ich egoistisch.« Aus dem Augenwinkel sah sie, wie Marjorie sich vorbeugte.

»Hast du keine Angst vor Motten?« wollte Petra wissen, und Marjorie seufzte: »Petra, könntest du um Himmels willen endlich damit aufhören?«

»Das mit dem Egoismus finde ich gut«, meinte Edie. »Ich wünschte nur, du würdest für mich eine Ausnahme machen.«

»Gleicher Egoismus für alle«, erwiderte Quinn. »Nein.«

»Das Stück heißt *Auf in die Wälder*«, erklärte Edie. »Ein Märchen. Bäume und Burgen. Stell dir vor, wie lustig das wird.«

»Nein«, wiederholte Quinn und versuchte, im Geiste keine Bäume und Burgen zu entwerfen.

»Mottenkugeln«, sagte Petra. »Aber die stinken immer so.«

»Stell dir vor, wie furchtbar es aussehen wird, wenn du dich nicht darum kümmerst«, bohrte Edie weiter. »Du würdest das Stück wirklich retten, wenn du dich bereit erklärst.«

»Stimmt es, daß du den Coach verlassen hast?« mischte sich Marjorie ein, die offensichtlich nicht mehr an sich halten konnte.

»Ich muß gehen«, sagte Quinn und ergriff die Flucht.

Später tauchte Bill im Kunstraum auf – »nur um zu sehen, wie es dir geht« – und blieb. »Muß dein Nervenkostüm ja ziemlich strapazieren, bei deinen Eltern zu wohnen«, witzelte er. »Nein«, antwortete sie kurz angebunden, ohne die geringste Spur eines Verlangens, ihm von dem Haus zu erzählen oder überhaupt etwas zu sagen, das ein Gespräch in Gang bringen könnte. »Ich bin sehr beschäftigt, Bill«, fügte sie hinzu, aber er rührte sich nicht vom Fleck, während die Schüler sie beobachteten, fasziniert von der Seifenoper, die sich dort vor ihren Augen abspielte. Einige waren ihr offenkundig feindselig gesonnen, weil sie ihren Coach zum Narren machte.

»Er ist ein guter Typ«, meinte Corey Mossert zu ihr, nachdem Bill schließlich aufgegeben hatte und gegangen war, doch sie erwiderte nur: »Corey, mische ich mich in dein Privatleben ein? Also halte dich bitte auch aus meinem raus.«

Jason Barnes, der an der letzten Unterrichtsstunde teilnahm, schüttelte nur den Kopf, aber Thea, die Hilfsdienst hatte und daher nicht durch künstlerische Schaffenskraft abgelenkt wurde, war schwieriger abzuwimmeln. »Was hat er Ihnen denn getan?« wollte sie wissen, und Quinn antwortete: »Er war nicht der Richtige. Und ich wollte keine Kompromisse schließen, das wäre für keinen von uns beiden gut gewesen.«

»Was soll das heißen, Sie wollten keine Kompromisse schließen?« Thea beugte sich über das Pult und hakte die ausgegebenen Materialien auf einer Liste ab, wenn sporadisch einer der Schüler nach vorne kam. »Er ist der Coach, Herrgott noch mal. Er ist der König der Schule.«

»Es gibt auch noch ein Leben nach der Schule«, erklärte Quinn ihr. »Und ich will nicht eines Tages aufwachen und mir wünschen, ich hätte das getan, was ich tun wollte, anstatt Kompromisse einzugehen für das, was ich habe. Was in diesem Falle das ist, was andere Leute für mich wollen, nicht das, was ich will.« Sie zögerte ein wenig, weil sie wußte, daß hinter Thea Eltern standen, die sie zu Dingen bringen wollten, die nicht unbedingt Theas Vorstellung entsprachen. Es hatte keinen Sinn, Thea drei Monate vor ihrem Schulabschluß aus dem Gleichgewicht zu bringen. »Er ist einfach nicht der Richtige für mich, weißt du.«

»Okay«, sagte Thea. »Woher wissen Sie denn, daß er nicht der Richtige ist?«

»Er hat meinen Hund ins Tierheim gebracht.«

Mit großen Augen sah Thea sie an. »Dann ist er wirklich nicht der Richtige. Aber wie wissen Sie denn, wer der Richtige ist?«

Quinn dachte an Nick. »So etwas weiß man schlagartig. Ich kenne jemanden, bei dessen Anblick mir immer speiübel wird, aber das kann auch eine Grippe sein.«

»Nein, das Gefühl kenne ich«, meinte Thea. »Dann gehen Sie demnächst mit diesem Mann aus?«

»Er scheint kein Interesse zu haben«, antwortete Quinn. »Aber vielleicht sollte ich trotzdem einen Annäherungsversuch starten.« Alleine die Vorstellung war entsetzlich, aber die Alternative war auch nicht besser. »Sonst werde ich nur untätig herumsitzend immer älter werden und darauf warten, daß er den ersten Schritt macht.«

»Das wäre nicht gut«, sagte Thea, und als Jason wenige Minuten später ans Pult trat, um sich ein Präzisionsmesser zu holen, reichte Thea es ihm mit den Worten: »Hast du Lust, heute abend ins Kino zu gehen?«

Verdutzt riß Jason den Kopf hoch. *Oh, Mist,* dachte Quinn. »Nein«, sagte er.

»Okay«, meinte Thea, ging in den Materialraum hinter dem Pult und schloß die Tür.

»Das hast du wirklich *einfühlsam* gemacht«, sagte Quinn, hin- und hergerissen zwischen dem Verlangen, ihn zu ohrfeigen, und einem gewissen Gefühl des Mitleids.

»Ich war völlig perplex.« Stirnrunzelnd blickte Jason zur Tür des Materialraums. »Was sollte das überhaupt?«

»Ich glaube, sie wollte mit dir ins Kino gehen«, meinte Quinn. »Ist natürlich nur eine wilde Mutmaßung.«

»Was hätten Sie an meiner Stelle getan?« fragte Jason. »Was hätte ich denn sonst sagen sollen?«

»Nichts«, antwortete Quinn. »Aber vielleicht hättest du etwas langsamer nein sagen können.«

»Sie hat mich überrascht.« Jason schüttelte den Kopf. »Frauen.«

Als er zu seinem Tisch zurückgekehrt war, ging Quinn in den kleinen Materialraum, wo Thea Farben einsortierte.

»Alles in Ordnung?«

»Hmm.« Thea reichte ihr den leeren Farbkarton. »Jetzt nehme ich mir die Tusche vor.«

»Thea –«

»Schon gut.« Thea hob den Karton mit der Tusche vom Boden auf. »Ich wollte nur einen Annäherungsversuch starten, wie Sie meinten. Schließlich habe ich nichts zu verlieren.«

Der entschiedene Realismus in Theas Stimme versetzte Quinn einen Stich. »Thea, er war nur überrascht, das ist alles. Vielleicht wenn –«

»McKenzie«, unterbrach Thea sie. »Er kennt mich seit dem Kindergarten. Sagen Sie jetzt nicht, ›vielleicht wenn er dich besser kennenlernt‹. Er kennt mich.« Sie riß den Tuschekarton mit weitaus mehr Heftigkeit auf als erforderlich. Tuscheflaschen aus Plastik fielen auf den Betonboden, platzten jedoch nicht auf. »Mist.« Sie bückte sich, hielt dann jedoch inne und sah zu Quinn hoch. »Wissen Sie, meine Mom will, daß ich auf der Abschlußfeier eine Abschiedsrede halte. Mein Vater will, daß ich möglichst viele Stipendien fürs College sammele, und mein gesellschaftliches Leben beschränkt sich im wesentlichen aufs Lernen und den Hilfsdienst für Sie. Alles dreht sich um Abschlüsse und Schule. Aber wenn ich Jason anschaue, sehe ich das wahre Leben, ich meine, jemanden, der etwas unternimmt. Der *da ist*, verstehen Sie?«

Da Quinn ziemlich sicher war, daß die einzigen Orte, an denen Jason gewesen war, Sportplätze und Rücksitze von Autos mit Cheerleadern waren, verstand sie das nicht, aber andererseits war Thea an noch weniger Orten gewesen. »So ungefähr.« *Wie Nick*, dachte sie. *Anders als ich.*

»Und dann sprachen Sie davon, keine Kompromisse einzugehen, und ich dachte –« Sie zuckte mit den Schultern. »Es war dumm von mir.«

»Es war nicht dumm.« Quinn bückte sich, um ihr beim Aufsammeln der Tuschflaschen zu helfen. »Männer mögen keine Überraschungen. Ich bringe einem bestimmten Mann ähnliche Gefühle entgegen, und er will auch nichts mit mir zu tun haben.«

»Männer sind dämlich«, meinte Thea und begann, die Tusche in die Regale einzuordnen.

»Ziemlich«, bestätigte Quinn und ging wieder in ihr Klassenzimmer zurück, wo sie Jason so lange anstarrte, bis der *»Was?«* fragte und sie zugeben mußte, daß er nichts Falsches getan hatte. Arme Thea.

Ihr Verständnis für Thea steigerte sich um ein Zehnfaches, als sie nach der Schule zur Reparaturwerkstatt fuhr, um ihre

Bücher abzuholen und Nick seine Jacke zurückzubringen. Ihr Herz raste wie ein Vorschlaghammer.

Sie klopfte an die Hintertür und trat gleichzeitig ein, wobei sie rief: »Hallo? Nick?«

»Hier drüben.«

Er zog gerade die Radmuttern an der Felge eines Escorts an, und einen Moment lang blieb sie schuldbewußt stehen, um den Anblick seiner Armmuskeln zu genießen, vor allem seiner Unterarme, aber auch des Bizeps unter seinem Hemd. Nick war kein Muskelprotz, dafür war er zu schlaksig, aber die Arbeit in der Werkstatt hatte ihn kräftig und stark werden lassen, und seine Arme sahen großartig aus. Der Rest seines Körpers sah vermutlich auch großartig aus. *Du bist ein hoffnungsloser Fall,* sagte sie sich, aber dennoch genoß sie den Anblick. Gucken war schließlich nicht verboten. Solange sie ihn nicht bat, mit ihr ins Kino zu gehen, war sie auf der sicheren Seite.

Nick unterbrach seine Arbeit und richtete sich auf, um sie über die Schulter hinweg anzublicken. Er sah klasse aus. Nie zuvor war ihr dieser Gedanke gekommen, er war immer nur Nick gewesen, und jeder wußte, daß Max der gutaussehende Ziegler-Bruder war. Nun jedoch betrachtete sie Nick mit anderen Augen, sah, wie heiß der Blick in diesen dunklen Augen und wie widerspenstig sein dichtes dunkles Haar war, so als käme er gerade aus dem Bett. Schlagartig wurde ihr bewußt, daß Nick aussah, als habe er gerade Sex hinter sich – oder vielleicht vor sich. Der Gedanke war reizvoll.

Vor allem aber sah er argwöhnisch aus, und sie wußte, daß er ihr ausweichen würde, sollte sie versuchen, mit ihm über jenen Abend auf der Couch zu sprechen. Irgend etwas jedoch mußte sie sagen, daher begann sie mit dem Vorwand für ihren Besuch. »Ich bringe dir deine Jacke zurück«, sagte sie und legte sie über die Werkbank. »Du hast sie am Donnerstagabend vergessen.« *An diesem Abend, als du mich so angesehen hast.*

Nick nickte. »Danke.«

Okay. »Außerdem wollte ich mich erkundigen, ob du Probleme wegen der Bücher hattest. Es sind eine ganze Menge.«

»Es waren keine da.« Er ging zur Wand hinüber, um den Schraubenschlüssel aufzuhängen. Er hatte tolle Schultern. Warum waren ihr seine Schultern nie zuvor aufgefallen? Wo war sie mit ihren Gedanken gewesen, auf dem Mars? Er wischte seine Hand an einem Lappen sauber, wobei er ihr den Rücken zuwandte. »Du und Darla habt sie Freitag in Kartons gepackt, oder?«

»Richtig.«

Nick schüttelte den Kopf. »Sie waren alle wieder in die Regale zurückgestellt. In alphabetischer Reihenfolge. Keine Kartons, als wärt ihr nie dort gewesen.«

Quinn suchte Halt an der Werkbank, weil ihr plötzlich die Knie weich wurden.

Bill hatte sämtliche Bücher wieder ausgepackt. Sie stellte sich vor, wie er nach Hause gekommen war, die Kartons gesehen und die Bücher wieder, geordnet nach den Nachnamen der Autoren, in die Regale sortiert hatte, bevor er die Kartons in die Mülltonne stopfte und alles wieder seine Ordnung hatte. Sie hätte darauf wetten können, daß er noch nicht einmal ärgerlich gewesen war. Er hatte sie einfach dorthin zurückgestellt, wo sie seiner Meinung nach hingehörten.

»Hast du mit ihm gesprochen?« fragte Nick. »Er scheint es nämlich noch nicht begriffen zu haben.«

»Ich habe ihm eine Nachricht hinterlassen«, antwortete Quinn, und Nick grunzte verächtlich. »Nein, eine ganz eindeutige Nachricht. Dann rief er mich bei meinen Eltern an, und ich habe es ihm noch einmal deutlich gesagt. Aber er meinte nur, ›Das Silberbesteck ist weg‹, woraufhin ich sagte, ›Es gehörte Grandma, du wirst dir ein neues kaufen müssen‹, und er nur meinte, ›Aber dann haben wir zwei Sets‹.«

Bei diesen Worten sah Nick sie an. »Das hört sich nicht gut an.«

»Am Freitag habe ich es ihm in der Schule erklärt. Außerdem habe ich meine Bücher zusammengepackt und es ihm heute in der Schule schon wieder gesagt.«

Nick ließ den Lappen auf die Bank zurückfallen. »Anscheinend mußt du dich weitaus deutlicher ausdrücken.«

»*Wie denn?*« fragte Quinn. »Was kann denn noch klarer sein als ›Ich verlasse dich und komme nicht zurück‹?«

»Hast du ihm erklärt, warum?«

»Nein.« Quinn sah auf ihre Füße. »Es ist schwierig zu erklären.«

»Also«, sagte Nick sachlich, »was hat er falsch gemacht?« Mit verschränkten Armen lehnte er sich gegen die Wand und stellte seine großartigen Unterarme zur Schau. »Es ist leichter zu verstehen, daß man verlassen wird, wenn dir jemand den Grund nennt.«

Quinn zuckte mit den Schultern. »Mir wurde einfach klar, daß da nichts war.« *Und danach war etwas zwischen dir und mir.*

Er nickte zustimmend. »Okay, das habe ich auch schon erlebt. Der Kick war weg und wollte sich auch nicht mehr einstellen.«

»Es gab nie einen Kick.« Quinn stieß sich von der Werkbank ab, irrationalerweise wütend darüber, daß Nick Kicks erlebt hatte, die sich irgendwann abnutzten. »Du kennst mich doch. Ich bin nicht der Typ für Kicks.«

Nick öffnete die Arme und ging zum Tisch zurück, um den Lappen wieder aufzunehmen.

»Es war nicht nur der fehlende Kick.« Quinn beobachtete, wie er sich auf den Betonboden kniete, um die Felge des Escorts zu polieren. »Er hat Katie gekidnappt, und da ist mir klargeworden, daß ich nicht mit einem Menschen zusammenleben möchte, der zu so etwas in der Lage ist, weil er dachte, er würde das Beste für mich tun, obwohl er mich gar nicht kennt.« Die letzten Worte brachen förmlich aus ihr hervor. »Vielleicht bin ich nicht die Art von Frau mit Kicks, aber so wollte ich auch nicht leben. Außerdem fühlte ich mich derart erleichtert auszuziehen, daß ich wußte, das Richtige zu tun.«

Sie trat einen Schritt näher in dem Versuch, sich ihm verständlich zu machen, weil es ihr so wichtig war, ihn auf ihrer und nicht auf Bills Seite zu wissen – nicht zwei Männer, die zusammenhielten, sondern sie und er zusammen. »Aber ich kann ihm das nicht sagen, ›Tut mir leid, Bill, ich habe gemerkt, daß du nicht nur ein Langweiler warst, du hattest auch absolut keine Ahnung davon, was ich brauchte. Tschüs dann.‹ Das wäre gemein.« Sie versuchte, sich Bill bei diesen Worten vorzustellen. »Er würde dann sagen, ›Ich kann lernen, was du brauchst‹, und ich müßte antworten, ›Nicht in einer Million Jahren‹, und würde wie ein Miststück dastehen.«

Nick war nicht dazu zu bewegen, sie anzusehen. Sie hätte es besser wissen müssen. Er haßte es, in so etwas hineingezogen zu werden. »Deshalb bleibe ich bei der schönen Phrase, ›Wir haben uns auseinandergelebt‹«, meinte sie abschließend. »Das sagt nichts darüber aus, daß wir niemals richtig zusammen waren.« Sie zuckte mit den Achseln und versuchte, dem Schweigen die Schwere zu nehmen. »Tut mir leid wegen der Bücher. Ich werde mir etwas einfallen lassen.« Da Nick noch immer nichts sagte, wandte sie sich zur Hintertür. »Ich weiß es wirklich zu schätzen, daß du versucht hast, mir zu helfen.«

Noch immer nichts.

Sie ließ die Tür laut hinter sich zufallen und fühlte sich gleichzeitig miserabel und wütend. Eine logisch denkende Frau hätte ihre Gefühle analysiert und sich mit ihren Gedanken ausgesöhnt. Quinn hingegen wünschte alle Männer dorthin, wo der Pfeffer wächst.

Als die Hintertür ins Schloß fiel, hörte Nick auf, die Felge zu polieren, die eigentlich gar nicht poliert werden mußte, und lehnte seine Stirn gegen die Wagenseite.

Sie war also der Meinung, sie sei nicht der Typ für Kicks. Aber er hatte an jenem Abend, als er ihr so nahegekommen war, dieses Aufblitzen in ihren Augen gesehen, ihr leises Atemholen gehört, die Hitze gespürt, als ihr das Blut in die letzten Winkel ihres Körpers schoß. Plötzlich verspürte er das unbändige Verlangen, all dies noch einmal zu erleben, sie zu berühren und ihren Atem zu beschleunigen, ihren Puls schneller schlagen zu lassen, diesen Mund in Besitz zu nehmen, seine Hand über ihren Hals hinunter zu ihrer Brust gleiten zu lassen – *Ich könnte dich zum Typ für Kicks machen,* dachte er und bemühte sich, diesen Gedanken wieder in das dunkle Loch in seinem Gehirn zu verbannen, aus dem er herausgekrochen war.

Verdammt. Er sank auf den kalten Betonboden und wünschte sich, die letzte halbe Stunde wäre nie geschehen. Eigentlich konnte er, wenn er sowieso schon dabei war, die Geschichte auszulöschen, auf die letzten fünf Tage gut und gerne ganz verzichten.

Quinn war ein permanenter Teil seines Lebens – verflucht, er konnte nicht mit ihr schlafen, er liebte sie doch –, und *Sex* und *permanent* waren zwei Wörter, die er zumindest in seinem Leben ganz weit auseinander wissen wollte, und zwar auf ewig. Er führte ein angenehmes Leben – er hatte viele Freiheiten und Abwechslung, keine Verantwortung, alles war so unkompliziert –, und er hatte nicht vor, sich das zu vermasseln, weil er auf seine beste Freundin scharf war.

Vergiß es, ermahnte er sich und wandte sich dem nächsten, unverfänglicheren Problem zu, und das war Bill.

Bill war ein netter Kerl, ohne viel Tiefgang, aber ehrlich, fleißig, lieb – mein Gott, hörte sich das langweilig an, was hatte Quinn nur in ihm gesehen? –, warum benahm er sich also so, als könne sie ihn nicht verlassen?

Nick lehnte sich gegen den Reifen und versuchte, sich in Bills Lage hineinzuversetzen, was ihm nicht leichtfiel, weil er sich normalerweise nicht um die Angelegenheiten anderer Leute scherte. Nun gut, er war Bill.

Er hatte mit Quinn zusammengelebt – bei dieser Vorstellung schweiften seine Gedanken unweigerlich ab und versuchten, in den Winkel vorzudringen, in dem sich diese Unterwäschephantasien verbargen –, und sie war ausgezogen. Das dürfte nicht so tragisch sein; seit Jahren hatten die Frauen irgendwann von Nick die Nase voll und ließen ihn sitzen, aber das hatte ihn nie sonderlich berührt.

Aber angenommen, es handelte sich um Quinn. Angenommen, er hätte sich daran gewöhnt, jeden Abend nach Hause zu kommen und Quinn lesend auf der Couch anzutreffen oder lachend mit Darla am Telefon oder unter der Dusche – *daran darfst du nicht denken* –, und dann wäre er eines Tages heimgekommen und hätte nur eine Notiz vorgefunden.

Der Teil mit der Dusche – die besondere Vorstellung von ganz viel Seife – hatte ihn ein wenig aus dem Konzept gebracht, aber er versuchte, sich eine Notiz vorzustellen, auf der stand, *Lieber Nick, ich bin weg*, und dies machte ihm weit mehr zu schaffen, als er erwartet hatte. Keine Quinn mehr in seinem Leben, kein Lachen mehr und kein schimmerndes kupferfarbenes Haar, keine Gespräche mehr oder »Hast du schon das Neueste gehört?«-Phrasen oder Überraschungen wie rattenartige kleine Hunde mit Verfolgungswahn.

Und wenn er Bill wäre, würde er am Abend nicht mehr zu Bett gehen und ihre weichen Rundungen spüren, die sich an seinen Körper schmiegten, er würde seine Hände nicht mehr über ihren Körper gleiten lassen, nicht mehr diese vollen heißen Lippen küssen oder fühlen, wie ihr Haar wie Seide seinen Körper streichelte, nicht mehr spüren, wie er hart und tief in sie eindrang –

»Okay«, sprach er laut aus und stand auf.

Quinn hatte Probleme. Bill würde sie nicht ohne weiteres aufgeben. Nick konnte das verstehen, weil er das auch nicht getan hätte, aber Bill würde sich damit abfinden müssen, weil Quinn ihre Entscheidung getroffen hatte.

»Dann werden wir zwei Sets haben«, hatte Bill gesagt. Und er hatte gelächelt, als sie ihm mitteilte, sie würde ausziehen.

Folglich war es eine gute Idee, ein wenig auf Quinn aufzupassen. Nichts Aufdringliches, nur ein brüderlicher Schutz, denn schließlich mußte sich Bill einfach nur an die Vorstellung gewöhnen, daß Quinn ihn verlassen hatte, und alle Probleme wären gelöst.

Nick verdrängte sämtliche Gedanken an Bill und Quinn und Duschen und Betten aus seinem Kopf und widmete sich wieder dem Escort.

Er fragte sich, welche Farbe ihre Unterwäsche unter dieser Bluse gehabt haben mochte.

6

Bill hatte Quinn ein Dutzend rote Rosen geschickt, als sie am Dienstag abend nach Hause kam. Kurz darauf rief er an, so daß sie sich bei ihm bedanken konnte und hinzufügte: »Bill, es ist aus. Schicke mir bitte keine Blumen mehr«, bevor sie auflegte und Darlas Nummer wählte.

»Rote Rosen«, erklärte sie ihr. »Ist das nicht typisch Bill? Das üblichste aller Geschenke in ganz Amerika.«

»Er versucht doch nur, nett zu sein«, sagte Darla.

»Nein, tut er nicht«, widersprach Quinn. »Er versucht, die Realität zu ignorieren.«

»Wahrscheinlich glaubt er, daß sie sich in Wohlgefallen auflöst, wenn er sie ignoriert«, meinte Darla. »Männer mögen keine Veränderungen.« Sie hörte sich grimmig an.

»Sie wird sich aber nicht in Wohlgefallen auflösen«, sagte Quinn. »Ich habe morgen einen Termin in der Bank, um einen Kreditantrag für mein Haus zu stellen, und das war's dann. Selbst Bill muß die Trennung akzeptieren, wenn ich diesen Schritt unternommen habe.«

»Darauf würde ich mich nicht verlassen«, meinte Darla, aber am nächsten Tag betrat Quinn während ihrer Freistunde nichtsdestotrotz die mit Bronze und Marmor verkleidete Halle der First National Bank in Tibbett mit dem Gefühl, ihre Unabhängigkeit zu erklären.

Am anderen Ende der Halle war Barbara – elegant in einem altrosa Kostüm im Chanel-Stil, hellen Nylonstrümpfen und farblich passenden Pumps und mit neuer Frisur, durchzogen von hellbraunen Strähnchen und zu einem lockeren Nackenknoten gesteckt – mit großem Ernst in ein Gespräch mit einem untersetzten Herrn in grauem Anzug vertieft. Verstohlen strich Quinn ihre Matrosenjacke glatt und fühlte sich plötzlich in ihren Jeans und flachen Leinenschuhen ein wenig unbehaglich. Für die Verhandlungen hatte sie sich ihre gute dunkelblaue Bluse angezogen, auch wenn das bedeutete, daß sie am Ende des Schultages mit Ton- und Farbflecken ruiniert wäre; nun jedoch schien sie unzureichend zu sein. Zu dem Anlaß, sich tief in Schulden zu stürzen, hätte sie sich besser kleiden sollen.

Barbara sah sie und winkte ihr zu, und Quinn ging zu ihr hinüber und sagte: »Meine Mutter hat wegen eines Kreditantrages angerufen«, wobei sie sich dumm vorkam und noch dazu schuldbewußt war. Sie war fünfunddreißig und ließ ihre Mutter für ihre Kredite anrufen?

Barbara nickte. »Du kaufst dieses alte Haus drüben in der Apple Street, nicht wahr?« Sie schien davon nicht sonderlich begeistert zu sein.

»Nun ja, weißt du, es wird Zeit, mit Mietzahlungen aufzuhören«, sagte Quinn und fragte sich, warum eigentlich. Die Idee, ein eigenes Haus zu besitzen, frei und erwachsen und unabhängig zu sein, war ihr zu Kopf gestiegen, aber nun hier in der Bank erinnerte sie sich daran, daß der Besitz eines Hauses unweigerlich einen Haufen Schulden mit sich brachte. Sie lächelte Barbara zu in dem Versuch, ihre eigenen Nerven zu beruhigen. »Dir gefällt es doch auch, in deinem eigenen Haus zu wohnen, oder?«

»Nein«, antwortete Barbara.

»Oh.« Oh, Mist.

»Ich werde die Unterlagen holen.« Barbara deutete hinter sich. »Nimm doch schon einmal am zweiten Tisch Platz.«

Quinn nickte, ging in den hinteren Bereich und setzte sich auf die Kante eines wuchtigen grünen Ledersessels, der vor einem Schreibtisch aus massivem Mahagoniholz stand. Sie fühlte sich wie ein gehorsames zwölfjähriges Mädchen und mußte ernsthaft gegen die Versuchung ankämpfen, sich in den Sessel plumpsen und die Füße baumeln zu lassen. Warum schüchterte der Kauf eines Hauses sie derartig ein?

Als Barbara ihr gegenüber mit einem Stapel Formulare Platz nahm, sagte Quinn: »Warum magst du dein Haus nicht? Vielleicht sollte ich mir das Ganze noch einmal durch den Kopf gehen lassen.«

Barbara schob die Papiere beiseite und sagte: »Immobilienbesitz ist eine hervorragende Geldanlage, die sich mit der Zeit rentiert. Mietzinsen sind lediglich Kosten, aber eine Hypothekenabtragung ist eine Investition in das Eigenkapital. Außerdem kannst du die Zinsen von der Steuer absetzen, also ist das ein wirklich vernünftiger finanzieller Schachzug.«

Quinn sah sie zweifelnd an. Bank-Barbie. »Warum magst du es dann nicht?«

Barbara veränderte ihre Haltung. »Ein Haus braucht einen Mann«, sagte sie schließlich. »Dinge gehen kaputt, also muß man Handwerker anheuern, die oft nicht kompetent sind, und prompt steckst du in Schwierigkeiten, weil du einfach keine Ahnung hast. Männer hingegen wissen Bescheid, zumindest die, die etwas taugen. Es sollte also wirklich ein Mann im Haus sein.«

So viel zu Barbara, der Bankemanze.

Barbara lächelte Quinn an. »Aber das dürfte für dich ja kein Problem sein, schließlich hast du Coach Hilliard. Er sieht zumindest sehr kompetent aus.«

»Ich habe ihn aber nicht mehr«, erwiderte Quinn. »Wir haben uns getrennt. Das Haus ist nur für mich.«

Barbaras Miene zerfloß vor Mitgefühl; die Bank-Barbie

hatte sich in Luft aufgelöst. »Das tut mir ja so leid, Quinn, das muß ja schrecklich sein. Ich hasse das, wenn sie einen einfach so fallenlassen.«

Wie was, wollte Quinn fragen, aber das hätte nur in einer Unterhaltung mit Barbara über Männer geendet – dabei wollte sie doch nur den Kredit haben. Eigentlich jedenfalls.

»Du glaubst, du könntest dich auf sie verlassen«, fuhr Barbara fort, »und dann passiert irgendwas, was sie nicht für dich regeln können, und plötzlich denkst du, ›Was schert es mich? Ich kann besser hilflos ohne ihn sein als mit ihm‹, aber das kapieren sie einfach nicht.«

Ich auch nicht, dachte Quinn, dennoch nickte sie.

»Aber du bist ja eine gute Freundin von Darla Ziegler, nicht wahr?« Bei diesem Gedanken lächelte Barbara über das ganze Gesicht. »Ihr Mann ist *äußerst* kompetent.«

»Ja, das ist er –« begann Quinn, bevor sie plötzlich dachte, *Oh, nein.*

»Ich habe gehört, daß er in ihrem Haus sogar die Klempnerarbeiten übernimmt.« Barbaras Blick richtete sich abwesend in die Ferne. »Der Typ Mann, auf den man sich verlassen kann. Sie kann sich so glücklich schätzen.«

Abrupt schob sie ihren Stuhl zurück. »Du kannst dich also sicherlich an ihn wenden. Er wird jedes Problem lösen.«

»Barbara, wenn es dir derartig mißfällt, ein eigenes Haus zu haben, solltest du es verkaufen«, sagte Quinn. *Und damit aufhören, verheiratete Klempner und Elektriker zu verführen.* Und möglicherweise auch Mechaniker.

»Das kann ich nicht«, antwortete Barbara. »Es ist das Haus meiner Eltern, und außerdem eine erstklassige Investition.«

»Vielleicht solltest du Abendkurse für Klempnerarbeiten besuchen«, schlug Quinn vor.

Wieder zu Plastik erstarrt lehnte Barbara sich zurück. »Ich nehme Abendkurse in Investment-Banking. Wenn du nun diese Formulare ausfüllen und die entsprechenden Unterlagen beifügen würdest …«

Quinn hörte nur mit einem Ohr zu, der Rest ihrer Gedanken war damit beschäftigt zu entscheiden, ob Barbaras Interesse an Max es rechtfertigte, Darla zu alarmieren. Wahrscheinlich nicht, weil nichts im Gange war; schließlich tauchte Barbara nicht ständig in der Autowerkstatt auf oder startete irgendwelche anderen Versuche.

Noch vor einer Woche war das Leben so viel einfacher gewesen. Ihr Unterricht, ihre Wohnung, ihre Freundschaft mit Nick – einen Augenblick lang fühlte sie sich verloren und vermißte ihn, weil er sie wie eine lästige Verpflichtung mied –, aber natürlich hatte es vor einer Woche noch Bill und keine Katie gegeben.

Barbara wies mit einem perfekt gefeilten und rotlackierten Fingernagel auf ein Formular. »Du mußt nur die Angaben eintragen und hier unten unterschreiben. Hast du noch Fragen?«

Fragen. Sobald sie dort unterschrieb, würde sie sich mit nahezu dreiundsechzigtausend Dollar verschulden, und der Großteil ihrer Ersparnisse wäre futsch.

Aber sie wäre auch frei. Eine erwachsene Frau im Besitz eines eigenen Hauses. Und einer Couch.

»Keine Fragen«, meinte Quinn. »Ich bin sicher, das Richtige zu tun.«

Auf ihrem Weg zurück zur Schule hielt sie bei dem einzigen Möbelhaus in Tibbett an und kaufte zur Feier des Tages ein massives Bett überdimensionaler Ausmaße aus poliertem Eichenholz mit vier Pfosten. Nach ihren alten Einzelbetten daheim und dem Doppelbett, das sie mit Bill geteilt hatte, sah es aus wie ein Fußballfeld aus polierter Eiche, und zwölfhundert Dollar waren ein Haufen Geld für einen Kurzschlußkauf, aber es vermittelte ihr ein derartig gutes Gefühl, daß sie keinen Moment lang zögerte.

Für dieses Bett hatte sie einige Pläne.

Nach der Schule saß Bill an diesem Nachmittag auf der Kante einer der Kraftbänke, während Bobby sein Hanteltraining zu Ende führte, und versuchte, sich dem Gedanken zu stellen, gegen den er den ganzen Tag angekämpft hatte: Quinn kaufte ein Haus.

Er hatte sie zufällig getroffen – nun ja, eigentlich hatte er auf sie an der Tür zum Kunstraum gewartet –, als sie nach ihrer Freistunde von weiß der Himmel wo zurückkam, und er hatte sie in heiterem Tonfall – als seien sie immer noch zusammen, weil sie das ja auch noch waren, das Ganze war schließlich eine vorübergehende Episode – gefragt: »Wo bist du denn gewesen, junge Lady?« Ohne zu lächeln hatte sie ihn angesehen und gesagt: »In der Bank. Ich kaufe ein Haus.«

Ein Haus. Alleine die Vorstellung daran machte ihn krank. Noch dazu hatte er herausgefunden, daß es dieses alte, heruntergekommene Haus in der Apple Street war, das schlimmste von allen. Ein altes Haus in einer alten Gegend, für ihre Kinder zu weit weg, um den Schulweg zu Fuß zurückzulegen. Was hatte sie sich nur dabei gedacht?

»Du siehst nicht gerade glücklich aus, Sportsfreund.« Der BP kam zu ihm herüber und baute sich in seinem jagdgrünen Designer-Sportdreß neben ihm auf. Bill schloß die Augen und dachte, *Verzieh dich, Bobby, bevor ich auf dich trete.* Quinn sagte immer: »Er ist ein solcher Mistkäfer, daß man auf ihn treten möchte.« Einmal hatte sie ihn gefragt: »Möchtest du ihm am liebsten einen Schwinger versetzen, wenn er dich Sportsfreund nennt?« Er hatte nur geantwortet: »Nein, natürlich nicht, er ist kleiner als ich.« Außerdem führte der arme alte Bobby nicht gerade ein ausgefülltes Leben. Plötzlich wurde Bill bewußt, daß sein eigenes Leben ohne Quinn wie Bobbys aussehen würde, aber er schob den Gedanken sofort beiseite. Ausgeschlossen.

Bobby setzte sich neben ihn, ein farblich passendes Handtuch um den Nacken geschlungen, seine Augen etwa in der Höhe von Bills Schultern. »Noch immer Ärger mit den Weibern, was?« fragte er, und Bill verspürte Lust, ihm mit dem Ellbogen einen Nasenstüber zu versetzen. Rein theoretisch natürlich, denn das würde er niemals tun. »Man kann nicht mit ihnen, aber auch nicht ohne sie leben.«

Was sollte das nun wieder heißen? Er hatte keine Probleme damit gehabt, mit Quinn zusammenzuleben. Und er würde mit Sicherheit nicht ohne sie leben.

»Darunter darf nur das Team nicht leiden«, fuhr Bobby fort. »Du mußt für die Jungs auf dem Posten sein, verstehst du?«

Bill blickte auf ihn hinab. »Willst du mir damit sagen, daß an meinem Training irgendwas auszusetzen ist?«

»Wo denkst du hin?« Bobby stand auf. »Hey, nein, du bist der Beste, das wissen wir doch alle.« Er schien einen Augenblick lang nachzudenken. »Obwohl wir heute verloren haben. Aber das heißt nicht, daß ich mich beklage.«

»Was für ein Blödmann«, hätte Quinn gesagt. Sie hatte recht.

»Aber auf die Einstellung kommt es an, stimmt's, Sportsfreund? Und seien wir ehrlich, deine Einstellung ist nicht die, die sie einmal war.« Bobby nahm seine Position auf einer rotgepolsterten Kraftbank ein, ein Gewichtheber von Welt. »Ich will dich nicht noch mehr unter Streß setzen, aber der Zuschuß –«

»Ich weiß von dem Zuschuß«, fiel Bill ihm ins Wort. »Das Team wird es schaffen. Jeder verliert irgendwann mal.«

»Es geht nicht nur um den Zuschuß«, sagte Bobby. Jede Überheblichkeit war aus seiner Stimme verschwunden. »Es geht um meinen Job.«

Er hörte sich so verwundbar an, daß Bill ihm nun tatsächlich Aufmerksamkeit schenkte. »Was ist mit deinem Job?«

»Ich bin nur bis zum Ende des Jahres Rektor«, erklärte Bobby. »Sie haben mir den Posten nur gegeben, weil ich Korektor war und sie bis zum Frühjahr keine Stellenausschreibung machen wollten. Herrgott, sie brauchen die Stelle noch nicht einmal auszuschreiben, Dennis Rule von der Celina ist ganz heiß darauf, und er ist dort seit zehn Jahren Rektor. Er hat Erfahrung.« Bobby sprach das letzte Wort aus, als sei es etwas Obszönes.

»Nun ja«, meinte Bill freundlich, »du machst deine Arbeit doch ganz gut –«

»Das reicht aber nicht«, sagte Bobby nachdrücklich. »Wenn ich allerdings den Zuschuß durchsetze, müssen sie sie mir geben. Und dann werden wir nächstes Jahr mit dem Bau des Stadions und der Halle beginnen, bei neuen Meisterschaften siegen –« Sein Blick richtete sich in der Aussicht auf eine strahlende Zukunft in die Ferne. Dann kam er auf den Boden der Tatsachen zurück. »Aber nur mit der Meisterschaft dieses Frühjahr und dem Zuschuß. Ich brauche deine Hilfe, Sportsfreund. Was also kann ich für dich tun? Sag es mir, und du bekommst es.«

»Du kannst gar nichts tun«, erwiderte Bill und dachte an Quinn in einem Haus ohne ihn. Bliebe sie bei ihren Eltern, mußte sie zu ihm zurückkommen, wenn sie aber ein Haus kaufte –

»Du würdest dich wundern, was ich alles tun kann«, sagte Bobby.

»Okay.« Bill stand auf. »Hindere Quinn daran, ein Haus im falschen Viertel der Stadt zu kaufen. Das würde mich wirklich aufheitern.«

»Sie will ein Haus kaufen?« Bobby hob die Augenbrauen.

»Vergiß es.« Bill begann mit seinem letzten Kontrollgang durch den Kraftraum. Er hatte keine Lust, den Rest des Abends mit Bobby zu verbringen. »Ich wollte damit sagen, daß es nichts gibt, was du tun kannst.«

»Oh, da bin ich nicht so sicher.« Auf Bobbys Gesicht zeigte sich jener angestrengte Ausdruck, der bedeutete, daß er nachdachte. »Will sie den Kauf über die First National abwickeln?«

»Was?«

»Den Kredit. Beantragt sie ihn bei der First National?«

Bill hielt inne. »Das weiß ich nicht. Wir haben dort zumindest unsere Konten.«

Bobby nickte zufrieden. »Dann wird sie dorthin gehen. Kein Problem.«

»Wovon zum Teufel redest du eigentlich?«

Mit hochtrabender Geste verschränkte Bobby die Arme. »Carl Brookner ist stellvertretender Direktor dort.«

Große Sache. Der Präsident der Boosters war ein stellvertretender Bankdirektor. »Na und?«

»Also könnte ich beiläufig erwähnen, daß Quinn nicht unbedingt die besten Kreditsicherheiten bietet, da sie sich in letzter Zeit so merkwürdig aufführt, wie zum Beispiel dich zu verlassen. Prompt wird er den Kredit prüfen und ablehnen.«

Das ist nicht fair, das kannst du nicht machen, wollte Bill sagen. Statt dessen schwieg er. Alles, was Quinn davon abhielt, in dieses Haus zu ziehen, war auf lange Sicht betrachtet nur zu ihrem Besten. Er konnte die Vorstellung nicht ertragen, daß sie dort dauerhaft wohnen blieb, es war nicht sicher, es wäre ein lausiger Ort für ihre gemeinsamen Kinder, sie hatten das Haus nicht zusammen gekauft – sie konnte dort nicht bleiben, ausgeschlossen, das wäre nicht gut für sie.

»Was hältst du davon?« fragte Bobby.

»Mach es«, sagte Bill.

»Hey, ich habe gehört, du warst im Kino«, sagte Darla, als Lois an diesem Nachmittag den Pausenraum betrat.

Lois zuckte mit den Schultern. »Ich stehe auf Tom Cruise, und Matthew hat bezahlt. Nichts Besonderes.«

»Es ist sehr wohl etwas Besonderes, wenn du dich mit deinem Ex-Mann triffst«, sagte Darla und beobachtete Lois' gleichgültige Haltung. »Ganz zu schweigen davon, daß du ihn bezahlen läßt. Im wahrsten Sinne des Wortes.«

»Ex-Mann ist nicht ganz richtig«, erwiderte Lois. »Ich habe die Papiere noch nicht unterschrieben.«

»Gut«, meinte Darla. »Ich unterschreibe nie Papiere. Sie bringen dich nur in Schwierigkeiten.«

Lois preßte die Lippen zusammen. »Bankschlampen sind es, die einen in Schwierigkeiten bringen.«

»Richtig.« Darla spielte kurz mit dem Gedanken, Lois zu erklären, daß auch eine Bankschlampe niemals eine stabile Ehe gefährden könne, entschied sich dann jedoch dagegen. Sollte Lois doch Barbara die Schuld geben, wenn dadurch ihre Ehe zu retten war.

»Wahrscheinlich schleicht sie schon auf der Suche nach dem nächsten Opfer herum«, fuhr Lois fort, und ihre Miene verfinsterte sich.

»Welche Frisur trägt sie jetzt?« fragte Darla, da sie sich an Debbies Theorie erinnerte.

Lois stieß verächtlich die Luft aus. »Woher soll ich das wissen? Als ob sie sich zum Frisieren hierher trauen würde.«

In dem Moment segelte Quinn zur Tür herein, voller Euphorie wegen ihres neuen Hauses. »Es ist so bezaubernd, Lois«, sagte sie übermütig und ließ sich in einen der Lehnsessel aus Avocadoholz fallen. »Heute morgen habe ich die Kreditunterlagen ausgefüllt, es ist also wirklich kein Traum.«

»Ich bin an dem Haus vorbeigefahren«, meinte Lois. »Bezaubernd ist es nicht gerade.«

Sie verließ das Zimmer, und Quinn fragte: »Was ist denn los mit ihr?«

»Sie trifft sich wieder mit ihrem Mann«, erklärte Darla. »Man sollte meinen, daß sie sich darüber freut, aber sie ist noch immer auf Barbara fixiert.«

»Sie trifft sich mit ihrem Mann?« Quinn runzelte die Stirn. »Warum sollte sie sich darüber freuen?«

»Es ist etwas anderes, weißt du.« Darla unterdrückte den Gedanken an das etwas andere, das sie ihrer eigenen Ehe verleihen wollte.

»Was ist anders? Matthew war schon eine Niete, bevor Barbara sich ihn geschnappt hat. Ich kann verstehen, daß Lois Depressionen bekommt bei der Vorstellung, wieder mit ihm auszugehen.«

»Er ist ihr Mann«, wandte Darla ohne einen Funken Enthusiasmus ein.

»Stimmt«, erwiderte Quinn und füllte offensichtlich im Geiste die unausgesprochenen Lücken. »Nun, was willst du wegen Max unternehmen?«

»Irgend etwas«, sagte Darla. »Ich werde mir etwas einfallen lassen, aber nicht jetzt. Erzähl mir ein bißchen Klatsch. Hast du den Kredit durch Barbara bekommen? Wie sieht ihre Frisur aus?«

»Woher weißt du, daß sie eine neue Frisur hat?« wollte Quinn wissen. »Sie hat eine andere Haarfarbe. Sieht hübsch aus, so eine Art brauner Strähnchen. Aber irgendwie war es auch ein Schock. Sie ist immer blond gewesen, und nun sind ihre Haare eindeutig hellbraun.«

Darla verspürte einen Stich in der Magengrube. Irgend etwas stimmte hier nicht. Wenn Barbara hinter Nick her war, hätte sie sich die Haare so dunkelbraun wie Lisas tönen müssen. »Hellbraun?«

Quinn nickte. »Sie trägt einen Nackenknoten wie du, nur nicht ganz so fest. So ähnlich wie ein Gibson Girl. Sie sieht wirklich gut aus.«

Wie du.

»Darla?«

»Wie ich?«

»Lockerer als du. Irgendwie lässiger.« Quinn gestikulierte mit den Händen. »Eigentlich wie dein Haar, aber irgendwie auch anders. Mit kleinen Löckchen rund um ihr Gesicht, du weißt schon.«

Wobei sie allerdings diese Strähnen an der Seite heraushängen ließ, damit es richtig sexy wirkte, hatte Debbie gesagt. *Die arme alte Bea sah aus, als hätte sie einen Bagel auf dem Kopf, aber Barbara stand das großartig.*

Darla befühlte ihren eigenen festen Nackenknoten, dieselbe ordentliche Frisur, die sie schon seit der High-School trug.

Langweilig.

Max.

»Geht es dir gut?« fragte Quinn.

»Natürlich«, sagte Darla. »Alles in Ordnung.«

»Nein, ist es nicht«, sagte Quinn. »Rück schon raus mit der Sprache.«

»Das werde ich.« Darla griff nach ihrer Tasche. »Bei Max.«

Max stand gerade über einen Sunbird gebeugt, als sie in die Werkstatt kam, und Darla registrierte völlig ohne Leidenschaft, daß er immer noch einen tollen Hintern hatte. Das mußte man den Gebrüdern Ziegler lassen: Ihre Körper hielten sie in Form.

Obendrein hatte sie den gutaussehenden erwischt. Nick war immer der Wilde gewesen, derjenige, dessen Gesicht schmal und so kantig war, daß er in der High-School älter aussah, als er tatsächlich war. Max war immer der Hübsche gewesen, der attraktive junge Mann, der stets ein Lächeln auf den Lippen hatte. »Du hast den Guten bekommen, er wird dir niemals Ärger bereiten«, hatte seine Mutter damals zu ihr gesagt. Nick waren alle mit ein wenig Skepsis begegnet, aber Max hatte jeder ins Herz geschlossen.

Und das war ganz offensichtlich noch immer so.

Er hob den Kopf und erschrak, als er sie sah. »Hey«, sagte er, »ich habe dich gar nicht hereinkommen hören. Was ist los?«

»Warum hast du mir nicht erzählt, daß Barbara hinter dir her ist und nicht hinter Nick?« Sie sprach mit fester Stimme, in ihren Ohren jedoch schienen ihre Worte von weit her zu kommen, so als spreche jemand anders sie aus.

Er ließ die Motorhaube des Sunbirds zufallen und kontrollierte länger als notwendig, ob sie wirklich eingerastet war. »Ich sah keinen Grund dazu.«

»Eine stadtbekannte Ehezerstörerin läuft meinem Mann hinterher, und du siehst keinen Grund dazu, mir das zu sagen?« Es war wirklich erstaunlich, wie ruhig ihre Stimme klang.

Max schien unbeeindruckt. »Da ich der Ehemann bin und ich keinerlei Absichten hege, dich zu betrügen, nein. Ich habe keinen Grund gesehen.« Er verschränkte die Arme über seinem Arbeitshemd und lehnte sich gegen den Wagen, was für Max – die Gemütsruhe in Person – einer Angriffshaltung gleichkam. Wenn er sich überhaupt jemals gestritten hatte, dann in dieser Position.

»Du hast mich in dem Glauben gelassen, es gehe um Nick«, beharrte Darla.

»Es hat niemandem weh getan.«

»Es läßt mich wie eine Idiotin dastehen.«

Eindeutig genervt schüttelte Max den Kopf. »Nein, das stimmt nicht. Die ganze Stadt weiß, daß ich dich niemals betrügen würde.«

Die plötzliche Erkenntnis, daß er dies tatsächlich nie tun würde, traf Darla unvermittelt. Mit achtzehn hatte er sich in sie verliebt, er hatte sie geheiratet, er hatte mit ihr zwei Söhne, er hatte zusammen mit ihr ein Haus gebaut, und nun beabsichtigte er, zusammen mit ihr alt zu werden; niemals würde er etwas tun, um das aufs Spiel zu setzen.

»Du hast alles, was du immer haben wolltest, oder?« fragte sie ungläubig, noch ungläubiger angesichts der Erkenntnis, daß auch sie sich nichts anderes wünschte. Das Leben war vorbei. Es ging bergab. »Deshalb warst du letztens so sauer über die Geschichte mit dem Regenmantel. Es hat deine Routine gestört.«

»Ich war überrascht, nicht sauer«, sagte Max und sah sauer aus. »Und ich will Barbara nicht.«

»Ich wünschte fast, du tätest es«, sagte sie, woraufhin er sie mit einem finsteren Blick bedachte.

»Das ist eine ziemlich dämliche Äußerung.«

Darla spürte den Ärger blitzartig in sich auflodern. »Nenn mich nicht dämlich –«

»Ich habe dich nicht dämlich genannt.« Max verschränkte seine Arme noch fester. »Ich sagte, daß deine Äußerung dämlich war, aber wenn du so weitermachst, werde ich vielleicht –«

»Hallo, ihr zwei«, ließ sich Nick vernehmen, der vom Hinterhof hereinkam. Er warf den beiden einen prüfenden Blick zu, um sich dann mit einem vernehmlichen »Oh, Scheiße« sofort wieder nach draußen zu verziehen.

»Schön«, meinte Darla. »Ich würde es allerdings zu schätzen wissen, wenn du mich beim nächsten Mal nicht mehr anlügst.«

»Ich habe nicht gelogen«, sagte Max.

»Du hast mir nicht die Wahrheit gesagt«, sagte Darla.

»Das bedeutet nicht notwendigerweise zu lügen.« Max ließ seine Arme sinken und ging zum Waschbecken, wo er seine Hände zu waschen begann. »Mich reizt nichts an ihr. Überhaupt nichts. Und selbst wenn, würde ich dich nicht betrügen. Ich habe eine Familie.«

»Nun, das ist wirklich toll von dir, Max«, meinte Darla. »Die Familie und ich wissen das zu würdigen.«

»Außerdem liebe ich dich«, fuhr Max fort. »Obwohl ich mich momentan frage, warum eigentlich.«

»Ich liebe dich auch«, sagte Darla. »Worüber ich mich ebenfalls ein wenig wundere.« Sie trat zur Tür und öffnete sie. »Komm rein, bevor du festfrierst«, rief sie Nick zu, der mit einem gezielten Wurf die Eiszapfen vom Rand des Basketballkorbs abbrach. »Der Streit ist beigelegt.«

Aber das stimmte nicht, das wußte sie. Er würde nicht eher vorbei sein, bis sie verstand, worüber sie sich eigentlich gestritten hatten.

Ihr war ziemlich klar, daß es nicht um Barbara ging.

Quinn begann mit ihrem Umzug freitags nach der Schule, lud eine nervöse Katie, das Silberbesteck ihrer Großmutter und neun Müllsäcke voller Kleidung in ihr Auto und fuhr zu ihrem neuen Zuhause. Edie und Meggy trafen wenig später ein und begannen, den Fußboden zu schrubben, um sich dann den Fenstern zu widmen, während Quinn die Regale abwischte, ihre Kleider in die Schränke sortierte und das Silberbesteck verstaute.

»Das ist wirklich eine schöne Wohngegend, Quinn«, meinte Edie, als sie fertig waren. »Wunderbar ruhig.«

»Es ist ein Risiko«, sagte ihre Mutter. »Ich weiß nicht, was die Leute darüber denken werden, daß du hier draußen ganz alleine lebst. Noch dazu wohnt Patsy Brady gleich nebenan, und *ihren* Ruf kennst du ja.«

Edie verdrehte die Augen, und Quinn meinte: »Hör auf damit, Mom. Es interessiert mich nicht, was andere Leute denken. Ich kann mein Leben nicht für andere führen, ich muß es für mich selbst leben.«

»Oh, na ja, natürlich, das *klingt* gut –« setzte Meggy an.

»Es ist gut.« Quinn stand mitten in ihrem Haus und fühlte sich unbesiegbar. »Ich bin glücklicher als jemals zuvor. Die Risiken, die ich in Kauf nehme, wie zum Beispiel Katie zu behalten und dieses Haus zu kaufen« – *und Nick zu begehren* –, »geben mir das Gefühl zu leben.« Sie ließ ihren Blick über die nun glänzenden Fußböden und die großen Fenster schweifen, durch die das Licht ungehindert hereinfiel. »Wie kannst du dir das alles hier ansehen und es nicht wundervoll finden? Kannst du dich nicht für mich freuen?«

»Ich freue mich ja für dich«, sagte Meggy. »Es sind nur diese ganzen Veränderungen –« Sie griff nach ihrer Tasche und seufzte. »Tut mir leid, wahrscheinlich bin ich nur neidisch.«

»Du willst ein neues Haus?« fragte Quinn verwirrt, aber Meggy schüttelte nur den Kopf und trat zur Tür hinaus.

»Es ist wirklich schön, Quinn«, sagte Edie. »Ich hoffe, du lädst uns zum Abendessen ein, sobald alle Möbel da sind.«

»Bis jetzt wären das nur das Sideboard, der Waschtisch, Moms rote Couch und der Sessel und unsere alten Einzelbetten«, sagte Quinn. »Obwohl ich ja für mich auch dieses Wahnsinnsbett bestellt habe. Das habe ich verdient.«

»Ja, das hast du.« Edie drückte ihr einen Kuß auf die Wange, während Meggy draußen zu hupen begann. »Laß es dir hier gutgehen, Quinn.«

»Ich werde mein Bestes tun«, antwortete Quinn und machte sich ebenfalls auf den Weg, um Darla im Upper Cut abzuholen, weil sie gemeinsam die Haushaltswarenabteilung bei Target durchstöbern wollten. Katie, wie üblich mißtrauisch und verängstigt, ließ sie zurück, damit sie ihr neues Zuhause und den Garten erkunden konnte.

»Das macht wirklich Spaß«, meinte Darla zwei Stunden später, während sie die letzten der neuen mintgrünen Handtücher zusammengefaltet in den altmodischen Wandeinbauschrank in Quinns Badezimmer legte. »Vielleicht sollte ich das Sparkonto plündern und alles neu kaufen.« Sie schob einen Stapel von Quinns Nachthemden beiseite, um Platz für die Handtücher zu schaffen. »Was ist das denn?« fragte sie.

Sie zog ein Knäuel weißen Chiffons hervor und schüttelte ihn aus. Quinn verzog das Gesicht. »Das ist ein Nachthemd, das Bill mir geschenkt hat. Ist das nicht schrecklich? Ich fühlte mich immer wie eine jungfräuliche Opfergabe damit. Außerdem konnte er, wenn ich es trug, immer hindurchsehen, und das hat ihm gar nicht gefallen.«

»Hindurchsehen?« Darla hielt das Nachthemd vor sich in die Höhe und sah Quinn durch den hauchdünnen Stoff hindurch an. »Oh. Und das hat ihm nicht gefallen?«

»Bill ist nicht so sexbesessen«, meinte Quinn.

»Aber Max«, sagte Darla. »Zumindest war er das mal.«

»Dann gehört es dir.« Quinn wedelte mit der Hand. »Du hast meinen Segen, wenn du es anziehst.«

»Das ist eine gute Idee.« Darla knüllte das Nachthemd wieder zusammen und stopfte es in ihre Tasche, während Katie es beschnüffelte und dann aufseufzte, weil es nicht eßbar war. Darla begab sich zum Waschbecken und öffnete den Wandschrank, um Seife und Zahnpasta in den Fächern zu verstauen. »Du hast zwei Zahnbürsten gekauft?«

Quinn sah zur Decke. »Ich habe auch ein Bett gekauft. Du weißt nie, ob nicht vielleicht jemand bei dir übernachtet.«

Darla schüttelte den Kopf. »Falls du von Nick sprichst, vergiß es. Gegen Übernachtungen ist er allergisch. Lisa hat das so frustriert, daß sie Heiligabend auftauchte und ihm erklärte, sie werde bei ihm übernachten, damit sie wenigstens Weihnachten zusammen aufwachen könnten.«

Da Lisa Geschichte war, gab es für Quinn keinen Grund, eifersüchtig zu sein, vor allem deshalb nicht, weil sie keine intime Beziehung mit Nick hatte, aber dennoch spürte sie einen Stich. Sie war wirklich ein hoffnungsloser Fall. »Wenigstens hat Lisa das verfolgt, was sie wollte.«

Darla grunzte verächtlich. »Schon, aber sie hat es nicht bekommen. Als sie zum Essen kamen, rauchte sie vor Wut. Sie erzählte mir, sie sei aufgewacht und habe Nick schlafend im Wohnzimmersessel vorgefunden. Dabei hatte sie doch einen Verlobungsring erwartet, und was hat sie bekommen? Ein paar CDs.« Darla schloß die Schranktür und stopfte die nun leere Target-Tüte in den Mülleimer. »Das war's dann für Lisa.«

»War Nick aus der Fassung, als sie ihn verlassen hat?« Noch während sie die Worte aussprach, haßte Quinn den eindringlichen Tonfall ihrer Stimme.

»Er war erleichtert.« Darla klang mitfühlend. »Das ist er immer. Sobald es auf ein Jahr zugeht, wird er nervös.«

»Bei mir war das nach einer halben Stunde der Fall«, meinte Quinn.

»Heute abend muß er es jedenfalls länger aushalten«, erwiderte Darla. »Er hat einen Haufen Möbel abzuladen.« Sie warf einen Blick auf ihre Uhr. »Sie müßten jetzt schon bei deinen Eltern sein. Laß uns gehen.«

Quinn dachte daran, Nick wiederzusehen, und ihr wurde plötzlich speiübel. »Gute Idee.«

Bill sah Quinn und Darla wegfahren und bedachte das nun leere Haus mit finsterem Blick. Es war häßlich, schmutzig, grau, dürftig, heruntergekommen und abgeschieden. Er haßte die Vorstellung, daß sie dort leben würde – mit diesem verdammten Hund dort leben würde, und vor allem ohne ihn dort leben würde.

Er stieg aus seinem Wagen und ging um das Grundstück herum. Angesichts des holprigen Bodens, der von Unkraut und Steinen übersät war, konnte er nur den Kopf schütteln. Als er durch die Seitenpforte in den Garten hinter dem Haus trat, wurde es noch schlimmer. Plötzlich sprang der Hund durch eine Klappe in der Hintertür und kläffte ihn hysterisch an, offenbar in dem Versuch, ihn in Schwierigkeiten zu bringen, so daß er den Rückzug durch das Gartentor antrat, bevor ihn dort jemand sehen und falsche Schlußfolgerungen ziehen würde. Er war doch nur hier, um Quinn zu beschützen, um herauszufinden, wie schlecht diese Gegend wirklich war, und sie war derartig schlecht, daß er schlagartig die Notwendigkeit erkannte, sie von hier fortzuholen.

»Was tun Sie da?« hörte er eine Frauenstimme rufen und fuhr herum, um eine schlampig aussehende Brünette zu erblicken, die sich über den Gartenzaun lehnte.

»Gasmann«, rief er ihr unbeschwert zu und hielt sein Gesicht abgewandt, während er ihr zuwinkte und durch das Gartentor hinausging. Der Hund, immer noch bellend, schlüpfte mit ihm durch das Gitter.

Ohne diesen blöden Köter würde Quinn kein Haus brauchen.

Er ließ das Tor zuschlagen, so daß der Hund draußen auf der Straße ausgesperrt war – vielleicht würde er überfahren werden, blöde genug war er ja –, stieg in seinen Wagen und machte sich auf die Suche nach der nächsten Telefonzelle. Er wollte dem Tierheim mitteilen, daß ein bissiger Hund durch die Stadt streife. Quinn konnte ihm keine Vorwürfe machen, daß der Hund ausgebrochen war, schließlich war der Köter selbst schuld. Das Tierheim würde ihn anrufen, weil er die Gebühr bezahlt hatte. »Schläfern Sie ihn ein«, würde er dann sagen. »Ich glaube, er ist gefährlich.« Und das entsprach weiß Gott der Wahrheit. Er war gefährlich.

Als er wegfuhr, sah er im Rückspiegel, wie der Hund die Mülltonnen beschnüffelte und nicht einmal den Versuch machte wegzulaufen.

Blöder Köter. Er hatte es verdient zu sterben.

Gemeinsam luden sie Quinns Möbel von dem Laster herunter und trugen sie unter den anerkennenden Blicken von Patsy Brady ins Haus, die, als Max einen Sessel hineinschleppte, von ihrer Vorderveranda aus »Hallo, Süßer« herüberrief, so daß er beinahe gestolpert wäre.

»Du hast wirklich einen Draht zu den heißesten Frauen«, meinte Nick, worauf Max nur erwiderte: »Ich gehe nach oben, um das Bett zusammenzubauen. Du kannst dich gerne um sie kümmern.«

»Nö«, sagte Nick. »Ich weiß, wann ich aus dem Rennen bin. Sobald sie dich gesehen haben, bin ich abgemeldet.«

»Dieses Teil ist wirklich riesig«, meinte Max eine halbe Stunde später, während er die letzte Schraube festdrehte. »Hat sie irgendwelche Pläne, von denen wir nichts wissen?«

»Keine Ahnung«, erwiderte Nick, obwohl es ihm äußerst schwerfiel, das Bett anzusehen, das selbst in der zunehmenden Dämmerung immer noch wie die Fußböden schimmerte, und sich nicht vorzustellen, wie Quinn darauf – darin, unter ihm – lag. *Schlag es dir aus dem Sinn,* ermahnte er sich, um nur noch mehr an sie zu denken.

»Wir haben ein Problem«, sagte Darla hinter ihm und ließ ihn schuldbewußt zusammenfahren. »Anscheinend ist uns dieser verfluchte Hund stiften gegangen.«

»Sie ist weder im Haus noch in den Nachbargärten«, ließ sich Quinn mit leicht zitternder Stimme hinter ihr vernehmen. »Ich verstehe das nicht. Das Tor ist immer noch zu, und im Zaun sind keine Löcher. Ich habe trotzdem die Straße abgesucht, aber da ist sie auch nicht. Die Nachbarin meinte, ein

Gasmann wäre hier gewesen. Vielleicht hat er sie rausgelassen.«

»Ein unterernährter schwarzer Hund von der Größe einer Ratte?« erkundigte sich Max und sah durch das vordere Schlafzimmerfenster hinaus. »So einer läuft jedenfalls dort unten auf der Straße herum, mit einem Wagen der Tierfänger hinter sich.«

Schneller, als Nick es je gesehen hatte, rannte Quinn die Treppe hinunter. Er lief ihr durch das Eßzimmer und die Haustür hinterher, gerade rechtzeitig, um zu sehen, wie sich Katie den Weg entlang in den Vorgarten schnüffelte.

Der Wagen der Tierfänger drosselte auf Kriechgeschwindigkeit.

»Ich pfeife sie zurück«, sagte Quinn zu Nick. »Fang du Katie ein.«

Auf der Suche nach Ärger tanzte Katie im Vorgarten herum und sah ihn mit ihren hellen Augen an. Als er einen Schritt auf sie zutrat, warf sie sich, ihr knochiges Hinterteil in die Höhe gestreckt, auf den Boden, bereit zum Spielen.

»Ich werde dir nicht hinterherlaufen, Köterchen«, sagte er zu ihr, während sie ihm den Kopf entgegenreckte, eindeutig bereit, Reißaus zu nehmen, sollte er noch näher kommen.

»Sehr schön. Wenn du auf die Straße läufst, bist du Hackfleisch«, sagte er. Er wußte, daß sie ihm so lange zuhören würde, wie er mit ihr redete. »Warum hören wir jetzt nicht einfach auf damit?«

Er ging noch einen Schritt auf sie zu, und sie sprang davon, ohne ihn aus den Augen zu lassen.

Na gut. Ein Teil von ihm verspürte Lust, sie einfach davonrennen zu lassen – sie war diejenige, die für all den Ärger sorgte, Quinn und Bill auseinandergebracht und sein eignes Leben auf den Kopf gestellt hatte –, aber Quinn hatte ihn gebeten, sie einzufangen, und er wollte nicht, daß Katie etwas zustieß, auch wenn sie aussah wie eine Ratte auf Stelzen. Außerdem standen die Tierfänger auf der Straße.

Womit könnte er diesen Hund also locken?

Wahrscheinlich befand sich irgendwo im Laster noch eine Tüte von Burger King. »Was hältst du von wirklich alten Pommes Frites?« rief er Katie zu, und sie tanzte erneut näher, zwei Schritte vor, einen zurück.

Er öffnete die Beifahrertür des Lasters, beugte sich in die Kabine und fingerte unter dem Sitz nach möglichem Abfall. Mit einem Satz sprang Katie hinein und kletterte über seinen Rücken, um sich auf den Fahrersitz zu setzen.

Nick stieg in den Wagen und warf die Tür hinter sich zu, so daß er sie zusammen mit ihm eingesperrt hatte. »Erwischt.«

Katie stellte die Pfoten gegen das Fenster auf der Fahrerseite und sah ängstlich nach draußen. Vermutlich wunderte sie sich, daß sich nichts bewegte. Sie warf Nick über die Schulter einen Blick zu und begann zu winseln.

»Wir machen jetzt keine Spazierfahrt«, sagte er, und sie bellte ihn an.

Eigentlich war das gar keine so schlechte Idee. Solange sie dachte, sie würde immer eine Spritztour machen, wenn sie in den Wagen sprang, wäre sie problemlos zu ködern. Wenn er also nun mit ihr eine Runde um den Block drehte, würde er eine Menge zukünftiger Probleme für Quinn lösen.

Außerdem konnte er so seine Rückkehr in dieses lichtdurchflutete Haus voller Quinn und Betten für eine weitere Viertelstunde hinauszögern. Er rutschte auf den Fahrersitz, hob Katie hoch, um mit ihr die Plätze zu tauschen, und fuhr den Laster aus der Einfahrt, wobei er Quinn zuwinkte.

Sofort kletterte Katie auf seinen Schoß und preßte ihre Nase gegen die Fensterscheibe.

»Auf deiner Seite ist auch eine«, sagte er zu ihr, aber sie war leicht und regte sich nicht. Nach einer Minute seufzte sie, machte es sich bequem und kuschelte sich vertrauensvoll an ihn, und während er den Wagen steuerte, sah sie, ihr Kinn auf seine Schulter gestützt, aus dem Fenster und beobachtete die vorbeiziehende Landschaft.

Sie war ein lieber kleiner Hund, wurde Nick plötzlich klar. Sie sah zwar verheerend aus, aber sie war ein lieber kleiner Hund. Er kraulte sie hinterm Ohr, so daß Katie ihm ihren Kopf ein wenig entgegenstreckte, genauso wie Quinn an jenem Abend.

Damals in dem dunklen Zimmer war Quinn so verführerisch gewesen, so bereitwillig.

Und sie war so unantastbar, daß er sich fragte, warum er schon wieder an sie dachte.

Er beendete die Rundfahrt und lenkte den Wagen in die Einfahrt. Die Arme über dem flauschigen, purpurfarbenen Pullover verschränkt, um sich zu wärmen, kam Quinn zu ihnen herüber.

Sie sah großartig aus. Er öffnete die Tür, reichte Katie zu ihr hinaus und sagte: »Sie fährt gerne Auto, eine einfache Methode, sie einzufangen.«

»Danke«, begann Quinn und lächelte mit diesen vollen Lippen zu ihm hoch, mit großen Augen und warmen Kurven, und er schnitt ihr das Wort ab. »Keine Ursache, gern geschehen. Ich muß jetzt fahren, es sind ja nun all deine Sachen im Haus.« Er schlug die Tür zu und winkte, während er den Wagen aus der Einfahrt zurücksetzte. Mit offenem Mund starrte sie ihm nach.

Erst als er bei der Werkstatt ankam, fiel ihm auf, daß er Max vergessen hatte.

Bill wartete am Ende der Straße, bis Darla und Max das Haus verließen. Dann parkte er in Quinns Einfahrt und klopfte an die häßliche schwarze Haustür, eine Tür mit viel zu vielen Glaseinsätzen, um sicher zu sein – ein weiterer Grund, warum er sie wirklich von hier fortholen mußte. Als Quinn öffnete, sah sie so hübsch aus, daß er sie eine Minute lang einfach nur anstarrte. »Bill?« fragte sie, und er lächelte und sagte: »Ich habe deine Bücher im Wagen. Wo soll ich sie hinbringen?«

Sie zögerte einen Moment, bevor sie zu ihm auf die Veranda hinaustrat. »Wir können sie vorübergehend im Eßzimmer stapeln.«

Sie half ihm dabei, die Bücher ins Haus zu tragen; das war toll, weil es bedeutete, daß sie bei ihm war, andererseits nicht toll, weil es bedeutete, daß er doppelt so schnell fertig sein und nicht genug Zeit haben würde, um mit ihr zu reden, um sicherzugehen, daß es ihr gut ging, um sie wieder mit ihm sprechen zu hören, wie sie das immer getan hatte. Er mußte sie öfter sehen, das war das Problem, also öffnete er auf einem seiner Gänge ins Haus, während sie beim Wagen war, die Jalousie an dem entfernt liegenden Fenster, damit er jederzeit hineinsehen konnte, wenn er mochte. Nur um sicherzugehen, daß es ihr gut ging.

Es war das Fenster auf der Zaunseite zu dem offenen Gelände, so daß ihn niemand sehen und daran hindern könnte, auf sie aufzupassen.

Der verfluchte Hund knurrte ihn an, und er kämpfte gegen das Bedürfnis, ihm einen Tritt zu versetzen. Er hätte schon lange verschwunden sein sollen, überfahren oder im Tierheim, aber nicht hier. Ein Tritt wäre jedoch dumm. Quinn könnte ihn dabei überraschen und würde sofort Verdacht schöpfen, daß er derjenige gewesen war, der den Hund hinausgelassen hatte.

Als er zwei Gänge später ins Haus kam, war die Jalousie wieder geschlossen – hatte sie bemerkt, daß er sie geöffnet hatte? – und als sie für die letzte Kiste hinausging, löste er eine der unteren Rippen aus ihrer Öse, so daß sie sich nicht mehr schließen würde. Es fiel kaum auf, und er war nicht einmal sicher, ob er würde hindurchsehen können, aber es war immerhin etwas.

Etwas, damit er sie sehen konnte, sehen konnte, was sie tat, bei ihr sein konnte, bis sie wieder zu Verstand kam.

»Das war's«, sagte sie, als sie mit der letzten Kiste ins Haus trat. Sie war ein wenig außer Atem, ihre Wangen waren von der Kälte gerötet, und sie war so wunderschön, daß er einen Schritt auf sie zutrat und seine Arme nach ihr ausstreckte.

Sie schüttelte den Kopf und wich zurück, während der Hund weiterknurrte. »Nein«, sagte sie. »Es tut mir wirklich leid, aber nein. Mir geht es gut, und ich komme nicht zurück. Das ist nun mein Zuhause. Ich bleibe hier.«

Ihm blieb nichts anderes übrig, als zu nicken und zu lächeln und ihr alles Gute zu wünschen, obwohl er sich erbärmlich fühlte. Am liebsten hätte er sie angeschrien und geschüttelt, damit sie ihm zuhörte.

Gott sei Dank hatte Bobby ihren Kredit sperren lassen, so daß sie bald von hier fort mußte. Und wenn sie erst einmal ausgezogen war, mußte sie den Hund loswerden, und alles wäre wieder wie früher. Ohne Bobbys Hilfe wegen des Kredits hätte er nicht gewußt, was er tun sollte.

Darla hatte Max an der Werkstatt abgesetzt, und er rief wenig später an, um ihr mitzuteilen, daß sie wegen Quinns Umzug mit der Arbeit im Rückstand seien und er mit Nick länger arbeiten müsse, um die Zeit aufzuholen. Darla verspürte einen kurzen Stich in der Magengrube – *bist du bei Barbara?* – schalt sich dann jedoch töricht, weil sie wußte, daß Max sie nicht anlügen würde. »Kein Problem«, sagte sie im besten Tonfall der verständnisvollen Ehefrau. »Ich werde dir das Essen warmhalten.«

»Nicht nötig«, sagte er.

Nicht nötig? »Ich warte hier auf dich, bis du nach Hause kommst«, zirpte sie, entschlossen, ihren guten Willen zu zeigen.

»Gut«, meinte Max und hörte sich ein wenig irritiert an. »Ich habe dich eigentlich auch nirgends anders erwartet.«

Sie bereitete den Jungs das Abendessen zu, stritt mit ihnen über ihre Hausaufgaben und brachte sie gerade zu Bett, als Max ölverschmiert und erschöpft endlich nach Hause kam. Als er aus dem Badezimmer trat, waren die Jungs schon eingeschlafen, also ließ er sich allein in dem dunklen Wohnzimmer in einen Sessel fallen, um die Nachrichten im blaustichigen Licht des Fernsehers zu schauen. Ihr Angebot einer späten Mahlzeit lehnte er ab.

»Lieb von dir«, sagte er, »aber ich bin kaputt.«

»Kein Problem«, meinte sie unbeschwert und schloß sich im Badezimmer ein.

Sie löste ihr Haar in dem hellen Licht der runden Glühlampen, die den großen Spiegel einrahmten, und bürstete es, bis alle Unebenheiten von den Nadeln, mit denen sie ihren Nackenknoten festgesteckt hatte, verschwunden waren und es seidig und lang über ihre Schultern fiel.

Max liebte es, wenn sie die Haare offen trug. Ließ sie sich ab und zu die Spitzen nur einen Zentimeter kürzen, um den Spliß herauszuschneiden, fiel ihm das stets sofort auf. »Du hast deine Haare abgeschnitten«, sagte er dann immer.

»Nur ein bißchen«, pflegte sie darauf zu erwidern und schüttelte ihm ihr Haar ins Gesicht, kitzelte seine Haut damit, bis er sie an sich zog –

Wie lange war es her, seit er das zuletzt getan hatte?

Sie wehrte sich gegen solch kritische Gedanken. Es spielte keine Rolle. Heute nacht würde es wieder wie früher sein.

Sie warf ihr Haar über die Schultern zurück. Mittlerweile war sie eigentlich ein wenig zu alt für solch langes Haar. Wäre sie ihre eigene Kundin, würde sie sagen: »Lassen Sie es abschneiden, zu einer flotteren und eleganteren Frisur.« Langes Haar wie ihres war sowieso nur etwas für Märchenfeen. Etwas für kleine Mädchen, ewige Alices.

Und für Frauen mit Ehemännern wie Max.

Sie ignorierte ihr zweckmäßiges langes Flanellnachthemd, das an dem Haken an der Tür hing – sie hatte mindestens ein Dutzend davon, allesamt Weihnachtsgeschenke ihrer Mutter –, streifte ihre Kleider ab und schlüpfte in das weiße Chiffonhemd. Es glitt wie Sahne über ihre Haut, kühl, glatt und fließend; der Stoff umspielte sie wie ein Wasserfall. Sie strich ein paarmal kräftig darüber, um ihn zu glätten, und begutachtete im Spiegel, wie er sich an ihre Kurven schmiegte. Er war leicht durchsichtig, ihre großen Brustwarzen zeichneten sich dunkel darunter ab, und weiter unten –

Wenn Max angesichts dieses Anblicks entsetzt wäre, würde sie sich scheiden lassen und ihn Barbara schenken.

Sie drehte sich ein wenig im Badezimmer hin und her, ohne den Blick von ihrem Spiegelbild zu lösen, um zu sehen, wie der Chiffon sie seidig umspielte und wie ihr Haar weich über die Schultern fiel. Sie war begeistert von ihrem Anblick, von dem wunderbaren Gefühl des Stoffs auf ihrer Haut, voller Vorfreude, wie verrückt Max nach ihr sein würde, sobald er sie so sah.

Sie hörte, wie er in das angrenzende Schlafzimmer trat, und entriegelte die Badezimmertür. Gespannt wartete sie darauf, daß er durch die Tür kam, um sich bettfertig zu machen. Vielleicht würden sie es gar nicht mehr bis ins Schlafzimmer schaffen. Vielleicht würde er sie gleich hier auf dem Waschtisch nehmen. Einmal hatten sie es so im Bad der Werkstatt gemacht, und das war schließlich in der Werkstatt gewesen und nicht in ihren eigenen vier Wänden – in seinem eigenen Haus konnte er einfach nicht nein sagen. In der Werkstatt hatte er jedenfalls keinen Augenblick gezögert. Bei der Erinnerung daran erschauerte sie ein wenig.

Sie hatten es auch an anderen Orten gemacht. Zum Beispiel in ihrem Kinderzimmer, während ihre Mutter nebenan schlief; Debbie war auf einer Schlafanzugparty gewesen, und Darla hatte geflüstert: »Ich will auch eine Party.« Max war den Baum im Garten hochgeklettert und hatte beim Einstieg in ihr Fenster beinahe sein Leben riskiert. Und auf dem Rücksitz von Max' alter Rostlaube – mindestens hundertmal, so schien es ihr, obwohl es tatsächlich nicht mehr als ein dutzendmal gewesen sein mochte. Sogar einmal auf dem Vordersitz des Werkstattlasters. Sie waren damit zum Autokino gefahren, weil der Sitz höher lag und sie so besser sehen konnten, aber dann hatten sie nur die erste Hälfte des ersten Films mitbekommen. *Stunden,* dachte sie. *Wir haben uns stundenlang gestreichelt.* Damals hatte sie ihren ersten Orgasmus gehabt, hatte zum ersten Mal gedacht, das ist es, zum ersten Mal begriffen, warum Mädchen dumm genug waren, schwanger zu werden, weil man für ein derartiges Wohlgefühl einfach ein Risiko eingehen mußte.

Sie konnte ihre Brustwarzen sehen, die sich nun deutlich unter dem Chiffon abzeichneten, und sie begehrte ihn so sehr, daß es ihr den Atem verschlug.

Genau in diesem Moment wurde ihr bewußt, daß er nicht ins Badezimmer kam.

Sie öffnete die Tür zu dem stockdunklen Schlafzimmer. »Max?« fragte sie und ging im Lichtschein der Badezimmerlampen vorsichtig zum Bett, um über nichts zu stolpern, das in ihrem Weg liegen könnte. »Max?«

Sie knipste die Nachttischlampe an. Er lag ausgestreckt auf dem Bettüberwurf, seine attraktiven Gesichtszüge völlig entspannt.

»Max?« Sie kletterte auf das Bett und schüttelte ihn leicht. »Liebling?«

In mehreren tiefen Atemzügen, die fast wie Seufzer klangen, holte er Luft, und ihre siebzehn Jahre lange Erfahrung, mit ihm das Bett zu teilen, sagte ihr, daß er jenseits von Gut und Böse war. Selbst wenn es ihr gelingen sollte, ihn aufzuwecken, würde er sie nur müde anblinzeln und in Wahrheit immer noch weiterschlafen.

Das war also die Belohnung dafür, daß sie auf ihn gewartet hatte.

Klar, hätte sie nicht auf ihn gewartet, wäre er entsetzt gewesen. Genauso wie dieser verdammte Bill.

Sie war so wütend, daß sie ihm gegen die Schulter schlug, woraufhin er jedoch nur das Gesicht verzog, ohne aufzuwachen.

Mit einem frustrierten Aufschrei ließ sie sich neben ihn auf das Bett fallen, aber selbst das weckte ihn nicht auf.

Nichts würde ihn aufwecken. Nicht einmal der Fanfarenstoß zur Wiederkunft Christi.

Allein der Gedanke an ein Kommen jedweder Art ließ sie so wütend werden, daß sie ihm erneut einen Hieb versetzte und dann auf der Suche nach Schlaf unter die Bettdecke kroch.

Als Darla am Samstagmorgen aus dem Bett aufstand, schaute Max ihr auf dem Weg ins Badezimmer blinzelnd hinterher.

»Was trägst du da?« fragte er im Halbschlaf mit vagem Interesse in der Stimme.

»Nichts, was du jemals wiedersehen wirst«, sagte sie und knallte die Badezimmertür zu.

7

Als etwas später an diesem Samstagmorgen Carl Brookner aus der Bank Quinn anrief, saß sie gerade an dem Anrichteblock in der Mitte ihrer Küche auf einem ihrer neuen weißen Hocker, aß ihre Frühstückspfannkuchen in ihrem Haus – in *ihrem* Haus – und ließ diese vollkommen neue Erfahrung voller Wohlbehagen auf sich wirken, während ihr Hund sich in der Hoffnung, ein paar Leckerbissen abzustauben, zu ihren Füßen plaziert hatte. Dies alles gehörte ihr, all dieses Sonnenlicht und dieser Komfort, diese Freiheit und das polierte Holz, ein Ort, um neue Pläne zu schmieden und sich in neue Abenteuer zu stürzen. Wie Nick. Ihm gegenüber müßte sie weitaus offensiver werden –

Als das Telefon klingelte und sie den Hörer abhob, meldete sich Carl Brookner: »Ms. McKenzie? Es gibt da ein kleines Problem mit Ihrem Kredit. Ich fürchte, daß wir eine Anzahlung in Höhe von zwanzig statt zehn Prozent benötigen.«

Einen Augenblick blieb Quinn wie gelähmt sitzen. »Das wären weitere siebentausend Dollar. Warum –?«

»Richtig«, bestätigte Brookner. »Wir halten Ihren Scheck

über die ersten siebentausend selbstverständlich bis zum Rechnungsabschluß am fünfzehnten April zurück, so daß Sie uns die Restsumme bis zu diesem Termin einreichen können. Sie wissen doch, wie das ist. Sie als alleinstehende Frau und so weiter. Wir brauchen lediglich ein wenig mehr Sicherheiten.«

Ich habe aber keine mehr. In Panik versetzt und peinlich berührt legte Quinn auf. Das hatte man davon, wenn man sich auf Bankgeschäfte einließ: Sie vermittelten einem ein Gefühl von Unzulänglichkeit und Armut. Verzweifelt ließ sie den Blick durch ihre sonnendurchflutete Küche schweifen. Und von Verwundbarkeit. Letzte Woche um diese Zeit hatte sie nicht einmal gewußt, daß sie dieses Haus haben wollte. Und nun hatte sie Angst, es zu verlieren.

Erneut nahm sie den Telefonhörer auf und rief Darla an, um ihre Sorgen loszuwerden, aber Darla kam ihr zuvor.

»Dein Nachthemd kannst du zurückhaben«, sagte sie, sobald sie Quinns Stimme hörte.

»Du machst Witze.«

»Er war so müde, daß er sofort in Tiefschlaf gefallen ist.« Darla klang resigniert. »Er hat es nicht einmal gesehen.«

»Das ist meine Schuld.« Quinn klopfte auf ihre Oberschenkel, und Katie sprang auf ihren Schoß, höflich genug, nicht Quinns Frühstücksteller leerzufressen, obwohl sie ihn begehrlich anstarrte. »Der Umzug. Vielleicht –«

»Nein«, sagte Darla. »Es war nicht der Umzug, es ist unsere Ehe. Da läuft nichts mehr.«

»Quatsch.« Quinn brach ein Stück Pfannkuchen ab und fütterte Katie damit, die voller Dankbarkeit und Erleichterung aufseufzte, bevor sie es entgegennahm. »Wir müssen das nur besser timen. Sorge dafür, daß die Jungs irgendwoanders übernachten, damit du früher am Abend loslegen kannst, wenn er noch nicht so müde ist.«

»Unvorstellbar, daß ich mir diesen Kerl einst mit allen Mitteln vom Leibe halten mußte«, meinte Darla. »Und jetzt soll ich mich nach seinem Biorhythmus richten.«

»Nun ja, sein Bruder ist auch nicht gerade ein Feuerwerk«, sagte Quinn.

»Vielleicht ist das genetisch bedingt.«

»Nein, es ist die Routine«, meinte Quinn. »Sie sind beide an die Art und Weise gewöhnt, wie die Dinge immer abliefen, und daran halten sie fest. Wir müssen sie nur ein bißchen wachrütteln, damit sie merken, daß sich die Zeiten geändert haben. Wir müssen sie mit Gewalt aus ihrer Routine herausholen.«

»Mit Gewalt«, wiederholte Darla.

»Genau.« Quinn nickte. »Ich habe darüber nachgedacht und bin zu dem Schluß gekommen, daß wir beide weitaus aggressiver werden müssen.«

Katie stieß ihren Arm mit der Nase an, und sie gab ihr noch ein Stück Pfannkuchen.

»Aggressiv.« Darla holte tief Luft.

»Bisher waren es nur Übungsläufe«, erklärte Quinn. »Der nächste wird funktionieren.«

»Vielleicht.« In Darlas Stimme schwangen Zweifel. »Genug davon. Erzähl mir etwas Aufheiterndes. Wie lebt es sich so als Hauseigentümerin?«

»Ich habe gerade erfahren, daß es um meinen Kredit schlecht steht«, sagte Quinn.

»Was?« Darlas offensichtliche Empörung tat ihr gut.

Quinn erklärte ihr alles und meinte abschließend: »Ich habe noch ein wenig Geld auf meinem Sparkonto, aber dann fehlen mir immer noch fünftausend.«

»Ich leihe sie dir«, sagte Darla sofort. »Wir haben Geld aus den College-Sparbriefen –«

»Kommt nicht in Frage. Aber ich könnte eine andere Art der Hilfe gebrauchen.«

»Alles, was du willst.«

Quinn schluckte. »Wahrscheinlich könnte ich dreitausend auf den Barkredit meiner Visa Card bekommen.«

»Lieber Himmel, denk an die Zinsen«, gab Darla zu bedenken.

»Ich bin nicht in der Position, kleinlich zu sein. Allerdings fehlen mir dann immer noch zweitausend. Die technische Leitung der Theateraufführung würde tausend bringen.«

»Mach das.«

»Schon, nur daß es um Bühnendekoration und Kostüme geht und ich keinen blassen Schimmer vom Nähen und Frisieren habe.«

»Ich helfe dir«, sagte Darla.

»Ich werde dich später dafür bezahlen«, versicherte Quinn. »Sobald ich wieder flüssig bin, bekommst du die Hälfte des Geldes.«

»Nein, das will ich nicht«, widersprach Darla. »Betrachte es als eine Art Hauseinweihungsgeschenk. Oder, besser gesagt, als Anzahlung auf meine Miete, da ich bei dir einziehen werde, falls Max nicht bald anspringt. Du schenkst mir wenigstens Aufmerksamkeit.«

Nachdem Darla aufgelegt hatte, stupste Quinn Katie von ihrem Schoß hinunter und rief Edie an. »Steht dieses Technik-Angebot noch?«

»Klar«, sagte Edie sofort. »Wir fangen am Montag um sechs Uhr an. Du hast den Job, mir fällt wirklich ein Stein vom Herzen. Ich dachte schon, daß sich auch dieses Jahr wieder ein Elternteil darum kümmern müßte.«

»Fällt dir sonst noch irgendein Job ein?« fragte Quinn. »Ich brauche zweitausend Dollar bis zum fünfzehnten April.«

»Bis dahin wirst du das Geld nicht haben«, meinte Edie. »Bis zum Fünfzehnten bekommst du die Hälfte abzüglich der Steuern, den Rest erst Ende Mai. Wie wäre es mit dem Vertrag für die Beleuchtung? Das sind noch einmal siebenhundertfünfzig.«

»Mit Bühnenbeleuchtung kenne ich mich nicht aus«, wandte Quinn ein.

»Ich auch nicht, und bisher habe ich mich darum gekümmert«, sagte Edie. »Nimm den Vertrag.«

»Okay«, willigte Quinn ein. »Ich nehme ihn.« Sie legte auf und rechnete im Kopf schnell die Zahlen zusammen. Wenn beide Verträge zur Hälfte am Fünfzehnten ausgezahlt würden und sie ihre Visa Card nutzen und nächsten Monat nichts essen würde …

Auch dann hätte sie immer noch nicht genug.

»Ich hätte mir die zwei Dollar neunundzwanzig für die zweite Zahnbürste sparen sollen«, meinte sie zu Katie, die besorgt dreinschaute. »Ab nun wird kein Geld mehr für einen Schuß ins Blaue aus dem Fenster geworfen.«

Katie stieß einen Seufzer aus und legte sich, das Köpfchen auf die Pfoten gestützt, an Quinns Füße.

»Genauso fühle ich mich auch«, sagte Quinn.

In der nächsten Woche versuchte Bill in der Schule, mit Quinn zu ihrem eigenen Besten ein vernünftiges Gespräch zu führen. »Dieses Haus ist eine dumme Idee«, erklärte er ihr. »Es fällt auseinander, und du kannst es nicht reparieren. Warum ziehen wir nicht –«

»Bill, es gibt kein Wir«, unterbrach Quinn ihn. »Und das Haus ist völlig in Ordnung. Wenn irgend etwas repariert werden muß, gibt es immer noch Nick oder meinen Vater oder Max. Oder mich. Ich kann Handwerksarbeiten lernen. Jedenfalls bleibe ich in diesem Haus. Und jetzt geh bitte, ich habe Unterricht.«

»Nick.« Er schüttelte den Kopf. »Oder sogar Max. Das ist keine gute Idee. Die Leute werden darüber reden.«

»Bill«, sagte sie und schloß die Augen, um ihn aus ihrem Gesichtsfeld zu verbannen. »Geh jetzt.«

Es war frustrierend, weil sie so schwierig zu erwischen war, da sie nun ihre gesamte Energie in irgendein dämliches Theaterstück steckte, das Edie aufführte, und noch dazu Jason und Corey mit hineinzog, indem sie den Studenten einen Sonderbonus versprach, wenn sie sich beteiligten; das Gute daran war allerdings, daß ihm das einen Grund gab, am nächsten Tag nach der Schule dort vorbeizufahren. »Die Proben beginnen nicht vor sechs Uhr«, erklärte sie ihm, als er versuchte, mit ihr über die Teilnahme der Jungen zu sprechen. »Sollte es zeitliche Probleme mit dem Sporttraining geben, können sie mit dem Stück aufhören.«

Als er am folgenden Tag wieder bei ihr auftauchte, sagte sie nur: »Bill, zwischen uns gibt es nichts mehr zu bereden. Geh jetzt, *ich bitte dich.*« Also war er gezwungen, etwas zu unternehmen, um sie zurückzugewinnen. Geduld war gut und schön, aber nun war es an der Zeit, in die Offensive zu gehen, und er wußte auch schon, was er zu tun hatte: Er mußte diesen Mistköter und dieses verdammte Haus loswerden.

Am nächsten Tag meldete er sich in seiner Freistunde ab und fuhr zu dem Haus. Es war ein derart entsetzlicher Ort, daß es unweigerlich irgendwelche Gefahren bergen mußte, die er nutzen konnte, um sie dort herauszuholen. Er wollte nur ein wenig um das Haus herumschlendern; da ihm allerdings klar war, daß diese Schlampe von nebenan ihn vermutlich beobachten würde, stellte er den Wagen in einer Nebenstraße ab und schlich sich wie beim letzten Mal durch die Seitenpforte in den Garten hinter dem Haus.

Einmal dort, genügte ihm ein Gang durch den Garten nicht mehr. Er mußte irgendwie ins Haus gelangen, um sich ein Bild von all den Horrorzuständen zu machen, die dort auf sie warteten, von all den Möglichkeiten, sie zum Ausziehen zu überreden. Er testete die Tür, aber sie war verschlossen; selbst als er an der Klinke rüttelte und sich dagegen stemmte, rührte sie sich nicht. Der einzige Erfolg war, daß dieser verfluchte Hund zu bellen begann und ihn wütend anknurrte. Das Mistvieh war auch noch gefährlich, am Ende würde es Quinn noch beißen. Er hatte recht gehabt, sie überzeugen zu wollen, es einschläfern zu lassen. Er warf einen Blick zur Tür des Nachbarhauses, um zu sehen, ob diese Frau ihn beobachtete, und ging dann zur anderen Seite des Hauses. Nur freies Gelände auf dieser Seite. Das war sicherer.

Er versuchte sein Glück an der Seitentür, aber auch die war verschlossen, dann an den Kellerfenstern – das wäre ein beschwerlicher Einstieg, immerhin jedoch könnte er durch eine der Türen wieder hinaus –, die allerdings ebenfalls alle verriegelt waren. Aber als er sich gegen eines lehnte, knackte die Scheibe und brach, so daß er hindurchgreifen und das Fenster öffnen konnte. Nachdem er das geschafft hatte, war der Einstieg in den Keller recht einfach.

Als er die Stufen zum Erdgeschoß hinaufstieg, drehte der Hund beinahe durch und knurrte unentwegt, hielt sich jedoch auf Abstand. Er sah sich in der Küche um – hübsch, gemütlich, frisch in blauer und weißer Farbe gestrichen und mit Quinns Druck aus dem Bilderbuch *Night Kitchen* neben ihrem roten Sieb an der Wand, genauso, wie es in ihrer gemeinsamen Wohnung gewesen war – und versuchte, das nervtötende Gekläffe zu ignorieren, bis er schließlich genug davon hatte und die Hintertür öffnete, um den winselnden Köter mit einem Tritt nach draußen zu befördern. Selbst wenn dieses neugierige Weib von nebenan herüberschaute, würde sie nur diesen dämlichen Hund sehen. Er selbst war in Sicherheit.

Er trat ins Eßzimmer und fand sich in einer Flut warmen Sonnenlichts wieder, das einerseits durch die großen Fenster zu seiner Linken einfiel – durch seine Fensterfront; liebevoll betrachtete er die durchbrochene Jalousie –, andererseits, durch einen Torbogen hindurch, durch die ebensogroßen Fenster im Wohnzimmer an der Frontseite des Hauses. Dennoch war auch das Innere schäbig und unansehnlich: Alter, rissiger Putz an den Wänden und Holzverkleidungen mit abblätternder Farbe. Selbst das Sonnenlicht reichte nicht aus, den schlechten Eindruck zu verbessern.

Leider waren rissiger Putz und häßliche Farbe nicht genug, um Quinn hier herauszuholen. Er mußte etwas weitaus Schlimmeres finden.

Er ging ins Wohnzimmer und blieb, sich langsam zu allen

Seiten umdrehend, in der Mitte des Raumes stehen. An den Frontfenstern stand ein alter roter Stuhl vor einem achteckigen Tisch. Neben dem Stuhl auf dem Boden befand sich ein brauner Korb aus dickem Flechtwerk. Bill setzte sich und öffnete ihn. Garn und Stoff, Quinns Handarbeiten.

Sie würde eine Decke für ihr gemeinsames Baby nähen. Sobald sie in ihre Wohnung zurückkäme, würden sie zusammen vor dem Fernseher sitzen, während sie die Ausstattung für ihr Kind stricken könnte.

Das Garn fühlte sich weich und leicht in seiner Hand an, es war ein blaues baumwollähnliches Material. Quinn wußte, daß sie einen Jungen bekommen würden. Wie Jason Barnes. Sie würden ihn Bill Junior nennen, aber auch sie sollte einen Teil zu seinem Namen beisteuern, denn schließlich konnte Quinn sowohl der Name eines Jungen als auch eines Mädchens sein, also würde er William Quinn Hilliard heißen. Ein großartiger Name. Er schloß seine Hand um das Garn zu einer Faust. Ein wirklich großartiger Name.

Er ließ das Garn zu Boden fallen und stand auf.

Rechts und links vom Kamin befanden sich Bücherschränke, vollgestopft mit Quinns Kunstbänden – er fühlte die Anspannung in sich wachsen und dachte, *diese Bücher gehören in unsere Wohnung.* Mit der Hand fuhr er über die glatte Oberfläche der Regalböden und den Kaminsims, berührte das Zifferblatt einer geschmacklosen goldenen Uhr darauf, ließ seine Finger auf den Rücken ihrer Bücher verweilen und dann über die polierte Fläche des achteckigen Tisches gleiten. Allein durch die Berührung dieser Dinge würde auch er an ihnen teilhaben.

Auf der anderen Seite des Zimmers nahm die alte rote Couch ihrer Mutter zuviel Platz ein. Mit einer Länge von nahezu zwei Metern war dieses unmögliche Teil riesig, fast ein Bett. Dieser Gedanke ließ ihn erneut die Hände zu Fäusten ballen, obwohl es dazu keinen Grund gab. Wenn sie diese Couch wirklich behalten wollte, könnten sie sie in ihrer gemeinsamen Wohnung unterbringen. Man mußte nur einen hübschen braunen Überwurf darüber drapieren, dann könnten er und Quinn sich abends darauf ausstrecken und die Nachrichten, den Wetterbericht und die Punktestände der Sportliga schauen und kichernd zwischen den Late Night Shows hin- und herschalten, bis er den Fernseher mit der Fernbedienung ausknipsen und nach ihr tasten würde –

Sein Atem ging schneller, und er versuchte, seine Gedanken in andere Bahnen zu lenken. Es ging nicht um Sex, Sex hatte in ihrer Beziehung nie im Vordergrund gestanden, es ging um wichtigere Dinge wie Familie und Schule. Er sah zu dem Stuhl zurück – das war unverfänglicher –, und sein Blick fiel erneut auf das Garn. Er bückte sich und hob ein kleines Knäuel auf, eines, das sie nicht vermissen würde, und schob es in seine Jackentasche. Er würde es als Erinnerung daran aufbewahren, daß sie bald wieder zu ihm zurückkehren und für Bill Junior Söckchen stricken würde.

Er schrak zusammen, als sein Blick auf die Uhr auf dem Kaminsims fiel. Die Zeit drängte.

Er war bereits auf dem Weg zur Haustür, als ihm einfiel, daß er besser den Hinterausgang nahm, schließlich hatte er auch seinen Wagen auf der Rückseite abgestellt. Als er sich umwandte, blieb sein Blick an einem Schlüssel haften, der an dem Bücherregal neben der Tür hing. Er steckte ihn ins Schloß der Haustür, und er paßte.

Natürlich bewahrte sie einen Schlüssel in der Nähe der Haustür auf. Zwar hatten sämtliche Türen Glasfenster, so daß sie vorne und hinten ein Sicherheitsschloß anbringen mußte, aber als Vorsichtsmaßnahme für einen eventuellen Feuerausbruch hatte sie einen Schlüssel in Türnähe aufgehängt. Das war wirklich sinnvoll.

Er wog den Schlüssel in der Hand.

Hätte er einen eigenen Schlüssel, könnte er jederzeit ins Haus gelangen, sich umsehen und die erforderlichen Pläne für ihre gemeinsame Zukunft schmieden.

Allerdings würde Quinn ihn vermissen, wenn er ihn mitnähme.

Außerdem mußte er zur Schule zurück. Es hatte zu lange gedauert, ins Haus zu gelangen, nun wurde die Zeit knapp.

Er machte sich auf den Weg zu seinem Wagen und ließ das Gartentor gerade lange genug offen, daß der blöde Köter kläffend nach draußen schlüpfen konnte. Sorgfältig verschloß er die Pforte hinter sich und sperrte den Hund erneut aus, bevor er zu seinem Auto ging und losfuhr. Auf dem Rückweg zur Schule machte er einen kurzen Zwischenstopp bei Ronnie Headapohls Eisenwarenladen und gab ein Duplikat des Hausschlüssels in Auftrag. Zurück in der Schule telefonierte er von dem öffentlichen Apparat in der Eingangshalle, um mitzuteilen, daß ein gefährlicher Hund herrenlos auf der Apple Street herumstreune und ihn gebissen habe. Ja, er habe ihm eine tiefe Wunde beigebracht und müsse eingeschläfert werden. Er gab seinen Namen mit Harvey Roberts an, erfand eine Adresse, um seiner Beschwerde einen amtlichen Charakter zu verleihen, und hatte beim Auflegen das Gefühl, große Fortschritte gemacht zu haben, obgleich es ihm nicht gelungen war, schwerwiegende Mängel in dem Haus festzustellen.

Zwei Stunden später meldete er sich in der Schule zu seiner Mittagspause ab, holte die Schlüssel und fuhr zu Quinns Haus zurück. Der Hund war nirgends zu sehen, und der Zweitschlüssel paßte perfekt. Er hakte das Original wieder an dem Regal ein und fuhr erleichtert zur Schule zurück. Dort fand er eine Nachricht von Betty aus dem Tierheim vor, daß sein Hund eingefangen worden sei und laut Anzeige jemanden gebissen habe.

»Wir haben ständig Ärger mit ihm«, erklärte er ihr, als er sie nach Unterrichtsende zurückrief. »Es fällt mir wirklich schwer, aber schläfern Sie ihn einfach ein. Das ist für uns alle das Beste. Ich werde morgen vorbeikommen und die Rechnung bezahlen.«

Er hatte nicht gelogen, dachte er, als er den Hörer auflegte. Sobald die Dinge wieder ihren üblichen Gang nähmen, wäre das Leben in der Tat für jeden einfacher.

»Lois trifft sich also weiterhin mit Matthew?« wollte Quinn von Darla wissen, während sie nach Schulschluß eine Pizza aßen.

»Schon, aber besonders erfreut scheint sie darüber nicht zu sein«, erwiderte Darla.

»Es hat geradezu den Anschein, als wäre ihr Leben uninteressant, wenn sie nicht üble Bemerkungen über Barbara loslassen kann. Ständig reizt sie mich mit diesem Thema, als sollte ich mich mit ihr verbünden und ein Duett über Bankschlampen singen.«

»Klingt sehr reizvoll« meinte Quinn.

»Nicht wirklich.« Darla legte das angebissene Pizzastück in den Karton zurück. »Max würde mich nicht betrügen. Mein Gott, er hat nicht einmal genügend Energie, es mir zu besorgen, geschweige denn Barbara.«

»Genau darüber dachte ich gerade nach«, sagte Quinn. »Mir scheint, daß ein Nachthemd, das Bill gefällt, nicht unbedingt Max' Geschmack entsprechen muß. Du solltest dich unter Umständen für etwas Direkteres entscheiden.«

»Soll ich ihm vielleicht an die Kehle gehen und sagen, ›Fick mich oder stirb‹?« fragte Darla sarkastisch.

»Ich denke eher an Dessous aus schwarzer Spitze«, erwiderte Quinn. »Du weißt schon, so ein unglaublich nuttiges Teil, worauf die Kerle abfahren und worüber wir lachen.«

»Ich weiß nicht –«

»Sieh mal, du hast eine Menge gelernt«, fuhr Quinn fort. »Fordere ihn nicht vor offenen Fenstern oder anderen Leuten heraus, und warte nicht, bis er zu müde ist. Meiner Ansicht nach bist du fast am Ziel. Gib jetzt nicht auf.«

»Glaubst du das wirklich?« Zweifelnd schüttelte Darla den Kopf.

Quinn beugte sich vor und klappte ihren Pizzakarton zu. »Klar. Komm schon, laß uns das sofort in Angriff nehmen. Ich habe nicht Ewigkeiten Zeit, weil Katie allein zu Hause ist, aber eine Stunde kann ich wohl noch opfern, um deine Ehe zu retten.«

»Ich vielleicht nicht«, meinte Darla.

»Hey«, sagte Quinn, »miesmachen gilt nicht. Laß uns irgendwas kaufen, was deinen Mann um den Verstand bringt.«

»So was hat er schon«, meinte Darla trocken. »Mich.«

Fünf Tage waren vergangen, seitdem Nick Quinn bei ihrem Umzug geholfen und er es geschafft hatte, sie in das Hinterstübchen seiner Gedanken zu verbannen, wo sie ständig auf ihn lauerte und ihm ein gewisses Unbehagen bereitete. Das war nur der Ärger, den jede Veränderung mit sich brachte, sagte er sich selbst. So etwas bereitet stets nur Unruhe. Das Beste, was er tun konnte, war zu ignorieren, daß sie überhaupt existierte, obschon dies immer schon schwierig gewesen war und sich nun als unmöglich herausstellte, da Bill nach dem Ende seines Trainings in der Werkstatt vorbeischaute.

»Kann ich dich mal kurz sprechen, Nick?« fragte Bill laut, so daß Nick sich, auf alles gefaßt, hinter Pete Cantors Jeep aufrichtete und sagte: »Klar. Worum geht's?«

»Um Quinn«, sagte Bill. *Oh Shit,* schoß es Nick durch den Kopf, *ich habe sie niemals angefaßt.*

»Ich hörte, daß du ihr hilfst«, meinte Bill, »und ich weiß das zu schätzen, aber meiner Meinung nach ist dieser Umzug keine gute Idee für sie.«

Dankbar verabschiedete sich Nick von seinen Schuldgefühlen und faßte sich wieder. »Wieso?«

»Dieses Haus«, fuhr Bill fort mit dem Gehabe eines weisen, aber unzufriedenen Wikingers. »Das ist wirklich eine schlechte Idee. Sie lebt dort ganz allein, und jederzeit kann alles um sie herum zusammenbrechen.«

»Laut Meggy ist es solide.« Nick widmete sich wieder seiner Arbeit. »An deiner Stelle würde ich mir keine Sorgen machen.«

»Was versteht Meggy schon davon?« Bill schüttelte den Kopf. »Wir müssen sie wirklich dort herausholen.«

Nick sah auf. »Bill, das Haus gefällt ihr. Ich denke, sie wird dort bleiben.«

»Wenn du ihr nicht bei dem Umzug geholfen hättest –« begann Bill, und seine Stimme klang angespannt, beinahe verärgert.

»Natürlich habe ich ihr beim Umzug geholfen.« Nick bedachte ihn mit einem finsteren Blick. »Das haben wir alle getan.«

»Okay, schon in Ordnung«, lenkte Bill ein. »Aber es ist nicht gut für sie. Außerdem werden die Leute über sie reden, Leute, die nicht wissen, daß ihr zwei so etwas seid wie Bruder und Schwester. Möchtest du ihren Ruf ruinieren?«

Nick wollte eine passende Antwort geben, brachte jedoch nur hervor: »Wovon zum Teufel sprichst du eigentlich?«

»Du hast ihr beim Umzug geholfen. Die Leute werden denken, sie sei nur eine deiner ...« Auf der Suche nach dem richtigen Wort verlor sich Bills Stimme.

»Eine meiner was?« fragte Nick aggressiv.

»Freundinnen«, sagte Bill. »Du weißt schon, der Typ Frauen, mit denen du dich triffst.«

Nick zügelte seinen aufkeimenden Ärger. »Bill, es interessiert mich einen Dreck, was die Leute denken, und falls Quinn damit Probleme hat, wird sie mir schon sagen, daß ich verschwinden soll. Außerdem habe ich sie seit dem Umzug nicht mehr gesehen, und ich habe auch nicht vor, sie bald dort zu besuchen. Wenn es also das ist, was dir Kopfzerbrechen bereitet, kannst du beruhigt sein.«

Bills Miene erhellte sich. »Danke, Nick. Ich wußte, du würdest es verstehen.«

Dann weißt du mehr als ich, dachte Nick, sprach diesen Gedanken jedoch nicht laut aus, während er Bill nachschaute. Für diesen Nachmittag hatte er genug von einer Unterhaltung mit Bill Hilliard. Vermutlich sogar für Lebzeiten, wenn er sich den Verlauf des Gesprächs recht überlegte.

Als zehn Minuten später jemand an die Hintertür pochte, dachte er, *O Gott, nicht schon wieder*, aber als er sie öffnete, stand Quinn mit bleichem Gesicht dort in der Kälte, und trotz all seiner vernünftigen Argumente und Versprechen gegenüber Bill freute er sich so sehr, sie zu sehen, daß er sie am liebsten umarmt hätte.

»Was ist los?« fragte er möglichst unbeschwert und hielt absichtlich Distanz – eine Umarmung wäre nicht gut –, und sie drückte sich an ihm vorbei in die Garage. Sie trug eine blaue Daunenjacke, die sie rundlich wirken ließ, sowie Jeans und schwarze Gummistiefel mit Schnallen. Sie sah aus wie ein Clown, wofür er eigentlich hätte dankbar sein sollen, aber sein erster Gedanke war nur, was sie wohl unter all diesem Stoff tragen mochte. Dann bemerkte er ihren Gesichtsausdruck und verbot sich jeden weiteren obszönen Gedanken.

»Katie ist im Tierheim«, platzte sie am Rande der Panik hervor. »Ich habe dort angerufen, um sie vermißt zu melden, und sie haben mir gesagt, daß sie dort ist und daß ich sie nicht wiederhaben kann, weil ich nicht der Berechtigte bin, und daß sie jemanden gebissen hat und sie sie *töten* müssen –«

»Langsam, eins nach dem anderen«, versuchte Nick, sie zu beruhigen. Am liebsten hätte er den Arm um sie gelegt, wußte es jedoch besser. »Ganz von vorn. Wie kommt sie denn ins Tierheim?«

»Das weiß ich nicht«, sagte Quinn verzweifelt. »Das Gartentor war zu, aber trotzdem muß sie irgendwie hinausgelangt sein, und jetzt werden sie sie *umbringen!*«

Die Angst in ihrem Gesicht machte ihn ganz krank. »Heute noch?«

Sie schüttelte den Kopf. »Ich bin nicht sicher. Ich war vorhin dort, aber sie sagten mir, daß der Berechtigte vorbeikommen müsse, und Bill hat sie angewiesen, das Notwendige zu tun, weil sie gefährlich sei, wenn sie jemanden gebissen hat. Sie wollen sie mir nicht zurückgeben, weil die Lizenz auf Bills Namen lautet, aber er ging nicht ans Telefon, als ich ihn angerufen habe, also ist er vielleicht schon unterwegs, um ihr Todesurteil zu unterschreiben, weil er sie *haßt* –«

»Wen hat sie denn gebissen?« fragte Nick und versuchte, dem Ganzen einen Sinn abzugewinnen. Katie war nicht bissig.

»Keine Ahnung. Sie sagten, jemand hätte angerufen und erklärt, von einem streunenden Hund gebissen worden zu sein, und als sie das nachprüften, fanden sie Katie.« In dem kläglichen Versuch, ihre Ruhe wiederzufinden, schluckte Quinn heftig. »Und jetzt ist sie dort –«

»Oh, Mist«, meinte Nick. »Laß uns hinfahren und mit ihnen reden.« In dem Bewußtsein, einen großen Fehler zu begehen, und trotzdem froh, weil er sie wieder bei sich wußte, griff er nach seiner Jacke.

»Sie haben nein gesagt«, meinte Quinn mit zitternder Stimme. »Ich war doch schon dort, aber sie haben nein gesagt. Ich durfte sie nicht einmal sehen.«

»Dann werden wir so lange auf sie einreden, bis sie ja sagen«, sagte Nick ohne einen blassen Schimmer, was er tun sollte. Aber seine Worte schienen ein Trost zu sein, denn Quinn versuchte zu lächeln.

»Danke«, sagte sie. »Ich weiß, daß ich eine Zumutung bin, aber du mußt mir helfen.«

»Du bist keine Zumutung«, log er. »Komm jetzt, laß uns deinen Hund retten.«

Die Fahrt mit dem Laster zum Tierheim verlief reibungslos, und Nick hatte genügend Zeit, über Quinn neben ihm nachzudenken. Es war wirklich reizvoll, mit ihr in der dämmrigen Fahrerkabine zu sitzen, aber dann wurde ihm klar, daß er es immer als reizvoll empfinden würde, mit Quinn allein zu sein, egal wo, weshalb er sich tunlichst darum bemühte, *nicht* mit ihr allein zu sein. Die Gedanken, die ihm eben durch den

Kopf geschossen waren, stellten natürlich keine große Hilfe dar, da sie sich um Unterwäsche drehten, in der sich Quinn bewegte, bis er sie ihr vom Leib reißen und sie auf dieses riesige Bett werfen würde –

Hör auf, ermahnte er sich selbst. Der Hund dieser Frau ist in Gefahr, um Himmels willen. Sie war außer sich. Welcher Scheißkerl würde in einem solchen Moment daran denken, mit ihr zu vögeln?

So ein Scheißkerl wie er.

Neben ihm wischte Quinn mit ihrem Ärmel über die Fensterscheibe, und er versuchte, sie so wie früher zu sehen, so, wie sie für ihn gewesen war, bevor sie begonnen hatte, seine Gedanken permanent zu besetzen. *Das ist Quinn,* sagte er sich immer wieder, aber diese Warnung verlor zunehmend an Kraft. Es war Quinn, die er begehrte.

»Es ist gleich da vorn, hinter dem Autokino«, sagte Quinn, und er spürte ihre sanfte, eindringliche Stimme in seinem Solarplexus. *Das ist Quinn,* sagte er sich noch einmal, und sein Solarplexus erwiderte, *klar ist sie das, greif schon zu.*

»Hier ist die Abbiegung – es liegt dort hinten!«

Quinn umklammerte seinen Arm, und er versuchte, ihre Nähe zu ignorieren, während er abbog und vor dem niedrigen Gebäude parkte. Es war eine einsame Gegend, kein Auto in Sicht, und er hatte das ungute Gefühl, daß niemand mehr dort war, an den sie sich wenden konnten. Er warf einen Blick auf die Uhr am Armaturenbrett. Viertel nach sechs. Nicht gut. »Bleib du hier.«

»Nein«, widersprach Quinn, und als er an die Tür klopfte, konnte er sie dicht hinter sich fühlen. Unter Aufbietung all seiner Kräfte unterdrückte er das Bedürfnis, sich gegen sie zurückzulehnen. »Hallo?« rief er und hämmerte erneut gegen die Tür.

»Keiner mehr da, es ist zu«, sagte Quinn in sein Ohr. Die Wärme ihres Atems ließ ihn zurückweichen.

Er rüttelte an der Tür, aber sie war fest verschlossen.

»Nichts zu machen«, meinte er, woraufhin sie sagte: »Brich sie auf. Sie haben meinen Hund.«

Er drehte sich zu ihr um und sagte: »Quinn, ich werde keine Tür aufbrechen, vor allem keine Tür zu staatlichem Eigentum. Jetzt sei mal vernünftig.« Sie schaute jedoch nur mit ihren riesigen haselnußbraunen Augen durch die Dunkelheit zu ihm auf. Er mußte schnellstens etwas unternehmen, sonst würde er auf der Stelle über sie herfallen.

»Mein Hund ist dort drin«, wiederholte sie. »Oh, verdammt«, seufzte er und ging zu den Zwingern auf der Rückseite des Gebäudes. Mindestens ein Dutzend Hunde kamen mit ohrenbetäubendem Gebell hervor, um zu sehen, was dort vor sich ging. Der letzte im letzten Zwinger war Katie.

»Oh, nein.« Quinn rannte zum Zaun und fiel auf die Knie. »Oh, mein Baby, es tut mir so leid. So furchtbar leid.«

Die kleine Ratte sah mitleiderregend aus, wie sie dort zitternd in der Kälte stand und ihren mageren kleinen Körper verzweifelt gegen den Maschendraht preßte, in dem aussichtslosen Versuch, zu Quinn zu gelangen.

»Okay«, sagte Nick, »wir werden gleich morgen früh wieder herkommen und –«

»Sie werden sie umbringen«, sagte Quinn.

»Dann kommen wir ganz früh –«

»Nein«, entgegnete Quinn. »Ich lasse sie nicht im Stich.«

»Quinn, jetzt sei vernünftig –« begann Nick, aber sie riß nur ihren Kopf hoch und sagte: »Genau das würde *Bill* jetzt sagen. Hier geht es nicht um *Vernunft.* Hier geht es um Loyalität und Liebe und Vertrauen und Verrat, und *ich werde diesen Hund nicht im Stich lassen. Sie werden sie umbringen.*«

»Na, wunderbar«, meinte Nick. »Du willst also hier sitzenbleiben und dich zu Tode frieren.«

»Du hast doch eine Decke im Laster«, antwortete Quinn. »Kannst du mir die hierlassen?«

»Ich lasse dich nicht allein«, sagte Nick wütend. »Für was für einen Typen hältst du mich eigentlich?«

»Schön, und ich werde Katie nicht allein lassen«, erwiderte Quinn. »Also egal, was für ein Typ du bist, dann sind wir zu zweit.«

»Oh, Scheiße.« Nick sah von Quinn, unerschütterlich und unwiderstehlich, zu Katie, die sich zitternd gegen den Maschendraht drückte.

Wider besseres Wissen begann er zu überlegen. Der Zaun war nur knapp zwei Meter hoch und oben glatt. Darüberzusteigen war unglücklicherweise machbar. Verdammt illegal, aber machbar.

»Es ist schon in Ordnung«, sagte Quinn. »Gib mir nur die Decke und fahr heim. Ich weiß, daß du nichts tun kannst.«

Und dabei sollte man sich vorstellen, daß sie einst der *ruhige* Teil seines Lebens gewesen war. »Okay«, antwortete Nick. »Ich gehe zum Wagen zurück. Bleib du vom Zaun weg.«

»Ich habe dir doch gesagt, daß ich sie nicht allein lasse«, widersprach Quinn, und er erwiderte: »Ich auch nicht, aber wenn wir sie dort herausbekommen wollen, muß ich den Wagen herholen.«

Quinn klappte der Mund auf. »Du willst sie befreien?«

»Entweder das, oder ich bleibe hier und friere mir zusammen mit dir den Arsch ab«, erwiderte Nick. »Ich mag dich, aber meine Bereitschaft, in deiner Nähe zu sein, hat auch ihre Grenzen.« *Nicht viele allerdings.*

Quinn erhob sich langsam. »Du bist der wunderbarste Mann im ganzen Universum«, sagte sie und blickte ihm mit soviel Heldenverehrung in die Augen, daß ihm trotz der Kälte ganz heiß wurde. »Ich werde auch nie mehr an dir herummäkeln, das schwöre ich dir.«

»Gut«, meinte Nick. »Das ist es beinahe wert, ins Gefängnis zu wandern. Und jetzt beweg deinen Hintern beiseite, während ich den Wagen hole.«

Nachdem er den Wagen vor den Zwinger gebracht hatte, war es nicht weiter schwierig, über den Zaun zu steigen. Das Problem bestand darin, Katie zu überzeugen, zu ihm zu kommen, da sie sofort, als er auf dem Betonboden neben ihr landete, in den Innenbau zurücklief. Quinn rief und lockte sie, bis sie vorsichtig wieder hervorkam und gehorsam quer durch den Zwinger schlich. Er streckte die Hand aus und bekam sie zu fassen, und als er sie hochhob, pinkelte sie ihn an.

»Oh, das tut mir wirklich leid«, sagte Quinn von der Ladefläche des Lasters aus, während er ihr den Hund über den Zaun reichte. Sie schloß das Tier in die Arme und murmelte, »Oh, Katie«, wobei sie sie an sich drückte.

Unvermittelt wurde er sich der Ironie bewußt: Der Hund wurde liebkost und geküßt, während er bebend vor Kälte und mit bepinkelter Jacke in einem Hundezwinger stand.

»Dafür bist du mir jede Menge schuldig«, sagte er und griff an die Zaunkante, um zurückzuklettern.

»Alles, was du willst«, entgegnete sie, woraufhin ihm so einiges einfiel, bevor er sich hochzog.

Er war gerade wieder auf dem Laster gelandet, als ein Streifenwagen der Polizei um die Ecke des Gebäudes bog.

Entsetzt starrte Darla in den Badezimmerspiegel. Unwichtig, daß das Ding, das sie trug, das Modell ›Lustige Witwe‹ war, nicht gerade das beste Omen unter den gegebenen Umständen.

Unwichtig, daß die schwarze Spitze kratzte, unwichtig, daß das Teil so eng saß, daß ihre Brüste vorstanden, als wären sie auf einem Regalbrett plaziert, unwichtig, daß das passende Höschen dazu so knapp war, daß es kaum diesen Namen verdiente.

Sie mußte sich der Tatsache stellen, daß sie aussah wie eine vulgäre Domina.

Sie stützte die Arme in die Hüften, was auch nichts half, und konfrontierte sich mit ihrer eigenen Person. *Konfrontieren* war ein gutes Wort, dachte sie. Auf Konfrontationskurs, anstrengend, dominant …

Wenn Max nicht eine unterwürfige Ader hatte, war sie erledigt.

Oder vielleicht auch nicht.

Sie ließ ihre Hände sinken und versuchte, weniger wütend dreinzuschauen. Der Ärger war schuld, entschied sie. Der Ärger, daß sie es nötig hatte, ihren Mann mit solch drastischen Mitteln in Versuchung führen zu wollen, daß sie dieses blöde Spitzenteil tragen mußte, von dem Quinn behauptet hatte, es sei sexy – »Er wird einen Herzinfarkt bekommen«, hatte sie gemeint, »kann ich es mir borgen, falls ich es irgendwann schaffen sollte, Nick flachzulegen?« –, daß sie planen mußte, wofür *er* einst zuständig gewesen war; Schmeicheleien und Verführungskunst.

Er war so gut im Verführen gewesen. »Nur bis zur Taille«, pflegte sie damals mit dem festen Vorsatz zu ihm zu sagen, ein anständiges Mädchen zu sein, weil ihre Mutter ihr die Hölle heiß gemacht hätte, hätte sie es jemals herausgefunden, »Das ist mein Ernst, Max«, und er hatte nur geflüstert, »Sicher«, um sie dann zu küssen und so erregend zu streicheln, daß sie ganz schwach wurde und sie beide bald darauf, alles um sich herum vergessend, mit der Zunge den Mund des anderen erforschten und ihre Hände drängend den Körper des anderen ertasteten, bis er sagte: »Es würde sich so wundervoll anfühlen«, und sie sich so sehr danach sehnte –

»Max!« rief Darla, schloß die Badezimmertür auf und trat ins Schlafzimmer. »Könntest du mal kommen?«

Nein, so war das nicht geplant gewesen. Sie versuchte, sich an ihren Plan zu erinnern, aber sie konnte an nichts anderes denken als daran, wie sich seine Hände auf ihrem Körper angefühlt hatten –

»Was gibt's denn?« fragte Max.

Mit einer Ausgabe der *Sports Illustrated* in der Hand erschien er im Rahmen der Schlafzimmertür, und es bedurfte nur des Bruchteils einer Sekunde, um seine Stimmung von leichter Verärgerung in Verblüffung umschlagen zu lassen.

»Jesus Christus«, stieß er hervor.

»Falsch«, meinte Darla. »Es ist teuflisch. Wir werden in die Hölle kommen. Laß uns das Beste daraus machen.«

Sie trat auf ihn zu. Die Zeitung fiel zu Boden, als er sie ganz automatisch mit den Händen berührte und dann die Arme um ihre Taille schlang, die enger und fester als üblich zusammengeschnürt war, so daß sie sich mit seinen Händen dort sexy fühlte. Sie drängte sich mit ihrer Hüfte gegen seine und küßte ihn.

Ohne zu zögern erwiderte er ihren Kuß stürmisch, genau wie in alten Zeiten, impulsiv und fordernd, und sie begehrte ihn so sehr –

Unvermittelt brach er den Kuß ab und fragte: »Was soll das?«

Wie zu Eis erstarrt hielt sie inne, buchstäblich vor Kälte erschauernd angesichts der Zurückweisung. »Was?«

»Ist es wegen Barbara?« Er löste die Hände von ihrer Taille. »Schließlich sind wir eine halbe Ewigkeit verheiratet, und solche Geschosse hast du noch nie aufgefahren.«

Darla spürte, wie ihr Atem schneller ging, und das nicht aus Lustgefühl. »Das glaube ich einfach nicht.«

»Ich habe dir doch gesagt, daß du dir wegen Barbara keine Sorgen zu machen brauchst.« Die Verärgerung war deutlich aus Max' Stimme herauszuhören. »Ich habe es dir gesagt, aber du traust mir nicht. *Unsere Ehe ist in Ordnung.*«

»Den Teufel ist sie«, sagte Darla, stampfte ins Bad zurück, schlug die Tür hinter sich zu und drehte den Schlüssel herum. Sie schälte sich aus der Lustigen Witwe und ließ sie zu Boden fallen, während sie wütend ihr langes Flanellnachthemd vom Haken riß. Anscheinend kannte ihre Mutter sie besser als sie sich selbst. *»Solche Geschosse hast du noch nie aufgefahren«,* hatte Max gesagt. Sie war eben nicht sexy. Sie konnte noch nicht einmal ihren eigenen Ehemann verführen.

»Darla?« fragte Max durch die Badezimmertür.

»Fahr zur Hölle!« schrie Darla, bevor sie zu Boden sank und vor lauter Wut zu weinen begann.

Sie war zumindest ziemlich sicher, daß sie vor Wut weinte.

Nick riß sich die bepinkelte Jacke und das Flanellhemd vom Leib und warf sie hinten auf den Wagen, bevor er zu Quinn in die Fahrerkabine kletterte.

»Er will dich doch nicht verhaften, oder?« fragte sie besorgt. Nick seufzte und sagte kurz angebunden: »Wollte er schon.«

Er ließ den Motor an. »Der einzige Grund, warum ich nicht im Gefängnis sitze und Katie nicht wieder in den Zwinger gesperrt wird, ist der Ärger, den er auf sich nehmen müßte, um den ganzen Papierkram für mich auszufüllen und die Leute vom Tierheim hierher zu zitieren.« Selbst in ihren Sternstunden rühmte sich die Polizeitruppe von Tibbett nicht unbedingt aggressiven Vorgehens, und Gary Farmer war bisher nicht einmal an ihren mittelmäßigen Stunden beteiligt gewesen. »Wir haben verdammtes Glück gehabt, daß es Gary war und nicht Frank Atchity.«

»Ich werde jede Schuld auf mich nehmen«, beteuerte Quinn.

»Wir erzählen ihnen einfach, daß dein Hund gestohlen wurde und unter ärztlicher Aufsicht steht«, sagte Nick. »Wegen eines Harnblasenproblems, das behandelt werden muß.«

»Tut mir wirklich leid wegen deiner Jacke«, meinte Quinn kleinlaut. »Ist dir nur im T-Shirt nicht kalt?«

Er schaute sie von der Seite an, während sie den Hund in der zunehmenden Dunkelheit streichelte, ihre Augen waren weit aufgerissen und voller Dankbarkeit, ihr zweifellos kurvenreicher Körper war unter der dicken Daunenjacke verborgen. »Nein«, antwortete er und schwor sich stillschweigend, nicht mit in ihr Haus zu gehen, sobald sie dort waren, sondern sie nur davor bei laufendem Motor abzusetzen.

»Ich danke dir von ganzem Herzen«, sagte Quinn, und er zog ernsthaft in Erwägung, gar nicht anzuhalten, sondern nur das Tempo zu drosseln, damit sie mit dem Hund hinausspringen konnte.

Als sie jedoch bei ihr ankamen, stand ein Kastenwagen vor der Tür geparkt, und das ganze Haus war hell erleuchtet.

»Hast du hierfür irgendeine Erklärung?« fragte er, und als sie erwiderte, »Nein«, stellte er den Motor ab und folgte ihr ins Haus, um herauszufinden, welches weitere Desaster über ihr Leben hereingebrochen sein mochte.

Das Erste, was Quinn erblickte, als sie durch die Tür trat, war ein Haufen Möbel aus ihrer Vergangenheit. Der Eßtisch ihrer Mutter stand mit dem kompletten Satz der dazugehörigen Stühle mitten im Eßzimmer, und in ihrem Wohnzimmer stolperte sie beinahe über drei kleine und altbekannte Sofatische und einen zusätzlichen Armlehnensessel.

»Quinn?« vernahm sie die Stimme ihrer Mutter. Überrascht wandte sie sich um und sah ihre Mutter im Türrahmen zur Küche stehen. »Wir haben dir nur ein paar Sachen vorbeigebracht.« Meggy sah erhitzt aus und machte einen aufgelösten Eindruck, aber sie lächelte – ein derart begeistertes Lächeln, wie es Quinn, solange sie sich erinnern konnte, bei ihr niemals zuvor gesehen hatte.

»Mom?«

»Wir wußten doch, daß du noch Möbel brauchst, und weil der alte Kastenwagen gerade frei war, dachten wir, wir bringen dir die ganzen überflüssigen Sachen vorbei«, erklärte Meggy.

»Wir?« Quinn hörte, wie Nick die Haustür hinter sich ins Schloß fallen ließ. Das Lächeln ihrer Mutter verflüchtigte sich, als sie ihn erblickte. »Wer ist wir? Wozu brauchst du einen Kastenwagen? Welche überflüssigen Sachen?«

»Edie«, sagte ihre Mutter und zog sich in die Küche zurück. Quinn sah Nick an, der mit den Schultern zuckte.

»Wenn du mich nicht mehr brauchst«, begann er, doch sie unterbrach ihn: »Ich brauche dich.« Er sah skeptisch aus, und sie fügte hinzu: »Das Mindeste, was ich tun kann, ist, dir ein Bier als Dankeschön anzubieten. Komm schon.« Katie immer noch fest umklammernd, als könne sie sich in Luft auflösen, ging sie in die Küche, und ihm blieb nichts anderes übrig, als ihr mit einem resignierenden Seufzer zu folgen.

Edie war gerade dabei, Meggys Rührschüsseln in den Schrank einzuräumen.

»Hast du neue Schüsseln gekauft?« erkundigte sich Quinn, während sie Katie absetzte und ein Bier aus dem Kühlschrank nahm.

»Nein, die von Edie waren schöner«, erwiderte Meggy.

Quinn reichte Nick das Bier. »Was hat das mit dir zu tun?«

»Ich ziehe zu deiner Mutter«, erklärte Edie. »Sie ist zu dem Schluß gekommen, daß sie genauso wie du ihr Leben ändern kann.« Mit anerkennender Zuneigung sah sie zu Meggy.

»Edie und ich verbringen soviel Zeit miteinander, daß wir es für einfacher hielten zusammenzuleben«, fügte Meggy hinzu.

Quinn blickte von dem strahlenden Gesicht ihrer Mutter zu Edie und wiederholte: »Zusammenleben.«

»Ja«, bestätigte Meggy stolz. »Du allein hast den Stein ins Rollen gebracht. Du sagtest, es sei dir egal, was die Leute denken, daß du dein Leben für dich selbst leben mußt, und von diesem Moment an konnte ich an nichts anderes mehr denken als daran, wie sehr ich es mir wünsche, diesen Schritt zu tun und aufs Ganze zu gehen.« Meggy lächelte Edie an und schien so glücklich zu sein, wie Quinn sie seit Jahren nicht gesehen hatte. »Daraufhin haben wir darüber gesprochen und sind zu dem Schluß gekommen, daß es *so bequem* wäre. Edie zieht noch heute abend ein, und ich freue mich so. Das habe ich mir *seit Jahren* gewünscht.«

»Seit Jahren.« Quinn sah zu Nick, der ihrem Blick auswich. »Und was denkt Daddy darüber?«

»Wir haben es ihm noch nicht gesagt«, erwiderte Meggy. »Er ist beim Bowling.«

»Das wird ihm eine Lehre sein«, meinte Nick, und Quinn warf ihm einen vernichtenden Blick zu, der ihm bedeutete, nichts mehr zu sagen.

»Also haben Edie und du beschlossen, zusammenzuziehen, ohne Daddy davon zu unterrichten«, versuchte Quinn, die Sachlage zusammenzufassen.

»Wahrscheinlich wird er es nicht einmal bemerken, bis ich mich vor den Fernseher stelle«, warf Edie ein.

»Ich tue nur das, was du gesagt hast, Liebes«, sagte Meggy. »Ich gehe aufs Ganze. Du hattest recht.«

»Das hatte ich damit eigentlich nicht gemeint«, sagte Quinn.

»Wir müssen jetzt gehen.« Pragmatisch und direkt wie immer nahm Edie ihre Handtasche auf. »Dein Vater wird jeden Augenblick nach Hause kommen und eine Erklärung erwarten.«

»Die würde ich auch gerne hören«, meinte Nick, doch Meggy ignorierte ihn und küßte Quinn zum Abschied auf die Wange.

»Ich will einfach nur glücklich sein, Quinn«, sagte sie und verließ zusammen mit Edie das Haus.

Quinn lehnte sich gegen die Anrichte und meinte leichthin: »Das ist ja wirklich eine Neuigkeit.«

Nick nickte. »Interessanter Abend, den du gerade erlebst.«

Quinn schluckte. »Hast du mitbekommen, wie sie sich angesehen haben? Seit Jahren, hat sie gesagt. Wie konnte mir das entgehen? Wie konnte ich so blind sein?«

»Nun ja, sie sind ja nicht gerade damit hausieren gegangen. Und wer kennt schon das Sexleben seiner Eltern?« Bei diesen Worten sah er ein wenig verstört aus. »Ich möchte darüber jetzt nicht weiter nachdenken.«

»Ich kann damit noch nicht umgehen«, meinte Quinn irritiert. »Es geht um meine *Mutter.* Sie tut nichts Unüberlegtes. Egal, was passiert, sie ist doch immer der ruhende Pol, der sich nie ändert.« Katie stand auf und tapste zur Hundeklappe, so daß Quinn sich vorbeugte, um sie im Auge zu behalten, während sie weiterredete. »Ich konnte mich immer darauf verlassen, daß sie langweilig war. Das Ganze mißfällt mir zutiefst. Es *verändert* die Dinge.«

»Ich kann dich sehr gut verstehen«, sagte Nick und ging mit seinem Bier ins Wohnzimmer.

8

Während der fünf Minuten, die Katie draußen in der Kälte verbrachte, ließ Quinn sie keine Sekunde aus den Augen; ihre Gedanken waren jedoch völlig von Meggy eingenommen. *Seit Jahren,* hatte sie gesagt. *Ich habe mir das seit Jahren gewünscht.* Und nun setzte sie ihren Wunsch in die Tat um und war, dem Blick nach zu urteilen, mit dem sie Edie angesehen hatte, glücklich dabei. Okay, es war selbstsüchtig von ihr, Joe einfach so vor vollendete Tatsachen zu stellen; es war egoistisch, jedermanns Leben auf den Kopf zu stellen, aber dennoch ... Sie schien so glücklich.

Nun, gut für sie, entschied Quinn. Wer immer die Idee in die Welt gesetzt hatte, der Lebenszweck von Frauen bestehe darin, sich für andere aufzuopfern, war vermutlich sowieso ein Mann gewesen. Gut für Meggy, daß sie aufs Ganze ging. Katie kam ins Haus zurückgelaufen, und Quinn verriegelte die Hundeklappe, damit sie nicht mehr nach draußen schlüpfen konnte. Dann begann sie, einen Plan zu schmieden. Nick war im Wohnzimmer, die Couch ebenfalls. Und er hatte soeben ihren Hund gerettet, ohne daß sie ihn auch nur darum gebeten hatte. Hierfür sollte sie ihm ihre Dankbarkeit zeigen.

Ob er wollte oder nicht.

Katie tapste vorsichtig hinter ihr her, als sie ins Wohnzimmer ging. Mit einer CD in der Hand stand Nick vor der Stereoanlage und sah mal wieder grandios aus, zum Anbeißen, aber als er sie hörte, legte er die CD wieder auf den Stapel zu den anderen und trat mit schuldbewußtem Blick einen Schritt zurück.

»Musik?« fragte sie, und er sagte: »Nein.«

Es hörte sich an, als sage er zu mehr nein als nur zur Musik. Klar, sie trug ihre unförmige Jacke und die klumpigen Stiefel und hatte gerade beinahe seine Verhaftung verursacht, so daß er wahrscheinlich nicht zum Knutschen aufgelegt war, aber sie war es. Sie hatte ihn gleich dort auf dem Boden gewollt, als er ihr gesagt hatte, er werde Katie retten. Außerdem hatten Darla und sie einen Pakt geschlossen, aggressiver vorzugehen. Lieber Himmel, Darla trug schwarze Spitze. Und dann waren da noch ihre Mutter und Edie. Zumindest konnte sie einen Versuch starten.

Nick schob die Hände in die Taschen und ignorierte sie. Er machte einen aufgewühlten und nervösen Eindruck, und sie dachte: *Er hat etwas vor, sonst wäre er schon weg.* Das gab ihr Mut.

»Ich sollte jetzt gehen«, sagte Nick. »Ich muß morgen arbeiten.« Dennoch rührte er sich nicht.

Quinn zog ihre Jacke aus und warf sie auf den Sessel hinter sich. »Meine Mutter geht also aufs Ganze.« So beiläufig wie möglich, obwohl ihr das Herz bis zum Halse schlug, trat sie zur Stereoanlage und griff nach der CD, die er vorhin zurückgelegt hatte: *Greatest Hits* von Fleetwood Mac. Die mußte er tief aus dem Stapel hervorgekramt haben. Egal. Per Knopfdruck öffnete sie das CD-Fach und legte die Disc auf den Teller. »Nun, gut für Mom. Ich meine, schließlich hat man nur eine Chance im Leben. Sollte man dann nicht das Beste daraus machen?«

Die ersten Takte von »Rhiannion« erfüllten den Raum. Nicht gerade einer von Quinns Lieblingssongs. Sie drehte die Musik leiser auf Hintergrundlautstärke, damit sie sich unterhalten konnten. Oder damit zumindest sie reden konnte. Nick war nicht sehr hilfreich. »Ich meine, sollten wir unser Leben nicht so aufregend wie möglich gestalten? Schließlich lebt man nur einmal.«

Nick sah sie sonderbar an, wahrscheinlich, weil sie redete wie in einem Werbespot für Bier. Leichtfüßig ging Quinn an ihm vorbei – was in Gummistiefeln nicht gerade einfach war – und ließ sich auf der roten Couch ihrer Mutter nieder. Genau dort hatten sie gesessen, als sich die Situation letztens zugespitzt hatte. Sie hatte keinen falschen Stolz; vielleicht würde es wieder funktionieren. Sie beugte sich vor, um die Schnallen ihrer Stiefel zu lösen, und bemerkte, wie er sich neben sie setzte. Ihr Puls schien sich förmlich zu überschlagen. So weit, so gut. Sie streifte die Stiefel ab und wackelte mit den Zehen. »Ich bin dir wirklich dankbar für alles, was du heute abend für mich getan hast.« Unter gesenkten Wimpern warf sie ihm einen verstohlenen Blick zu.

Er sah grimmig aus, während er sie anstarrte, den Arm auf der Lehne der Couch ausgestreckt.

Sie lehnte sich gegen das Rückenteil und drehte ihren Kopf näher zu seiner Hand. »Du hast in allem zu mir gehalten. Du bist einfach toll.«

»Du weißt, daß du mich in den Wahnsinn treibst, oder?« fragte er.

»Nun, zumindest hoffe ich das.« Quinn versuchte das Zittern in ihrer Stimme zu unterdrücken. »Ich habe viel darüber nachgedacht.«

Nicks Miene war wie versteinert. »Das ist eine ganz schlechte Idee. Du bist meine Schwägerin.«

»Ex-Schwägerin. Vor zwanzig Jahren. Darla sagt, die Verjährungsfrist ist abgelaufen.«

Nick schloß die Augen. »Also weiß Darla davon.«

»Natürlich weiß Darla davon.«

»Ich will das nicht«, entgegnete Nick. »Du bist meine Freundin. Meine beste Freundin. Und als die möchte ich dich behalten.«

Hätte er nicht soeben ihren Hund gerettet, und würde sie ihn nicht so sehr begehren, hätte Quinn ihn am liebsten mit einem Tritt in den Hintern nach draußen befördert, weil er ein solcher Hasenfuß war. »Warum sitzt du dann hier auf dieser Couch?«

»Du hast recht, die Couch ist schuld«, sagte er und wich ihrem Blick aus. »Ein klassischer Fall äußerer Umstände. Es liegt nicht an mir, es ist die Couch. Laß uns in die Küche gehen.«

Er rührte sich nicht.

»Mir gefällt es aber hier auf der Couch«, sagte sie, worauf er sie endlich voller Verlangen mit seinen dunklen Augen ansah. Ihre Kehle wurde trocken.

»Mir auch«, sagte er.

Sie schluckte und beugte sich ein wenig vor, so daß ihre Wange seine Hand leicht berührte. »Du weißt auch, daß wir nicht ewig so tun können, als seien sie nicht da, diese Schwingungen zwischen uns.«

»Es wäre ein Fehler«, wehrte er sich. »Es wäre ein Riesenfehler.«

»Nein, wäre es nicht –« begann sie, als er plötzlich seine Finger durch ihre Haare gleiten ließ und sie seine Hand tatsächlich und nicht nur in ihrer Phantasie auf sich spürte. Ein wenig atemlos vor Verlangen nach ihm hielt sie inne, gleichzeitig ängstlich und unsicher, was sie als nächstes tun sollte.

»Es ist ein Fehler«, murmelte er, »aber ich denke an nichts anderes mehr, seit wir zuletzt auf dieser verdammten Couch saßen ... aber nur dieses eine Mal.« Seine Hand umschloß ihren Nacken, um sie näher zu sich zu ziehen. »Vielleicht wird es ja wirklich lausig, dann brauchen wir es nie wieder zu tun.« Er schien ein wenig die Kontrolle über sich selbst verloren zu haben, und sie hielt den Atem an – erstaunt, ihn so nahe zu wissen und seine ihr so fremde Wärme zu spüren –, als er sich vorbeugte und ihre Lippen so sanft mit den seinen berührte, als sei er gar nicht da. Ihr Herz verkrampfte sich schmerzhaft in dem Verlangen, ihn zu packen, an sich zu reißen und sich inniger von ihm küssen zu lassen. Sie griff nach seinem T-Shirt und umschloß ein Stück des Stoffs mit der Faust, um ihn zu sich zu ziehen. Lustvoll und voller Verheißungen legten sich seine Lippen auf ihren Mund und ließen die Hitze in ihr aufflammen. Sie drängte sich gegen ihn, und er löste sich von ihren Lippen.

»Oh, verdammt, überhaupt nicht lausig«, flüsterte er, und sie hauchte, *»Mehr«,* bevor er die Augen schloß und sie erneut küßte, heftiger diesmal, seine Hand fest um ihren Hinterkopf geschlossen, während ihr Herz pochte und sie ihre Hände in seinem T-Shirt vergrub, um diesen wunderbaren Kuß bis in alle Ewigkeit zu verlängern. Er wich ein wenig zurück, und sie beugte sich noch weiter vor, ihren Mund unmittelbar vor seinem, bis sie beinahe auf seinem Schoß saß und versuchte, seine Lippen wiederzufinden, ihn wieder an sich zu ziehen, um seinen Kuß zu genießen und alles andere, was sie von ihm bekommen konnte.

»Schlechte Idee«, flüsterte er heiser wie eine Warnung, und sie sagte leise: »Küß mich *heftig*«, bevor sie die Arme um seinen Nacken schlang und er sie fest an sich zog, wobei er sie seitlich gegen die Couch drückte, so daß sie in seinen Armen gefangen lag, während sie sich gegen seinen wundervollen und muskulösen Körper preßte. Seine Hände glitten über ihren Rücken, rauhe Hände, deren Berührung sie gleichzeitig erregte und nervös machte. Das war Nick, und diese Vorstellung schien aufregend und gefährlich, aber zugleich fühlte sie sich sicher, eben weil es Nick war und er sie küßte, lange, wunderbare Minuten küßte – die Zeit schien während seines Kusses stillzustehen –, sie erregte, sie erschreckte und sie ängstigte, weil er sie so begehrte und so stürmisch war. Sie drängte sich noch näher an ihn, und er erschauerte, und sie preßte ihre Hüften gegen seine, während er mit der Zunge ihren Mund erforschte. Sie ließ ihre Zunge um seine spielen, und er rollte sie herum auf die Sofakissen und drehte sich, bis sie unter ihm lag. Mit seinem ganzen, sie erregenden Gewicht drückte er sie nieder und schob seinen Schenkel zwischen ihre. Ihre Leidenschaft entflammte. Völlig von Sinnen krallte sie ihre Fingernägel in seinen Rücken.

Sein Körper fühlte sich unter ihren Händen härter an, als sie gewohnt war, hagerer als Bills, erotischer und weniger glatt, und sie versuchte, sich auf ihn einzustellen, seinen Rhythmus zu finden, als er sie küßte. Aber es war so verwirrend, weil sie so unbeschreiblich erregt und weil es Nick war, in dessen Armen sie lag, der sie begehrte und so heiß küßte wie noch nie jemand zuvor. Aber es war immer noch *Nick,* was sie einerseits hemmte, andererseits ihren Atem immer schneller gehen ließ. Auch Nicks Puls raste, sie konnte seinen Herzschlag spüren, aber dann fuhr er mit seiner Hand an der Seite ihres Körpers entlang – der Flanellstoff ihres Hemdes war so abgenutzt, daß sie die Hitze seiner Finger durch ihn hindurch fühlen konnte –, und sie vergaß sein Herz und nahm nur noch ihre Erregung wahr, weil es Nick war, der sie streichelte. Langsam glitt seine Hand über ihre Brüste. Er umschloß sie sanft mit den Fingern und streichelte sie über dem Stoff, und sie erschauerte unwillkürlich, weil sich die Hitze und die Berührung so gut anfühlten und sein Mund so lustvoll auf ihrem lag. Er begann, sie drängender zu streicheln, bevor er, einen Moment wie erstarrt, innehielt und sich die Lust aus seinem Blick zu verflüchtigen schien. Sie drängte sich ihm entgegen, aber er wich zurück.

»Was ist los?« fragte sie überrascht und hob sich ihm entgegen, um ihn zu spüren und festzuhalten, doch dann hörte sie es ebenfalls. Jemand läutete an der Haustür und hielt den Knopf gedrückt, so daß die Klingel ununterbrochen schrillte.

Nicks Augen hefteten sich auf sie. »Oh, Jesus«, stöhnte er. In einer Bewegung rollte er sich weg und stand auf, wobei er Quinn, die sich immer noch an seinem T-Shirt festklammerte, in eine bequeme Stellung zog.

»Nick?« fragte sie, als er ihre Finger mühsam von dem Stoff löste, aber er schüttelte nur den Kopf und ging zur Tür. Sie hörte, wie er sie öffnete und sagte, »Oh. Hi, Joe«, und sie ließ ihren Kopf gegen die Rückenlehne der Couch sinken und seufzte frustriert zwischen zusammengepreßten Zähnen.

Mit dem tragbaren Fernseher aus seinem Schlafzimmer und einem Müllsack in den Händen, der offenbar mit Kleidungsstücken vollgestopft war, betrat ihr Vater das Wohnzimmer.

»Hi, Dad«, sagte Quinn und versuchte, eine unschuldige Miene aufzusetzen.

»Deine Mutter hat mich hinausgeworfen«, sagte er und klang gleichzeitig verblüfft und wütend. »Ich habe sie nur nach einem Bier gefragt, und sie wirft mich raus.«

»Ich glaube nicht, daß das Bier der Grund ist«, meinte Quinn. »War Edie bei ihr?«

»Wahrscheinlich sind es die Wechseljahre.« Joe plazierte den Fernseher am Ende des Tisches neben dem Torbogen und sah sich nach einer Steckdose um. »Weißt du, sie kam herein und meinte, daß Edie eine Weile bleiben werde, und ich sagte, ›Meinetwegen‹, und dann fing sie an herumzuzetern, daß ich ihr nie zuhören würde, und als ich sie fragte, ob sie in den Wechseljahren ist, schrie sie mich an, daß sie die schon seit zwei Jahren hinter sich hätte. Dann hat sie mich rausgeworfen.« Er sah Nick an. »Können sie so was auch zweimal bekommen?«

Nick schaute zu Quinn und schloß die Augen. »Nein. Ich muß jetzt gehen.«

»Oh, nein, das wirst du nicht.« Quinn stand auf und fixierte ihn. »Du bleibst hier.« Sie drehte sich zu ihrem Vater um und sagte: »Im hinteren Gästezimmer oben stehen zwei Einzelbetten. Such dir eins aus. Ich muß mit Nick sprechen.«

»Das Spiel läuft«, wandte Joe ein.

»Es läuft immer ein Spiel«, erwiderte Quinn. »Und jetzt die schlechte Nachricht: Ich habe keinen Kabelanschluß.«

»Ach, Mist«, murrte Joe und stieg mit seinem Müllsack die Treppe hinauf.

Quinn wandte sich zu Nick zurück. »Bezahlst du die Leute dafür, daß sie uns stören?«

»Jetzt fang nicht so an.« Kopfschüttelnd blickte Nick sie an und sah entgeistert aus. »Mein Gott, ein Kuß, okay, und du hast gesagt, *heftiger.* Nein. Es war ein Fehler.«

»Soso, du willst mich wohl verarschen, was?« Quinn versuchte, ihre Wut im Zaum zu halten, da Schreien auch nichts nutzte, obwohl es mit Sicherheit guttäte. »Du willst mir das also *schon wieder* antun?«

»Ich glaube, es sind deine Haare.« Er sah zur Zimmerdecke und überallhin, nur nicht zu ihr. »Ich muß bescheuert sein. Absolut bescheuert.«

»Meine Haare.« Quinn spürte, wie ihr erneut die Zornesröte ins Gesicht stieg. »Meine Haare. Du betatschst mich auf meiner Couch, um mir dann wegen meiner Haare eine Abfuhr zu erteilen.« Sie ergriff eines der Sofakissen und drückte es gegen ihre Brust, die Arme fest darum geschlossen, um es ihm nicht an den Kopf zu werfen. »Du hast vollkommen recht. Du bist bescheuert.«

»Du siehst genauso aus wie mit sechzehn«, sagte Nick. »Nur älter.«

Quinn hatte gar nicht bemerkt, daß sie die Zähne zusammenbiß, bis sie ihren Atem mit einem Zischen ausstieß.

»So meinte ich das nicht.« Nick schloß die Augen und legte seinen Kopf in den Nacken. »Ich habe einen schlechten Tag.«

»Du hast einen schlechten Tag?« Unaufhaltsam spürte sie den Ärger in sich hochsteigen, eine Hitzewelle, die ihr Kopfschmerzen verursachte. »Die Bank lehnt meinen Kredit ab, mein Hund wird gekidnappt, meine Mutter outet sich, mein Vater zieht bei mir ein« – ihre Stimme schwoll zu einem Kreischen an – »und mein Ex-Schwager weigert sich, mit mir zu schlafen, aber du hast einen schlechten Tag? *Das glaube ich kaum!«* Auf seinen Schritt zielend schleuderte sie ihm das Sofakissen entgegen, während er bewegungslos inmitten des Zimmers stehenblieb und es von sich abprallen ließ.

»Die Bank hat deinen Kredit abgelehnt?« fragte er.

»Vergiß den Kredit.« Sie holte tief Luft, um nicht weiterzuschreien.

Nick trat einen Schritt zurück. »Hey, das hier ist nicht nur mein Problem. ›Ex-Schwager‹, hast du gesagt. Du wußtest, daß es nicht funktionieren würde, sonst würdest du mich nicht so bezeichnen. Nicht, während ich –« Er brach ab. »Ich will nicht darüber reden.«

»Um mich geht es hier nicht«, entgegnete Quinn. »Ich war bereit, mir die Kleider vom Leib zu reißen und alles zu tun, was du wolltest.«

Erneut schloß Nick die Augen. »Tu mir das nicht an.«

Quinn wünschte ihm den Tod. »Ich tue dir gar nichts an. Ich bin nicht das Problem hier, das bist du. Warum hast du mich denn geküßt, wenn du nicht weitermachen wolltest?«

»Ich hätte weitergemacht«, sagte Nick resigniert. »Ich *wollte* weitermachen, glaub mir. Aber du –« Hilflos breitete er die Arme aus und vollführte eine kreisende Bewegung in der Luft, als wolle er die Worte, die er suchte, herauszwingen. »Ich kann es nicht. Ich habe daran gedacht, Gott weiß, in letzter Zeit konnte ich an nichts anderes denken, aber dann sehe ich dich an, und du bist Quinn, nicht irgendeine Phantasie, und ich liebe dich, aber nicht auf diese Weise. Ich kann es einfach nicht, also werden wir es nicht tun. Niemals. Dies eben ist nicht passiert, und es wird nicht wieder passieren.«

Hastig drückte er sich an ihr vorbei, um seine Jacke zu holen, und sie sagte: »Du weißt, daß du die Zeit nicht einfach zurückdrehen und das Geschehen auslöschen kannst, wenn dir danach ist. Du hast mich geküßt.«

Er warf sich die Jacke über und vermied den Augenkontakt mit ihr. »Ich will nicht darüber reden.«

»Du hast mich *betatscht*.«

»Ich möchte *wirklich* nicht darüber reden.« Er zog die Autoschlüssel aus der Jackentasche und deutete damit auf sie. »Wir werden das nicht wieder tun. Wirf mir nie wieder mit großen Augen Blicke auf der Couch zu.«

»Oh, dann ist es also *meine* Schuld.«

»Jawohl.« Nick drehte sich um und ging durch den Torbogen ins Eßzimmer und dann zur Haustür. Quinn folgte ihm, einerseits in dem Verlangen, sich ihm in den Weg zu werfen und ihn auf die Couch zurückzuziehen, andererseits mit dem Wunsch, ihm einen kräftigen Tritt zu versetzen. »Es ist allein deine Schuld«, rechtfertigte er sich. »Seitdem du diesen verfluchten Hund aufgegabelt hast, hast du dich verändert. Ich habe so etwas nie zuvor in meinem Leben getan, ich habe nicht einmal darüber nachgedacht, bevor du dich derart verändert hast.« Er blieb stehen, um die Tür aufzureißen. »Zumindest schon lange nicht mehr.«

Quinn starrte ihn an. »Was soll das nun wieder heißen? Vor langer Zeit hast du also daran gedacht? Ich kann nicht glauben, daß du mich einfach so hier zurückläßt.«

»Gute Nacht«, sagte Nick und schlug die Tür hinter sich zu.

»Schön wär's«, schrie sie ihm durch die Fensterscheibe in der Tür hinterher. Als er nichts zurückrief, sondern offensichtlich unbeeindruckt zu seinem Wagen ging, sah sie zu Katie hinunter, die sich angeschlichen hatte, um die Ursache dieses ganzen Aufruhrs zu erkunden. »Meine Haare«, erklärte sie dem Hund. »Er hat mich wegen meiner Haare abblitzen lassen.«

Ein wenig nervös und eindeutig voller Zweifel legte Katie ihren Kopf schief.

»Ich weiß, ich kaufe es ihm auch nicht ab«, meinte Quinn. Dennoch ertappte sie sich bei dem Blick in ihren Garderobenspiegel, als sich Nicks Laster entfernte. Sie trug also immer noch den gleichen Haarschnitt wie zu Zeiten der High-School. Großartig. Blöde Ausrede.

»Go your own way«, sangen Fleetwood Mac im Wohnzimmer.

»Und was seid ihr, scheiß Hintergrundmusik?« fluchte Quinn und stampfte ins Wohnzimmer, um die Stereoanlage zornentbrannt auszuschalten. So viel zu Nicks Musikgeschmack.

»Quinn?« rief Joe von oben zu ihr herunter. »Hast du noch eine Zahnbürste in Vorrat?«

»Im Schrank«, fauchte sie und ging in die Küche, um Zoë anzurufen.

Als ihre Schwester abhob, sagte Quinn nur: »Ich glaube, Mom ist andersrum.«

»Was?«

»Unsere Mutter ist lesbisch. Nur eine Vermutung, aber sie und Edie tauschen keine Rezepte aus, sondern Zärtlichkeiten.«

»Ich werde verrückt.« Im Hintergrund konnte Quinn Bens Stimme poltern hören, bevor sie leicht gedämpft Zoës Stimme vernahm, die sich offenbar abwandte und sagte: »Nein, es gibt kein Problem.« Als ihre Stimme wieder klar durch die Leitung drang, klang sie verwirrt. »Wie geht es Dad?«

»Ich glaube, er hat es noch nicht kapiert«, meinte Quinn. »Aber er ist bei mir eingezogen.«

»O Gott, Quinn, du tust mir so leid.« Wieder ertönte Bens ungeduldige Fragerei im Hintergrund, und sie hörte Zoë sagen: »Nichts ist passiert, das habe ich dir doch gesagt. Deine Schwiegermutter ist eine Lesbe, das ist alles. Verzieh dich jetzt bitte.«

Über die Leitung hörte Quinn Ben auflachen und dann Zoë sagen: »Nein, ich mache keine Witze, aber wenn du jetzt nicht deine Klappe hältst, werde ich nie die Einzelheiten erfahren.« Zoës Stimme drang erneut klar an ihr Ohr. »Ich finde, du solltest das Mom überlassen. Sie war zwar noch nie eine zielstrebige Person, aber irgendwie hat sie immer erreicht, was sie wollte.«

»Mag sein, aber wäre es nicht eine hervorragende Idee gewesen, uns beide in diesem Sinne großzuziehen?« Quinn begann, auf und ab zu gehen, und zog dabei das Telefonkabel in die Länge.

»Du hörst dich ein bißchen verärgert an«, meinte Zoë. »Ich weiß zwar auch noch nicht so ganz genau, was ich von dieser Sache halten soll, außer daß es ein wenig merkwürdig ist zu erfahren, daß Mom neben Dad noch ein Sexleben führt, aber andererseits muß es für sie nach all den Jahren vermutlich auch merkwürdig sein. Wann also hat sie es schließlich gemerkt?«

»Du wirst es nicht glauben.« Quinn setzte sich auf einen der Küchenhocker, während Katie sich zu ihren Füßen zusammenrollte, überzeugt, daß Quinn sich in nächster Zeit nicht unverhofft von ihrem Platz erheben würde. »Sie sagt, daß sie sich das seit Jahren gewünscht hat.«

»*Was?*«

»Ja«, bekräftigte Quinn und fühlte sich durch Zoës Empörung bestätigt. »Ja, die ganze Zeit, in der sie uns die pflichtbewußte und sorgende Ehefrau vorspielte und Dad von vorn bis hinten bediente, hatte sie ein Verhältnis mit Tante Edie.«

»Weißt du, wie oft sie zu mir sagte, Sex sei unnötig, und ich solle aufhören, den Jungs nachzulaufen?« Vor Enttäuschung über diesen Verrat nahm Zoës Stimme einen gereizten Tonfall an. »Und die ganze Zeit über dachte ich, sie würde auch praktizieren, was sie predigte, die arme, langweilige Mom.«

»Mich hat sie vermutlich genauso oft gelobt, es wäre sehr klug von mir, keinen Sex zu haben«, erwiderte Quinn. »Als ich ihr erzählte, daß der Verlust meiner Jungfräulichkeit entsetzlich gewesen war, meinte sie nur: ›Nun, so ist Sex eben.‹ Sie sagte, Sex sei langweilig, während du mir erzähltest, er sei überbewertet, und ich lag irgendwo zwischen euch beiden, weil ich es nicht anders kannte. Und jetzt bin ich die Dumme.«

»Halt die Klappe«, hörte sie Zoë sagen, und dann: »Nicht du, ich spreche mit meinem Mann, dem Witzbold. Er meint, sie hätte wahrscheinlich gehofft, wir würden Mädchen nachlaufen. Ich habe dir gesagt, Sex wäre überbewertet?«

»Mehr als einmal. Ich konnte mir zwar keinen Reim darauf machen, warum du dann immer mehr davon haben wolltest, aber schließlich kam ich zu dem Schluß, daß du nur Mom damit aus der Fassung zu bringen versuchtest.«

»Wahrscheinlich«, meinte Zoë. »Den richtigen Dreh dabei habe ich erst mit knapp dreißig herausgefunden.« Im Hintergrund ließ Ben eine Bemerkung fallen, und sie erwiderte: »Nein, nicht mit dir, aber du bist auch nicht übel. Würdest du dich jetzt verziehen, damit ich in Ruhe telefonieren kann?«

»Mit Nick war es nichts?« Quinn hatte ein schlechtes Gewissen, weil sie das fragte, aber sie konnte nicht anders.

»Es war nicht schlecht, aber auch nicht umwerfend«, sagte Zoë. »Ich war neunzehn, was wußte ich schon davon? Und *Mom* war weiß Gott keine Hilfe.«

»Aber hatte er denn keine Erfahrung? In meiner Phantasie malte ich mir immer aus, was für tollen Sex ihr auf der Couch hättet.«

»Nick war auch erst neunzehn«, gab Zoë zu bedenken. »Das meiste, was er wußte, hat er mit mir ausprobiert. Der Schnelle und die Ahnungslose, das waren wir. Und während all dieser Zeit hatte *Mom* –«

»Na, großartig«, meinte Quinn. »Einfach großartig. Du hast dich scheiden lassen, ich lande bei einem langweiligen Kerl nach dem anderen, und Mom führt eine lebenslange Beziehung mit Dad *und* mit Edie. Ich bin wirklich *sauer* auf sie.«

»Wie Dad sich wohl fühlen mag?«

»Im Moment schiebt er es auf die Wechseljahre.«

»Ach, du lieber Himmel. Soll ich kommen?«

»Wozu? Willst du Dad mit der Nase auf Moms Leiche im Keller stoßen? Er würde dort sowieso nur nach einem Kabelanschluß suchen.«

»Du hörst dich nicht gut an.«

»Ich habe einen miesen Tag.« *Dein Ex-Mann hat mir schon wieder einen Korb gegeben.* »Alle kommen mir dumm.«

»Scheiß auf sie, wenn sie dich nerven«, sagte Zoë. »Tu das, was du willst, Q. Ich habe es schließlich auch mit Ben getan, und Mom tut es nun offensichtlich ebenfalls. Du kannst das auch.«

»Ich werde es mir merken«, sagte Quinn. »Du mußt nur noch die anderen davon überzeugen.«

Am nächsten Morgen begab sich Quinn in ihrer Freistunde auf der Suche nach Darla ins Upper Cut. Debbie winkte ihr über vier Frisierstühle und drei in scharlachrote Plastikkittel gehüllte Frauen hinweg zu.

»Hey, meine Liebe«, rief sie ihr zu. Mit ihrem neuen blonden Haarschnitt sah sie der verstorbenen Prinzessin Diana seltsam ähnlich. »Ich habe von deinem neuen Haus gehört.«

Zwei der Frauen drehten den Kopf, um zu sehen, von wessen neuem Haus die Rede war, während die dritte fortfuhr, von dem Streit zu erzählen, den sie mit irgend jemandem gehabt hatte. »Und dann sagte *sie* –«

»Ist Darla hier?« fragte Quinn und ging nach hinten zu Darlas Arbeitsplatz.

»Sie muß jeden Augenblick kommen.« Debbie sprühte eine Ladung Haarspray auf das champagnerblonde Haar, dem sie soeben zu neuen Höhen verholfen hatte. »Wie gefällt es dir, Corrie?«

Corrie Gerbers runzeliges kleines Gesicht spähte unter einem Turm starrer Locken hervor; sie sah aus wie eine Maus unter einer Eistorte. »Perfekt, Debbie, genau wie immer.«

»Wir geben unser Bestes.« Debbie schälte Corrie ungestüm aus dem Plastikkittel und fegte ein paar Härchen von ihren Schultern. »Das war's, meine Liebe. Paß auf beim Rausgehen, der Boden hier ist glatt.«

Corrie hievte sich aus dem Stuhl und blieb stehen, nicht einmal ein Meter fünzig groß, um ihre Haarpracht im Spiegel zu betrachten. Über ihre Schulter hinweg erhaschte sie einen Blick auf Quinn, die sich größte Mühe gab, sie nicht anzustarren, und sagte: »Ich habe von dir gehört. Hast einfach den Coach sitzenlassen und wohnst jetzt in diesem alten Haus draußen in der Apple Street. Was ist los mit dir, Mädchen?«

»Ich bin Feministin«, sagte Quinn. »Die haben manchmal irrationale Bedürfnisse.«

Hinter ihr stürmte Darla mit solch spannungsgeladener Hektik in den Laden, daß sie beinahe in Quinn hineinlief, bevor sie sagte: »Hey, was machst du denn hier? Hallo, Corrie, du siehst großartig aus. Ist mein Elf-Uhr-Dreißig-Termin schon hier, Deb?«

»Nein«, antwortete Debbie. »Aber es ist schließlich Nella,

also kein Wunder. Was ist denn mit dir los? Du siehst ziemlich fertig aus.«

»Schieb mich dazwischen«, sagte Quinn zu Darla. »Ich will mir die Haare schneiden lassen.«

»Klar, kein Problem. Die Spitzen wären noch mal fällig.« Gleichgültig winkte Darla sie zum Stuhl, so daß Quinn fragte: »Alles in Ordnung mit dir?«

»Später«, sagte Darla. »Also, Spitzen schneiden.«

»Nein«, sagte Quinn. »Schneiden. Schneide sie ab.«

Alle drei sahen sie an.

»Meine Liebe, nein, nicht dieses *wundervolle Haar«*, sagte Debbie.

»Willst du zu einer dieser Lesben werden?« fragte Corrie.

»Bist du sicher, daß du das möchtest?« erkundigte Darla sich.

»Ja«, antwortete Quinn allen dreien. »Runter damit.« Sie setzte sich in Darlas Stuhl und strich die Haare aus ihrem Gesicht. Sie sah verheerend aus, aber anders.

»Nein, nicht so.« Darla versetzte Quinns Hand kleine Klapse, bis sie losließ, und drapierte ihr Haar dann locker um ihre Schläfen.

»Rasier sie ab«, sagte Quinn.

»Habe ich vielleicht irgendwas verpaßt?« fragte Darla.

Im Spiegel sah Quinn Debbie und Corrie, die neugierig die Ohren spitzten. »Später.«

Darla wandte sich zu ihnen. »Können wir noch etwas für Sie tun, meine Damen?«

»Sie muß den Verstand verloren haben«, murmelte Corrie und wankte zur Kasse, um für ihren Haarschnitt zu bezahlen.

»Ich mache nur meinen Platz sauber«, sagte Debbie. »Ich werde euch gar nicht stören.«

»Doch, das wirst du«, meinte Darla. »Gib uns zehn Minuten. Hol dir eine Cola.«

Debbie setzte die gleiche Miene auf wie damals, als Darla sie nicht mit den großen Mädchen hatte spielen lassen, und

Quinn hätte darauf wetten können, sie gleich jammern zu hören, »Das ist gemein«, wie sie es in ihren gemeinsamen Kindertagen tausendmal gesagt hatte. Statt dessen gab sie nur einen verächtlichen Laut von sich und rauschte in den Pausenraum.

Darla zog ihre Schublade auf und holte die Box mit ihren Scheren hervor. »Jetzt erzähl schon, oder ich schneide nicht.«

»Nick hat mich gestern abend geküßt. Heftig geküßt«, platzte Quinn heraus und sah Darla hinter sich im Spiegel lächeln. Zum ersten Mal, seit sie in den Salon gestürzt war, schien sie sich ein wenig zu entspannen.

»Wunderbar. Jetzt erklär mir, was du dir für einen Schnitt vorstellst.«

»Aber dann kam mein Vater, und er nutzte das als Ausrede, um einfach aufzuhören.« Bei dem bloßen Gedanken daran knirschte sie mit den Zähnen. »Er hat einfach *aufgehört.*« Quinn und Darlas Blicke kreuzten sich im Spiegel. »Ich sagte, ›Hör mal, ich habe mich verändert‹, und er sagte, ›Du siehst aus wie immer‹, und als er gegangen war, schaute ich in den Spiegel. Er hat recht. Seit der High-School habe ich diese Frisur. Damals vielleicht ein bißchen länger, aber im Grunde genauso, mit Mittelscheitel. Ich will etwas anderes, denn das ist ein Weg, um *jedem* zu zeigen, daß ich nicht mehr die alte bin und auch nicht vorhabe, es wieder zu werden. Schneid sie ab.«

»Immer mit der Ruhe«, sagte Darla. »Erst mal wasche ich sie, dann kümmern wir uns darum.«

»Warte einen Moment«, sagte Quinn. »Ich habe ganz vergessen zu fragen: Hat die Erde letzte Nacht gebebt?«

Darlas Gesicht im Spiegel war wie versteinert.

»Oh, Shit«, sagte Quinn. »Was stimmt denn bloß mit denen nicht?«

»Was stimmt mit uns nicht?« meinte Darla.

Wieder trafen sich ihre Blicke im Spiegel, und Quinn sagte: »Schneid meine Haare. Schneid sie ganz ab. Mach sie so anders wie möglich. Mach sie so anders, daß ich niemals wieder so werden kann, wie ich war.«

Darla nickte. »Du hast es geschafft.«

»Noch nicht«, sagte Quinn. »Aber ich werde es.«

9

Als Nick um zehn Uhr die Bank betrat, war die Schalterhalle nahezu leer, so daß Barbaras Stimme ein wenig hallte.

»Nick!« begrüßte sie ihn und strahlte wie die Bankpräsidentin höchstpersönlich. »Heute schon so früh mit der Einzahlung?«

»Max wird das Geld später vorbeibringen«, sagte er und registrierte, wie sich ihre Miene aufhellte. Herrgott, Max stand wirklich Ärger ins Haus. Kein Wunder, daß er den ganzen Morgen so schlecht gelaunt gewesen war. »Ich brauche Hilfe.«

»Natürlich.« Wie auf Kommando knipste Barbara das Strahlen auf ihrem Gesicht aus und mutierte wieder zur Bank-Barbie. »Was kann ich für dich tun?«

Nick schaute sich kurz in der Bank um, aber niemand schien ihnen zuzuhören. Er beugte sich vor, und Barbara tat es ihm gleich, angesteckt von seinem verschwörerischen Verhalten. »Quinns Bankkredit wurde abgewiesen.«

Sie richtete sich auf. »Das kann nicht sein.«

»Schhhh«, machte er, und sie beugte sich wieder zu ihm.

»Das kann nicht sein«, sagte sie gedämpft. »Sie ist kreditwürdig. Wer hat dir das erzählt?«

»Quinn«, antwortete Nick. »Könntest du mal nachsehen –«

»Warte hier«, sagte Barbara und marschierte davon.

Auf seiner persönlichen Skala der Hochachtung machte Barbara ein paar Punkte wett. Das, was sie tat, war natürlich absolut unmoralisch, aber es diente einem guten Zweck, Quinns Zweck. Nicht, daß zwischen ihm und Quinn etwas lief.

Nick lehnte sich gegen den Schaltertisch und wiederholte diesen Gedanken noch einmal still für sich, während er wartete. Quinn konnte auf sich selbst aufpassen, aber diese Sache mit dem abgelehnten Kredit stank zum Himmel – eine Sache, um die sich ein Freund für einen anderen Freund kümmern würde, also wahrhaftig keine Gefühlsbindung im eigentlichen Sinne. Er fühlte sich nicht im geringsten von ihr angezogen, keine Berührungen, keine Phantasien von ihrer Unterwäsche – unwillkürlich mußte er daran denken, wie weich sich der Flanellstoff ihres Hemdes gestern abend angefühlt hatte und wieviel weicher sie erst darunter gewesen sein mußte, wie sie sich unter ihm gewunden und ihm ihre Hüften entgegengestreckt hatte, so daß er beinahe den Verstand verlor –, nein, er würde sich definitiv von ihr fernhalten, bis diese Hitzeanwandlung, die ihn momentan heimsuchte, vorüber war.

Barbara kam zurück, die Wangen von hellroten Flecken überzogen – vor Ärger, wie sich herausstellte. »Sie haben ihren Kreditstatus geändert«, erklärte sie. »Sie haben das Darlehen nicht abgelehnt, sondern nur um eine Anzahlung von zwanzig Prozent gebeten. Und soviel hat sie nicht.«

»Warum haben sie ihn geändert?«

Mit zusammengepreßten Lippen beugte sich Barbara näher zu ihm. »Ich sollte dir das eigentlich nicht sagen, aber sie hätten es auch nicht tun sollen. Ihr Boß hat einen Brief geschrieben, in dem er verlauten ließ, daß sie ein merkwürdiges Verhalten an den Tag lege – ›instabil‹, wie er sich ausdrückte.«

»Bill«, meinte Nick.

»Nein, ihr Boß Robert Gloam«, sagte Barbara. »Ich habe den Brief gesehen.«

»Mag sein, aber Bill hat ihn dazu aufgestachelt.« Nicks letzter Rest von Sympathie für Bill verflog. »Wie hoch ist die Anzahlung?«

»Vierzehn«, sagte Barbara. »Aber sieben hat sie bereits eingezahlt.«

»Ich würde gerne einen Teil meines Guthabens transferieren«, sagte Nick.

»Auf Quinns Kredit?« Bedauernd schüttelte Barbara den Kopf. »Das kann ich nicht machen. Er lautet auf ihren Namen und –«

»Willst du, daß sie damit durchkommen?« wollte Nick wissen.

Barbara biß sich auf die Lippe.

»Das hat sie nicht verdient«, fügte Nick hinzu.

Zehn lange Sekunden dachte Barbara nach, bevor sie zu nicken begann. »Du hast recht, das hat sie nicht. Wovon möchtest du das Geld transferieren?«

»Ich habe ein paar Einlagezertifikate im Schließfach«, sagte Nick. »Davon muß niemand erfahren, okay?«

»Das ist wirklich nett von dir.« Anerkennend lächelte Barbara ihn an mit dem distanzierten und unverbindlichen Lächeln einer Bankangestellten.

Im Vergleich zu Quinns Lächeln war das eine Wohltat.

»Schließlich ist es Ehrensache, seinen Freunden zu helfen«, meinte Nick, und Barbara stutzte.

»Ja, das ist wohl richtig.« Zum ersten Mal sah sie ihn mit wirklicher Wärme an. »Ganz bestimmt sogar.«

»Eben«, sagte Nick unbehaglich.

Barbara schenkte ihm ein strahlendes Lächeln.

Darla teilte Quinns feuchtes Haar in Strähnen und dachte über Quinn und Nick und Veränderung und Max nach. Ein Gutes hätte ein Kurzhaarschnitt für Quinn: Endlich würden diese großartigen Wangenknochen zur Geltung kommen. Und vielleicht würde Nick Quinn endlich bemerken, was eine gute Sache wäre. Vielleicht jedenfalls.

Über Quinns Kopf hinweg betrachtete sie ihren eigenen ordentlich gedrehten Nackenknoten. Weitaus ordentlicher als Barbaras Version davon, die lockerer und einfach sexy war.

Verdammt.

»Seit der High-School«, hatte Quinn gesagt. Nun, das war exakt so lange, wie sie ihres wachsen ließ, seit dem Abschlußjahr, als sie Max dabei ertappt hatte, wie er eine Cheerleaderin aus den unteren Klassen ansah und nur sagte: »Ich mag lange Haare.« Anstatt zu entgegnen: »Ich nicht, und wenn du sie noch einmal ansiehst, bist du tot«, hörte sie auf, ihre zu schneiden.

»Darla?« fragte Quinn, und sie erwiderte: »Das ist eine gute Idee.«

Sie schnitt Quinns Haar zu einem stufigen Bob mit Seitenscheitel, um Quinns runde Gesichtsform nicht zu betonen, und war selbst erstaunt darüber, wie sehr Quinn sich mit jedem Scherenschnippel veränderte. Sie sah älter aus, aber auch besser. Darla fuhr ein letztes Mal mit einem Kamm durch das Haar. Schärfer, flotter, richtig sexy. Soviel zum Sex Appeal von langem Haar. »Wie findest du es?«

Quinn nickte, ein wenig blaß im Gesicht, aber entschieden. »Es ist ein Schock, aber es gefällt mir. Wenn ich den Schock erst einmal überwunden habe, werde ich es wahrscheinlich klasse finden.« Sie schüttelte ihren Kopf vor und zurück. »Bei dieser Bewegung konnte ich meine Haare immer schwingen fühlen.«

»Diese Tage sind vorbei«, sagte Darla. »Soll ich noch ein wenig nachfönen?« Aber dann kam Nella eine halbe Stunde zu spät herein und fragte: »Ich bin doch nicht zu spät, oder?«, und Quinn stand auf und schüttelte dabei kupferfarbene Haarsträhnen.

»Überhaupt nicht, Nell«, log Darla. »Nimm Platz. Ich bin sofort bei dir.«

Sie folgte Quinn zur Kasse und sagte: »Das geht auf mich. Ruf mich später an.« Sobald Quinn fort war, ging sie auf der Suche nach Debbie in den Pausenraum hinten im Laden.

»Ist mein Zwölf-Uhr-Termin da?« wollte Debbie wissen. Ihr Tonfall klang ein wenig frostig.

»Nein. Kannst du mir später die Haare schneiden?«

Debbie fiel die Kinnlade herunter. »Deine Haare?«

»Ja«, sagte Darla. »Kurz. Ganz kurz.«

»Ach, du lieber Himmel.« Bei dieser Neuigkeit taute Debbies Frostigkeit auf. »Max wird dich umbringen, sobald er dich sieht.«

»Es ist mein Kopf, nicht der von Max«, antwortete Darla und ging hinaus, um Nella zu bedienen, bevor Debbie einwerfen konnte, daß Max derjenige war, der ihn ansehen mußte.

Aber das war sein Problem.

Quinn saß vor der Werkstatt in ihrem Wagen und versuchte, sich an ihren neuen Haarschnitt zu gewöhnen. Sie starrte in den Spiegel ihrer Sonnenblende und drehte den Kopf von einer Seite zur anderen, aber es kam ihr kein anderer Gedanke in den Sinn als *kurz*.

Was soll's, zur Hölle damit. Sie hatte einen gelungenen Haarschnitt, Darla schnitt nie schlechte Frisuren, also war alles in Ordnung. Sie klappte die Blende hoch, holte tief Luft und betrat die Werkstatt, um mit Nick zu reden.

Er war in ein Gespräch mit Max vertieft, wobei sie beide die Stirn runzelten, und sie hatte den deutlichen Eindruck, daß sie nicht über Autos sprachen. Sie ließ die Hintertür hinter sich zufallen, und die beiden Männer wandten sich um. Ihr Stirnrunzeln verwandelte sich in Erstaunen, aber Nick gewann seine Fassung sehr schnell wieder.

»Was hast du mit deinen *Haaren* gemacht?« fragte er. »Bist du *verrückt* geworden?«

»Nein«, antwortete sie. »Du kannst dir diesen Spruch sparen. Ich bin erwachsen. Fünfunddreißig, um genau zu sein.«

»Das würde die Reife erklären, die du gestern abend bewiesen hast«, meinte Nick.

»Gestern abend?« fragte Max nach.

»Dein Bruder hat sich gestern abend an mich herangemacht, um mir dann zu sagen, ich sei nicht der Typ zum Knutschen«, erklärte Quinn ihm.

»Davon will ich nichts wissen«, sagte Max und zog sich mit einem lauten Knall der Tür ins Büro zurück.

»Schön«, meinte Nick.

»Hör zu, das letzte Mal, als du mir das geboten hast, war ich freundlich«, sagte Quinn. »Aber mittlerweile hast du meine ganze Freundlichkeit aufgebraucht. Was zum Teufel tust du mir an?«

Nick verkrampfte sich noch mehr und starrte sie an. »Ich weiß nicht. Ich weiß nur, daß ich es nicht wieder tun werde.«

»Und warum nicht?« Quinn trat näher, um ihn ohrfeigen oder anspringen zu können, je nachdem, welchen Verlauf das Gespräch nehmen sollte. »Mir würde es ausgesprochen gut gefallen, es sei denn, ich habe dich vorher umgebracht.«

»Du bist mir wichtig«, sagte er, und ihr Ärger löste sich in Luft auf.

Sie schluckte. »Oh.«

»Ich will nicht, daß du nur einfach eine weitere ...« Er suchte nach dem richtigen Wort.

»Null-Acht-Fünfzehn-Nummer?« Erneut flammte die Wut in ihr auf.

»Ich will keine Beziehung«, erklärte er. »Ich übernehme keine Verantwortung. Mir gefällt das Leben so, wie ich es jetzt führe, und ich finde es schön, daß es dich darin gibt. Aber du sollst eine gute Freundin bleiben, weil ich dich so für immer behalten kann.« Er sah nicht gerade glücklich über diesen Plan aus, aber seine Mundpartie zeugte von Entschlossenheit. »Sex mit dir zu haben wäre ein Fehler, das paßt nicht zu uns. Also werde ich es nicht tun.«

»Und warum hast du mich dann geküßt?« wollte sie wissen.

»Weil ich dumm war«, antwortete er, und sie fühlte sich plötzlich mutlos.

Was sollte sie schon machen? Ihn dazu zwingen, mit ihr zu schlafen? Sie war nicht einmal sicher, ob sie dazu bereit war. Sie hatte alles getan, was sie konnte. Zumindest hatte sie ihn zur Rede gestellt. Die rationalen Argumente rückten in den Vordergrund und ließen ihren Vorsatz verblassen.

»Okay, gut.« Sie trat einen Schritt zurück.

Er sah elend aus. »Ich will dir nicht weh tun. Ich wollte dir niemals weh tun. Es tut mir wirklich leid, Quinn.«

»Kein Problem«, sagte Quinn. »Ich bin nicht so empfindlich. Ich bin robust. Verständnisvoll. Verläßlich.«

»Quinn –«

»Überhaupt kein Grund, sich verpflichtet zu fühlen«, sagte sie leichthin und ging rückwärts zur Tür. »Ich kann alleine auf mich aufpassen. Alles in bester Ordnung.«

»Red nicht so.«

»Also bis demnächst mal.« Sie prallte gegen die Tür und tastete nach der Klinke. »Alles Gute für die Zukunft.«

»Quinn –«

Sie sah ihm in die Augen, und das Fair Play verlor jeglichen Reiz. »Du wirst mich nicht vergessen«, sagte sie und reckte ihr Kinn empor. »Du kannst mir erzählen, was du willst, du begehrst mich immer noch. Aber glaube bloß nicht, daß ich herumsitzen und warten werde, bis du dein Beziehungsproblem bewältigt hast, weil ich mit diesem Haarschnitt ein brandneues Leben anfangen werde, wozu mit Sicherheit auch ein brandneues Sexleben gehört. Schade nur, daß du mir dabei nicht Gesellschaft leisten möchtest.«

Sie riß die Tür auf und stapfte nach draußen, sprang in ihren Wagen und startete schnell den Motor, nur für den Fall, daß er ihr folgen sollte, was er natürlich nicht tat.

»Toll gemacht«, beglückwünschte sie sich selbst. Nun *mußte* sie ein Sexleben haben, weil sie ihm damit gedroht hatte. Und sie hatte kaum noch Haare auf dem Kopf. Noch dazu war ihr Vater bei ihr eingezogen und benutzte Nicks Zahnbürste. »Zur Hölle damit«, sagte sie laut und fuhr zur Schule zurück.

Vorsichtig lugte Max hinter der Bürotür hervor. »Ist sie weg?«

»Ja.« Nick starrte in Eli Strauss' Honda. »Für immer.«

Max nickte, ohne die sichere Stellung im Büro aufzugeben. »Ist das gut?«

»Das ist perfekt«, sagte Nick schroff.

»Nun ja, wie du meinst.« Max schüttelte den Kopf. »Warum hat sie sich die Haare abschneiden lassen?«

»Keine Ahnung«, log Nick.

»Ich hasse kurze Haare bei Frauen«, meinte Max. »Das läßt sie so herb wirken.«

»Stimmt«, sagte Nick und erwog, Max umzubringen, wenn er nicht endlich die Klappe halten und ihn allein lassen würde.

»Du hast dich also an Quinn herangemacht, hmm?«

Nick wirbelte herum und bedachte seinen jüngeren Bruder mit einem vernichtenden Blick.

»Ich bin hier im Büro«, sagte Max und zog sich zurück.

Nick arbeitete noch eine Stunde an dem Honda, ohne dem, was er tat, große Aufmerksamkeit zu schenken. Die meiste Zeit dachte er wütend an Quinn. Was für eine Überreaktion, was für ein Aufhebens wegen ein paar Küssen – er unterdrückte den Gedanken an die atemberaubende Fülle ihrer Brust in seiner Hand –, und sie benahm sich, als ob sie beide – er bemühte sich, nicht daran zu denken, was sie beide hätten tun können, von den Dingen, die er nicht tun durfte, von der Vorstellung, wie der weiche Flanellstoff sich unter seinen Händen geöffnet hätte und wie verlangend Quinn sich seiner Umarmung hingegeben hätte ... Er stützte sich mit den Händen auf der Dachkante des Hondas ab und dachte, *Ich bin solch ein Heuchler, und sie hat nicht überreagiert.*

Angenommen, sie hätten nicht aufgehört, angenommen, er hätte ihr dieses Hemd ausgezogen, die Jeans, angenommen, sie hätten miteinander geschlafen –

Er wäre nie imstande gewesen, sie zu verlassen. Ein Leben ohne Quinn war nicht möglich. Sie gehörte zu den wenigen Menschen, die er liebte, wie Max und Darla und die Jungs. Sie war ein Fixpunkt.

Aber ein Leben mit Quinn in seinem Bett war auf die Dauer ebenso unmöglich. Er mochte es, allein zu leben. Und hätte er mit Quinn geschlafen, würde sie bei ihm einziehen wollen oder ihn bitten, bei ihr zu wohnen, und er könnte nie wieder allein sein; außerdem hätte sie definitiv über ihre Beziehung sprechen wollen. Was für ein Alptraum. Er führte ein perfektes Leben, er hatte eine perfekte Wohnung, er hatte die richtige Entscheidung getroffen. Er war einfach nicht der Typ, der für andere sorgte, er wollte keine Verantwortungen übernehmen, er wollte tun, was er wollte und wann er es wollte. Er wollte frei sein, um mit jeder Frau zu schlafen und allein aufzuwachen –

Bei diesem Gedanken richtete er sich auf. Seit Lisa hatte er mit keiner Frau mehr geschlafen. Das war vor Weihnachten gewesen. Er war allein, und Quinn war allein, sie hatten einfach den Kopf verloren. Sobald sie beide wieder mit jemand anderem ausgehen würden, mit jemand anderem *schlafen* würden, löste sich das Problem von selbst.

Nur, daß er keine andere haben wollte, und wenn sie ihre blöde Drohung, mit einem anderen Kerl ins Bett zu gehen, wirklich wahr machen sollte –

Wieder schlug die Hintertür ins Schloß, und er drehte sich so hastig um, daß er schmerzhaft mit der Schulter gegen die Motorhaube des Hondas stieß. Aber es war nicht Quinn, sondern Darla – mit abgeschnittenen Haaren. Die Frisur ähnelte der von Quinn, nur noch kürzer.

»Ach du Scheiße«, stieß er hervor. »Was ist mit euch los, seid ihr in eine Sekte eingetreten? Max wird einen Anfall bekommen.«

»Zur Hölle mit Max«, sagte sie, und er steckte seinen Kopf wieder unter die Haube des Hondas, weil das Leben außerhalb der Automechanik einfach zu emotionsgeladen war.

»Was hast du mit deinen Haaren gemacht?« ertönte Max.

»Ich habe sie abgeschnitten.« Darla schloß die Bürotür hinter sich. »Ich wollte etwas anderes, deshalb –«

»Ich aber nicht.« Max verschränkte die Arme vor der Brust

und starrte sie an. »Ich glaube das einfach nicht. Was zum Teufel ist eigentlich mit dir los?«

»Nichts ist los mit mir«, antwortete Darla und versuchte krampfhaft, ihren Zorn zu unterdrücken. »Ich finde nur, daß wir auf der Stelle treten. Wir sind dieselben –«

»Ich will, daß wir dieselben sind«, unterbrach Max sie immer noch kochend. »Ich habe mir den Arsch abgearbeitet, um uns so weit zu bringen –«

»Hey, ich habe auch gearbeitet«, warf Darla ein.

»– und jetzt, da wir endlich das Leben führen, das wir uns gewünscht haben –«

»Das *du* dir gewünscht hast.«

»– möchtest du eine Veränderung?« Max war so wütend, daß er den Blick von ihr abwandte. »Nur um einer Veränderung willen bist du bereit, ein perfektes Leben aufs Spiel zu setzen?«

»Für mich ist es nicht perfekt«, sagte Darla, und Max mußte sie unwillkürlich wieder anschauen. »Max, seit Jahren ist es immer das gleiche. Wir müssen uns weiterentwickeln, oder wir werden –«

»Du willst also damit sagen, daß *ich* nicht perfekt für dich bin«, fiel Max ihr ins Wort.

»Nein.« Darla schüttelte den Kopf, während ihr Herz schneller zu schlagen begann. »Nein, du bist der perfekte Mann für mich, das warst du immer, und ich liebe dich –«

»Warum dann das?« wollte Max wissen. »Warum dann dieser blöde Sexkram?«

Darla überlief es kalt. »Ich wollte ein bißchen Aufregung. Du allerdings offenbar nicht.«

»Wir sind aufregend genug«, sagte Max.

»Nein«, stieß Darla zwischen zusammengepreßten Zähnen hervor, »das sind wir nicht.«

Max warf ihr einen vernichtenden Blick zu, so verbohrt, wie nur Max sein konnte. »Du meinst, ich bin nicht aufregend genug.«

»Genau«, sagte Darla.

Vor Wut unfähig zu sprechen nickte Max nur.

»Ich will etwas anderes für uns«, ergänzte Darla.

»Nun, ich aber nicht.« Max ließ die Arme sinken und wandte sich ab. »Also nehme ich an, daß du dir alleine etwas anderes suchen mußt.«

»Ganz meine Meinung«, sagte Darla und stapfte aus dem Büro. Auf dem Weg zur Tür kam sie an Nick vorbei, der immer noch über den Honda gebeugt stand, und sagte: »Und du bist auch ein Arschloch«, bevor sie hinausstolzierte und die Tür hinter sich zuschlug.

»Was hat es mit dieser neuen Frisur auf sich?« fragte Thea später an diesem Nachmittag, worauf Quinn erwiderte: »Manchmal mußt du radikale Veränderungen vornehmen, damit die Menschen dich wirklich wahrnehmen und feststellen, daß du nicht die Person bist, für die sie dich gehalten haben.« Als Thea nachdenklich wurde, fügte Quinn hinzu: »Was nicht heißt, daß du deine Haare abschneiden solltest.«

»Ich weiß«, sagte Thea. »Mir gefallen meine langen Haare. Aber mit der Bemerkung über Menschen, die einen nicht sehen, haben Sie recht. Ich meine, die ganze Schule denkt wahrscheinlich, daß Sie nur die Freundin vom Coach und die Kunstlehrerin sind, die alles im Griff hat. Keiner sieht die wahre Person in Ihnen.«

»Vielen Dank«, erwiderte Quinn. »Das baut mich enorm auf.«

»Nun ja, aber jetzt wird es jeder merken«, meinte Thea. »Sie haben den Coach sitzen und Ihr Haar schneiden lassen. Man wird Sie nun mit anderen Augen betrachten müssen.«

»Das können wir nur hoffen«, sagte Quinn.

»Ich finde, das war *sehr* klug von Ihnen«, fuhr Thea fort. »Die Leute dazu zu bringen, einen mit anderen Augen zu sehen, meine ich. Obwohl ich zugeben muß, daß ich Ihr langes Haar wirklich mochte.«

Thea hatte irgend etwas auf dem Herzen, obwohl Quinn sich dessen nicht mehr so sicher war, als Jason eine Viertelstunde später auftauchte, um sich ein Präzisionsmesser zu holen, und Thea freundlich zu ihm sagte: »Ich muß mich bei dir entschuldigen.«

Jason sah sie mit dem gleichen nervösen Blick an, mit dem er sie seit dem Kinofiasko ständig bedachte.

»Du weißt schon, weil ich dich wegen des Kinos gefragt habe.« Thea war sehr ernst. »Du warst nur Mittel zum Zweck, weil ich mein Leben anders gestalten wollte.«

»Oh«, brachte Jason nur hervor.

»Ich wollte ein wenig Abwechslung von dem ewigen Lernen. Und ich dachte, wenn ich mit dir ausgehe, gäbe es Partys, Trinkgelage und Sex auf dem Rücksitz, solche Sachen eben.«

»Was?« fragte Jason verblüfft.

»Es war nicht fair.« Thea schenkte ihm ein entschuldigendes Lächeln. »Ich meine die Vorstellung, daß du mich nur ausführen würdest, um mich für Sex zu benutzen. Dann wärst du ja tatsächlich ein Schwein, und genau darauf habe ich dich reduziert. Tut mir wirklich leid.«

»Warte einen Augenblick«, wandte Jason ein.

»Wird nicht wieder passieren«, erwiderte Thea ruhig und ging in den Materialraum.

»Sie will mich auf den Arm nehmen, oder?« fragte Jason Quinn.

»Ich bin sicher, daß es ihr tatsächlich leid tut«, sagte Quinn.

»Sie sollte nicht solche Sprüche von wegen Sex loslassen«, meinte Jason. »Sonst wird ihr bald jeder geile Kerl dieser Schule nachlaufen.«

Quinn versuchte, ebenso unschuldig dreinzublicken wie Thea. »Was schert es dich?«

»Wissen Sie, sie sieht doch ganz gut aus.« Jason klang erzürnt. »Sie ist zwar nicht mein Typ, aber ein wirklich nettes Mädchen. Sagen Sie ihr bitte, sie soll mit diesem Sexgerede aufhören, oder sie wird Schwierigkeiten bekommen.«

»Ich werde es ihr ausrichten«, sagte Quinn und ging, nachdem Jason schließlich zu seinem Tisch zurückgekehrt war, in die Materialkammer. »Das war reichlich hinterhältig von dir«, sagte sie zu Thea.

»Rache ist süß«, konterte Thea. »Außerdem wird ihm der Gedanke, was er verpaßt hat, keine schlaflosen Nächte bereiten. Er hat kein Interesse.«

»Er scheint sich jedenfalls Sorgen zu machen«, meinte Quinn. »Außerdem hat er recht. Du solltest diese Sache mit dem Sex wahrscheinlich nicht zu laut hinausposaunen.«

»Als ob ich das täte.« Thea mußte grinsen. »Aber einen Moment lang hat er mich mit anderen Augen gesehen, oder?«

»Ja«, gab Quinn zu. »Er war entsetzt.«

»Besser als gelangweilt«, entgegnete Thea. »Und ich habe mir nicht einmal die Haare schneiden lassen.«

Fünfzehn Minuten später klingelte die Schlußglocke der letzten Unterrichtsstunde, und Quinn griff hastig nach ihrem Mantel und stürmte los, um nicht Bill oder dem BP in die Arme zu laufen. Statt dessen traf sie auf Edie. Sie hatten kaum Gelegenheit gehabt, beim Mittagessen miteinander zu sprechen, da Marjorie laut ihre Meinung kundtat, daß jeder wisse, wem die drei Niederlagen des Teams zu verdanken seien, und Petra stumpfsinnig über das Böse in den Seelen der Schüler sinnierte, vor allem dieser perversen halbwüchsigen Jungen – wo Quinn eigentlich diese tolle Bluse gekauft habe?

»Manchmal habe ich den Eindruck, daß jeder hier in dieser Schule verrückt ist«, meinte Edie, während sie durch die Hintertür hinausgingen.

Quinn nickte. »Der BP machte mich völlig verrückt. Jeden verdammten Tag nervt er mich mit belanglosen Sachen. Es ist so, als würde man von Enten zu Tode geknabbert. Von Enten in Designerklamotten.«

»Der lebt doch gar nicht wirklich«, meinte Edie beschwichtigend. »Im Gegensatz zu dir. Dieser Haarschnitt steht dir übrigens phantastisch.«

»Ich habe gar nicht bemerkt, daß ich wirklich lebe«, sagte Quinn. »Soweit ich sehen kann, ist immer noch alles beim alten. Außer der Sache mit dir und Mom.«

»Quinn –« begann Edie, wurde jedoch von Quinn unterbrochen: »Nein, schon in Ordnung. Solange ihr beide glücklich seid, freue ich mich für euch. Und ich bin sicher, daß ich früher oder später Gefallen daran finden werde, mit Daddy zusammenzuleben. Er scheint in seinen Bedürfnissen ziemlich genügsam zu sein.«

»Es tut mir so leid«, sagte Edie.

»Das braucht es nicht«, sagte Quinn. »Alles wird gut werden.«

Um halb sechs an diesem Abend allerdings, als Quinn gerade dabei war, Bratwürste und Sauerkraut für ihren Vater zuzubereiten, bevor sie zur Theaterprobe fuhr, klingelte es. Als sie die Tür öffnete, stand Darla davor, mit einem Koffer und einem Kurzhaarschnitt, der sie zehn Jahre jünger aussehen ließ, und einem verzerrten Gesichtsausdruck.

»Schicke Frisur«, sagte Quinn, als sie zurücktrat, um Darla hereinzulassen.

»Ich ziehe eine Weile bei dir ein«, sagte Darla. »Wenn das in Ordnung ist.«

»Oh, natürlich.« Quinn suchte nach einer taktvollen Bemerkung und entschloß sich dann für den direkten Weg. »Was ist passiert?«

»Er mochte meine Frisur nicht.« Darla stellte den Koffer ab, der sofort von Katie beschnüffelt wurde. »Er sagte, ›Was zum Teufel ist eigentlich los mit dir?‹, woraufhin ich meinte, ›Ich will etwas anderes‹, und er erwiderte, ›Ich nicht‹, deshalb ziehe ich vorübergehend aus. Das ist etwas anderes.«

Die alte Darla hätte dies mit einem Glitzern in den Augen gesagt, aber diese hier stand einfach dort und sah so verkniffen aus wie Lois. Vielleicht war dies die Art von Verkniffenheit, mit der man sich von seinem Ehemann trennte. Nicht, daß Quinn jemals diese Erfahrung machen würde.

Darla sagte nichts weiter, daher meinte Quinn: »Ja, es ist etwas anderes«, um sie zu ermutigen. Nichts. »Nun, komm mit nach oben, dann bringen wir eines der beiden Einzelbetten ins Arbeitszimmer.«

»Warum?« Darla hob ihren Koffer wieder hoch, und Katie sprang einen Schritt zurück.

»Dad ist gestern abend eingezogen. Ich nehme an, du willst dein Schlafzimmer nicht mit ihm teilen.«

»Deine Eltern hatten Streit?«

»Nein. Meine Mom ist in Edie verliebt. Das haben wir Dad allerdings noch nicht gesagt.«

Darla sah sie verblüfft an. »Oh. Und was ist mit dir und Nick?«

»Ich bin sauer, und er macht sich was vor.«

»Nun, zumindest sind wir alle aus unserem alten Trott«, sagte Darla und ging zur Treppe.

Im nachhinein sollte Quinn sich immer wundern, wie sie alle die beiden nächsten Wochen überlebt hatten.

Darla weigerte sich hartnäckig, nach Hause zurückzukehren, und Max weigerte sich ebenso hartnäckig zuzugeben, daß nicht alles in Ordnung war. »Sie spinnt,« sagte er zu Quinn, »sie weiß, daß ich sie niemals betrügen würde.« »Hier geht es nicht um Barbara, Max«, versuchte Quinn ihm zu erklären, aber dann setzte Max seine sture Miene auf und brach das Gespräch ab.

»Es hat keinen Sinn«, meinte Darla später zu ihr. »Aber zumindest führe ich nicht mehr dieses eintönige Leben wie zuvor. Ich denke nicht mehr unaufhörlich daran loszubrüllen. Es macht dir doch nichts aus, wenn ich hier bleibe, oder?«

»Nein«, sagte Quinn. »Ist doch lustig. Außerdem führe ich ja sowieso kein eigenes Leben. Ich werde wohl doch noch wie meine Mutter werden; sie hat Edie, und ich habe dich. Natürlich mit einem kleinen Unterschied.«

»Das kann man nie wissen«, sagte Darla. »Vielleicht geht

uns nach zehn oder zwanzig Jahren des Zusammenlebens ein Licht auf.«

Nicht, daß Edies und Meggys Leben perfekt war.

»Edie ist so still«, beklagte Meggy sich bei Quinn, als sie Edie zur Theaterprobe absetzte. Sie vergewisserte sich, daß Edie am anderen Ende der Bühne außer Hörweite war, bevor sie hinzufügte: »Sie geht immer ins Schlafzimmer und schließt die Tür, und wenn ich hineinkomme, *liest* sie.«

»Sie ist Englischlehrerin«, meinte Quinn. »Die machen so was.«

»Sie ist einfach daran gewöhnt, zuviel alleine zu sein«, sagte Meggy. »Arme Edie.«

Quinn dachte an ihr eigenes Haus, durch das nun den ganzen Tag ESPN schallte, seitdem Joe das Kabel angemeldet hatte, und in das jeden Abend Darlas Söhne zum Abendessen einfielen, gefolgt von Darlas Mutter, die sehen wollte, ob Darla ihren Verstand endlich wiedergefunden habe und zu Max zurückgekehrt sei, der ein guter Ernährer war. »Ja, arme Edie.«

Später an diesem Abend zog Edie sie in eine Ecke und sagte: »Deine Mutter macht mich wahnsinnig. Ständig bringt sie mir irgendwelche Sachen, fragt mich, was ich zum Abendessen möchte, und will, daß ich mein Buch weglege, um mit ihr fernzusehen.«

»Ich bin sicher, daß ihr nur eine gewisse Eingewöhnungszeit braucht«, sagte Quinn. »Ihr wohnt doch erst seit zwei Wochen zusammen. Sie hat nahezu vierzig Jahre mit Daddy verbracht, und du hast immer alleine gelebt. Da sind kleine Anpassungsschwierigkeiten vorprogrammiert.« Sie dachte an Joe, der sich sein Leben in der Apple Street eingerichtet hatte in dem Glauben, es sei vorübergehend, und mit der Überzeugung, bis zum Beginn der World Series zu seinem großen Fernsehbildschirm zu Hause zurückzukehren.

»Mir hat es sehr gut gefallen, alleine zu leben«, sagte Edie.

»Warum bist du dann zu ihr gezogen?« fragte Quinn ärgerlich und zugleich schuldbewußt, weil sie ärgerlich war.

»Weil sie von der Idee so begeistert war«, antwortete Edie kläglich. »Sie sagte immer wieder, wie toll es sei, daß wir endlich zusammenleben könnten, wie hätte ich da sagen können, ›Mir gefällt es, alleine zu leben‹? Das wäre entsetzlich gewesen.«

Unwillkürlich mußte Quinn an den Gesichtsausdruck denken, mit dem ihre Mutter sie alle an jenem Abend in der Küche angestrahlt hatte. »Du hast recht. Ich hätte es ihr auch nicht abschlagen können.«

»Ich werde mich daran gewöhnen«, meinte Edie. »Verflucht, ich verwende soviel Zeit auf dieses Theaterstück, daß ich sowieso kaum dort sein werde.«

Bill hingegen war ständig in der Nähe und suchte Quinn in ihrem Klassenzimmer auf, um über Jasons Teilnahme zu diskutieren, obgleich sie ihm immer und immer wieder gesagt hatte, daß sie an einer Unterhaltung mit ihm nicht interessiert sei. »Ich mache mir doch nur Sorgen, daß er überlastet sein könnte«, sagte Bill, womit er sie offenbar ermuntern wollte, sich mit ihm zu sorgen.

»Das ist Jasons Sache«, entgegnete Quinn und kehrte ihm den Rücken zu, um mit ihrem Unterricht fortzufahren.

Der BP war nicht annähernd so taktvoll wie Bill. »Du ruinierst das Team«, sagte er zu ihr, als er sie am letzten Mittwoch im März zu sich zitierte, die fünfte Vorladung, mit der er sie in diesem Monat zu sich rief. »Jason Barnes' Disziplin ist komplett den Bach hinuntergegangen, und Corey Mosserts Einstellung wird bald genauso schlecht sein. Du wirst sie aus der Schauspielgruppe hinauswerfen, oder ich selbst werde es tun.«

»Dann wirst du das wohl machen müssen«, antwortete Quinn. »Sie sind achtzehn, Robert. Sie sind in der Lage, ihre eigenen Entscheidungen über außerplanmäßige Aktivitäten zu treffen.«

»Baseball ist keine außerplanmäßige Aktivität.« Bobbys Augen sprühten vor religiöser Inbrunst.

»Stimmt«, bestätigte Quinn und floh ins Vorzimmer. »Ist er noch mehr übergeschnappt, oder liegt das an mir?« fragte sie Greta.

»Das liegt an dir«, sagte Greta, ohne von ihrer Schreibmaschine aufzublicken. »Er war immer schon ein Mistkäfer.«

Und sofern dies noch nicht genug war, schwärzte sie ständig jemand bei den öffentlichen Behörden an, so daß sie eine Inspektion nach der anderen über sich ergehen lassen mußte – Wasser, Fundament, Schädlingsbekämpfung, Gas, Zaun und so weiter und so fort –, bis sie von den ständigen Kontrollen derart genervt war, daß sie sich fast wünschte, sie hätte dieses Haus nie gekauft.

»Irgend jemand hat es auf dich abgesehen«, meinte Darla.

»Der Gedanke ist mir auch schon gekommen«, sagte Quinn zu ihr. »Ich habe Bill gebeten aufzuhören, andauernd meinetwegen bei der Stadt anzurufen, aber er meinte, er hätte nichts damit zu tun. Was willst du machen, wenn man dir das Leben derartig schwermacht?«

»Ich bin ausgezogen«, sagte Darla. »Aber das hast du ja bereits getan, also ist das keine Lösung. Übrigens ist die Post gekommen. Du hast schon wieder eine Benachrichtigung von der Stadt.«

Bill war nicht der einzige, der ihr das Leben schwermachte: Nick war wie vom Erdboden verschluckt. Seit Jahren hatten sie jeden Tag miteinander gesprochen, und nun war er plötzlich einfach nicht mehr da. Zuerst war Quinn wütend, dann verletzt, und schließlich fühlte sie sich nur noch allein gelassen, weil sie den großen Teil ihres Lebens vermißte, den er eingenommen hatte. Genau das hatte er gemeint, als er davon sprach, sie würden ihre Freundschaft aufs Spiel setzen, und sie bemühte sich, den Abend auf der Couch zu bereuen, was ihr jedoch nicht gelang. Sie hatte Aufregung haben wollen, und er hatte dafür gesorgt; wie konnte sie das bereuen, wenn sie noch mehr davon wollte? Sie bekämpfte das Bedürfnis, ihn zur Rede zur stellen, und beschloß, abzuwarten.

Tibbett war nicht so groß, daß er sie ewig ignorieren konnte. Früher oder später mußte er einlenken oder zumindest in irgendeiner Weise zugeben, daß sie existierte.

Hoffte sie.

In denselben beiden Wochen erging es Nick keinen Deut besser.

Er redete sich um das Gefängnis herum, indem er die Strafe wegen Besitzstörung und die Gebühren für Katie bezahlte. Das Tierheim zeigte kein wirkliches Interesse daran, Anzeige zu erstatten, da der anonyme Anrufer nicht vorstellig geworden war, um den Bericht über den Hundebiß zu bestätigen, so daß Katie unter Bewährung gestellt wurde, nachdem Quinn versprochen hatte, den Hund außerhalb ihres Grundstücks nie wieder aus den Augen zu lassen, und diesmal eine Lizenz auf ihren eigenen Namen ausschreiben ließ.

Somit war zwar das Katie-Problem gelöst, das Quinn-Problem allerdings nicht. Gleichgültig, welch tugendhafte Gefühle er bei dem Gedanken daran zu entwickeln versuchte, wie er sich aus dieser Couchaffäre herausgezogen hatte, er mußte ständig daran denken, was passiert wäre, hätte er das nicht getan. Seine Libido spielte ihm Filme über das, was hätte geschehen können, in Technicolor und Dolby Surround vor, und das Wissen, daß Quinn sauer, aber gewillt war, machte ihm das Leben nicht leichter. *Nur einmal,* flüsterte ihm sein Es beharrlich ins Ohr. *Nur einmal, um damit abzuschließen, um nicht mehr ständig daran denken zu müssen. Es wird mit ihr nicht anders als mit den anderen sein. Ich sollte es tun, nur einmal.*

Das war eine derart schlechte Idee, daß er, als Max zwei Wochen, nachdem Darla ausgezogen war, in die Werkstatt kam und vorschlug, »Ich gehe heute abend zu Bo's, willst du mitkommen?«, nicht antwortete, »Ich habe keine Lust, mich mit einem verheirateten Mann an eine Theke zu stellen, um Weiber aufzureißen«, sondern vielmehr: »Klar.« Alles war besser, als noch eine weitere Nacht mit dem ständigen Gedanken an Quinn zu verbringen.

Unglücklicherweise stand Joe neben Max, als er den Vorschlag machte.

»Großartige Idee«, meinte Joe. »Ich werde auch kommen. Mit meinem eigenen Wagen allerdings, vielleicht habe ich ja Glück.«

»Glück?« fragte Nick zweifelnd.

»Na ja, wahrscheinlich wird es noch einige Wochen dauern, bis Meggy anfängt, mich zu vermissen«, sagte Joe. »Es macht keinen Sinn, untätig herumzusitzen und abzuwarten. Stimmt's, Max?«

»Stimmt«, sagte Max ohne jede Begeisterung.

Von diesem Moment an war der unselige Verlauf des Abends vorprogrammiert.

Gegen Bo's Bar & Grill war prinzipiell nichts einzuwenden. Nick hatte zahlreiche nette Stunden dort verlebt: Das Bier war kalt, die Pizza heiß, die Jukebox nicht zu nervtötend, und Karaoke-Vorstellungen gab es nur mittwochs abends, so daß man dem leicht aus dem Weg gehen konnte. Die Bar war zwar nicht besonders schön – ein Haufen verkratzter Resopaltische und Stühle aus rostfreiem Stahl, die bei Tageslicht wahrscheinlich erbärmlich aussahen –, aber schließlich ging niemand wegen der Einrichtung zu Bo's. Man ging dorthin, um zu saufen, fernzusehen und ein wenig Gesellschaft zu haben. Heute abend hätte Nick auf die Gesellschaft verzichten können.

»Hier ist also der Ort, wo man Frauen treffen kann«, sagte Max, während er sich auf einem Stuhl niederließ und versuchte, sich wie ein Mann von Welt zu benehmen, obwohl er sich statt dessen eher wie ein High-School-Student im ersten Semester anhörte, der wie ein Mann von Welt klingen wollte.

Joe lehnte sich gegen den Tresen und blickte sich im Raum um. »Nette Mädels hier. Dann mal los, Nick.«

»Wir bleiben nicht lange«, sagte Nick und bestellte ein Bier.

Er rechnete damit, daß Joe sich schnell langweilen und beginnen würde, das Spiel in dem Fernseher über der Bar zu verfolgen. Und bald würden die Frauen anfangen, Max schöne Augen zu machen – attraktiv, wie er war –, so daß er bald genervt wäre und bestimmt nach Hause wollte. Dann könnten sie gemeinsam zu Max gehen, da Joe ihnen überallhin folgen würde, wo es Kabelfernsehen gab, und er selbst könnte diesem Alptraum entfliehen.

»Hey, Nick«, sagte Lisa hinter ihm, und er erstarrte.

»Hi, Lisa.« Um nicht unhöflich zu sein, drehte er sich um. »Wie geht es dir?«

»Einsam«, sagte sie und lächelte ihn an, jung und hübsch, aber da war nichts, was er begehrte.

»Setzen Sie sich doch zu uns, junge Dame«, sagte Joe und rückte einen Platz weiter, um ihr einen Stuhl zwischen ihnen freizumachen. Nick warf ihm einen vernichtenden Blick zu, während Lisa auf den Barhocker kletterte. »Ich bin Joe.« Er beugte sich mit einem Lächeln zu ihr, das noch breiter war als das, mit dem sie Nick bedachte. »Darf ich Ihnen ein Bier bestellen?«

»Oh, gerne«, sagte Lisa und sah Nick an, während der bemerkte, wie Max näher zu ihm rückte, und sich daher umwandte, um zu sehen, wovor er zurückwich.

»Du bist neu hier, oder?« wurde Max gerade von einer hübschen kleinen Blondine gefragt.

»Oh, hallo, Max«, stellte er sich vor und streckte der Blondine seine Hand entgegen.

»Tina«, sagte sie, ergriff seine Hand und hielt sie fest. »Sehr nett, dich kennenzulernen.«

»Oh, hmm, möchtest du ein Bier?« brummelte Max und gestikulierte mit der Flasche in seiner linken Hand, da Tina von seiner rechten dauerhaft Besitz ergriffen hatte. »Was hast du gesagt?«

Tina ließ seine Hand angewidert fallen, als handele es sich um eine glitschige Masse. *»Unverschämter Kerl«*, stieß sie hervor und stolzierte davon.

»Was habe ich der denn getan?« wollte Max wissen, seine Stimme vor Panik eine Tonlage höher. »Ich dachte, es gehört sich so, ihnen einen Drink anzubieten.«

Am anderen Ende der Bar flüsterte Tina mit ihren Freundinnen, die daraufhin alle Max anstarrten.

Nick blickte auf die Bierflasche, die Max mit der linken Hand umklammert hielt. »Nun, ich würde mal tippen, daß es vielleicht am Ehering lag.«

»Oh, verdammt.« Max stellte die Flasche ab und riß an seinem Ring, aber der rührte sich nicht vom Fleck.

»Was ist los?« erkundigte Joe sich laut über Lisas Kopf hinweg, bevor er sah, daß Max an seinem Ring zog. »Gute Idee.« Er streifte seinen eigenen Ring ab und steckte ihn in die Jackentasche, wobei Lisa ihn beobachtete. »Meine Frau hat mich verlassen«, erklärte er bekümmert. »Nach neununddreißig Jahren treuer Ergebenheit hat sie mich hinausgeworfen.«

»Das ist ja *furchtbar«,* sagte Lisa. »Neununddreißig Jahre treuer Ergebenheit.« Sie blitzte Nick unter ihren Wimpern an. »Das nenne ich Verbundenheit.«

Nick drehte sich wieder zu Max um, der noch immer an seinem Ring riß. »Weißt du, das ist vermutlich ein Zeichen, daß du hier nichts verloren hast.«

»Du hörst dich an wie Quinn«, grummelte Max weiter vor sich hin. »Hey«, rief er dem Barkeeper zu, »hast du ein bißchen Butter?«

»Max, gib es auf, und hol sie zurück«, sagte Nick. »Du willst doch überhaupt keine andere, du willst Darla.«

»Sie hat mich verlassen«, sagte Max mit dem typischen störrischen Ausdruck im Gesicht. »Seit zwei Wochen sagt sie nichts anderes, als daß sie etwas Neues erleben will.« Wie in Sodom blickte er sich in Bo's Bar um. »Das hier ist was Neues, verdammt noch mal.«

»Ich vermute, sie meinte etwas Neues mit ihr zusammen.« Voller Empörung sah Nick ihn an. »Ich kann nicht glauben, daß du für einen solchen Scheiß deine Ehe aufs Spiel setzt.«

Max starrte ihn an. »Geht dich das irgendwas an?«

»Na, großartig.« Nick widmete sich wieder seinem Bier. »Schön. Tu, was du willst. Grab dir deine Grube selbst.«

Einige Minuten lang saßen sie schweigend da, bevor Max sagte: »Du hast heute noch gar kein Mädchen angemacht.«

»Ich brauche eine Ruhepause«, knurrte Nick kurz angebunden.

»Wirst du Quinn anrufen?«

»Nein.«

»Hältst du mich für blöd? Quinn will dich, du Schwachkopf.«

»Nun, aber ich will sie nicht«, sagte Nick und zog in Betracht, Lisa anzumachen, um Max loszuwerden, verwarf den Gedanken jedoch sofort wieder.

»Ja, klar doch.« Er klang wieder normal, da er ein für ihn unverfängliches Gesprächsthema gefunden hatte. »Du hast sie immer schon gewollt.«

»Wolltest du nicht gerade Weiber aufreißen?« fragte Nick. Er hatte den Satz kaum ausgesprochen, als eine Frau neben Max Platz nahm und sagte: »Hallo, Max Ziegler, was machst du denn an einem Ort wie diesem?«

Max rammte seine linke Hand in die Hosentasche und drehte sich um. »Ach du liebe Güte. Hi, Marty.«

Mit zusammengekniffenen Augen sah Nick an ihm vorbei.

Marty Jacobsen, eine von Darlas Stammkundinnen. Gut. Das geschah Max nur recht. Er hatte Quinn nicht schon immer begehrt.

Nur während der letzten zwanzig Jahre.

»Weiß Darla, daß du heute abend unterwegs bist?« fragte Marty und beugte sich ein wenig näher zu ihm.

»Nö«, sagte Max und wich leicht zurück. Nick stieß ihn an, und er fügte hinzu: »Wollte nur mit Nick und Joe ein Bier trinken.« Er zog die Hand aus der Tasche und sah auf seine Uhr, wobei er seinen Ehering direkt vor ihrer Nase aufblitzen ließ.

»Ich habe gehört, sie hat dich verlassen.« Marty rückte noch näher. »Sie muß ziemlich dumm sein, einen so tollen Kerl wie dich zu verlassen.«

»Sie ist nur vorübergehend zu Quinn gezogen«, sagte Max nervös.

»Das habe ich auch gehört.« Marty nickte voller Mitgefühl. »Muß ja schlimm für dich sein, es so zu erfahren.«

»Was zu erfahren?«

»Zuerst Quinns Mom und Mrs. Buchman, und dann Quinn und Darla.«

Nick begann zu lachen, als ihm klar wurde, worauf Marty hinaus wollte, und sie richtete sich auf und funkelte ihn an Max vorbei an. »Nicht, daß ich irgend etwas dagegen hätte oder so. Ich meine, Darla kann mich auch weiterhin frisieren.«

»Wovon redest du eigentlich?« fragte Max verwirrt.

»Ich dachte nur, ich könnte dir vielleicht helfen, wenn du – nun, sagen wir – *Gewißheit* haben möchtest.« Marty schenkte ihm einen liebreizenden Augenaufschlag. »Ich würde dir sehr gerne helfen.«

»Marty, sie sind kein Liebespaar«, sagte Nick. »Sie arbeiten nur an dem Theaterstück.«

»Liebespaar?« fragte Max.

»Ihr Männer seid so blind«, sagte Marty. »Quinn hat den Coach verlassen, oder etwa nicht? Den besten Mann der ganzen Stadt.« Sie schüttelte den Kopf. »Und dann haben sie sich diese Frisuren zugelegt. Das ist doch ganz offensichtlich.«

»Liebespaar?« fragte Max Nick mit zusammengekniffenen Augenbrauen und zunehmend wütend, als er langsam die Bedeutung des Wortes verstand.

»Kein Liebespaar«, sagte Nick. »Lieber Himmel, Max, ich bitte dich.«

»Ja, aber die Leute *denken* –«

»Wie wäre es mit einem Bier, Max?« fragte Marty. »Ich habe Durst.«

»Sicher«, erwiderte Max, gab dem Barkeeper ein Zeichen

und legte einen Geldschein auf die Theke. »Die Lady hätte gern ein Bier.« Er nickte Marty zu. »Nun, ich muß jetzt gehen. War nett, dich zu sehen.«

Zu Nicks Erleichterung und Martys Enttäuschung glitt er von dem Barhocker herunter und fragte: »Joe?«

Nick wandte sich um und sah, daß Joe gegen den Tresen gelehnt stand und sich mit Lisa und zwei ihrer Freundinnen, einer Rothaarigen und einer Brünetten, unterhielt.

»Wahrscheinlich ist es eine kaputte Dichtung, wenn das Spülbecken schon ziemlich alt ist«, erklärte er gerade.

»Es ist schon ziemlich alt«, bestätigte Lisa und strahlte ihn von unten herauf an.

»Ich könnte morgen vorbeikommen und es reparieren.«

»Das wäre toll.« Lisa warf Nick aus dem Augenwinkel einen Blick zu, um zu sehen, ob er zuhörte. »Dann haben wir beide morgen eine Verabredung.«

»Das darf doch nicht wahr sein«, stieß Max zwischen den Zähnen hervor.

»Wir gehen, Joe«, sagte Nick. »Viel Spaß noch.«

»Hoffe ich doch«, antwortete Joe und prostete ihm mit seinem Bier zu.

Lisa ignorierte Nick komplett.

»Das müssen wir unbedingt bald wiederholen«, sagte Nick, während er Max zu dessen Wagen folgte.

»Halt die Schnauze«, sagte Max.

10

Auch Bill durchlebte in diesen beiden Wochen die Hölle.

Zunächst einmal hatte Quinn sich die Haare abschneiden lassen, was ihm überhaupt nicht gefiel. *Er haßte es.* Alleine der Anblick bereitete ihm Kopfschmerzen. Sie hatte vorher so süß ausgesehen, wie eine Mutter, wie sein Mädchen, und nun war sie anders, weiter weg von ihm, und er *haßte* es.

Natürlich würden sie wieder wachsen. Sie machte gerade nur eine Phase durch, und sobald sie wieder zusammen wären, würde er sagen, »Bitte schneide dir die Haare nie wieder so kurz«, und sie wäre bald wieder so süß wie immer. Sie würden wieder wachsen.

Er konnte nicht mehr abwarten.

In der Zwischenzeit geriet der BP außer Kontrolle. »Wir werden das Gerücht verbreiten, daß zwischen ihr und Jason Barnes etwas läuft«, sagte er zu Bill und kicherte beinahe vor Begeisterung. »Das wird Jason von diesem dämlichen Theaterstück abhalten und sie dazu bringen, zu dir zurückzukehren, um ihren Job zu retten. Tolle Idee, was?«

Bill sah ihn an, als wäre er wahnsinnig geworden. »Quinn würde sich niemals mit einem Studenten einlassen.«

»Das kann man nie wissen.« Bobby schüttelte den Kopf. »Sie benimmt sich eigenartig, und der Junge ist ständig in ihrer Nähe. Ich wäre gar nicht überrascht –«

Bill funkelte ihn an, so daß er den Satz nicht zu Ende sprach. Quinn hatte kein Verhältnis mit jemand anderem, vor allem nicht mit einem Studenten und schon gar nicht mit Jason Barnes, der ihm beinahe so etwas wie ein Sohn war. Quinn hatte keinen anderen, keinen außer ihm.

»Das wird funktionieren«, setzte Bobby hinzu, aber Bill schüttelte nur den Kopf, sagte jedoch nichts. Er hatte einen eigenen Plan.

Nachdem sie alle Überprüfungen durch die Stadt überstanden hatte, die er ihr in den letzten beiden Wochen aufgeladen hatte, hatte er endlich begriffen, daß Quinn völlig vernarrt war in die Idee, ein Haus zu besitzen. Also hatte er beschlossen, ein ordentliches Haus zu suchen, das sie sich teilen konnten. Er wußte gar nicht, warum er nicht schon früher daran gedacht hatte; es war so offensichtlich. Er würde Becky im Immobilienbüro anrufen, und sobald er das perfekte Haus gefunden hätte, würde er es Quinn zeigen, und sie würde einsehen, daß seine die bessere Wahl war. Sie würden zusammen dort einziehen, und ihr Haar würde nachwachsen, so daß er sich wieder auf das Team konzentrieren konnte. Nicht, daß vier Niederlagen ein Grund zur Besorgnis waren.

»Ich werde mich um Quinn kümmern«, sagte Bobby, »und du konzentrierst dich darauf, zu gewinnen.« Bill ignorierte ihn, weil er eine andere Idee hatte.

Die Leute dachten, daß Quinn und Jason zusammen seien, weil sie gemeinsam an dem Theaterstück arbeiteten. Aber er konnte ebenfalls mitarbeiten. Wenn er bei der Technik helfen würde, könnte er Quinn jeden Abend sehen. Damit und mit dem Haus –

Innerhalb kürzester Zeit würden die Dinge wieder ihren geordneten Gang nehmen.

Am Montag rief der BP Quinn in ihrer Freistunde zu sich.

»Worum geht's denn diesmal, Greta?« fragte Quinn.

»Du ruinierst sein Leben.« Greta tippte weiter, sah jedoch kurz auf, um Quinn einen Blick voller Sympathie zuzuwerfen. »Zumindest das Leben, wie er es kennt. Geh nur hinein, er erwartet dich.«

Bobbys Miene, als sie eintrat, war noch selbstgefälliger als üblich.

»Wir haben ein Problem«, sagte er.

»Haben wir das nicht immer?« Quinn gab sich keine Mühe, den Ärger in ihrer Stimme zu verbergen.

»Wie ich dir bereits sagte, kommt Jason Barnes ständig zu spät zum Krafttraining und geht früh wieder.« Bobbys Lippen wurden so schmal, daß man sie beinahe gar nicht mehr sah. »Seine Mitarbeit an diesem Theaterstück wirkt sich negativ auf seine Sportleistung aus. Das muß aufhören.«

»Und wie ich dir bereits sagte, zwingt niemand Jason dazu, bei dem Stück mitzuwirken«, entgegnete Quinn. »Ich weiß wirklich nicht, was ich damit zu tun habe.«

»Die Leute haben sich über deine Beziehung zu diesem Jungen geäußert«, sagte Bobby. »Ich möchte nicht seine Eltern anrufen müssen.«

Quinn überlief es eiskalt. Der BP war nicht mehr nur ein Blödmann, er begann tatsächlich, gefährlich zu werden. »Welche Leute und was für eine Beziehung und warum seine Eltern anrufen?«

»Man hat euch beide zusammen gesehen«, fuhr Bobby fort. »Es machte einen recht intimen Eindruck.«

»Er ist einer meiner Schüler«, verteidigte Quinn sich. »Er mag ein lieber Junge sein, aber er ist schließlich noch ein Kind.«

»Ihr führt lange Gespräche und lacht miteinander.« Bobby sah sie finster an. »Er läuft dir überall hinterher, und du ermutigst ihn auch noch dazu, so daß er sich nicht mehr auf das Team konzentriert. Mir ist die Art aufgefallen, wie du –«

»Ich verstehe.« Quinn verschränkte die Arme und sah ihn von oben herab an. »Du bist ›die Leute‹, und du bist verärgert, weil du Jason von dem Stück abziehen und mich wieder hinter Bills Herd stehen sehen willst.« Am liebsten wäre sie dieser miesen Filzlaus hinter dem Schreibtisch an die Gurgel gesprungen; was bildete er sich ein, dieses üble Spiel mit ihr spielen zu wollen?

»Andere werden es auch bemerken«, sagte Bobby. »Man wird wahrscheinlich –«

»Ja, nachdem du alle darauf aufmerksam gemacht hast, wird es wohl schon als Annäherungsversuch ausgelegt, wenn ich dem Jungen Hausaufgaben gebe.« Fassungslos schüttelte Quinn den Kopf. »Du wirst mich nicht mit meinem Ruf erpressen, Robert. Ich kann nicht glauben, daß du und Bill so unter die Gürtellinie zielt. Ihr solltet euch schämen.«

»Es gibt nichts, dessen ich mich schämen müßte«, polterte Bobby los. »Mich wird jedenfalls niemals jemand beschuldigen können, zu engen Kontakt zu einer Studentin zu pflegen –«

Das war verdammt sicher, weil ihn alle für eine Null hielten.

»– also sollte dir allein die Tatsache, daß du angreifbar bist, zu denken geben.« Blasiert legte er eine Pause ein, und sie hätte ihm am liebsten eine Ohrfeige verpaßt, weil er recht hatte. »Du solltest es eigentlich besser wissen. Lehrer müssen über jeden Verdacht erhaben sein. Du wirst Jason sagen, daß er nicht mehr länger an dem Stück mitwirken kann. Schick ihn zu Bill zurück, dorthin, wo er hingehört.«

»Ich werde Jason ausrichten, daß du und Bill euch über sein Krafttraining Sorgen macht«, sagte Quinn. »Alles andere liegt bei euch. Aber eines verspreche ich dir« – vor lauter Zorn beugte sie sich weit über den Tisch – »solltest du irgendwelche Gerüchte über Jason und mich in die Welt setzen, werde ich eine Beschwerde über dich einreichen, die dich in Carl Brookners Augen wie der letzte Dreck dastehen lassen wird.«

Sämtliche Farbe wich aus seinem Gesicht, und vor Wut zog er die Augenbrauen zusammen. Damit konnte sie besser umgehen. Es war die Blasiertheit, die sie zur Raserei brachte.

»Solange du gegenüber niemandem eine Bemerkung fallen läßt«, fügte Quinn ruhig hinzu, »bist du auch nicht angreifbar. Und wenn du deinen Mund hältst, wird es auch keine Schwierigkeiten geben, weil die einzige Person weit und breit, die niederträchtig genug ist zu glauben, ich hätte ein Verhältnis mit einem Schüler, du selbst bist.«

»Sei vorsichtig«, sagte Bobby. »Sei bloß vorsichtig. Die Leute werden es bemerken. Und die Leute reden. Daß du verrückt geworden bist, denken sowieso schon alle, weil du ins Tierheim eingebrochen bist, um einen Hund herauszuholen.«

Kopfschüttelnd verließ Quinn das Büro. Auf dem Weg nach draußen blieb sie kurz im Vorzimmer stehen und sagte zu Greta: »Ich glaube, jetzt dreht er völlig durch.«

»Da bin ich sicher«, erwiderte Greta. »Übrigens, da war ein Anruf von der Bank für dich. Irgend etwas wegen deines Kredits.«

»Oh, Mist«, sagte Quinn, aber als sie zurückrief, erklärte Barbara ihr: »Ich wollte dir nur mitteilen, daß dein Kredit genehmigt ist. Du kannst jederzeit herkommen und die Papiere unterschreiben.«

Quinn verstand die Welt nicht mehr. »Mein Kredit? Welcher Kredit? Ich dachte, ich müßte eine höhere Anzahlung leisten.«

»Er ist genehmigt«, wiederholte Barbara freundlich. »Du kannst jederzeit herkommen.«

Es paßte nicht zur Bank-Barbie, einer Frage in Finanzangelegenheiten auszuweichen. »Ich werde in meiner nächsten Freistunde kommen«, sagte Quinn. »Dann können wir uns schön lange unterhalten.«

Barbara wirkte ein wenig nervös in ihrem eleganten grauen Gabardine-Kostüm, als Quinn die Bank betrat. »Ich habe in fünf Minuten Mittagspause«, sagte sie zu Quinn und schob ihr die Unterlagen quer über den Schreibtisch zu. »Wenn du einfach nur hier unterschreibst –«

Quinn nickte. »Gut. Ich begleite dich.«

»Nun ...« Barbara schien das nicht zu behagen.

»Ich will wissen, was passiert ist«, sagte Quinn.

Barbara wurde rot. »Ich habe ihm versprochen, nichts zu verraten.«

»Ihm? Wem ihm?«

Barbara warf einen Blick über die Schulter und flüsterte: »Nick.«

»Nick?«

»Schhhh!«

»Jetzt gehen wir erst recht gemeinsam zu Mittag essen«, sagte Quinn grimmig.

Eine halbe Stunde später hatte Quinn im Anchor Inn, über eine französische Pastete gebeugt, immer noch mit der Absurdität der Situation zu kämpfen. Mit ihr sprechen wollte Nick nicht, er zögerte jedoch nicht, die Hälfte der Anzahlung für ihr Haus auf den Tisch zu legen. Welcher konkrete Gedankengang ihn dazu bewogen haben mochte, war ihr nicht ganz klar, aber sie wußte, daß sie zugleich dankbar und auch wütend war – dankbar, weil er so besorgt war, und wütend, weil er es getan hatte. Bill hatte hinterhältig dafür gesorgt, ihren Kredit platzen zu lassen, davon war sie überzeugt, und nun hatte auch Nick hinter ihrem Rücken gehandelt, um sie zu retten, so als sei sie ein kleines Kind.

»Ich kann das einfach nicht glauben«, sagte sie zu Barbara.

»Ich finde das toll«, meinte Barbara. »Er kümmert sich um dich. Du hast vielleicht ein Glück.«

»Ich bevorzuge es, mich selbst um mich zu kümmern«, erwiderte Quinn. »Er sollte mich lieber so behandeln, als könne ich mich um mich selbst kümmern.«

»Warum?« Barbara sah sie so verständnislos an, daß Quinn hinzufügte: »Ich kapiere dich nicht. Du machst eine tolle Karriere bei der Bank, und du verdienst gut. Warum bist so derart darauf fixiert, einen Mann zu finden, der dich unterstützt?«

Barbara lehnte sich zurück. Auf ihren Wangen brannten zwei rote Flecken. »Ich brauche keinen Mann, der mich unterstützt. Ich würde mich nie von einem Mann aushalten lassen.«

»Oh.« Quinn nahm sie ins Visier. »Warum gehst du dann ständig mit verheirateten Männern aus?«

»Das tue ich gar nicht«, stritt Barbara ab. Der Kummer auf ihrem Gesicht war echt. »Das tue ich wirklich nicht. Ich gehe nie mit ihnen aus, bevor sie sich nicht getrennt haben. Weißt du, es ist einfach nur so schwierig, jemanden zu finden, der sich um einen sorgt. Wenn du einen guten Handwerker gefunden hast, weißt du, daß du Glück gehabt hast.«

Quinn dachte an die Reihe von Männern, die bei all diesen Inspektionen durch ihr Haus getrampelt waren. Sie hatte jeden einzelnen betrachtet und gedacht: *Willst du mich übers Ohr hauen? Ich habe nämlich nicht den blassesten Schimmer, wovon du sprichst.* »Okay, soweit gebe ich dir recht, aber dann ziehen sie bei dir ein, Barbara.«

»Nur drei von ihnen«, korrigierte Barbara sie.

»Du bist erst achtundzwanzig«, sagte Quinn. »Drei verheiratete Männer bis achtundzwanzig ist statistisch gesehen nicht zu verachten.«

»Ich gehe nicht mit ihnen aus, solange sie verheiratet sind«, beharrte Barbara. »Ich habe mich noch nie mit einem verheirateten Mann getroffen. Es ist nur einfach so, daß ich sehr viele Aufgaben habe, wenn ich jemanden finde, der wirklich gut ist und Sachen reparieren kann.«

»Also kommt er dann häufig zu dir.« Quinn nickte, um sie zum Weitersprechen aufzufordern.

»Und dann fragen sie mich irgendwann, ob ich mal mit ihnen ausgehen möchte«, erzählte Barbara weiter. »Aber ich sage ihnen immer, daß ich, auch wenn ich ihnen wirklich dankbar bin für die harte Arbeit, die sie geleistet haben, und ich sie wirklich ganz toll finde, weil sie das tatsächlich sind, ich unmöglich mit einem verheirateten Mann ausgehen könne. Ich könnte das wirklich nicht.«

»Und dann verlassen sie ihre Ehefrauen«, sagte Quinn und begann langsam zu verstehen. Sie konnte sich bestens vorstellen, wie Matthew nach zig langen Jahren mit der zeternden Lois auf eine junge, hübsche Blondine reagierte, die ihm erzählte, er sei toll.

»Und dann ist es eine Weile einfach wundervoll«, sagte Barbara wie zu sich selbst. »Ich fühle mich dann so geborgen, und ich weiß, wer ich bin, weil ich mit diesem wunderbaren Mann zusammen bin, der alles weiß.« Sie kam wieder auf den Boden zurück und fuhr fort: »Aber dann stellt sich heraus, daß es ein Trugschluß war. Es ist so enttäuschend, weil sie immer behaupten, alles zu wissen, verstehst du? Aber das tun sie nicht, und schließlich kann man ihnen gar nicht mehr trauen.«

»Ich denke, du solltest sie um ihrer selbst willen lieben«, sagte Quinn.

»Das tue ich ja auch«, sagte Barbara. »Bis sie mich enttäuschen.«

Quinn kehrte zu den wesentlichen Dingen zurück. »Warum willst du unbedingt einen Mann haben, der seine Frau sitzengelassen hat?«

Barbara sah verständnislos drein. »Alle Welt läßt sich scheiden. Nick ist auch geschieden, und du bist mit ihm zusammen.«

»Nein, bin ich nicht«, widersprach Quinn. »Er redet nicht einmal mit mir.«

»Warum hat er dann die Anzahlung für dich übernommen?« wollte Barbara wissen. »Er muß glauben, ihr wärt zusammen.«

»Ich weiß nicht, was er glaubt«, sagte Quinn. »Ich bin nicht einmal sicher, was ich selbst glaube. Ich mache gerade eine sonderbare Phase durch.«

»Darla Ziegler ist zu dir gezogen, oder?« fragte Barbara.

Quinn sah sie prüfend an. »*Nein.* Sie bleibt nur vorübergehend bei mir, um mit mir gemeinsam am Theaterstück der Schule zu arbeiten.« Das hörte sich so lahm an, daß sie verstehen konnte, warum Barbara ihr das nicht abkaufte, also nahm sie Abstand von den Ausflüchten und entschied sich für die Wahrheit. »Sie hat Max nicht verlassen. Sie sind immer noch verheiratet.«

»Wenn ich jemanden wie Max hätte, würde ich nicht ausziehen und ihn alleine lassen«, sagte Barbara. »Ich habe gehört, daß er gestern abend bei Bo's gewesen ist. Das ist schrecklich.«

Bo's. Mist. »Sie werden sich nicht scheiden lassen, Barbara«, sagte Quinn. »Vergiß es.«

Barbara wurde rot, und sie tat Quinn aufrichtig leid. »Du wirst schon noch einen wunderbaren Mann finden, der viel weiß und nicht verheiratet ist«, meinte Quinn zu ihr. »Das passiert ganz gewiß.«

Später, auf der Rückfahrt zur Schule, wurde ihr bewußt, daß sie ziemlich gönnerhaft geklungen haben mußte. Eigentlich ging es ihr selbst nicht besser als Barbara. Barbara kümmerte sich zumindest um die Instandhaltungsarbeiten ihres Hauses. Quinn brachte es nicht einmal fertig, daß der Mann, den sie begehrte, ihr Aufmerksamkeit schenkte (auch wenn er die Anzahlung für sie geleistet hatte, dieses Rindvieh), und daß der Mann, den sie loswerden wollte, sie in Ruhe ließ. *Bringe erst einmal dein eigenes Leben in Ordnung, bevor du dich mit Barbaras beschäftigst,* schoß es ihr durch den Kopf.

Sie begann bei Jason. »Mr. Gloam ist verärgert darüber, daß du dich neben dem Baseball auch für das Theaterstück engagierst.«

»Es liegt nicht an mir, daß das Team schlecht spielt«, rechtfertigte sich Jason.

»Er scheint zu denken, daß es meine Schuld ist«, erklärte Quinn ihm. »Außerdem deutete er an, daß unser Verhältnis – hmmm, enger sein könnte als zwischen Lehrerin und Schüler.«

»Der hat sie doch nicht mehr alle«, meinte Jason.

Quinn trat ein wenig zurück, als Thea mit neuem Papiernachschub aus der Materialkammer kam. »Ganz meine Meinung, aber er könnte mir das Leben zur Hölle machen. Deshalb wüßte ich es zu schätzen, wenn du zukünftig mindestens zehn Meter von mir Abstand hältst.«

»Sie wollen mich auf den Arm nehmen, oder?« Jason verlieh seinem Unmut deutlich Ausdruck.

»Was ist los?« fragte Thea, und Jason erwiderte: »Gloam glaubt, ich wäre scharf auf McKenzie.«

»Er versucht nur, mich zu erpressen, damit ich Jason aus der Schauspielgruppe werfe«, erklärte Quinn ihr. »Er glaubt nicht ernsthaft daran.«

»Aber Sie werfen mich doch nicht raus, oder?« fragte Jason, woraufhin Quinn den Kopf schüttelte. »Gut«, sagte er. »Ziemlich verrückte Schule hier.« Bei diesen Worten warf er Thea einen Blick zu, bevor er zu seinem Platz zurückkehrte, nur um ein paar Minuten später wieder nach vorne zu kommen und ihr zu sagen: »Hör mal, Thea, falls Gloam während des Unterrichts hier auftaucht, halte ich mich an dich. Vielleicht wird er dann denken, daß ich nicht hinter McKenzie, sondern hinter dir her bin, und sie in Ruhe lassen.«

»Bist du so ein guter Schauspieler?« fragte Thea kühl, und

Jason schüttelte den Kopf und sagte: »Diese Schule ist *eindeutig* verrückt.«

»Nicht nur diese Schule«, kommentierte Quinn und dachte an Nick. Er hatte die Anzahlung für ihren Kredit geleistet. Dafür sollte sie sich ihm erkenntlich zeigen. Bei diesem Gedanken beschleunigte sich ihr Puls ein wenig. Ein aufregendes Leben zu führen erwies sich als nicht so einfach, wie sie sich das vorgestellt hatte, aber es war es zweifellos wert, dieses Ziel weiterzuverfolgen. Nachdem er sie nun zwei Wochen lang ignoriert hatte, wurde es definitiv Zeit, Nick ihre Dankbarkeit zu zeigen. Ob er das wollte oder nicht.

Darla war gerade dabei, Joan Darling zu fönen, als Max ins Upper Cut kam.

»Da ist dein Mann«, sagte Joan.

»Der Typ da?« fragte Darla. *Halt den Mund, Joan.*

»Du bist schon so lange fort, daß du es wahrscheinlich vergessen hast«, sagte Joan.

»Fertig«, sagte Darla und schaltete den Fön aus, bevor die Hinterpartie von Joans Frisur ganz trocken war. Soll sie doch eine Weile so herumlaufen.

»Du und Quinn könnt niemanden an der Nase herumführen«, meinte Joan, als sie aufstand. »Wir haben alle die Gerüchte gehört, und Corrie Gerber hat erzählt, daß Quinn es genau hier in diesem Stuhl zugegeben hat.«

»Was zugegeben hat?« wollte Darla wissen, aber in diesem Moment trat Max zu ihr und sagte: »Ich muß mit dir sprechen.« Sie ging in den Pausenraum, gefolgt von Max, während Joan sie beobachtete, begierig auf Neuigkeiten, die sie verbreiten konnte.

Max schloß die Tür hinter sich. »Wie lange willst du diesen Mist eigentlich noch durchziehen?«

»Welchen Mist?« fragte Darla. »Mit Quinn zusammenzuleben anstatt mit dir? Bis du mir einen guten Grund dafür gibst, nach Hause zu kommen.«

»Nun, ich habe einen für dich«, sagte Max. »Es geht das Gerücht um, daß du und Quinn miteinander schlaft.«

Darla mußte lachen. Sie konnte nicht anders, weil er so empört aussah. »Also machst du dir Sorgen, daß wir das tatsächlich tun, oder bist du enttäuscht, weil wir es nicht tun?«

»Das ist nicht lustig.« Max funkelte sie an. »Du machst mich zum Gespött der Leute.«

»Ich wüßte nicht, wieso«, erwiderte Darla. »Eigentlich müßte man dir viel Sympathie entgegenbringen. Ich wette, daß all diese jungen Dinger schon in den Startlöchern sitzen.«

Max stieg die Zornesröte ins Gesicht. »Glaubst du etwa wirklich, ich würde dich betrügen? Tust du das tatsächlich?«

»Nein«, sagte Darla. »Aber ich glaube wirklich, daß du es immer noch nicht kapiert hast.« Er sah so unglücklich aus, daß sie ihn am liebsten in die Arme genommen hätte, aber dann wäre sie nur wieder an ihrem Ausgangspunkt angelangt. »Wir brauchen eine Veränderung, Max. Wir müssen einander wirklich wieder sehen, Risiken eingehen, uns daran erinnern, wie es war, wirklich lebendig zu sein. Würde ich nach Hause zurückkommen, wäre alles wie immer, und das hielte ich nicht aus.« Sie brach ab, weil sie an seinem Gesichtsausdruck erkannte, daß er nichts von dem verstand, was sie sagte, sondern nur noch wütender wurde. »Vergiß es.« Sie wandte sich zur Tür. »Vergiß es einfach.«

»Okay, erklär mir schlicht, was du willst, und du kriegst es«, sagte er mit vor Erbitterung müder Stimme.

»Wenn ich es dir erkläre, nützt das gar nichts«, antwortete Darla. »Es ist nichts Spezielles. Ich will nur, daß du begreifst, daß wir uns zu Stein verwandeln, dabei sind wir noch nicht einmal vierzig. Ich habe versucht, ein wenig Abwechslung in unsere Beziehung zu bringen, aber du hast mir keinerlei Aufmerksamkeit geschenkt. Jetzt bist du an der Reihe, dir etwas auszudenken. Überrasche mich. Zeig mir, daß wir noch leben.«

»Ich habe keine Ahnung, wovon du verdammt noch mal redest«, sagte er.

»Nun, genau aus diesem Grunde schlafe ich bei Quinn anstatt bei dir«, entgegnete Darla.

Später an diesem Nachmittag beugte sich Nick über Marcy Benbows Jeep und dachte an Quinn. Und an Sex. Die Vereinigung dieser beiden Vorstellungen in einem Satz behagte ihm gar nicht, aber er konnte sie einfach nicht aus seinen Gedanken verbannen. Vielleicht sollte er mit ihr darüber sprechen, es einmal zu tun, damit sie es abhaken und zum üblichen Gang der Dinge zurückkehren konnten. Einen einzigen Versuch, mehr wollte er nicht. Eine einzige Gelegenheit, ihr diese Unterwäsche vom Leib zu reißen und sie zu nehmen, um dann zu den guten alten Zeiten zurückzukehren. Ein flotter, verbotener Fick, und dann –

Draußen schlug eine Autotür zu, und Barbara Niedemeyer erschien in der Tür zur Werkstatt. Diesmal hatte sie den Camry ihrer Mutter mitgebracht, was Sinn machte, weil sie an ihrem eigenen Wagen jedes erdenkliche Teil repariert hatten. Nick duckte sich unter die Motorhaube des Jeeps, um den Anschein zu erwecken, für ein Gespräch zu beschäftigt zu sein. Seitdem er den Rest von Quinns Sicherheiten übernommen hatte, strahlte ihn Barbara genauso an wie Max. Sie war eine hübsche Frau, aber keine, mit der er etwas zu tun haben wollte. Insbesondere, seit ihm Quinn ständig im Kopf herumspukte und –

»Nick?« sprach sie ihn an, und er machte einen Satz, weil sie sich lautlos direkt rechts neben ihn gestellt hatte. Diese vermaledeite Frau bewegte sich wie eine Katze. »Ich muß mit dir reden.«

»Klar«, sagte er und richtete sich auf.

»Quinn weiß von dem Darlehen.« Barbara sah zugleich schuldbewußt und erfreut aus. »Sie wollte wissen, woher das Geld kommt, also mußte ich es ihr sagen. Es ging nicht anders.«

»Schon okay«, sagte er und dachte, *Mist.*

»Sie war ziemlich verärgert«, fuhr Barbara fort, und Nick spürte einen Stich. »Aber als wir mit dem Mittagessen fertig waren, hatte sie sich schon wieder beruhigt.«

»Gut«, sagte er. »Danke jedenfalls.« Er nickte ihr zum Abschied zu und beugte sich wieder unter die Haube in der Hoffnung, daß sie gehen würde, aber just in diesem Augenblick trat Max aus dem Büro.

»Bringst du diesmal den Wagen deiner Mutter?« rief er Barbara aufgeräumt zu.

»Ich bin ein wenig besorgt«, sagte sie und ging zu ihm hinüber, um ihm die Schlüssel auszuhändigen. »Sie wird schließlich nicht jünger, und ich will sichergehen, daß ihr Auto in Ordnung ist.«

»Kein Problem«, sagte Max. Er füllte den Arbeitsauftrag aus und plauderte mit ihr während des Schreibens, und Nick unterbrach seine Arbeit an Marcys Wagen, als er bemerkte, daß Max sich Zeit ließ und nicht versuchte, sie loszuwerden.

Nein, dachte er. *Oh mein Gott, Max, tu das nicht.*

»Wie kommst du denn nach Hause?« erkundigte Max sich, nachdem er den Auftrag und die Schlüssel ins Büro gebracht hatte.

»Ich habe es ja nicht weit«, sagte Barbara. »Außerdem ist schönes Wetter. Ich kann zu Fuß gehen.«

»Ich bringe dich nach Hause«, sagte Max.

»Wir haben jede Menge Arbeit hier«, ließ sich Nick laut hinter dem Jeep vernehmen.

»Pause fürs Abendessen«, sagte Max. »Hast du Hunger, Barbara?«

Oh, Shit.

»Ich habe heute mittag nur eine Kleinigkeit gegessen«, sagte Barbara, in deren Stimme Entzücken mitschwang.

»Wie wäre es mit dem Anchor Inn?« schlug Max vor. »Du hast uns schließlich viele Aufträge erteilt, da ist es nur fair, wenn ich dir ein Abendessen spendiere.«

»Könnte ich dich mal einen *Moment* sprechen?« fragte Nick.

»Ich warte im Wagen«, sagte Barbara und schenkte ihnen beiden ein strahlendes Lächeln, bevor sie hinausging.

»Halt mir bloß keine Vorträge«, sagte Max zu Nick.

Nick warf ihm hinter dem Jeep einen vernichtenden Blick zu. »Du bist ein hirnloser Vollidiot. Darla wird dich in Stücke reißen, und dann hättest du noch Glück, weil sie dich ansonsten für immer allein auf deinem Arsch sitzenläßt, und wie stehst du dann da?«

»Genau wie jetzt auch«, sagte Max störrisch. »Wenn sie sich nicht um das kümmert, was sie hat, wird sie es verlieren.«

»Vielleicht ist genau das der Grund, warum du es verloren hast, du Arschloch.« Nick knallte die Motorhaube des Jeeps zu. »Wann hast du Darla zum letzten Mal ins Anchor Inn ausgeführt?«

»Sie hat mich verlassen, weil sie keinen schlecht zubereiteten Hummer bekommen hat?« Max schüttelte den Kopf. »So ein Schwachsinn.«

»Was hat sie denn bekommen?« Weitaus wütender, als er sein wollte, lehnte Nick sich gegen den Jeep. »Wenn ich eine Frau wie Darla hätte, die mich nackt in der Tür empfängt, würde ich nicht mit der Bank-Barbie ausgehen. Aber du, nein, du setzt dich vor den Fernseher und siehst dir Videos von Footballspielen mit mir an, während sie sich im Schlafzimmer einschließt. Kannst du mir das eigentlich erklären, verdammt noch mal?«

Max wandte sich zum Gehen. »Ich muß jetzt los.«

»Wahrscheinlich hat sie ihre Haare abgeschnitten, damit du ihr ein bißchen Aufmerksamkeit schenkst«, rief Nick ihm nach. »Und was machst du? Du gehst zu Bo's. Du baust ganz große Scheiße, du Schwachkopf.«

An der Tür drehte Max sich um. »Und warum hat Quinn ihre abgeschnitten, du Klugscheißer? Ich kann nicht sehen, daß du dich besser benimmst.«

»Quinn ist eine gute Freundin«, sagte Nick.

»Und du bist ein Arschloch«, sagte Max und ging hinaus zu Barbara.

Quinn hatte eine Entscheidung treffen müssen, damit sie sich an diesem Abend auf die Theatertechnik konzentrieren konnte. Nach der Probe würde sie bei Nick vorbeischauen, um ihm zu danken. Auch wenn sie nicht zu dem Schluß gekommen wäre, daß er ihre Eintrittskarte in ein aufregendes Leben war, hätte sie sich bei ihm bedanken müssen. Das war nur recht und billig.

Vielleicht sollte sie ohne BH gehen.

Am anderen Ende der Bühne fiel irgend etwas mit lautem Gepolter um, und sie schob den Gedanken an Nick beiseite und ging hinüber, um das neueste Desaster zu begutachten. Jason und Corey stellten gerade die Hohlbäume aus Pappmaché auf, die der Kunstkurs gebastelt hatte. Als sie näher kam, sah sie, wie Corey einen Baumstamm hochhob, und sie hörte ihn sagen: »Diese Thea, die hat was. Warum ist sie mir bisher noch nicht aufgefallen?«

»Sie wird dir auch weiterhin nicht auffallen.« Jason stellte den verbeulten Stamm in die Mitte der fahrbaren Platte, auf der sie ihn bewegen würden, und begann, ihn festzuschrauben. »Vergiß sie.«

»Hast du ein Auge auf sie geworfen?« fragte Corey.

»Nee. Nicht mein Typ.«

Jason, du Armleuchter. Wieder benahm er sich genau wie Nick.

»Alles klar hier?« erkundigte sich Quinn.

»Bestens.« Jason steckte seine Hand in den Stamm, um die Beule herauszudrücken.

»Okay«, sagte Quinn und zog sich zurück, um die Bäume zu prüfen, die sie bereits befestigt hatten. Sie befand sich immer noch in Hörweite, als Corey sich nach Thea umsah, die sich über die Bühnenkante beugte, um einem der Techniker eine Rolle Klebeband zu reichen. »Mein Typ ist sie. Sieh dir bloß diesen Hintern an.«

»Nein«, sagte Jason, der immer noch mit dem Festschrauben beschäftigt war. »Nicht dein Typ.«

Ärgerlich sah Corey ihn an. »Wenn sie nicht deiner ist, kann sie ja wohl meiner sein.«

»Sie ist der Typ von niemandem.« Jason stand auf. »Sieh dir lieber die zweite Stiefschwester an. Sie ist in unserem Chemiekurs. Die ist dir bisher auch nicht aufgefallen.«

»Welche meinst du?«

»Die mit den dicken –«

»Schon verstanden.« Corey sah sich noch einmal nach Thea um.

»Nein«, sagte Jason. »Frag die aus der Chemie um Hilfe bei deinen Laborversuchen. Die könntest du jedenfalls gebrauchen.«

Corey zuckte mit den Schultern, meinte: »Was soll's« und ging zu dem Chemiemädchen hinüber.

Sie schien verblüfft und erfreut, ihn zu sehen.

»Willst du mir erklären, was das gerade sollte?« fragte Quinn und trat hinter dem Baum hervor.

»Nö.« Jason griff nach dem Technikplan, um ihn Thea zu bringen.

»Es ist ihr nicht verboten auszugehen, weißt du«, sagte Quinn.

»Aber nicht mit Corey«, sagte Jason. Plötzlich fuhren sie beide zusammen, als hinter ihnen Bills Stimme ertönte: »Quinn?«

»Hey, Coach«, begrüßte Jason ihn und verzog sich sogleich quer über die Bühne zu Thea.

Sehr feinfühlig, dachte Quinn und drehte sich zu Bill um.

»Ich dachte, ich könnte vielleicht helfen«, meinte er zu ihr. »Du weißt schon, noch ein Paar helfende Hände.«

»Nein«, sagte Quinn und legte soviel Endgültigkeit wie möglich in dieses Wort.

»Quinn, wir gehören zusammen.« Bill lächelte sie mit demselben alten Lächeln an, das besagte, *Ich weiß es am besten.* Quinn spürte die Wut in sich aufwallen.

»Ich kann das nicht noch deutlicher machen«, sagte sie. »Es ist mir egal, ob du Gerüchte über Jason und mich in die Welt setzt –«

»Das habe ich nicht getan«, widersprach Bill empört.

»– es interessiert mich nicht, was du tust, wir sind nicht mehr zusammen und werden es auch nie wieder sein.«

»Ich habe dieses Gerücht nicht gestreut«, verteidigte sich Bill. »Ich schwöre –«

»Ich glaube dir«, sagte Quinn. »Das war der BP, unter Garantie. Aber genug davon. Laß mich in Ruhe. Geh jetzt.«

Er machte Anstalten, noch etwas zu sagen, zuckte dann jedoch nur mit den Achseln.

»Vielleicht später«, sagte er, und sie preßte die Zähne zusammen, als er von der Bühne schlenderte und ihr Schuldgefühle vermittelte, die dann in Ärger umschlugen, weil sie sich schuldig fühlte. Es war nicht ihre Schuld. Es war ihr gutes Recht, einen Mann zu verlassen, den sie nicht wollte.

Und einen zu verführen, den sie wollte.

Um neun Uhr an diesem Abend, nachdem der letzte Schüler gegangen war und sie die Bühnentür kontrolliert hatte, um sicherzugehen, daß sie abgeschlossen war, zog Quinn ihren Büstenhalter aus und fuhr zu Nicks Wohnung. Sie fröstelte und fühlte sich unwohl, weil sie nervös war und keinen BH trug. Sie wußte immer noch nicht, was genau sie ihm sagen sollte – sie hatte hundert verschiedene Konversationen durchgespielt, aber keine einzige erschien ihr besser als schlecht –, daher hoffte sie, daß die fehlende Stütze unter ihrem Pullover eine lange Unterhaltung sowieso überflüssig machen würde.

Sie stieg die Stufen auf der Rückseite der Werkstatt hinauf, die zu seiner Wohnung führten, und als er die Tür öffnete und offenbar verdutzt war, sie zu sehen, sagte sie nur, »Ich habe von dem Bankdarlehen erfahren« und schob sich an ihm vorbei, wobei sie ein Stoßgebet gen Himmel schickte, er möge aufgeben und so schnell über sie herfallen, daß sie ihre Nervosität vergessen konnte.

»Das war doch nichts Besonderes«, sagte Nick, aber als sie sich umwandte, um ihm in die Augen zu schauen, hatte er die Tür geschlossen und sah ziemlich angespannt aus.

»Es war Bill«, sagte sie. »Er hat hinter meinem Rücken versucht, den Kredit platzen zu lassen.«

»Das habe ich mir schon gedacht.«

»Und dann versuchst du hinter meinem Rücken, ihn zu retten«, fuhr sie fort. »Ziemlich patriarchalisch von dir, findest du nicht?«

»Was?« Er sah ein wenig verwirrt aus. »Bist du verrückt geworden?«

»Eigentlich nicht.« Quinn schlenderte zum Bücherregal hinüber, um ihn nicht mehr ansehen zu müssen, weil er in dem Hemd mit aufgeknöpftem Kragen so gut aussah, groß und lässig. Zudem war er barfuß, und das wirkte außerordentlich sexy.

Wovon hatten sie gesprochen? Ach ja, von dem Kredit. »Ich würde einfach gerne wissen, wie es um meine Finanzen bestellt ist«, sagte sie so gelassen wie möglich. »Anstatt daß ihr beide euch hinter meinem Rücken einmischt.«

»Eigentlich war es mehr ein Herumschnüffeln hinter deinem Rücken«, meinte Nick. »Was kein Wunder ist, weil ich dich in letzter Zeit kaum mehr zu Gesicht bekommen habe.«

Bei diesen Worten zog sich ihr Herz ein wenig zusammen; er hörte sich leicht verärgert an. Vielleicht hatte er sie vermißt. »Das Theaterstück nimmt unsere ganze Zeit in Anspruch«, erklärte Quinn. »Es wird großartig werden. Edie –«

»Möchtest du einen Drink?«

Quinn nickte.

Er würde sie nicht hinauswerfen. Er nötigte sie zum Trinken. Das waren gute Zeichen. Während er in die Küche ging, um den Chivas zu holen, stöberte sie mit leicht zitternden Händen durch seine CDs, auf der Suche nach etwas unauffällig Verführerischem, etwas anderem als dem »Bolero«. Als sie auf die *Greatest Hits* von Fleetwood Mac stieß, legte sie die CD in den CD-Spieler. Bei ihr zu Hause hatte sie auch Wirkung gezeigt. Wenn doch nur die Couch ihrer Mutter hier wäre –

Die ersten Töne von *Rhiannon* erklangen, und Quinn zuckte zusammen und drückte auf die Weiter-Taste, bis sie zu *Hold me* gelangte. Ein toller Song. Verfänglicher Titel. Sie drehte sich um und sah Nick im Türrahmen zur Küche stehen, mit einem Glas in jeder Hand und einem sonderbaren Ausdruck auf dem Gesicht.

»Was ist?« fragte sie und ging auf ihn zu, um ihren Drink entgegenzunehmen.

»Interessante Musikwahl«, sagte er. »Also, bist du nun verrückt geworden oder nicht?«

Ernst sah er sie an. Ihre Blicke trafen sich, und erneut spürte sie, wie ihr der Atem stockte, weil er so gut aussah, schlank und dunkel und gefährlich. Sie hatte beinahe Angst davor, mit ihm zu schlafen – er war so anders als jeder, der sie bisher geliebt hatte –, aber noch mehr Angst hatte sie davor, es nicht zu tun. Zu lange schon hatte sie ihre Chancen verpaßt.

»Ich bin nicht verrückt«, sagte sie. »Ich bin dankbar. Ich liebe mein Haus. Vielen Dank. Ich werde dir das Geld natürlich zurückzahlen, aber dennoch vielen Dank.«

»Das war doch selbstverständlich.«

Sein Blick hielt den ihren immer noch fest, und je intensiver er sie anschaute, um so heißer wurde ihr. Aber er sah sie unentwegt an, und das verschaffte ihr gleichzeitig ein unbehagliches Gefühl. Sie nippte an ihrem Chivas und suchte nach einem unverfänglichen Gesprächsthema. Das Wetter war in den letzten Tagen gut gewesen. Vielleicht –

»Also, warum bist du hier?«

Quinn erstickte beinahe an ihrem Chivas, bevor sie ihn hinunterschluckte und sich den Mund mit dem Handrücken abwischte. »Um dir zu danken.« Sein Blick ruhte unverwandt auf ihr, wie auf der Suche nach Beute. Niemals zuvor hatte er sie so angesehen. Selbst die beiden Male, als er sie geküßt hatte, war er mehr widerstrebend als alles andere gewesen. Irgend etwas hatte sich geändert. Er wehrte sich nicht mehr.

Vielleicht war dies also kein günstiger Augenblick. Es gab noch genügend Tage, an denen sie sich leichtfertig zeigen konnte, wenn er sie nicht so ansah wie ein Serienmörder. »Tja, da ich mich nun bedankt habe –«

Sie drückte ihm den Chivas in die Hand, und er stellte ihn auf dem Bücherregal ab, ohne den Blick von ihr abzuwenden, nun ob ihrer Nervosität halb amüsiert.

»– werde ich jetzt gehen.« Wieder schaute sie zu ihm auf, in seine wunderschönen glutvollen Augen, die sie über sein Glas hinweg mit einer gewissen Selbstgefälligkeit betrachteten. Sie wartete, bis er einen Schluck nahm, und sagte dann: »Eigentlich bin ich hergekommen, um mit dir zu schlafen.«

Nick verschluckte sich an seinem Chivas.

Gut. »Aber wenn du kein Interesse hast –«

»Nur einmal.« Nick stellte sein Glas schneller ab, als sie ihn sich jemals hatte bewegen sehen.

Sie spürte, wie der Boden unter ihren Füßen schwankte. »Was?«

»Nur einmal, um es aus dem Weg zu schaffen.« Nick hörte sich absolut rational an, so als ermahne er sie, zweimal im Jahr zum Zahnarzt zu gehen. »Damit wir beide aufhören können, ständig daran zu denken.«

Einmal, um es aus dem Weg zu schaffen.

Soviel zu der tollen Affäre, die ihr Leben aufregend machen sollte. Sie öffnete den Mund, um ihn sofort wieder zu schließen, und suchte nach einer witzigen und überlegenen Antwort, um ihm zu sagen, daß er sich und seinen netten One-Night-Stand sonstwo hinschieben könne. »Du hast also darüber nachgedacht, stimmt's?«

»Zum Teufel noch mal, ja.« Er lehnte sich so selbstbewußt gegen das Bücherregal, daß sie ihn am liebsten geohrfeigt hätte. »Genau wie du.«

»Einmal, um es aus dem Weg zu schaffen, richtig?« Quinns Stimme bebte ein wenig vor Wut. Nur über ihre Leiche. Nein, über *seine*, dieser Bastard. »Das ist also dein Plan?« Sie funkelte ihn an. »Wer, verdammt noch mal, glaubst du eigentlich, wer du bist?«

»Ich glaube, daß ich der Fick bin, den du willst«, sagte Nick. Als sie zu einem Schwinger ansetzte, duckte er sich unter ihren Arm, zog sie zu sich und küßte sie derart fordernd und intensiv, daß sie ihren Arm sinken ließ, um die Hitze und den Schauder zu genießen, den seine Lippen auf ihren verursachten, grenzenlos erleichtert, daß sie endlich seine Arme um sich spürte.

Sie versuchte, sich zu lösen, und sagte: »Ich bin sauer auf dich«, doch er erwiderte nur: »Du wirst trotzdem noch ja sagen«, zog sie wieder zu sich und küßte sie erneut, während er seine Hände unter ihren Pullover gleiten ließ und fest über ihre Brüste fuhr, so daß sie aufstöhnte, während sie versuchte, einen klaren Kopf zu behalten.

Das Problem war das Lustgefühl; das wurde ihr klar, als sie versuchte, die Reste ihres Verstandes zusammenzuklauben. Er benahm sich nicht wie Nick, sondern wie ein Scheißkerl, absolut fordernd und machomäßig, aber seine Hände fühlten sich so gut an, und er küßte sie endlich, trieb sie mit seinem Kuß zum Wahnsinn, während seine Hände ihren Körper so fordernd erforschten, daß sie unwillkürlich erschauerte und sich in seiner Umarmung wand. Als er seine Zunge in ihren Mund gleiten ließ, gab sie jeden Widerstand auf.

»Das Schlafzimmer ist hier hinten«, flüsterte er, als sie nach Luft schnappte.

»Wir müssen noch einiges ausdiskutieren«, hauchte sie, aber er erwiderte nur, »Später«, und sie dachte, *Ja, später.*

11

Nick zog sie auf das Bett und rollte sich über sie. Ihn auf sich zu spüren erregte sie so, daß sie Arme und Beine um ihn schlang und sich ihm entgegenwölbte. Für diesen Mist, »Ich bin der Fick, den du willst«, konnte sie ihn später büßen lassen; im Augenblick begehrte sie ihn einfach. Mit einer schnellen Bewegung zog er ihr den Pullover über den Kopf und küßte sie heftig auf die Lippen, fuhr mit der Zunge ihren Hals entlang, bis er ihre Brüste fand und sie in den Wahnsinn, in eine dunkle Hitze trieb, in nie gekannte Abgründe, weil sie noch nie mit jemandem wie Nick zusammen gewesen war. Mit so einem gefährlichen Typ Mann, dem Typ Mann, der sagte, »Ich bin der Fick, den du willst«, was sie anmachte und gleichzeitig Mordgelüste in ihr weckte, dem Typ Mann, der einer Frau den Verstand raubte –

Fast jedenfalls.

Aber da war ein Teil von ihr, der nicht mitmachte, der immer noch ein wenig vom Verstand beherrscht wurde und ihr sagte, daß sie mit Nick zusammen war, der einfach nicht vom rationalen Überlegen ablassen wollte, der nicht aufhören wollte *zu denken.* Sein Mund liebkoste ihre Brüste, und sie ließ sich gehen, genoß es und wand sich vor Wonne unter ihm, während sich der Abgrund aufzutun schien, doch dann dachte sie, *Moment mal, das ist Nick,* und sie merkte, wie sie an die Oberfläche zurückkehrte. *Will ich das wirklich? Das könnte enorme Probleme geben,* doch dann sog er fester oder biß in ihre Schulter oder öffnete ihren Reißverschluß – *O Gott, fühlt sich das gut an* –, und wieder ging sie unter, völlig von Sinnen, bis das logische Denken sie wieder an die Oberfläche beförderte. *Wissen wir, was wir hier tun? Werde ich es bereuen?* Nach einer halben Stunde fühlte sie sich wie ein Angelkork. Wie nannte man die Dinger noch? Ach ja, Schwimmer. Sie fühlte sich wie ein –

Nick ließ seine Hand in ihren Slip gleiten, und erneut ging sie unter, nur um eine Minute später wieder aufzutauchen, als er sich bewegte, um ihr die Jeans vom Leib zu reißen.

Okay, ich bin ziemlich sicher, daß es das ist, was ich will, deshalb bin ich hergekommen, aber Zoë wird mich umbringen –

Eigentlich war nicht Zoë ihr Problem, sondern die Sache mit der Konzentration: Lust oder Logik, Lust oder Logik. Wenn sie sich nicht bald für eines entschied, würden ihre Lustgefühle sie verrückt machen.

Sie wollte wirklich logisch denken, beschloß sie, während Nick ihre Jeans über ihre Knie zerrte und der Teil von ihr Besitz ergriff, der sich lösen und kühl sagen konnte, »Nun ja, er ist ein bißchen stürmisch, aber im Umgang mit einer Vulva scheint er sich auszukennen«, der Teil, der nicht in die dunkle, verlockende Leere eintauchen wollte, in die sie abglitt, wenn sie ihren Kopf ausschaltete. Es war nicht so, als hätte sie nie zuvor Sex gehabt, es war nicht so, als hätte sie nie zuvor Orgasmen gehabt, viele davon sogar, nette kleine Vanille-Orgasmen, und nun war Nick hier und schien mit dunkler Schokolade zu handeln, aber sie war nicht sicher, ob sie der *Typ* für dunkle Schokolade war, und wenn nicht –

Nick fuhr mit der Zunge über ihren Bauch, um dann tiefer zu gehen, und sie ließ ihren Kopf zurückfallen und die Logik einen Moment beiseite. Sie schob seinen Kopf weg, damit sie die Jeans von ihren Füßen abstreifen konnte, ohne ihm gegen den Kopf zu treten, während er sich hastig Hemd und Shorts auszog. Sie waren nackt. Er sah klasse aus, schön und schlank und durchtrainiert, und er griff nach ihr –

»So kennen wir uns ja gar nicht«, sagte sie in dem Versuch, witzig und selbstsicher zu klingen, um mit der Situation klarzukommen, während er sich an sie drängte.

Verdammt, wir sind nackt.

»Stimmt, schön«, sagte er mit heiserer Stimme und ließ seinen Blick wandern, bevor er sie auf sich zog – all diese Haare auf seiner Brust, wo Bill glatt gewesen war –, seine Hand über ihren Bauch gleiten ließ, so daß ihr Verstand hin und her sprang – *tolle Hände, wirklich* und schließlich zwischen ihre Schenkel wandern ließ, wodurch sie gut fünf Minuten aus ihrem Bewußtsein verlor und sich ihm nur entgegendrängte – *ja, genau da* –, während seine Finger in sie hineinglitten – *hör nicht auf* – und er sich dann auf sie rollte und sie durch die Berührung und den Druck seiner Hand wieder hinabgezogen wurde –

Das ist Nick, sagte ihre Logik. *Ist das nicht interessant? Sieh mal diesen Unterschied zu den anderen Malen* –

Sie spürte, wie er sich auf sie legte und sein Gewicht die Luft aus ihren Lungen quetschte – *nicht sehr erotisch* –, bevor sie bemerkte, daß er in der Nachttischschublade nach einem Kondom tastete – *sieh an, ein Gentleman* –

Er spreizte ihre Beine mit seiner Hüfte auseinander, ließ seine Hand dazwischengleiten, daß sie erneut glaubte, wahnsinnig zu werden und den Verstand zu verlieren, bevor seine Finger sie schließlich öffneten – *warte einen Moment* – und er in sie eindrang. Sie wölbte sich ihm entgegen, weil es sich so gut anfühlte, derart ausgefüllt zu sein, fest, hart und groß. Sie drängte sich an ihn, um ihn so tief wie möglich zu spüren, und bohrte ihre Fingernägel in seine Schultern, weil er sich so unglaublich gut anfühlte.

Er sagte etwas, preßte es hervor, aber sie konnte es durch den Schleier der Lust nicht hören; dennoch reichte der Tonfall seiner Stimme aus, um wieder zu Verstand zu kommen.

Mache ich das richtig?

Er bohrte sich tiefer in sie, und erneut gab sie sich ihm völlig willenlos hin, bevor sie wieder auftauchte – *jetzt bloß nicht unseren Verstand verlieren* –, doch dann bewegte er sich wieder, so daß die Erregung und der Schauer und der Rhythmus – sein Rhythmus – erneut von ihr Besitz ergriffen – *ich glaube, ich hinke einen Taktschlag hinterher, wenn er sich langsamer bewegen würde, könnte ich aufholen, so ähnlich wie bei einer Rumba* –

Nie zuvor hatte sie solche Nebengedanken im Bett gehabt, aber schließlich war sie auch nie zuvor derart paralysiert und geblendet gewesen. Eine Frau konnte dabei die Kontrolle verlieren. Man stelle sich nur die Probleme vor, zu denen das führen konnte.

Nick rutschte auf ihrem Körper höher und stieß in sie, so daß sie sich erneut verlor, nur um sich schnell wieder zusammenzureißen mit dem Gedanken, daß sie etwas Produktives tun könnte, sicherlich war er an mehr gewöhnt bei all den agilen Zwanzigjährigen, mit denen er ausgegangen war, *außerdem könnte ich ein paar Pfund abnehmen, na ja, sagen wir zehn, nicht nur ein paar –*

Er glitt aus ihr heraus, doch sie klammerte sich an ihn. Er küßte sie heftig, bevor er seinen Mund weiterwandern ließ und ihre Brüste ebenso heftig liebkoste, um dann noch weiter abwärts zu gehen und in ihren Bauch zu beißen und sie dann zu lecken – *so naß,* schoß es ihr durch den Kopf, *warum tut er das –,* doch dann fand seine Zunge ihr Ziel. Vor Wonne wand sie sich unter ihm, während er ihre Hüfte mit seinen Händen festhielt und sie schließlich zu keinem vernünftigen Gedanken mehr fähig war. Es war einfach zuviel, und sie gab sich völlig der Spannung hin, die er aufbaute, schrie ihre Lust wie von Sinnen in die Dunkelheit hinaus, die sich vor ihr auftat. Sie würde fallen, wenn er nicht aufhörte – *hör nicht auf –,* doch dann tat er es, und dankbar und enttäuscht fand sie zurück zur Besinnung, bevor er sich wieder auf sie schob und hart in sie eindrang. Tief stieß er in sie und flüsterte ihr *Ja* ins Ohr, völlig ernst – *O Gott, Quinn,* sagte er, so daß sich alles in ihr zusammenzog und sie nicht anders konnte, als sich noch enger an ihn zu drängen, bevor sie sich ein letztes Mal fing – *was tust du hier? Du hast die Kontrolle verloren* – und er sie dann wieder in seine Dunkelheit hinabzog, seine Hand rauh an ihrem Gesicht, seine Augen schwarz vor Lust, so tief in ihr zu sein. »*Komm jetzt!*« stieß er zwischen den Zähnen hervor, und sie sah ihm in die Augen, er war *Nick,* und das war alles, was nötig war, damit sie ihren Widerstand unter ihm aufgab, erschrocken und überrascht, schnell und heiß und heftig.

Erschöpft fiel er auf sie, und sie umklammerte ihn, während sie versuchte, sich daran zu erinnern, wie man atmete. Er glitt von ihrem Körper, wobei er seine Hand über ihren Bauch und zwischen ihre Beine wandern ließ und dann wieder hoch zu ihren Brüsten, und sie wandte sich ihm zu, um den Druck zu spüren. Er beugte sich über sie und küßte ihre Brüste – sie drängte sich an ihn –, dann ihren Mund – er schmeckte heiß und fremd und köstlich –, und schließlich ließ sie ihren Verstand dauerhaft zurückkehren, während er sich neben sie auf den Rücken rollte.

»O Gott«, sagte Quinn.

Oh, Scheiße, dachte Nick.

Es war schwierig, sich nach gutem Sex deprimiert zu fühlen, aber es gelang ihm. Es war eine großartige Idee gewesen, einmal mit ihr zu schlafen, um die Magie zu entzaubern und am nächsten Morgen als neuer Mann zur Arbeit zu gehen, frei von all diesen dummen Phantasien, weil er dann wüßte, daß sie einfach nur wie all die anderen Frauen war, nett, amüsant und der Mühe wert, aber dennoch nur eine in der Reihe von Frauen, die mit Nick Ziegler geschlafen hatten.

Nur, daß sie immer noch ein Mysterium war und er sie schon wieder begehrte.

Mach, daß du aus diesem Bett kommst, ermahnte er sich, doch seine Hand tastete wie von selbst nach ihr, sie war so heiß und weich. Er stützte sich auf seinen Ellbogen, obwohl er so erschöpft war, daß er seine ganze Energie darauf verwenden mußte, nur, um sie anzuschauen.

Sie sah nicht wie Quinn aus, so wie sie dalag mit diesem kurzen zerzausten Haar, nackt und sinnlich vor Sex, entspannt und befriedigt an ihn geschmiegt. Sie sah exotisch und erotisch aus, sie verströmte Hitze, sie war die Sorte Frau, die jeder Mann vögeln wollte, und er wollte sie schon wieder. Begierig studierte er ihren Körper, versuchte, sie mit normalen Augen zu sehen. Er betrachtete die Rundung ihrer Brüste, er bemerkte die schwache Blinddarmnarbe auf der kleinen Wölbung ihres Bauches, maß die Breite ihrer Hüften mit den Augen ab – kein perfekter Körper, es sei denn, man spürte dieses Verlangen, in diese Hüften zu versinken, es sei denn, man begehrte eine Frau, die so sinnlich war, heiß und stark und willig. Er strich mit der Hand über ihren Bauch abwärts, um zu sehen, wie sie sich aufbäumen und aufstöhnen würde wie jede Frau – *Laß sie wirklich werden,* dachte er, *laß sie wie jede andere werden* – doch statt dessen errötete sie und kuschelte sich an ihn, wobei sie ihre Brust mit einem Arm bedeckte und seine Hand mit ihrem Schenkel wegschob, zufrieden nach allem, was sie getan hatten. Plötzlich war er gar nicht mehr müde.

»Nein«, sagte er und schob ihren Arm weg. Er beugte sich über sie, um ihre Brüste mit Küssen zu bedecken. Er spürte, wie ihre Brustwarzen bei der Liebkosung seiner Zunge hart wurden, er spürte die Glut ihres Körpers unter seiner Hand. Sie war so weich, während sie unter seiner Berührung erschauerte, und er verstärkte den Druck seiner Hand auf ihrem Körper, um zu spüren, wie ihre Formen kleine Hügel in seinen Fingern bildeten. Er ließ seine Hand über ihren Rücken gleiten, die Wirbelsäule entlang, während er an ihrer Brust sog und sie aufstöhnen ließ. Er erkundete die volle Rundung ihres Hinterns, zog sie näher zu sich, um sie überall zu streicheln, überwältigt von seinen fleischgewordenen Phantasien. Er wollte sie wieder unter sich spüren, offen und willig, er wollte wieder ihre Weichheit und ihre Kurven und ihre Nässe spüren und ihr Stöhnen hören. Er küßte sie heftig, fuhr mit der Hand über ihren Bauch abwärts und schob sie zwischen ihre Beine, während er sie ansah und ansah und ansah, um sie erneut mit Blicken ganz in sich aufzunehmen.

»Du starrst mich an«, flüsterte sie und griff nach seiner Hand in dem Versuch, zu verbergen, daß sie verwirrt war, und dabei nur um so verwirrter aussah, weil sie ihm etwas vormachte. Durch die Lust völlig irritiert, war sie wunderbar empfänglich und gehörte vollkommen ihm.

»Ich darf starren«, sagte er. »Das ist mein Bett. Und ich werde dich auf jede Weise bekommen, wie es mir gefällt.« Ihm kam der Gedanke, sie umzudrehen, sich gegen ihren festen Po zu pressen und ihre vollen Brüste von hinten mit den Händen zu umschließen; er dachte daran, sie hochzuziehen und auf der Bettkante rittlings auf sich zu setzen, so daß er sie durchbohren konnte, während er ihre Brüste mit seinem Mund liebkoste; er dachte daran, sie zu nehmen, sie zu lecken und ihre Lust und Nässe und Süße zu schmecken, bis sie den Verstand verlor –

Plötzlich richtete sie sich auf und küßte ihn, überraschte ihn, als sie ihre Zunge zwischen seine Lippen gleiten ließ, bevor sie ihn mit dem Rücken auf das Bett hinunterdrückte. Er konnte nichts anderes mehr wahrnehmen als ihren weichen Körper und ihre forschenden Hände. Sie knabberte an seiner Lippe und preßte sich an ihn. Als er auflachte und zu ihr hochblickte, sah sie plötzlich wieder wie Quinn aus, allerdings wie eine verwandelte Quinn, ihre Augen vor Lust geweitet, ihr Mund ein wenig wund und rot, weil er sie so heftig und so oft geküßt hatte, Quinn, die verdorben aussah, so als wäre sie gründlich genommen, gelegt, klargemacht, gebissen, geleckt und gevögelt worden-

»Mein Gott, bist du schön«, flüsterte er und nahm erneut Besitz von ihrem Mund, während er ihren heißen Körper unter seinen Händen spürte, seine Hände auf ihren Leib gepreßt, ganz fest, *du gehörst mir* – in dem wahnsinnigen Verlangen, mit ihr zu verschmelzen, sie zu nehmen, für sich zu beanspruchen, sie in sich aufzusaugen, in sie einzudringen, sie zu behalten –

Mit einem Kratzen im Hals stoppte er abrupt, alarmiert von der Intensität, mit der er sie begehrte und immer wieder begehrte. Sie behalten?

Weg hier.

Er schloß die Augen, damit er nicht sehen mußte, was er aufgab, und drehte seine Hüfte, um sie von sich abzusetzen. Dann rollte er sich in die andere Richtung und richtete sich auf der Bettkante auf. »Ich sterbe vor Hunger«, sagte er und griff nach seinen Shorts, während er versuchte, das Zittern in seiner Stimme zu unterdrücken. »Wie wär's mit einer Pizza?«

Völlig verblüfft versuchte Quinn ungeschickt, sich aufzusetzen. Verwirrt kämpfte sie gegen ihre Lustgefühle an. Es kostete ihn seine ganze Kraft, nicht sofort wieder über sie herzufallen.

»Pizza?« fragte sie ungläubig. Er warf ihr ihren Pullover zu, damit er nicht mehr mitansehen mußte, wie unglaublich schön sie nackt war.

»Wir haben jede Menge Energie verbraucht«, sagte er und verlieh seiner Stimme einen unbeschwerten Klang. »Irgendwelche Präferenzen?«

»Präferenzen.« Sie saß wie angewurzelt dort mit ihrem Pullover im Schoß, und er wandte sich ab, damit er nicht länger dumme Gedanken hätte.

»Peperoni, Funghi –«

»Ich habe keinen Hunger«, sagte sie tonlos.

»Ich schon.« Er flüchtete ins Wohnzimmer und schob alle nackten Phantasien von ihr beiseite, indem er verzweifelt einen Weg zu finden versuchte, wie zum Teufel er sie aus seiner Wohnung schaffen konnte. Vielleicht könnte er sie losschicken, um die Pizza zu holen, und dann umziehen. Diese Idee würde wunderbar zu den restlichen brillanten Einfällen passen, die er in letzter Zeit gehabt hatte.

Als sie jedoch fünf Minuten später komplett angekleidet aus dem Schlafzimmer kam, griff sie ohne Aufforderung nach ihrer Jacke.

»Ich gehe jetzt«, sagte sie, »aber eines will ich dir sagen: Am Finish mußt du noch arbeiten. Wirklich lausig, Ziegler.«

Er fühlte sich zwischen Beleidigtsein und Erleichterung hin- und hergerissen. »Hey, du bist gekommen.«

»Ich war nur höflich«, sagte sie schnippisch und stapfte aus der Tür.

»Warst du nicht«, rief er hinter ihr her. Er hatte gespürt, wie sie sich ihm völlig hingegeben hatte, er hatte gespürt, wie sie sich an ihn drängte und erschauerte und willenlos wurde, bis sie alles gab. Er hatte auch ziemlich lange daran arbeiten müssen, sie dorthin zu bekommen. Er bemühte sich, sich gekränkt zu fühlen, aber das einzige, woran er denken konnte, war, wie toll es gewesen war, sich so um Quinns Körper zu bemühen.

Quinns Körper.

»Zur Hölle damit«, sagte er laut und ging ins Bad, um sich zu duschen. Anschließend wechselte er die Bettlaken, in dem festen Entschluß, sie ab heute für immer und ewig aus seiner Wohnung fernzuhalten.

Bill saß in seinem Wagen auf der anderen Straßenseite gegenüber der Werkstatt und beobachtete, wie Quinn wegfuhr. Sie war länger als eine Stunde bei Nick gewesen, und er verspürte einen Stich der Eifersucht, wenn er sich vorstellte, wie sie beieinandersaßen, sich unterhielten und zusammen lachten, genauso, wie er sie tausende Male beisammen gesehen hatte. Wegen Nick brauchte er sich keine Sorgen zu machen, er war nur Nick, aber Bill beneidete ihn um die Zeit, die er mit Quinn dort in seiner Wohnung verbrachte. Er hatte vor der Schule gewartet, während sie ihre Proben beendete und mit den Schülern drinnen redete und lachte – er war sicher, daß sie redete und lachte –, und war ihr dann zu Nick gefolgt, um sich dort auszumalen, wie die beiden in der Wohnung saßen und sich lachend unterhielten. Es war so unfair, daß er ihr nicht näher kommen konnte, als draußen in einem Auto zu sitzen, das Haus zu beobachten und zu warten; das war so unfair, er *haßte es, haßte es –*

Er atmete tief durch und rieb sich die Stirn, weil er schon wieder Kopfschmerzen bekam. Dann ließ er den Motor an. Er fuhr an ihrem Haus vorbei, um sicherzugehen, daß sie gut nach Hause gekommen war, nach Hause zu ihrem Dad und Darla, nach Hause, wo sie – ohne ihn – noch mehr reden und lachen würde, aber das war in Ordnung, denn bald würden sie wieder zusammen sein.

Er konnte es kaum erwarten.

Als Zoë am anderen Ende der Leitung abhob, holte Quinn tief Luft und fragte: »Warum habt Nick und du euch getrennt? Du wolltest zwar nie darüber sprechen, aber ich muß es wissen.«

»Weil ich ihn verlassen habe«, antwortete Zoë. »Geht es ihm gut? Warum horchst du mich ständig nach ihm aus?«

»Es geht ihm gut.« Quinn suchte nach einem Grund außer *Ich habe eben mit ihm geschlafen, und am Ende benahm er sich merkwürdig. Ist das normal?* »Er hat sich vor kurzem von Lisa getrennt. Das dürfte so ungefähr seine zwanzigste Freundin nach dir gewesen sein.«

»Macht ihm das zu schaffen?« fragte Zoë.

Quinn dachte daran zurück, wie Nick voller Lust auf ihr gelegen hatte. »Er läßt sich zumindest nichts anmerken. Es interessiert mich nur.«

»Es ist schon so lange her«, meinte Zoë. »Ich habe dir doch erzählt, daß ich glaube, ihn nur geheiratet zu haben, um Mom aus der Fassung zu bringen und um aus Tibbett herauszukommen. Außerdem war es lustig mit ihm, bis wir in Dayton landeten und er die ganze Zeit arbeitete und abends, wenn er nach Hause kam, irgendwie nur herumsumpfte.«

»Herumsumpfte?«

»Du weißt schon, er las ständig, spielte mit seinen Freunden Basketball und so weiter.«

»Das tut er immer noch«, sagte Quinn. »Er und Max haben hinter der Garage einen Korb aufgehängt.«

»Nun, da siehst du's.« Zoës Stimme klang hochgradig rational. »Ich war nur für den Sex da, deshalb begann ich mich zu langweilen. Worum geht es denn eigentlich?«

»Er wollte dich nur für Sex?« Quinn haßte es, diese Frage auszusprechen. Unter anderem wollte sie nicht daran erinnert werden, daß er mit Zoë *tatsächlich* Sex gehabt hatte.

»Nein, das war das einzige, wofür ich ihn wollte. Ich weiß nicht, wofür er mich wollte. Als Ehefrau, nehme ich an.« Sie schien nachzudenken. »Obwohl er nie besonders besitzergreifend war. Es war mehr so, als wäre ich nur eine angenehme Begleiterscheinung. Nach drei Monaten überredete ich ihn, mich nach Hause zu bringen, um dich und Mom zu sehen, und ich war so froh, wieder in Tibbett zu sein, daß mir klar wurde, daß irgend etwas nicht in Ordnung war. Als wir nach Dayton zurückkehrten, habe ich ihn verlassen. Ich hielt es nicht mehr aus.«

»Tut es dir leid?« fragte Quinn in dem Wunsch nach Absolution, in dem Wunsch, Zoë sagen zu hören. *Nimm ihn, er gehört dir.*

»Nein. Ihm etwa?«

Quinn dachte an die wenigen Momente zurück, in denen er Zoë erwähnt hatte. Er hatte ihren Namen ohne jede Tonveränderung ausgesprochen, wie den Namen einer beliebigen anderen und keiner besonderen Person. »Ich denke nicht. Er macht nicht gerade den Eindruck, als würde er etwas verheimlichen.«

Zoës Auflachen drang verächtlich durch die Leitung. »Dann tut er es auch nicht. Nick kann nichts verheimlichen, auch wenn er es wollte. So wie Nick sich gibt, so ist er auch.«

Kurz und scharf schoß Quinn die Erinnerung an Nick durch den Kopf, wie er schlank und nackt neben ihr lag. »Stimmt.«

»Er hatte Witz, aber keinen Wumm.« Zoë hörte sich nicht gerade nach gebrochenem Herzen an, und dann wurde ihre Stimme leiser, als sie sich vom Hörer abwandte und sagte: »Ja, du hast Wumm. Deshalb habe ich dich genommen.«

Quinn hörte das Gemurmel von Bens Stimme, woraufhin Zoë auflachte. Sie verspürte einen Anflug von Neid. Es mußte wundervoll sein, mit einem Mann zusammenzuleben, den man liebte und der diese Liebe erwiderte. So wie bei Ben und Zoë. »Woher wußtest du, daß Ben der Richtige ist?« fragte sie unvermittelt. »Weshalb warst du dir so sicher? Du hast ihn doch nur bei der Arbeit kennengelernt. Woher wußtest du es?«

»Ehrlich gesagt habe ich ihn nicht bei der Arbeit kennengelernt«, sagte Zoë. »Das habe ich zwar dir und Mom erzählt, aber tatsächlich hat er mich in einem Brunnen aufgegabelt.«

»Was?«

»Vor unserem Gebäude gab es diesen Brunnen.« Zoë schien das Ganze ein wenig peinlich zu sein. »Eines Tages bin ich dorthin gegangen, ich war wirklich depressiv, weil ich auf die Dreißig zuging und niemals Kinder haben würde, obwohl ich mir doch so sehr welche wünschte, und weil ich ein Kostüm trug und so stinknormal war, anstatt – na ja –«

»Anstatt Zoë zu sein«, ergänzte Quinn, die ihre Schwester sehr gut kannte.

»Ich zog meine Schuhe und meine Strumpfhose aus und stieg in den Brunnen, weil ich genau das getan hätte, bevor ich zu einem Kostüm geworden war. Ich habe nicht einmal bemerkt, daß Ben dort war, bis er sagte: »Sie haben tolle Beine.« Er saß auf der anderen Seite des Brunnens, die Hosenbeine aufgerollt und mit den Füßen im Wasser, und begutachtete mich hinter dieser Hornbrille. Ich dachte, er wolle mich einfach anmachen, deshalb habe ich ihm die kalte Schulter gezeigt. Doch dann sagte er, nein, es sei lediglich eine wissenschaftliche Feststellung gewesen, denn er sei glücklich verheiratet und Vater eines wunderbaren Sohnes namens Harold –«

»Du willst mich verarschen«, meinte Quinn.

»– woraufhin ich ihm sagte, daß nur ein Sadist sein Kind Harold nennen würde, daß meine Tochter Jeannie heiße und der Star ihrer Ballettklasse sei –«

»Das war *spitze*«, sagte Quinn.

»Ich weiß«, sagte Zoë. »Plötzlich hatte ich das Gefühl, wieder ich selbst zu sein. Anschließend haben wir uns von unseren jeweiligen Ehepartnern vorgeschwärmt, bevor ich irgendwann merkte, daß er das Blaue vom Himmel herunterlog. Daraufhin habe ich ihm erzählt, in Wirklichkeit sei ich eine russische Spionin mit Lizenz zum Töten, und er meinte, ›Es war immer schon mein Traum, nachmittags mit einer russischen Spionin mit Lizenz zum Töten Sex zu haben‹, worauf ich nur erwiderte, daß es eine Schande sei, daß er mit solch einer wundervollen Frau verheiratet wäre, weil wir ansonsten *mit Sicherheit* Sex gehabt hätten. Daraufhin meinte er nur, ›Sie hat mich verlassen‹. Wir haben fünf Tage in einer Suite im Great Southern verbracht und sind dann nach Kentucky durchgebrannt.«

»*Was?*«

»Du hast richtig gehört«, sagte Zoë. »Deshalb habe ich euch erzählt, wir hätten uns bei der Arbeit kennengelernt und würden uns schon lange kennen. Blöd von mir, nicht wahr?«

»Das ist eine wundervolle Geschichte«, sagte Quinn. »Kein Wunder, daß du Nick nicht vermißt.«

»Hey, Nick war ein lieber Kerl«, wandte Zoë ein. »Nur einfach nicht der Richtige. Warum erkundigst du dich eigentlich so sehr nach ihm?«

»Ich habe in letzter Zeit nur viel darüber nachgedacht, wie wir einst waren«, antwortete Quinn ehrlich. »Wer wir damals alle waren. Und wer wir jetzt sind.«

»Hmmm, nun ja, ich vermute, daß Nick derselbe geblieben ist. Solche Typen ändern sich nicht. Nick war immer nur für Sport, Autos und Sex zu haben.«

Das hörte sich nach Nick an.

»Nicht, daß das schlecht gewesen wäre. Ich war nur Fleetwood Mac derart überdrüssig, daß ich hätte schreien können –«

Quinn überlief ein kalter Schauer. »Was?«

»Fleetwood Mac. Ihm gefiel es, zu Fleetwood Mac zu bumsen, und ich würde um einen Groschen mit dir wetten, daß er das noch immer tut. Frag Lisa doch mal. Ich wette, sie hat ›The Chain‹ so oft gehört, daß es ihr dabei schon ohne ihn kommt.«

»Ich bringe ihn um«, sagte Quinn.

»Wie bitte?«

Jetzt hatte sie Gewißheit. Eine von denen, die Nick Ziegler flachgelegt hatte. Musik von Fleetwood Mac. Dieser Hurensohn.

»Quinn?«

An dem Abend, nachdem Meggy und Edie gegangen waren, hatte er die CD sogar aus ihrem Stapel ausgewählt. Zuerst wollte er also zur Sache gehen, dann hatte er es sich anders überlegt. Sie hatte sie eingelegt. Er hatte sie wegen Fleetwood Mac geküßt und wegen ihrer Haare aufgehört, sie zu küssen. Dann hatte sie sich eine neue Frisur zugelegt und – »Ich bringe ihn um.«

»Du hast mit ihm geschlafen.« Zoës Stimme klang sachlich.

»Ja.« Je mehr Quinn darüber nachdachte, desto mehr begann ihr Blut zu kochen.

»Aha.«

»Aha, was?« fragte Quinn, bereit sich mit dem Erstbesten zu streiten.

»Aha, nichts. Außer daß du mit meinem Ex-Mann geschlafen hast und du meine Schwester bist und wir uns anhören wie einer von Jerry Springers größten Hits.«

»Ich dachte, es ist dir egal, mit wem er schläft.«

»Ist es auch.« Zoë hörte sich ein wenig überrascht an. »Aber es ist mir nicht egal, mit wem du schläfst.«

»Nun, du kannst aufhören, dir Gedanken zu machen, weil ich nie wieder mit jemandem schlafen werde.« Quinn dachte daran, wie Nicks nackter und heißer Körper auf ihr gelegen hatte und verdrängte den Gedanken schnell. »Nie mehr.«

»War es so schlecht?«

»Nein.« Quinn versuchte, nicht daran zu denken. »Ich kann nur einfach nicht glauben, daß er auch mit mir diese Fleetwood Mac-Nummer abgezogen hat. Er küßte mich nach der

Hälfte von ›Hold me‹ und hatte mich bei ›You Make Lovin' Fun‹ nackt ausgezogen.«

»Ich glaube, zu ›You Make Lovin' Fun‹ haben wir es nie gemacht«, sagte Zoë. »Das kommt doch am Ende des Albums. So lange hat er sich für mich nie Zeit genommen. Das mit ›The Chain‹ war kein Witz. Wenn ich bis dahin nicht gekommen war, hatte ich auch keine Chance mehr, weil er fertig war.«

»Er hat sich geändert«, sagte Quinn. »›Hold me‹ lief bereits zum zweiten Mal, als ich kam. Ich kann es einfach nicht glauben.«

»An ›Hold me‹ kann ich mich gar nicht erinnern«, sagte Zoë. »Du meinst doch das Album *Rumours*, oder?«

»Sie haben noch ein paar andere herausgebracht, seit du achtzehn warst«, sagte Quinn. »Es waren die *Greatest Hits.*«

»Und er hat ein paar dazu flachgelegt, nehme ich an«, erwiderte Zoë. »Er war immer gut darin, Mädchen ins Bett zu kriegen. Dieser verdammte Hurensohn.«

»Das ist er immer noch«, sagte Quinn. »Ich bin so wütend, daß ich brechen könnte.«

»Ich kann einfach nicht glauben, daß er meine kleine Schwester verführt hat«, sagte Zoë. »Er war zwar immer schon sexbesessen, aber ich hätte gedacht, er wäre *reifer* geworden –«

»Ich habe ihn verführt«, sagte Quinn.

»Was?«

»Ich bin zu ihm in die Wohnung gefahren, damit er mit mir ins Bett geht.« Quinn kam sich dumm vor, es zuzugeben. »Ich wollte wissen, wie es wäre. Deshalb bin ich zu ihm gefahren und habe mich ihm angeboten.«

»Oh.« Zoë versuchte, das nachzuvollziehen. »Weshalb bist du dann sauer auf ihn? Ich meine, ich bin sauer auf ihn, weil du sauer auf ihn bist, aber jetzt verstehe ich nicht mehr, warum du sauer auf ihn bist. War es so schlecht?«

»Ich dachte, ich wäre etwas Besonderes für ihn.« Bei diesen Worten kam sich Quinn wie eine Idiotin vor.

»Das warst du wahrscheinlich auch, bis du mit ihm ins Bett

gestiegen bist«, meinte Zoë. »Du mußt die einzige Frau gewesen sein, die ihm so nahestand, und die er nie nackt gesehen hat. Außer seiner Mutter und Darla.«

»Danke«, sagte Quinn. »Das baut mich unheimlich auf.«

»Vermutlich stand er dir sogar näher als jeder Frau, die er nackt gesehen hat. Er war nie gut darin, Gefühle und Sex zu verbinden. Rechne nicht mit langen Telefongesprächen, um über eure Beziehung zu diskutieren.«

»Ich kann nicht glauben, daß ich so dumm war«, meinte Quinn.

»Sag mir bitte noch einmal, warum du das getan hast«, forderte Zoë sie auf. »Ich kann es nämlich beim besten Willen noch nicht nachvollziehen.«

Weil er so liebenswert ist. Weil er sexy ist. Weil ich ihm vertraue. »Weil ich wie du sein wollte, denke ich. Um Aufregung zu erleben, anstatt nur ... einfach da zu sein.«

Zoë schwieg so lange, daß Quinn dachte, die Leitung wäre vielleicht unterbrochen worden. »Zoë?«

»Ich denke nach. Was ist denn plötzlich passiert? Du wolltest noch nie wie ich sein. Nun hast du Bill verlassen und mit Nick geschlafen. Was ist los mit dir?«

»Ich weiß es nicht. Ich wollte einfach nur ... anders sein.«

»Nun, das hast du jetzt wohl geschafft. Soll ich eine Weile zu dir nach Hause kommen?«

»Nein.« Quinn seufzte. »Was kannst du schon tun? Ich muß alleine damit fertig werden.«

»Ich könnte Nick mit einem stumpfen Löffel kastrieren. Ich habe ihm vor langer Zeit angekündigt, daß ich das tun werde, sollte er dich jemals anfassen, also erwartet er mich wahrscheinlich schon.«

Quinn setzte sich aufrechter. »Was meinst du damit, du hättest ihm das schon vor langer Zeit angekündigt?«

»Ich habe ihn dabei erwischt, wie er dich angesehen hat. Du warst noch ein Kind, aber er hatte diesen Blick in den Augen. Ich war entsetzt.«

»Ein Kind? Wie alt?«

»Wir waren gerade verheiratet. Wir kamen nach Hause und –«

»Sechzehn«, unterbrach Quinn sie. »Vor neunzehn Jahren. Er wartet neunzehn Jahre, um Fleetwood Mac laufen zu lassen.«

»Vielleicht siehst du das zu hart«, meinte Zoë. »Es geht nur um Sex, nicht um den Tod. Es sei denn, du hast angebissen.«

»Ich habe nicht angebissen«, erwiderte Quinn und war ziemlich sicher, die Wahrheit zu sagen. »Ich habe mir nur vorgestellt, daß der Sex aufregend wäre, und ich wollte einmal aufregenden Sex erleben, bevor ich sterbe.«

»War er es denn nicht?«

»Ich weiß nicht«, sagte Quinn. »Die meiste Zeit versuchte ich, mir klar zu machen, was eigentlich abläuft, und dann bin ich ganz plötzlich gekommen. Es erschien mir so unwahrscheinlich, das mit Nick zu tun.«

Zoës Lachen drang kichernd durch die Leitung. »Hört sich toll an, oder etwa nicht?«

»Am Ende war es das auch«, sagte Quinn und bemühte sich, nicht sehnsüchtig zu klingen. »Kurz nach ›No Questions Asked‹ war es fast perferkt. Aber dann bekam er Hunger auf Pizza, und die ganze Stimmung war verdorben.«

»Bist du sicher, daß ich nicht doch zu dir kommen soll?«

»Ganz sicher«, sagte Quinn. »Ich kann damit umgehen. Auch ich habe stumpfe Löffel.«

»Laß mich wissen, wie es weitergeht«, meinte Zoë.

»Mit Sicherheit«, antwortete Quinn. »Ich werde dich auf dem laufenden halten.«

»Und, wie war dein scharfes Date mit Barbara?« wollte Nick von Max wissen, als er am nächsten Morgen zur Arbeit kam.

Max brummte vor sich hin und ging ins Büro.

»Du bist Nummer vier, weißt du das?« rief Nick ihm in dem Bedürfnis nach, sein eigenes Elend zu überspielen. »Bald muß Barbara sich so ein Gerät zum Nummernziehen wie bei Baskin-Robbins anschaffen. Der Nächste bitte.«

Er hörte, wie Max Schubladen zuknallte und konnte sich einer gewissen Schadenfreude, die er trotz seiner eigenen Mißstimmung verspürte, nicht erwehren.

»Ihr könntet doch einen Club gründen«, setzte Nick so laut wie möglich hinzu. »Die Ehebrecher. Du könntest dich zu Beginn hinstellen und sagen, ›Ich heiße Max, und ich bin ein –‹«

»Gibt es irgendeinen Grund dafür, daß du mir derartig auf die Nerven gehst?« fragte Max in der Tür zum Büro.

»Ja.« Nick verschränkte die Arme und lehnte sich gegen die Werkbank. »Habe ich. Ich mag Darla.«

»Ich nicht«, entgegnete Max.

»Erzähl keinen Mist«, sagte Nick. »Wenn sie dir egal wäre, wärst du nicht so verdammt übelgelaunt. Und du hättest gestern abend nicht diese blöde Vorstellung abgezogen.«

»Ich habe nicht mit ihr geschlafen«, rechtfertigte Max sich. »Nach dem Nachtisch habe ich sie sofort nach Hause gebracht. Sie ist die langweiligste Frau, die mir jemals begegnet ist.«

»Weil du seit so vielen Jahren mit Darla zusammenlebst«, meinte Nick. »Sie setzt einen hohen Maßstab.«

»Halt die Schnauze«, sagte Max und verzog sich ins Büro. Das waren die letzten Worte, die Nick vernahm, bevor drei Stunden später Quinn in der Garage auftauchte.

»Fleetwood Mac«, sagte Quinn nur und beobachtete voller Genugtuung, wie Nick so abrupt von dem Honda aufschreckte, an dem er gerade arbeitete, daß er sich den Kopf an der Kante der Motorhaube stieß.

»Was?« Er rieb sich die Stelle und sah sie über den Wagen hinweg an. »Schleich dich hier nicht so an. Was tust du überhaupt hier? Hast du keinen Unterricht?«

»Ich habe mich abgemeldet«, erwiderte Quinn. »Ich habe

Mittagspause. Und wechsele nicht das Thema. Du hast es mit mir zu Fleetwood Mac gemacht.«

Nick warf einen Blick über die Schulter, bevor er um den Wagen herum zu ihr trat, um ihren Arm zu ergreifen. »Könnten wir das bitte hier hinten besprechen?«

Im rückwärtigen Teil der Garage angelangt, sagte Quinn: »Ich dachte, ich wäre anders.«

»Du bist anders«, sagte Nick. »Was soll das eigentlich? Anders als was?«

»Anders als all die anderen Frauen, die du –« Quinn rang um eine Bezeichnung, die weder zu grob noch zu milde klang.

»Du bist anders als alle anderen Frauen, die ich.« Nick klang verärgert. »Was einer der Gründe dafür ist, daß ich dich so lange nicht.«

»Nun, schön wenigstens, endlich im Club aufgenommen worden zu sein«, sagte Quinn.

»Wovon zum Teufel redest du eigentlich?« Wütend sah Nick sie an. »Du wußtest, daß ich keine Jungfrau mehr bin. Warum führst du dich dann hier so auf?«

Quinn schluckte und versuchte, ihrer Stimme einen festen Klang zu verleihen. »Mit Zoë hast du es auch zu Fleetwood Mac gemacht.«

»Mein Gott, ich habe es mit jeder zu Fleetwood Mac gemacht«, entfuhr es Nick, bevor er zusammenzuckte und sagte: »Laß es mich anders formulieren.« Erst dann fiel bei ihm der Groschen. »Du hast es Zoë erzählt?«

»Blöde wie ich bin, habe ich gedacht, ich wäre etwas Besonderes für dich, nicht nur eine in der langen Reihe«, sagte Quinn. »Ich will es einfach nicht wahrhaben.«

»Ich auch nicht.« Nick sah sie finster an. »Du bist sauer, weil ich es gerne zu Fleetwood Mac tue? Prima. Such dir eine andere Gruppe aus. Ich bin flexibel. Du warst diejenige, die sie aufgelegt hat.« Er klang sarkastisch, nicht entschuldigend. »Ich kann nicht glauben, daß du es Zoë erzählt hast.«

Das letzte, was sie gebrauchen konnte, war Sarkasmus.

»Du bist äußerst flexibel«, sagte Quinn. »Zoë erwähnte so etwas bei unserem Gespräch. Außerdem scheinst du an Ausdauer gewonnen zu haben.«

Nicks Blick verfinsterte sich noch mehr. »Ich bitte dich, ich war achtzehn, als ich mit ihr zusammen war.«

»Abgesehen davon«, fuhr Quinn mit grimmiger Fröhlichkeit fort, »scheinst du dich nach dem Vergleich unserer Erfahrungen nicht sonderlich geändert zu haben.«

Nick schloß die Augen. »Ich will davon nichts hören.«

»Nun, darüber hättest du nachdenken sollen, bevor du die Stereoanlage anmachtest, du Schuft.« Quinn starrte ihn an. »Ich kann einfach nicht glauben, daß ich genauso wie die anderen war.«

»Du warst nicht wie die anderen«, widersprach Nick. »Das bist du immer noch nicht. Keine von ihnen hat mich je so viele Nerven gekostet wie du.«

»Einen Augenblick mal –«

»Außerdem hast du die Musik angemacht, nicht ich, Baby.« Nick verschränkte die Arme. »Du warst diejenige, die sich die Haare abgeschnitten hat, ohne BH bei mir vor der Tür stand und ›Hold me‹ auflegte.«

»Oh, das alles ist also meine Schuld.« Quinn unterdrückte den Impuls, ihm einen der Schraubenzieher an den Kopf zu schleudern, vor allem, weil er recht hatte. Hätte sie nicht seine Wohnung betreten –

»Und dann mußtest du auch noch Zoë anrufen«, fügte Nick hinzu. »Wahrscheinlich ist sie gerade dabei, ihre Messer zu wetzen.« In seiner abwehrenden Haltung lehnte er sich gegen den Wagen. »Langsam dämmert es mir. Hier geht es gar nicht um mich.«

»Ach nein?« Vor Empörung klang Quinns Stimme schrill.

»Es geht darum, daß du wie Zoë sein willst.« Er sah sie grimmig an. »An diesem Abend auf der Couch sagtest du, du wolltest wie Zoë sein. Der einzige Grund, warum du mit mir geschlafen hast, ist, daß Zoë es auch getan hat.«

»Das stimmt nicht«, widersprach Quinn, ziemlich sicher, die Wahrheit zu sagen. »Ich wollte dich wirklich. Und du wolltest mich auch wirklich, verdammt noch mal.« Als er nur den Kopf schüttelte, als sei er von ihr angewidert, setzte sie hinzu: »Na schön. Ich wollte dich nur wissen lassen, daß es das war. Nie wieder.«

»Gut«, sagte Nick, und Quinn schmerzte dieses Wort wie ein Dolchstoß.

»Ich bin froh zu sehen, daß du es so gut aufnimmst«, sagte sie. »Ich muß dein Leben ja völlig verändert haben, stimmt's?«

»Es war schön mit dir«, sagte Nick. »Harte Arbeit, aber schön. Aber ich brauche diese Art von Ärger nicht, und mit Sicherheit habe ich es nicht nötig, für dich das Mittel zum Zweck auf dem Weg zu Zoë zu sein.«

Er wandte sich halb ab, um sich wieder dem Auto zu widmen, da trat Quinn ihn hart gegen das Schienbein.

»Hey!« sagte er und rieb sich das Bein, während er sich zu ihr umdrehte.

»Das war nur der Anfang, bis ich einen stumpfen Löffel gefunden habe«, sagte sie und stapfte nach draußen.

Nick beobachtete ihren Abgang und versuchte, erleichtert zu sein, während er sich das Schienbein rieb. Sie hatte einen Tritt wie ein Pferd. Ein Gutes hatte die Sache: Er würde nicht mehr getreten werden. Ein weiterer Vorteil: Er würde nicht allein aufwachen und sich daran erinnern müssen, seine beste Freundin gevögelt zu haben. Und er würde sich nicht daran erinnern, wie sehr er es genossen hatte, sie so zu nehmen, ihre Lust auf ihn zu wecken, sie zum Orgasmus zu bringen, auch wenn sie sich dagegen wehrte, zu beobachten, wie sie sich unter seinen Berührungen wand –

Nein, es war *verdammt* gut, daß Quinn dem Ganzen ein Ende bereitet hatte, weil ihm dies somit erspart blieb. Es mußte sein Glückstag sein.

»Was sollte das denn?« wollte Max hinter ihm wissen.

»Gar nichts.« Nick richtete sich auf und humpelte zum Wagen zurück.

»Ich glaube, ich habe sie noch nie so wütend gesehen.« Max schien Gefallen daran zu finden.

»Das wirst du auch nie wieder«, sagte Nick.

»Habe ich etwas Interessantes verpaßt?«

»Nein«, sagte Nick, und Max gab es auf und ging zum Büro zurück.

»Ach du Scheiße«, hörte Nick ihn sagen und blickte auf, um zu sehen, wie Barbara auf die Tür zusteuerte.

»Verschwinde«, sagte er, und Max flüchtete durch die Hintertür.

»Ist Max hier?« fragte Barbara dreißig Sekunden später, als sie den Kopf um die Tür steckte.

»Er mußte kurz weg.« Nick lehnte sich gegen den Wagen und betrachtete Barbara zum ersten Mal als eine mögliche Kandidatin. Mittelgroß, schlank, ein wenig ausdruckslos, aber nicht dumm. Hübsch und nett und adrett. Ein Mann konnte Schlimmeres erwischen, vor allem, wenn er dadurch seinen Bruder retten und sich selbst vor zwei mordlustigen Schwestern in Sicherheit bringen konnte. *»Wie gefällt dir Fleetwood Mac?«* wollte er fragen, doch statt dessen klappte er die Haube des Hondas zu und meinte: »Ich wollte gerade Mittagspause machen. Hast du schon etwas vor?«

»Ich?« Überrascht sah Barbara ihn an.

»Hättest du Lust, mit mir essen zu gehen?« fragte Nick freundlich, weil sie so verblüfft war. »Das Anchor Inn würde mir weitaus besser gefallen als ein Big Mac.«

»Oh.« Barbara stand steif und regungslos da.

»Ich habe deine Heizung repariert.« Vielleicht würde sie ihre Dankbarkeit zeigen wollen.

»Was?«

»Die sich nicht mehr regulieren ließ. Ich habe sie repariert, nicht Max. Komm, geh zum Dank mit mir zum Essen aus.«

Er schenkte ihr sein Lächeln, das die Frauen normalerweise zurücklächeln ließ.

»Du hast meine Heizung repariert?«

»Richtig«, bestätigte Nick und bedauerte bereits, die Unterhaltung angefangen zu haben.

»Das, was du für Quinn getan hast, war wirklich toll von dir.«

»Was?« fragte Nick verständnislos. »Oh, die Sache mit dem Kredit.«

»Wirklich toll.« Barbara lächelte. »Sich so um sie zu kümmern. Ich würde sehr gerne mit dir essen gehen.«

»Wunderbar«, sagte Nick und fragte sich, warum er sich so mies fühlte, wenn doch alles den gewünschten Gang nahm.

Nach der Schule stand Bill auf der Veranda des Hauses in der Apple Street – er würde es niemals als Quinns Haus bezeichnen, weil sie sowieso nicht mehr lange dort wohnen würde – und wartete darauf, daß Quinn ihm auf sein Klingeln öffnete. Er fühlte sich besser als während der ganzen Zeit, seit sie ausgezogen war, eigentlich sogar noch besser als zu der Zeit, bevor sie auszog, weil sein Leben endlich wieder in geregelten Bahnen zu laufen versprach und er sich um alles kümmern konnte. Der Frühling lag in der Luft, sie hatten ihre ganze Zukunft zu planen, alles würde wieder –

Die Tür wurde aufgerissen, und Quinn stand dort in einem mit Farbklecksen übersäten Baumwollshirt mit einem dicken Pinsel in der Hand. Ihr Gesicht war leicht gerötet, und sie sah so hübsch aus, daß ihm einen kurzen Augenblick lang der Atem stockte, weil er sie so gerne berührt hätte –

»Bill?«

»Du siehst toll aus«, sagte er.

Der verfluchte Köter erschien schnüffelnd in der Tür und knurrte ihn an. »Ruhig, Katie«, beschwichtigte Quinn sie. Für ihn hatte sie nicht einmal ein Lächeln übrig. Nun, das würde sich wieder ändern.

»Hol deine Jacke.« Er grinste sie an, um ihr ein Lächeln zu entlocken. »Ich muß dir etwas zeigen.«

»Bill –« Sie brach ab und sah ihn an, als sei sie sauer auf ihn. »Ich bin nicht in der Stimmung für so etwas. Ich hatte wirklich einen üblen Tag.«

»Es dauert nur eine Minute.« Sein Grinsen verbreiterte sich. »Das wird deinen Tag ändern.«

»Das bezweifle ich.« Sie trat einen Schritt zurück und wollte die Tür schließen. »Ich habe keine Zeit.«

»Warte einen Augenblick.« Er legte die Hand auf die Tür, um sie offen zu halten. »Du verstehst nicht. Ich habe ein Haus für uns gefunden.«

»Du hast was?«

»Ich habe ein Haus für uns gefunden.« Das würde eine großartige Überraschung werden. »Im Neubaugebiet hinter der Schule, sowohl die High-School als auch die Grundschule liegen nur einen kurzen Fußweg entfernt. Zur Junior High müßten die Kinder zwar mit dem Bus fahren, aber das ist nicht weiter schlimm.«

Quinn sah verwirrt aus. »Welche Kinder?«

»*Unsere* Kinder.« Er mußte beinahe lachen, so verblüfft sah sie aus. Die Überraschung war ihm wahrlich gelungen. »Es ist ein tolles Haus. Vier Zimmer, ein großer Garten, ein geräumiger Keller –«

»Bill, wir werden keine Kinder haben.«

»– und warte erst, bis du das Wohnzimmer siehst, die Kinder –«

»Bill!«

Durch ihren Ausbruch aus seinen Träumen gerissen, brach er ab.

»Wir werden keine Kinder haben«, sagte sie. »Und ich werde kein Haus mit dir kaufen. Erst gestern habe ich dieses hier gekauft. Du kannst das andere ja kaufen, aber mir gehört bereits dieses hier. Wir werden keines zusammen kaufen. Wir werden überhaupt nichts zusammen tun.« Sie hielt inne, und er hörte das Blut in seinen Ohren rauschen. »Tut mir leid, aber ich habe es dir wieder und wieder gesagt. Es ist aus zwischen uns, für immer.«

»Wie konntest du dieses Haus kaufen?« fragte er.

»Bill, ich habe dir gesagt, daß ich das tun würde –«

»Wie hast du den Kredit bekommen?« platzte er heraus, bevor er sich selbst daran hindern konnte, und sie wurde still.

»Ich mußte eine höhere Summe anzahlen«, sagte sie schließlich. »War das deine Idee?«

Er verspürte einen heftigen Druck auf der Brust, der ihm das Atmen und aus irgendeinem Grunde auch das Sehen schwermachte. »Quinn, du solltest hier nicht alleine leben«, begann er, bevor sein Verstand aussetzte, weil er nicht erklären konnte, daß es nur zu ihrem eigenen Besten geschehen war, daß er es eigentlich gar nicht gewesen war, daß sie ihn nicht hassen dürfe –

Der verdammte Hund steckte seine Nase an ihrem Bein vorbei und begann, ihn anzubellen.

»Du wolltest meinen Kredit platzen lassen«, stellte sie fest, das Gekläffe des Hundes im Hintergrund. »Du jagst mir ständig die Stadt auf den Hals, du hast dafür gesorgt, daß Bobby mir wegen Jason droht, und du hast *dreimal* meinen Hund gestohlen –«

»Nein«, sagte er und versuchte, sich Gehör zu verschaffen.

»*– Halte dich aus meinem Leben heraus!*«

Quinn schlug die Tür zu und ließ ihn alleine auf der Veranda zurück. Er versuchte, genügend Luft einzuatmen, um die Worte aussprechen zu können, die sie zu ihm zurückbringen würden, aber seine Lungen wollten einfach nicht genug aufnehmen.

Alles wird gut werden, sagte er sich am Rande der Panik. Alles würde sich einrenken. Das neue Haus stand also nicht mehr zur Debatte, in Ordnung, vielleicht war dieses Haus hier doch nicht so schlecht. Wirklich, so übel war es gar nicht. Es war klein, er wußte nicht, wie viele Zimmer es hatte, aber vielleicht konnten sie ja anbauen. Ja, das war eine gute Idee. Sie könnten anbauen.

Er stieg von der Veranda hinunter und ging um die Seite des Hauses herum zum Gartentor. Ganz langsam setzte er einen Fuß vor den anderen, weil ihm ein wenig schwindelig war. Der Garten war nicht groß, aber er würde ausreichen, bis die Kinder in das Alter für die Junior High kamen. Dann wären sie sowieso die meiste Zeit in der Schule und hätten dort genügend Platz für Sportübungen. Ein kleiner Garten bedeutete auch weniger Fläche zum Mähen. Das war gut. Sie könnten das Haus ausbauen, vielleicht ein weiteres Badezimmer und noch ein Kinderzimmer oben, ein Wohnzimmer unten, und es bliebe immer noch genügend Raum für eine Mansarde. Kein Problem. Er hätte von Anfang an flexibler sein sollen. Es war seine Schuld. Er hätte ihr zuhören sollen. Er begann, sich zu beruhigen. Dieses Haus war in Ordnung.

Er wandte sich um, um zum Gartentor zurückzugehen, als er in der Küche eine Bewegung wahrnahm. Er trat näher an das Seitenfenster und blinzelte durch den Spitzenvorhang. Er konnte nicht viel sehen, weil im Inneren kein Licht brannte, aber dennoch konnte er Quinn an der Spüle erkennen, die irgend etwas mit ruckartigen Handbewegungen bearbeitete. Wahrscheinlich den Pinsel – sie machte den Pinsel sauber. Er blieb eine Weile dort stehen und beobachtete, wie sie sich über das Becken beugte. Die Rundung ihres Pos war ihm so vertraut, daß er beinahe das Gefühl hatte, die Hand ausstrecken und darüber streicheln zu können, wie er es immer getan hatte – obwohl, so wurde ihm plötzlich bewußt, er das nie getan hatte.

Er war kein Typ für Zärtlichkeiten, und Quinn schien auch nie die Frau gewesen zu sein, die es danach verlangte, doch nun hatte er das Bedürfnis danach. Er fühlte sich ihr näher als damals, als er mit ihr zusammen gewesen war, vielleicht weil sie nicht wußte, daß er dort war, und sich ihm deshalb nicht verschließen konnte, nicht diesen abweisenden Blick in ihre Augen treten lassen konnte, wie sie dies in letzter Zeit immer tat, wenn er mit ihr zu reden versuchte. Er konnte es nicht verstehen; er gab ihr doch so viel Zeit. Wann würde sie endlich damit aufhören und sich ihm wieder öffnen?

Es begann zu regnen, und als er aufschaute, war Patsy Brady aus dem Haus getreten, um ihre schäbigen Gartenmöbel hereinzuholen. Neugierig starrte sie ihn an. Das ist *lächerlich,* sagte er sich selbst, ignorierte sie und ging zu seinem Wagen. Jeder dachte, er habe Quinn verloren. Dabei würde alles gut werden. Er mußte nur Geduld haben und Verständnis zeigen, dann würde alles gut werden.

Es war nicht so, daß er nicht wieder zu ihr durchdringen *konnte.* Das konnte er jederzeit.

Schwerfällig begab er sich zu seinem Wagen und ermahnte sich, nicht zu vergessen, daß er Bucky anrufen und ihm sagen mußte, daß sich die Haussuche erledigt hatte. Er dachte darüber nach, seine Sachen für den Umzug in Quinns Haus zusammenzupacken. Wahrscheinlich würde er nicht alles brauchen, da sie ein paar neue Möbel gekauft hatte, aber das war zum größten Teil alter Kram und Schund, den sie vielleicht nicht mehr haben wollte, sobald er ihre gemeinsamen Fichtenmöbel aus der Wohnung mitbrachte. Sie würden das besprechen, wenn er für den Umzug fertig war.

Allein die Vorstellung, diese Dinge mit Quinn zu besprechen, ließ es ihm bessergehen. Auf dem ganzen Heimweg malte er sich ihre Unterhaltungen aus.

»Ich habe gehört, daß sich die Bankschlampe mit deinem Mann trifft«, sagte Lois am nächsten Tag im Pausenraum des Upper Cut.

Darla schlug das Herz bis zum Halse, aber sie zwang sich, sich auf dem Sofa zurückzulehnen und zu sagen: »Tatsächlich?«, als ob es ihr egal wäre. *Max.*

»Er hat sie am Montagabend zum Essen ausgeführt«, fuhr Lois mit selbstgefälliger Genugtuung fort. »Ins Anchor Inn. Sie hat Hummer gegessen.«

»Wer im Anchor Inn Hummer ißt, hat nichts Besseres verdient.« Darla konzentrierte sich darauf, regelmäßig zu atmen. »Und wie geht es Matthew?«

Lois' Selbstgefälligkeit löste sich in Luft auf. »Er ist wieder eingezogen«, sagte sie, das Kinn trotzig in die Luft gestreckt. »Ich nehme ihn zurück.«

»Schön für dich«, sagte Darla. *Ihr habt einander verdient.*

»Wir werden sehen«, meinte Lois. »Mal abwarten, wie er sich benimmt.« Sie schien nicht sonderlich erfreut zu sein.

In diesem Moment rauschte Quinn herein und drängte sich an ihr vorbei, um sich Darla gegenüber in den Sessel fallen zu lassen. »Hey, Lois«, begrüßte sie sie. »Was gibt's Neues?«

»Matthew ist wieder eingezogen, und Max hat Barbara zum Essen ausgeführt«, sagte Darla ruhig und hielt Quinns überraschtem Blick ohne Wimpernzucken stand.

»Interessant«, meinte Quinn und schwieg, bis Lois es aufgab und aus dem Zimmer ging. »Was hat Max getan?« fragte sie ungläubig.

»Lois erzählte, er hätte sie am Montagabend zum Essen eingeladen.« Darla schluckte. »Hummer im Anchor Inn.«

Quinn sah elend aus. »Er will dich eifersüchtig machen.«

»Und es funktioniert.« Darla beugte sich vor, um die Zeitschriften auf dem Kaffeetisch zu ordnen und nicht Quinns Mitgefühl sehen zu müssen. »Ich dachte, er wolle keine Veränderung.«

»Willst du zu ihm zurück?« fragte Quinn.

»Das kann ich nicht.« Darla legte die Zeitschriften aus der Hand und ließ sich nach hinten fallen. »Was hat sich denn geändert? Wenn ich zu ihm zurückgehe, wird alles so sein wie immer, und das war der Grund, weshalb ich ihn verlassen habe.« Sie spürte den Schmerz wie Übelkeit in sich aufsteigen. »Wenn ich zurückgehe, ohne daß Max den blassesten Schimmer hat, warum ich ihn verlassen habe, wird er mich nur für ein dummes Weibsstück halten und mir nie wieder vertrauen. Solange er nicht einsieht –«

»Was, wenn er es nie einsieht?« wollte Quinn wissen. »Willst du ewig darauf warten?«

»Das sagt die Richtige«, entgegnete Darla bissig. »Du unternimmst ja auch nichts.«

»Im Gegenteil, das habe ich.« Quinn sah miserabel aus. »Ich habe gestern abend mit Nick geschlafen.«

»Ach du lieber Himmel.« Darla rang um Fassung. »Und wie war's?«

»Seltsam«, meinte Quinn. »Seltsam gut bis zum Ende und dann nur noch seltsam. Er ist definitiv nicht an einer Wiederholung interessiert. Aus und vorbei.« Sie sank ein wenig zusammen. »Dabei hat es eigentlich noch gar nicht begonnen.«

»Oh, Mist«, sagte Darla.

»Großer Mist«, sagte Quinn.

12

Bill kam zu dem Ergebnis, daß er Quinns Haus von innen sehen mußte, um den Anbau, den sie brauchten, zu planen. Das bedeutete, daß er es noch einmal betreten mußte. Es war unvermeidlich. Er mußte es tun.

Der Hund bellte, als er eintrat, deshalb griff er nach einer Flasche Fensterreiniger, die Quinn auf dem Tisch hatte stehen lassen – diese Nachlässigkeit war typisch für sie –, und sprühte dem Hund damit in die Augen. Der Köter wimmerte und verkroch sich unter einem Stuhl. Bill lachte hämisch und begann, die Küche auszumessen. In seinem Filofax machte er sich Notizen wegen der Umbauarbeiten. Als er dort fertig war, stieg er nach oben, um sich die wichtigsten Punkte für den Ausbau der oberen Etage zu notieren, während sein Herz nun aus irgendeinem Grund heftig klopfte.

Oben war es dämmriger, da die Diele nur ein Fenster hatte, das auf die Ziegelsteinmauer des Nachbarhauses hinausging. Fünf Türen gingen von der Diele ab. Zu viele. Zu überfüllt.

Die erste neben dem oberen Treppenabsatz führte zu Quinns Schlafzimmer. Er blieb im Türrahmen stehen, weil der Raum so sehr ihrer war, daß es ihn wie einen Schlag vor den Kopf traf. Dann ging er hinein und nahm ihn in Besitz. Quinn würde das nichts ausmachen, sie wäre froh darüber.

Sie hatte das übliche Chaos hinterlassen, die Schubladen schief zugeschoben, die Schranktür halb offen, das Bett ungemacht – so war seine Quinn –, aber es war immer noch das Schlafzimmer wie in ihrer gemeinsamen Wohnung, bevor sie ausgezogen war, mit dem Waschtisch ihres Großvaters und der Vitrine, die sie als Wäscheschrank benutzte, und –

Den Blick auf das Bett mied er. Es war neu. Er hatte ihr altes Bett. Bei seinem Einzug würde er es mitbringen, damit alles wieder wie früher wäre. Neben dem Bett stand eine schwere Lampe mit einem Glasschirm, die ebenfalls neu war. Sie gefiel ihm nicht, weil sie nicht von ihnen beiden war. Sie würden sie entsorgen, wenn er einzog.

Ihre Hasenhausschuhe lagen nachlässig ausgezogen neben dem Kamin – sie hatte einen Kamin im Schlafzimmer, das war wirklich großartig –, und die Slipper sahen so lustig und so nach Quinn aus, wie sie dort übereinander lagen, als würden sie Liebe machen –

Sein Blick löste sich von den Hasenhausschuhen und glitt zum Bett zurück.

Es war zerwühlt, die dicke blaue Decke und der blaugelbe Überwurf waren zusammen eingerollt, während sich auf dem Laken noch die Umrisse von Quinns Körper abzeichneten. Er trat näher – kein Grund, atemlos zu sein, alles war in bester Ordnung – und ließ seine Hand dort ruhen, wo sie gelegen hatte. Das Laken fühlte sich kalt an, sie war schon seit Stunden fort, und nur eine Minute lang streckte er sich dort aus, wo sie geschlafen hatte. Er legte seinen hämmernden Kopf auf ihr gelbes Kopfkissen – so strahlend wie Quinn – und glaubte, ihre Wärme und ihr Lachen zu spüren – war es wirklich ihr Shampoo? Sie benutzte kein Parfüm; nein, es war Quinn –

beinahe hätte er angefangen zu weinen, weil er sie sich so sehnlich zurückwünschte.

Nicht, daß sie für immer fortgegangen war. Das war sie nicht. Sie machten derzeit nur eine Phase der Neuanpassung durch. Alles würde gut werden.

Er blieb noch eine Weile dort liegen und dachte daran, wie wundervoll alles werden würde, wie sie ein Feuer im Kamin anzünden und sich dann genau dort davor zusammenkuscheln würden, bevor sie wieder unter ihm liegen würde und –

Der Gedanke, sie wiederzuhaben, schaltete seinen Verstand aus. Er dachte daran, wie sie reglos in seinen Armen liegen würde, daß er sie bald wieder lieben würde, hier in diesem Bett, hier würde er sie zurückerobern – sein Atem ging schneller, und er kniff die Augen zusammen, bis er nichts mehr sehen konnte.

Dann stand er auf und atmete tief und langsam durch, um seine Ruhe wiederzufinden. Er ließ den Blick ein letztes Mal durch ihr Schlafzimmer schweifen. Er wollte nicht gehen, oder wenn, dann wollte er sie mitnehmen. Zumindest etwas von ihr.

Er zog den Überzug von ihrem Kopfkissen ab und drückte ihn vor sein Gesicht, um ihren Geruch einzuatmen.

Ihr Kissen lag weiß und nackt auf dem Bett. Das war nicht gut.

Er ging zu der Vitrine und holte einen frischen gelben Kissenbezug aus dem untersten Fach hervor. Er bezog das Kopfkissen damit und steckte dann den gebrauchten, der nach Quinn roch, zusammengefaltet unter seine Jacke.

Anschließend fuhr er zur Schule zurück, nicht ohne die Tür sorgfältig hinter sich abzuschließen, damit niemand eindringen und ihr weh tun konnte.

An der Tür zum Kraftraum stieß er mit dem BP zusammen.

»Bill«, ermahnte dieser ihn, »du mußt dich zusammenreißen.«

»Es geht mir gut«, sagte er und spielte mit dem Gedanken, Bobby wie eine Stubenfliege zu zerquetschen.

»Es ist noch immer diese Frau, nicht wahr? Warum vergißt du sie nicht einfach?« Bobby schüttelte den Kopf. »Sie ist es nicht wert. Warum kannst du nicht einfach –«

»Sie ist es wert«, stieß Bill zwischen zusammengepreßten Zähnen hervor. »Wir werden wieder zusammenkommen, also halte dich einfach da raus, Bobby.«

Bei der Bezeichnung ›Bobby‹ zuckte der BP zusammen, und Bill realisierte, daß ihm der Name herausgerutscht war. Er hätte ihn ›Robert‹ nennen sollen, aber schließlich hatte er nichts anderes dafür verdient, an Quinn zu zweifeln.

»Wenn wir noch drei weitere Spiele verlieren«, sagte Bobby, »werden wir es noch nicht einmal zu den Regionalmeisterschaften schaffen.«

»Das wird nicht passieren«, erwiderte Bill und schob sich an ihm vorbei.

»Wo warst du überhaupt in deiner Freistunde?« rief Bobby ihm nach, doch Bill ignorierte ihn.

Sie würden in der Regionalmeisterschaft mitspielen. Sie würden das Turnier sogar gewinnen. Sobald Quinn zu ihm zurückgekehrt war, würde alles wieder gut werden. Er würde schon dafür sorgen.

Heute abend würde er es ihr beweisen.

Quinn war allein in der Materialkammer des Kunstraums, um Pinsel für die Technikgruppe an diesem Abend zusammenzusuchen. Sie kochte immer noch vor Wut über Nick und über ihr eigenes törichtes Benehmen – mein Gott, schließlich kannte sie das Sündenregister seiner wechselnden Beziehungen –, als Bill hereinkam, im Eingang stehenblieb und ihr den Durchgang zum Kunstraum versperrte. Als sie sich umblickte und ihn dort den Türrahmen ausfüllen sah, zog sich ihr Herz angesichts seiner Größe und ihrer Hilflosigkeit einen Moment lang zusammen. Die Schüler waren alle unten auf der Bühne, niemand war in der Nähe, um sie schreien zu hören, falls sie Hilfe brauchte –

Das war töricht. Schließlich stand nur Bill vor ihr.

»Du hast mir einen Schrecken eingejagt«, sagte sie und wollte ein paar Schritte vorgehen, damit er zurückweichen und sie aus der Kammer lassen würde, war gleichzeitig aber zu ängstlich dazu, weil sie fürchtete, er könnte ihr den Weg nicht frei machen.

»Ich wollte nur mit dir reden«, sagte er und lächelte sie an. Sie haßte dieses Lächeln. »Bill, es gibt nichts zu bereden, und außerdem bin ich spät dran.« Sie tat nun tatsächlich einen Schritt vor, aber er rührte sich nicht von der Stelle. Sie hielt inne. »Du stehst mir im Weg.«

»Ich kann dir nicht im Weg stehen«, sagte er. »Wir gehören zusammen. Dein Weg ist mein Weg.«

»Nein«, widersprach sie, woraufhin er erwiderte: »Wenn du mir nur zuhören würdest, wäre zwischen uns alles wieder in Ordnung.«

»Es gibt kein ›uns‹ mehr.« Quinn hörte ihre eigene Stimme ein wenig zittern. »Und das gab es nie, Bill. Wir lagen nie auf der gleichen Wellenlänge.«

»Natürlich taten wir das«, widersprach er. »Wir werden heiraten, sobald –«

»Nein!« schrie sie. Seine Miene veränderte sich, und er rang eine Minute lang offenbar um Beherrschung, bevor sie sich wieder glättete. »Es ist in Ordnung, wir können in dem Haus in der Apple Street wohnen.«

Sie stützte sich an einem der Regale ab, um ihr Gleichgewicht wiederzufinden. Vor lauter Wut war ihr schwindelig, und sie war wütend, weil er ihr nicht zuhörte, weil er nicht begreifen wollte, wie sehr sie sich verändert hatte. Außerdem hatte sie Angst, obwohl das lächerlich war. Es war doch nur Bill. »Wir werden nicht heiraten«, sagte sie so ruhig wie möglich. »Ich liebe dich nicht. Das habe ich nie getan. Unsere Beziehung war ein Fehler. Es ist vorbei, und du wirst niemals in das Haus in der Apple Street ziehen. Und jetzt laß mich hier raus.«

Seine Kiefermuskeln verkrampften sich, und er sagte: »Du

hörst mir nicht zu.« In diesem Moment ging sie ein paar Schritte vor, entschlossen, sich von ihm nicht aufhalten zu lassen, und sagte mit fester Stimme: »Laß mich hier raus!« Aber er schlug ihr die Tür vor der Nase zu und schloß sie ein.

»Bill?« fragte Quinn und hämmerte gegen die Tür. »Laß mich hier raus! Das ist doch lächerlich. Ich habe dir gesagt, daß –«

»*Ich bitte dich,* hör mir doch zu«, erklang seine Stimme von draußen. »Ich habe Pläne gemacht. Ich weiß, du glaubst, es gäbe nicht genug Platz für uns, aber wir können anbauen.«

Zu ihrem wachsenden Entsetzen fuhr er fort, ihr seine Pläne für die Erweiterung des Hauses zu erklären, wo sie Türen und Fenster installieren, wo ihre Kinder schlafen würden. Quinn fühlte sich wie gelähmt, nicht nur in einer kalten Materialkammer gefangen, sondern auch in der kalten Welt von Bills gestörter Wahrnehmung, während er in seinem ruhigen Lehrerton weiter und weiter redete und sich völlig normal anhörte.

Inmitten seiner Erklärung, wie die rückwärtige Mansarde aussehen würde, brach er ab. Quinn preßte ihr Ohr gegen die Tür, um zu hören, was vor sich ging.

»Haben Sie McKenzie gesehen?« hörte sie Jason fragen. »Wir brauchen sie unten auf der Bühne, und Mrs. Buchman meinte, ich solle hier mal nachschauen.«

»Jason!« rief Quinn, bevor Bill etwas sagen konnte. »Ich bin hier drin.« Sie rüttelte am Türknauf, aber er ließ sich nicht bewegen. Bill mußte ihn von außen festhalten. »Laß mich raus, Bill«, sagte sie. »Ich muß bei dem Theaterstück mithelfen.«

»Wir unterhalten uns gerade«, hörte sie Bill zu Jason sagen. »Sie kommt später nach unten.«

»Nein!« Quinn hörte die Panik in ihrer Stimme und zwang sich, Ruhe zu bewahren. Jason in diese Sache hineinzuziehen, war keine gute Idee. »Jason, würdest du bitte Mrs. Buchman holen? Und Mrs. Ziegler.« Sie war zwar ziemlich sicher, daß Bill nicht gewalttätig werden würde, er war höchstens wirk-

lichkeitsfremd, was allein sie betraf. Wenn Edie und Darla auftauchten, würde er die Absurdität der Situation erkennen und die Tür öffnen.

Hoffte sie zumindest.

»Coach, wir brauchen sie wirklich jetzt«, beharrte Jason. »Ich glaube, Sie sollten sie besser herauslassen.«

»Sie wird hinunterkommen, sobald wir uns ausgesprochen haben«, sagte Bill in freundlichem Tonfall. »Geh jetzt bitte.«

»Das geht leider nicht«, sagte Jason. »Wir haben keine rote Farbe mehr, und der Nachschub steht im Materialraum.«

Das war keine schlechte Lüge, weil Bill nicht wußte, daß die Sachen für das Theaterstück in der Bühnenkammer aufbewahrt wurden; dennoch kaufte er es ihm nicht ab. »Sie wird sie mitbringen, wenn sie kommt.«

»Ich muß jetzt gehen, Bill«, drängte Quinn. »Du hältst unsere Proben auf. Laß mich raus.«

»Wir brauchen sie wirklich, Coach.« Jasons Stimme war jetzt nahe, ebenso nahe wie Bills, und Quinn stellte sich vor, daß die beiden nebeneinander dort vor der Tür standen, Jason fast so groß wie Bill, Jason mit achtzehn praktisch ein Mann, kräftig durch das Gewichtheben und bereit, Bill die Stirn zu bieten.

Nein, dachte sie und öffnete den Mund, um Jason zu versichern, daß alles in Ordnung sei, aber in diesem Moment drehte sich der Knauf, und Jason öffnete die Tür, wobei er Bill sanft mit dem Ellbogen aus dem Weg schob.

»Sie sind spät dran«, sagte er in betont fröhlichem Tonfall zu ihr. »Sie werden Schwierigkeiten bekommen.«

Sie schlüpfte an ihm vorbei aus der Kammer und ignorierte Bill, der niedergeschlagen hinter Jason stand, während sie versuchte, ihr Zittern zu unterdrücken und zur Tür hastete, dicht gefolgt von Jason, der sie noch immer abschirmte.

»Warte«, sagte Bill, und sie drehte sich um, wobei sie nach Jasons Arm griff. »Du hast deine Farbe vergessen«, sagte Bill, doch sie schüttelte den Kopf.

»Ich werde jemand anders schicken, um sie zu holen«, sagte sie und floh in den Korridor, während sie Jasons Arm noch immer umklammert hielt.

»Sind Sie okay?« fragte er, als sie um die Ecke in den Hauptflur bogen, wo sie sich endlich sicher genug fühlte, ihn loszulassen.

»Ja«, sagte sie.

»Das war reichlich merkwürdig.«

»In der Tat«, sagte sie und schluckte.

Jason legte den Arm um sie. »Sie sollten hier nicht mehr alleine herumlaufen, sondern immer Corey oder mich mitnehmen. Das war wirklich übel.«

Ihn das sagen zu hören, machte die Sache nur noch schlimmer – ein Schüler hatte alles mitbekommen. Dennoch nickte Quinn, denn sie wußte, daß er recht hatte.

Jason drückte ihre Schulter. »Das wird nicht wieder passieren«, sagte er zu ihr, sah an ihr vorbei und ließ sogleich seinen Arm sinken.

Sie wandte sich um und sah, wie Bobby sie anstarrte. Was zum Teufel machte er so spät noch hier? Schlich er ihr hinterher?

Das war nicht lustig, wurde ihr bewußt. Überhaupt nicht lustig.

»Ms. McKenzie, ich möchte Sie in meinem Büro sprechen«, sagte Bobby mit eisiger Stimme.

»Nicht jetzt, Robert«, sagte sie, während sich ihre Angst beim Anblick seines dummen und einfältigen Gesichtsausdrucks in Ärger verwandelte. »Aber du solltest vielleicht mal nach deinem Baseball-Coach sehen. Er hatte mich gerade in meinem Materialraum eingeschlossen.« Plötzlich wachsam versteifte sich Bobby ein wenig, und sie fügte hinzu: »Mit ihm stimmt ernsthaft etwas nicht, Robert. Er hat wirklich ein Problem. Du mußt mit ihm reden. Halte ihn mir vom Hals.«

»Mach dich nicht lächerlich«, sagte Bobby, ging aber trotzdem den Korridor hinunter.

Angespannt und frustriert saß Bill in dem leeren Kunstraum. Jason hatte es gut gemeint, aber alles ruiniert. Sie hatte ihm gerade zugehört, ganz still hinter der Tür, und er hatte alles so gut erklärt. Wenn er nur die Möglichkeit gehabt hätte, zu Ende zu reden –

»Bill?« sprach Bobby ihn im Türrahmen an. »Alles in Ordnung? Was ist passiert?«

»Sie will nicht, daß ich mich um sie kümmere«, erwiderte Bill. »Sie hat nur dieses Stück im Kopf und ist ständig beschäftigt –«

»Sieh mal«, Bobby kam herein und setzte sich neben ihn, »ich denke, du solltest dich von ihr fernhalten –«

»Wenn sie nur einmal bleiben würde, um mir zuzuhören«, fuhr Bill fort.

»Ja, klar, ich könnte ihr ein Bein brechen«, meinte Bobby sarkastisch. »Aber auch dann würde sie auf Krücken davonhumpeln. Sie ist fertig mit dir.«

»Du verstehst das nicht«, sagte Bill. »Wir gehören zusammen.«

»Stimmt«, sagte Bobby. »Nach der Baseball-Saison hast du den ganzen Sommer lang Zeit, sie zurückzugewinnen.«

Stirnrunzelnd sah Bill ihn an. »Das ist zu lang. So lange kann ich nicht warten.«

»Jetzt hör mir mal zu, Bill, treib es nicht auf die Spitze«, sagte Bobby. »Du weißt, ich bin der Rektor, und ich könnte dir ernsthafte Schwierigkeiten machen, aber das möchte ich nicht, weil ich will, daß du dich einzig und allein mit dem Team beschäftigst.«

Bill stand auf. Er hatte die Nase voll vom Team. »Es gibt wichtigere Dinge als Baseball, Robert«, sagte er und verließ den Raum, ziemlich sicher, daß Bobby sich keines vorstellen konnte.

Das war wirklich traurig.

»Er ist völlig durchgedreht«, meinte Quinn später zu Hause zu Joe und Darla. »Ich konnte es nicht fassen. Er glaubt tatsächlich, er würde hier einziehen und mit mir eine Familie gründen.«

»Ich werde mit ihm reden«, sagte Joe, und Quinn sah ihren Vater überrascht an. »Ich werde ihm sagen, er soll dich in Ruhe lassen.«

»Das wird nichts nützen«, meinte Quinn. »*Ich* habe ihm das bereits gesagt, und er hat mir nicht geglaubt.« Sie lächelte ihrem Vater zu. »Aber trotzdem vielen Dank. Ich habe Bobby gesagt, er solle sich um ihn kümmern. Vielleicht –«

»Das genügt nicht«, widersprach Joe, und Darla sagte: »Er hat recht, Quinn. Wenn Bill dich in Materialkammern einsperrt, ist er wirklich übergeschnappt. Wir müssen irgend etwas unternehmen.«

»Was denn?« wollte Quinn wissen. »Sollen wir die Polizei anrufen und sagen, daß Bill Hilliard, der Held von Tibbett, mich in meinem Materialraum eingeschlossen hat und nicht herauslassen wollte? Das klingt doch nach einem Kinderstreich. Ich meine, wem würdest du denn glauben, Bill oder der Frau, die ihren Hund aus dem Tierheim geklaut hat?«

»Laß mich mit Frank Atchity sprechen«, meinte Joe. »Wir spielen zusammen Poker. Ich könnte es ihm wenigstens stecken. Und von nun an gehst du nirgendwo mehr alleine hin.«

»Für den Rest meines Lebens?«

»Er hat recht«, pflichtete Darla bei. »Nirgendwo mehr alleine hin. Und dem BP wirst du sagen, daß du zur Polizei gehst, wenn er Bill nicht im Zaum hält. Das sollte helfen.«

Wie der Zufall es wollte, war der BP der erste Mensch, dem Quinn am nächsten Morgen in der Schule über den Weg lief. Er schritt vor der Tür zu ihrem Klassenzimmer auf und ab.

»Jason hat das Handtuch geworfen«, sagte er zu ihr, während sie die Tür aufschloß. »Er ist heute morgen aus dem Team ausgetreten, gerade so, als sei er Bill gar nichts schuldig.«

Oh, verdammt, Jason, dachte Quinn, schaltete das Licht ein und betrat das Zimmer. »Das tut mir leid, aber es überrascht mich nicht. Er hat mitbekommen, wie Bill gestern abend abgedreht ist. Ich mache keine Witze, Robert, mit ihm stimmt ernsthaft etwas nicht. Entweder hältst du mir Bill vom Leib, oder ich werde zur Polizei gehen und eine einstweilige Verfügung erwirken.« Sie drehte sich um und blickte ihm geradewegs in die Augen. »Was das für Gerüchte auslösen wird, kannst du dir sicherlich vorstellen. Tschüs Zuschuß.«

Bobbys Gesicht wurde dunkelrot vor Zorn. »Das ist alles nur deine Schuld. Er will doch nur dich, obwohl allein Gott weiß, warum. Du bist die undankbarste –«

»Bobby, würdest du endlich damit aufhören?« Wieder drehte sich Quinn zu ihm um. »Was muß ich denn noch tun, um –«

»Nur bis Juni«, sagte Bobby. »Mehr verlange ich gar nicht. Geh nur zurück zu ihm, bis wir den Pokal gewonnen haben, und danach werde ich dir eigenhändig beim Auszug helfen.«

»Du bist genauso verrückt wie er«, meinte Quinn. »*Nein.* Halte ihn von mir fern, oder es passiert was.«

»Du allein bist schuld daran«, knurrte Bobby im Weggehen, und Quinn dachte, *Genau das wird auch jeder andere denken.* Bill war vollkommen normal gewesen, bis sie ihn verlassen hatte. Nun ja, so normal wie jeder Coach in Amerika.

Wie immer noch halb verschlafen und verdrießlich strömten die ersten Heimschüler in den Raum, und Quinn schob jeden Gedanken an Bill beiseite, um die Anwesenheitsliste durchzugehen.

Zumindest ein Teil ihres Lebens war unter Kontrolle: Sie konnte noch immer Schüler zählen. Während sie die einzelnen Namen aufrief, spukte Bill ihr trotzdem im Kopf herum und weigerte sich zu verschwinden.

Sie mußte in der Tat etwas unternehmen. Sie wußte nur nicht, was.

Jason hatte das Team verlassen. Bill versuchte zu verstehen, wie Jason ihn nach vier Jahren im Stich lassen konnte. Vier

Jahre Football und Baseball, und dann stand Jason beim morgendlichen Gewichtestemmen einfach dort mit ausdrucksloser Miene und sagte: »Sorry, Coach, aber ich habe keine Lust mehr.«

»Jason«, hatte Bill gesagt, aber Jason hatte nur den Kopf geschüttelt und war aus dem Kraftraum gegangen.

Bill sah Corey Mossert an und sagte: »Red ihm das aus.«

Doch Corey schüttelte ebenfalls nur den Kopf. »Gestern nach der Schule ist irgend etwas passiert. Er wollte mir nichts darüber erzählen, aber er ist absolut sicher, das Richtige zu tun. Er ist weg, Coach. Geben Sie es auf.«

Bill wurde kalt. Die Geschichte in Quinns Klassenzimmer. Als er gerade versuchte, mit ihr zu reden, war Jason hereingeschneit und hatte alles ruiniert. Was hatte Quinn gesagt? Was hatte sie Jason erzählt, das ihn dazu veranlaßte, aus dem Team auszuscheiden?

Er mußte etwas unternehmen. Er mußte *irgend etwas* unternehmen. Seine Kopfschmerzen wurden schlimmer. Nichts lief, wie es sollte. Überhaupt nichts.

Daher fuhr er in seiner Freistunde wieder zu Quinns Haus – das mußte er, denn er hatte beim letzten Mal vergessen, die oberen Räume auszumessen –, und drinnen fühlte er sich besser. Es war fast so, wie in Quinn zu sein. Nein, nein, so meinte er das nicht, er meinte, bei Quinn.

Er konnte es nicht erwarten einzuziehen.

Bei seinem Anblick verkroch sich der Hund sofort unter einen Stuhl und knurrte ihn an, hielt sich aber fern. Auf dem Weg nach oben bemerkte Bill, wie locker der Handlauf war. Nur in der Wand verschraubt. Es konnte sich jederzeit lösen. Wenn er hier wohnte, würde er für ein besseres Geländer sorgen. Sie brauchte ihn wirklich hier.

Fast oben angekommen, verlangsamte er seinen Schritt. Das war es vielleicht. Wenn ihr klar wurde, wie sehr sie ihn brauchte, würde sie vielleicht –

Er stieg die Treppe wieder hinunter und ging zur Hinterveranda, wo er Quinns Werkzeugkiste fand. Mit einem Schraubenzieher löste er die Bolzen am Treppenlauf und ging dann durchs ganze Haus, um weitere Schrauben, Türknäufe und Steckdosen zu lockern, wobei er auch die Drähte hinter den Dosen löste. Er überlegte, was er noch tun konnte. Er könnte auch die Gasleitungen ein wenig aufdrehen, nur ein bißchen, nichts Schlimmes. Die Stufen zur Vorderveranda waren erbärmlich. Er könnte eine ein wenig ansägen, so daß sie früher oder später einbrechen würde. Schließlich sollte nicht alles auf einmal passieren. Er könnte einen Teil des Verandageländers lockern. Er könnte viele Dinge tun. Sie würde ihn wieder brauchen.

Als er eine Stunde später nach oben ging, war er nahezu fröhlich, in der sicheren Zuversicht, bald einzuziehen. Die zweite Tür oben führte in ein weiteres Schlafzimmer unter dem Dachvorsprung. Ein Einzelbett stand darin, vermutlich Quinns oder Zoës aus Kindertagen. Erheitert mußte er lächeln, weil es ein tolles Zimmer für ihre Jungs sein würde. Die beiden Räume im hinteren Teil des Hauses waren ein Arbeitszimmer mit noch einem Bett und ein Bad. Das Bad war zu klein, das würden sie ausbauen und vielleicht noch ein weiteres dahintersetzen. Das Arbeitszimmer würden sie zum Elternschlafzimmer vergrößern, von dem direkt ein Bad hinter dem jetzigen abging. So würde es gehen. Das war gut.

Bill notierte sich die Maße und steckte das Maßband und den Organizer wieder in seine Tasche. Er hatte alles, was er benötigte. Nun würde alles ganz leicht werden, sobald Quinn nur bemerkte, wie sehr sie ihn brauchte. Sobald sie ihn bitten würde, zu ihr zurückzukommen.

Und sie würde so überrascht sein, wenn er ihr nach seinem Einzug die Pläne zeigen würde. »Du bist doch nicht dumm«, würde er sagen, »du wußtest doch, daß wir mehr Platz brauchen. Du hättest dir denken können, daß ich es planen würde.«

Auf dem Weg durch den Flur öffnete er aus reiner Neugier die fünfte Tür.

Quinns begehbarer Kleiderschrank.

Er konnte die Ärmel ihrer Kleider sehen. Das grüne aus Kattunstoff, das sie getragen hatte, als sie das erste Mal zusammen ausgegangen waren, das blaukarierte, das sie mit einer Jacke darüber am Tag der offenen Tür im Herbst getragen hatte, das rote Flanellkleid mit Plaidmuster, das sie bei ihrem letzten gemeinsamen Besuch eines Basketballspiels angezogen hatte – bei diesem Gedanken zog sich sein Herz ein wenig zusammen, sie waren so glücklich gewesen –, das schwarze, das sie zum Unterricht trug, wenn die Schüler ohne Farben arbeiteten, und das braune Patchworkkleid und das aus Jeansstoff und –

Er schloß die Augen, weil seine Brust schmerzte. Er würde doch wohl keinen Herzinfarkt bekommen, dafür war er zu jung und zu gesund. Vielleicht eine Verdauungsstörung. Er sollte sich einen Moment hinlegen.

Auf Quinns Bett ausgestreckt, die Decke über sich gezogen, fühlte er sich besser. Einen Augenblick lang war er ihr fast böse, weil sie so stur war. Sie hatte verdient, was er in ihrem Haus angestellt hatte. Wenn sie ihm doch nur zuhören würde, könnte sie jetzt hier bei ihm sein, unter der Decke, aber sie wollte ja nicht zuhören; wenn er sie nur dazu bringen könnte zuzuhören –

Er dachte darüber nach, wie er das schaffen konnte, was er tun mußte, um sie zum Zuhören zu bringen, was sie verdient hatte, weil sie ihm kein Gehör schenkte. Er war wütend, so wütend, weil sie ihm *einfach nicht zuhören wollte* –

Sein Atem ging schwerer, der Raum verschwamm vor seinen Augen, während er an Quinn dachte und daran, wie er sie zum Zuhören bewegen konnte, wie er sie dazu bringen konnte, ihn zurückzunehmen, sie mußte ihn jetzt einfach zurücknehmen, das Ganze dauerte nun schon lange genug, es war genug, genug, genug –

Als er sich wieder beruhigt hatte, erzählte er sich die alte Geschichte, daß alles wieder gut werden, daß sie ihm nun zuhören würde – es *waren jetzt schon zwei Monate* – nur noch ein wenig mehr Zeit, und alles wäre wieder gut, und sie würde ihm zuhören –

Nein, das würde sie nicht.

Wieder spürte er, wie sich seine Brust verkrampfte, wie von einer riesigen Faust gepackt. Er wälzte sich aus dem Bett. Er war in Ordnung, sie würde ihm zuhören, alles würde gut.

Er ging durch das Zimmer und öffnete die Tür zum Wandschrank – hier hingen ihre Blusen und Röcke, die Jeans lagen gefaltet auf dem Regal darüber –, öffnete die Vitrine – Laken und Kopfkissenbezüge, T-Shirts –, zog die Schubladen des Waschtischs auf –

Quinns Unterwäsche. *Mein geheimes Leben,* hatte sie immer dazu gesagt. Absurde Farben, schreiendes Pink und metallisches Gold und beißendes Grün und –

Er ließ seine Hände in die Schublade eintauchen und über die Spitze, den Satin und die Seide streicheln. »Beim Kunstunterricht muß ich mich wie ein Hafenarbeiter anziehen«, hatte sie einmal gesagt, »aber darunter kann ich mich aufdonnern.« Eigentlich mochte er diesen ganzen Kram nicht, all diese merkwürdigen und schrillen Farben, so schrill und heiß wollte er Quinn nicht haben; seine Quinn war rein, weiß, schlicht und gut – er schloß seine Hände um die anstößigen Stoffe zu Fäusten – *seine,* sie mußte doch wissen, daß sie sein war.

Er ließ die Unterwäsche wieder in die Schublade fallen, als sei sie unrein, verdorben. Sie verdarb sie, er hatte das Bedürfnis, sie zu zerreißen, zu zerfetzen, zu verbrennen, damit sie nie wieder ihren Körper berührte. Gerade, als er in dieser Absicht mit vollen Händen zugriff, fiel sein Blick auf den weißen Stoff hinten in der Schublade.

Es war zwar kein züchtiger Baumwollschlüpfer, er war knapp und aus Spitze – nicht so einer, der sie wirklich bedeckte –, aber immerhin war er weiß wie der einer Braut. Er holte ihn hervor und hielt den Atem an. Einige Männer sagten Höschen dazu, aber das war Bill immer schon vulgär erschienen. Er nannte sie einfach Unterhosen, eine nette und neutrale Bezeichnung. Diese hier war größtenteils aus Spitze, mit nur einem Streifen weißen Satins im Schritt – *Schritt,* kein Wort, das er im Zusammenhang mit Quinn verwenden mochte, es war so derb – Satin im Schritt, der Teil, der sich zwischen ihre Beine schmiegte, der Teil –

Er erschauerte ein wenig und schob hastig die Schublade zu, den Slip noch immer fest in der Hand.

Unterhosen.

Sie war aus weißer Spitze. Sie könnte sie bei ihrer Hochzeit tragen.

Sie mußte ihm zuhören. Er mußte sie dazu bringen, ihm zuzuhören. Er hatte lange genug Geduld bewiesen. Man mußte Frauen ein wenig Zeit zugestehen, aber irgendwann mußte man durchgreifen.

Er würde durchgreifen, und sie würde das verstehen. Sie wäre ihm sogar dankbar, denn auch sie mußte dem Ganzen doch ein Ende bereiten wollen. Sie würde zu ihm zurückkommen, diesen Slip für ihn tragen, ihm ihre Arme öffnen, sich ihm in der Dunkelheit öffnen –

Alles würde gut werden.

Er hielt das Höschen weiter umklammert, während er versuchte, ruhiger zu atmen. Er sah es an, er sah es nur an, als Bobby plötzlich hinter ihm sagte: »Das tust du also in deiner Freistunde.«

Bill fuhr zusammen und sah Bobby grinsend im Türrahmen stehen.

»Wirklich pathetisch, Hilliard«, sagte er.

»Wie bist du –«

»Ich bin dir gefolgt.« Bobby zuckte mit den Achseln. »Du hast verloren, Hilliard. Noch wichtiger, du verlierst Spiele. Das geht nicht.« Seine Stimme war überheblich, seine Miene selbstgefällig.

Bill schluckte. »Verschwinde hier.«

Bobby schüttelte den Kopf. »Dafür ist es zu spät. Komm schon, steck dir dieses Ding in die Tasche, wenn es das ist, was du brauchst, aber wir müssen hier weg. Ich habe wirklich keine Lust, das irgend jemandem erklären zu müssen.«

»Du verstehst das nicht«, sagte Bill. »Das ist nicht –«

»Ich verstehe sehr gut«, unterbrach Bobby ihn. »Jetzt halt die Klappe, und komm raus hier, bevor wir erwischt werden. Mein Gott, was bist du für ein Idiot.«

»So kannst du nicht mit mir sprechen«, polterte Bill los, aber ihm war ganz kalt. Seine Welt war schon vorher aus den Fugen geraten, aber nicht in diesem Ausmaß.

»Ich kann mit dir sprechen, wie ich will.« Bobbys Grinsen war häßlich. »Hiernach?« Er nickte zu dem Höschen, das Bill noch immer umklammert hielt. »Jetzt gebe ich hier den Ton an, und du wirst tun, was ich sage.« Er wies mit dem Kopf zur Treppe und ging zur Tür, als sei er völlig sicher, daß Bill ihm folgen werde.

Und schwindelig vor Verwirrung, während die pochenden Kopfschmerzen ihn erneut zu quälen begannen, tat Bill, wie ihm geheißen.

»Was zum Teufel macht sie da?« fragte Max und knallte den Hörer des Bürotelefons auf.

Nick hob den Kopf von dem Subaru, an dem er gerade arbeitete, und spähte aus dem Fenster. »Wer?«

»Nicht draußen. Darla.« Max klang wütend. »Sie hat nur eine Nachricht auf unserem Anrufbeantworter hinterlassen, daß die Jungs wieder zum Abendessen kommen sollen. Ich nicht, nur die Jungs.«

»Wahrscheinlich denkt sie, daß du im Anchor Inn ißt.«

»Leck mich doch«, sagte Max. »Das ist doch albern. Wir sind verheiratet. Sie sollte zu Hause sein.«

»Klar.«

»Wie sieht das denn aus? Verdammt, die Leute reden schon darüber.«

Nick steckte den Kopf unter die Motorhaube. »Vielleicht lassen die beiden uns zugucken, wenn wir nett zu ihnen sind.«

»Du kannst Witze machen«, sagte Max. »Dir fehlt ja nichts.«

Und ob.

»Es ist nun schon über einen *Monat* her«, seufzte Max. »In der High-School saß ich nicht so lange auf dem trockenen.«

»Oh«, meinte Nick, »deshalb hast du so miese Laune.«

»Hättest du die nicht?«

Nick spielte mit dem Gedanken, ihm zu erzählen, daß es ihm egal war, wie lange er gewartet hatte, sondern daß ihn vielmehr die Vorstellung wahnsinnig machte, daß es nie wieder passieren würde, aber er schwieg. Über einige Dinge wollte er einfach nicht mit Max sprechen, auch wenn er ständig daran denken mußte.

Jeden Tag hatte er das Bedürfnis unterdrückt, im Haus vorbeizuschauen, um zu sehen, ob sie irgend etwas brauchte. Ihn in sich zum Beispiel. Mit Darla und Joe im Haus war das natürlich aussichtslos, und Quinn besuchte ihn auch nicht mehr in seiner Wohnung, so daß er, wollte er sie nicht mitten auf der Straße anspringen, ziemlich in der Klemme saß. Aber das war gut so. Sie war nur eine Freundin, und außerdem hielt sein Interesse nie lange an. Normalerweise hätte es mittlerweile schon abflauen müssen. Er war nicht der Typ, der Frauen hinterherlief.

Er wollte sie wieder nackt unter sich spüren.

Nein, wollte er nicht.

»Ich war drüben im Upper Cut«, sagte Max, gefangen von seinen eigenen Problemen. »Sie sagt nein. Ich weiß nicht mehr, was ich noch tun soll. Gehe ich zu Bo's, lacht sie. Verabrede ich mich mit Barbara, um sie eifersüchtig zu machen, rät sie mir, beim nächsten Mal den Hummer zu meiden.«

»Ich habe dir doch gesagt, daß das ein dummer Schachzug war«, meinte Nick.

Max ignorierte ihn. »Ich bitte sie, mir zu sagen, was sie will, ich versichere ihr, daß sie es haben kann, was immer es ist. Und sie meint nur, daß es keinen Zweck hätte, wenn sie es mir erst sagen muß.«

»Wirklich blöd«, meinte Nick, dessen Mitgefühl mit Max zurückkehrte.

»Sie will eine Veränderung«, erklärte Max. »Aber mir gefällt unser Leben. Warum sollte ich etwas daran ändern?«

»Um dieses Leben zurückzubekommen?«

»Sie ist meine Frau«, beharrte Max stur. »Sie gehört zu mir. Am besten warte ich einfach ab, sie wird schon wieder zu Verstand kommen.«

Bevor du deinen verlieren wirst? wollte Nick fragen, aber es war ziemlich klar, daß Max' Verstand bereits ernsthaft gelitten hatte, und außerdem war Nick nicht in der Position, Kritik zu üben, weil es ihm auch nicht besser erging. Schließlich war er auf eine Frau fixiert, die er nie wieder nackt zu Gesicht bekommen würde, die er nie wieder halten, berühren, streicheln, umarmen würde, in die er nie wieder eintauchen würde –

Nicht, daß er das wollte. Kaum.

»Entführe deine Frau doch einfach«, schlug Nick vor. »Zum Teufel mit der Warterei.«

Max grunzte ihn an und ging ins Büro zurück, und Nick starrte auf den Subaru und versuchte, mit Ruhe und Gelassenheit dahinterzukommen, welche Gefühle er für Quinn hegte, ohne wirklich über seine Gefühle nachzudenken.

Okay, alles war unter Kontrolle. Er hatte sie bereits nach diesem Abend auf der Couch zwei Wochen lang missen müssen, und das hatte ihn mißmutig gemacht, weil er gerne mit ihr zusammen war, gerne ihre Stimme hörte, ihr Lachen, gerne ihr Gesicht sah und ihr schwingendes Haar betrachtete – *Quinn mit gestutztem Haar, die sich unter ihm wand, mit wunderschönen Wangenknochen, ihren Kopf im seinen Händen, während er sich in sie bohrte* – er mochte sie wirklich als Freundin für Gesellschaft und Unterhaltungen. So wie man die Artikel im *Playboy* liest, die wirklich gut sind.

Und nun war es fast eine Woche her, daß er sie gesehen hatte – *nackt, weich und feucht* –, und er wollte sie zurück.

Zum Reden.

Er konnte nicht glauben, wie sehr er sie vermißte. Als Kumpel. Sie war sein bester Freund gewesen, und nun war sie aus seinem Leben verschwunden – *siehst du,* wollte er ihr sagen, *deshalb war es so eine schlechte Idee von uns, Sex zu haben. Ich wußte, daß das passieren würde, ich habe es dir doch gesagt* –, und er vermißte sie. Das Reden mit ihr.

Er hatte gar nicht wirklich zu schätzen gewußt, wie wichtig es war, sich mit einer Frau zu unterhalten, bis er kurze Zeit mit einer verbrachte, die nichts zu sagen hatte. Abgesehen von ihrer Vorliebe für verheiratete Klempner und Handwerker war Barbara eine rundum nette Frau, aber wenn er in tausend Jahren noch einmal fünf Minuten mit ihr verbringen müßte, wäre das immer noch zu früh.

Quinn hatte immer jede Menge zu sagen. Sie hatten sich über Bücher, Kinofilme, Leute, ihren Unterricht und seine unergründliche Haltung gegenüber Frauen unterhalten, aber erst seit der Woche, in der er mit Barbara ausgegangen war, war Nick klargeworden, daß ihm am meisten die Gespräche mit Quinn fehlten. Sie waren Freunde. Sie sollten miteinander reden.

Und aus diesem Grunde wünschte er sie sich zurück. Er nickte. Das war gut. Vernünftig. Das machte Sinn.

Er liebte Quinn wie eine Schwester, also war es nur selbstverständlich, daß er sich nach ihrer Gegenwart sehnte.

Es war nicht ihr Körper, den er liebte – *wohlgeformt und fest und geschmeidig unter ihm,* streich das mit der Schwester, das war ein schlechter Vergleich, vergiß das, denk nicht daran –, nein, es war ihr Verstand, den er liebte, wer sie war, Quinn als Mensch und nicht Quinns Körper.

Absolut vernünftig.

Das Problem allerdings war, daß er – völlig losgelöst von dieser Sache mit der Liebe, diese beiden Dinge waren etwas völlig anderes, gehörten noch nicht einmal ins gleiche Universum, sie hatten absolut nichts miteinander zu tun – sich danach sehnte, ihren heißen Körper unter sich erschauern zu spüren.

Das machte Sinn, sagte Nick sich. Eigentlich war es ganz einfach. Wie die Trennung zwischen Kirche und Staat die Unabhängigkeit beider stets garantiert. Liebe hier, Sex dort. Keine Vermischung.

Natürlich wäre es einfacher, wenn zwei Frauen anstatt nur eine daran beteiligt wären. Tatsächlich war, so wurde ihm nun bewußt, eines der Dinge, die sein Leben bisher so unbeschwert gemacht hatten, die Tatsache gewesen, daß er Quinn geliebt und mit anderen Frauen geschlafen hatte. Und da es einfacher war, Frauen zu finden, mit denen man schlafen konnte, als solche, die man lieben konnte, würde er Quinn einfach weiterlieben – vermutlich konnte er sowieso nicht anders – und sich eine andere zum Vögeln suchen.

Die Erinnerung an ihren Körper stieg in ihm hoch – heiß und willig unter seinen Händen, die Art, wie er sie erforscht, gefühlt, gespürt, kennengelernt hatte, wie er sie erschauern lassen und zum Höhepunkt gebracht hatte – und ließ ihn sofort wieder steif werden.

Er mußte sie noch einmal haben, sonst würde er nie damit abschließen.

Resignierend lehnte Nick sich gegen den Subaru. Okay, es bestand kein Grund zur Panik. Er konnte das immer noch handhaben wie bisher. Er mußte nur daran denken, die beiden Dinge völlig voneinander zu trennen. Den Verstand zu lieben und den Körper zu vögeln. Dann konnte er immer noch, wenn er den Körper nicht mehr vögelte, ihren Verstand lieben.

Eindeutig logisch. Vielleicht konnte er sie davon überzeugen.

Aber zunächst mußte er sie dazu bringen, daß er sich ihr nähern durfte, ohne getreten zu werden.

Während er darüber nachdachte, wie er das anstellen sollte, klingelte das Telefon, und als er abhob, sagte Joe: »Nick?

Könntest du heute abend hierher kommen, wenn du mit der Arbeit fertig bist?«

»Hierher?« fragte Nick. »Du meinst, zu Quinn?« Soviel Glück konnte er doch gar nicht haben.

»Ja«, sagte Joe. »Quinn ist die Treppe hinuntergefallen und hat sich den Knöchel verstaucht. Das Treppengeländer hat sich gelöst.«

»Oh, Mist.« Nicks Verlangen wandelte sich in Besorgnis. »Geht es ihr gut? Soll ich sie ins Krankenhaus bringen?«

»Darla fährt sie hin.« Joes Stimme klang grimmig. »Ich glaube, jemand hat den Handlauf gelockert. In allen Halterungen müßten drei Schrauben sein, aber es war nur eine in jeder. Ich habe ihn so gut es geht wieder befestigt. Und als ich gestern abend heimkam, habe ich Gas gerochen. Irgendeiner hat an dem Ventil im Keller herumgespielt, und als ich hinunterging, habe ich ein kaputtes Fenster entdeckt. Jeder hätte hier einsteigen können. Ich denke, dieses Haus ist das reinste Minenfeld.«

»Wer –« setzte Nick an, unterbrach sich dann aber. »Doch nicht etwa Bill?«

»Ich will es nicht glauben, aber nach dieser Geschichte in der Materialkammer ist das auch mein Tip.«

»Welche Geschichte in der Materialkammer?« wollte Nick wissen, und als Joe es ihm erzählte, verwandelte sich seine Besorgnis um Quinn in Wut, mit der er weitaus leichter umgehen konnte als mit Liebe und Angst. »Lieber Himmel«, sagte er, »du hättest mich anrufen sollen, dann hätten wir beide ihm einen Besuch abgestattet.«

»Quinn wollte das nicht«, sagte Joe. »Du weißt doch, daß sie keinen Wirbel mag. Ich denke, sie glaubte, daß er es aufgeben würde, wenn sie kein Aufhebens verursacht, aber nach dieser Sache müssen wir etwas unternehmen. Ich habe schon bei Frank Atchity angerufen und werde jetzt einen Kontrollgang durchs Haus machen, aber ich möchte, daß du auch noch mal alles abcheckst. Wenn du –«

»Ich komme sofort«, unterbrach Nick ihn. »Und Max bringe ich auch mit. Heute ist Samstag, da können wir eine Stunde früher schließen.«

»Danke«, sagte Joe.

»Ist mir ein Vergnügen«, antwortete Nick.

13

Nick brachte Verschlußriegel mit, die sie an den Eingangstüren und an der Tür zum Keller montierten. Dann begannen sie, alles im Haus zu überprüfen, angefangen von dem Gasleck im Keller. Zwei Stunden später waren sie erst mit dem Erdgeschoß fertig.

Bill hatte gründliche Arbeit geleistet.

Es schien, daß nahezu alles, das eine Schraube oder einen Nagel hatte, gelockert worden war. Kabel waren abgewetzt, Rohre leicht losgeschraubt, ein Bein der Couch war gelockert und Konservendosen waren so positioniert worden, daß sie aus dem Schrank fielen, sobald man ihn öffnete. »Er muß Stunden dafür gebraucht haben«, meinte Max schließlich, doch Joe, der Jahre als Elektriker und Mann für alles hinter sich hatte, schüttelte den Kopf. »Es dauert immer länger, etwas zu befestigen, als es loszuschrauben. Beim Losschrauben muß man nicht vorsichtig sein.« Nick blieb still, während er alles doppelt überprüfte und zunehmend zorniger wurde, je mehr Sabotage sie entdeckten.

Als sie gerade die Treppe hinaufgehen wollten, um oben alles zu kontrollieren, klingelte das Telefon, und Nick hob ab.

»Hallo?« meldete er sich, und Zoë fragte: »Wer ist da?«

»Na wunderbar«, sagte Nick, der ihre Stimme nach zwanzig Jahren immer noch erkannte. »Du hast mir gerade noch gefehlt.«

»Nick?«

»Ja.«

»Ich habe gehört, daß du meine Schwester vögelst.«

»Ich nutze jede Gelegenheit«, sagte er. »Sie ist nicht hier. Ich werde ihr sagen, daß sie dich zurückrufen soll.«

»Warte mal einen Augenblick. Wenn sie nicht da ist, was tust du dann dort?«

Nachdem er es ihr erklärt hatte, schwieg sie eine Minute, bevor sie sagte: »Scheiße. Zieh bei ihr ein.«

»Was?«

»Zieh bei ihr ein. Sie liebt dich, du liebst sie, und dieses Oberarschloch sollte das wissen. Hör auf herumzuvögeln, und zieh zu ihr.«

»Das ist nicht so einfach«, meinte Nick.

»Oh, werd doch endlich erwachsen«, entgegnete Zoë. »Du hast sie immer schon geliebt. Hör auf, so ein Kindskopf zu sein.«

»Mein Gott, was habe ich dich vermißt«, sagte Nick. »Ich werde Quinn Bescheid sagen, daß sie dich anrufen soll.«

»Tu das. Aber in der Zwischenzeit bleibst du dort und paßt auf sie auf. Ich meine das ernst, Nick«, setzte sie hinzu und schaffte es, ihn wie und je auf die Palme zu bringen. »Mach keinen Mist.« Dann legte sie auf.

»Wer war das?« wollte Joe wissen, als er die Treppe herunterkam.

»Zoë«, antwortete Nick und legte den Hörer auf.

»Du hast ein interessantes Leben«, meinte Joe und holte einen Schraubenzieher aus der Schublade. »Was hat sie gesagt?«

»Sie will, daß ich bei Quinn einziehe«, sagte Nick.

Joe grinste. »Das ist meine Zoë. Ein Teufelskind.« Er ging wieder zur Treppe, blieb jedoch stehen, als die Haustür aufging und Quinn mit Darlas Hilfe auf Krücken hereinhumpelte. Ihr Knöchel war bandagiert, auf ihrem Ellbogen saß ein großes Pflaster, aber vor Wut schlecht wurde Nick, als er den Bluterguß auf ihrer Stirn sah.

»Du siehst furchtbar aus«, sagte Max, und Joe warf ihm einen mißbilligenden Blick zu.

»Ich bin okay«, sagte sie in die Runde. »Sieht viel schlimmer aus, als es ist.« Sie klemmte sich die Krücken unter die Arme. »Bis zum Ende der Woche werde ich die schon nicht mehr brauchen. Sie dienen nur dazu, den Knöchel zu entlasten. Nur eine Verstauchung –«

»Eine schlimme Verstauchung«, sagte Darla grimmig und schloß die Tür hinter sich.

»– und in ein paar Wochen bin ich wieder vollkommen hergestellt.« Quinn holte tief Luft und lächelte, und Nick dachte: *Ich bringe ihn um. Sollte er sich ihr jemals noch mal nähern –*

»Aber jetzt werde ich mich ins Bett legen.« Ungeschickt hantierte sie mit den Krücken und humpelte zur Treppe. »Ich bin hundemüde.«

Nick wollte sie auf die Arme nehmen, doch Joe war schneller. »Komm, ich trage dich«, sagte er und hob sie hoch.

»Du wirst dir das Rückgrat brechen«, protestierte Quinn und ließ ihre Krücken fallen. »Ich kann gehen.«

»Nein.« Joe trug sie die Treppe hinauf, während Nick ihm folgte, nur für den Fall, daß er einen Herzinfarkt bekäme und hintenüber fiel.

Joe legte Quinn mitten auf ihrem großen Eichenbett ab und lehnte sich eine Minute an die Wand. »Als du klein warst, habe ich das immer getan«, keuchte er. »Du hast zugenommen.«

Quinn grinste zu ihm hoch. »Ich liebe dich, Daddy«, sagte sie, und als Joe zurücklächelte, bemerkte Nick plötzlich zum ersten Mal, wie ähnlich sie sich sahen. Meggy und Zoë waren die Verrückten in der Familie, die jede Aufmerksamkeit auf sich zogen, während Quinn und Joe in der Menge untergingen und einfach nur da waren, mit beiden Beinen auf dem Boden, ohne daß sie jemand wirklich wahrnahm. Abgesehen davon, daß er Quinn in letzter Zeit überall vor sich sah und sie jeden Tag seine Phantasie ausfüllte. Aber das hatte sie immer schon getan. Bisher allerdings hatte er nicht unter ihr gelitten, wie er das in den letzten Wochen erlebte.

Oder er war um sie besorgt wie jetzt.

»Ich liebe dich auch«, grummelte Joe heiser, als er wieder zu Atem gekommen war. Er drückte ihr einen Kuß auf die Stirn. »Rühr dich nicht vom Fleck, bevor ich nicht wieder Luft bekomme. Ich glaube, ich habe keine Kondition mehr.« Kopfschüttelnd verließ er das Zimmer, und Nick, unfähig, an etwas anderes zu denken, trat ans Bett und zog das Kopfkissen, auf dem sie nicht lag, unter der Decke hervor.

»Setz dich«, sagte er, und als sie das tat, stopfte er es hinter sie. »Hast du noch mehr Kissen?«

»Warum?« Quinn sah ihn stirnrunzelnd an. »Das reicht. Danke.«

»Für deinen Fuß. Du solltest ihn hochlagern.« Er öffnete die Vitrine hinter sich und zog eine Decke hervor. »Die dürfte es tun.« Er rollte sie zu einem dicken Schlauch zusammen, hob sanft ihren bandagierten Fuß an und legte die Decke darunter. »Er schwillt nicht so an, wenn er hochliegt. Hast du eine Eispackung? Ich kann schnell losfahren und –«

»Das paßt nicht zu dir«, sagte Quinn. »Entspann dich, es geht mir gut.«

»Okay.« Nick trat einen Schritt zurück. »Brauchst du sonst irgendwas? Eine Cola light? Was zu essen?«

»Es geht mir gut«, wiederholte Quinn, und er ging noch einen Schritt zurück. »Wirklich, Nick. Lieb von dir, aber ich fühle mich prächtig. Darla und Dad werden mich nach Strich und Faden verwöhnen und mich wahnsinnig machen. Du brauchst das nicht auch noch zu tun.«

»Okay«, sagte Nick wieder. Sein Blick fiel auf die Schatten unter ihren Augen und den Bluterguß auf ihrer Stirn. »Ich mache mir Sorgen um dich«, stieß er hervor. »Ich hätte nie gedacht, daß er dir weh tun würde.«

Quinn schüttelte den Kopf. »Ich glaube nicht, daß das seine Absicht war. Wahrscheinlich hat er gar nicht so weit gedacht. Er hat Probleme.«

»Zur Hölle mit ihm.« Seine Stimme war schärfer, als er beabsichtigt hatte, und Quinn sah ihn besorgt an.

»Hör zu, es ist alles in Ordnung.« Quinns Stimme klang wie immer, ruhig und bedächtig. »Darla und Dad sind hier bei mir, in der Schule umgibt mich ein Haufen Leute, und Darla und Edie passen bei den Theaterproben auf mich auf. Ich bin in Sicherheit.«

»Glaubst du wirklich, daß Darla dich vor Bill schützen könnte?« fragte Nick ungläubig. »Ich finde –«

»Hey, wem würdest du ungern im Dunkeln auf der Straße begegnen?« fragte Quinn grinsend, und Nick mußte zugeben, daß das Darla war. Wenn sie wütend war, konnte sie gemeingefährlich werden.

»Paß einfach nur auf dich auf«, meinte er, und sie seufzte und sagte: »*Das werde ich*, okay?«

»Okay«, erwiderte er und wandte sich zum Gehen, hielt jedoch inne, als sie sagte: »Nick?«

Er blickte sich zu ihr um. Sie hatte sich ein wenig zu ihm vorgebeugt, ihr kupferfarbenes Haar war verstrubbelt, ihre Augen waren groß und wunderschön.

»Danke«, sagte sie. »Wirklich. Du bist ein guter Freund.«

Bei dem Wort *Freund* mußte er schlucken, denn es durchfuhr ihn wie ein Messer. »Ruf mich an, wenn du irgend etwas brauchst.«

»Versprochen«, sagte sie, so daß ihm nichts anderes zu tun blieb, als aus dem Zimmer in den Flur hinauszugehen.

Freund. Nun, genau das wollte er ja sein. Alles wie gehabt.

Max kam aus dem Badezimmer. »Der Schweinehund hat die Schnur ihres Föns fast durchgescheuert. Er hätte sie wie auf dem elektrischen Stuhl hinrichten können.«

Nick überlief es eiskalt. »Wir werden alles dreimal überprüfen. Jedes verdammte Teil.«

Als Nick zwei Stunden später das Haus verließ, bemerkte er, wie Patsy Brady hinter ihrem Vorderfenster auf die Straße spähte. Einer plötzlichen Eingebung folgend stieg er die Stufen hinauf und klopfte an ihre Haustür.

»Mein Glückstag«, meinte sie, als sie öffnete.

»Eigentlich nicht«, entgegnete Nick. »Haben Sie zufällig beobachtet, daß in letzter Zeit jemand um das Haus nebenan herumgeschlichen ist?«

Patsy blieb lässig im Türrahmen stehen, sorgfältig darauf bedacht, ihren Plüschmorgenrock geschlossen zu halten. »Nebenan? Bei der Lehrerin?«

»Ganz genau.«

Patsy schüttelte den Kopf. »Nur diesen kräftigen Mann.«

Nick wurde hellhörig. »Einen kräftigen Mann?«

»Ja.« Patsy verlagerte ihre Haltung ein wenig; ihr Morgenmantel tat es ihr nach. »Ein großer blonder Kerl, der sich in ihrem Garten herumtrieb. Einmal hat er ihren Hund rausgelassen.«

»Kennen Sie ihn?«

»Nö.« Wiederum änderte Patsy ihre Haltung, so daß ihr Morgenrock nun genügend aufklaffte, um sie wegen unsittlicher Entblößung zu verhaften. »Möchten Sie nicht reinkommen?«

»Nein«, wehrte Nick ab. »Sah er aus wie Coach Hilliard?«

»Nee«, antwortete Patsy. »Den habe ich auf dem Spielfeld gesehen. Der Typ war zwar groß, aber der Coach ist riesig.«

»Manchmal sehen große Männer auf geringere Entfernung kleiner aus«, entgegnete Nick.

»Blödsinn«, meinte Patsy.

»Okay, machen wir es anders.« Er hob einen vergilbten Werbezettel von Patsys Veranda auf, holte einen Stift aus der Tasche seines Arbeitshemdes hervor und schrieb die Nummer von Frank Atchity darauf. »Wenn Sie diesen großen blonden Mann noch einmal sehen, würden Sie dann diese Nummer anrufen?«

»Ist das Ihre?« fragte Patsy mit hochgezogener Augenbraue.

»Das ist die vom Sheriff«, sagte Nick. »Bitte.«

»Sheriff? Niemals.« Patsy wich zurück, so daß Nick schnell hinzufügte: »Warten Sie bitte einen Moment.« Hastig strich er die erste Nummer durch und schrieb zwei andere auf.

»Dann rufen Sie bitte mich an«, sagte er und reichte ihr das

Papier. »Die erste ist meine Nummer im Geschäft, die zweite mein Privatanschluß. Rufen Sie bitte an, sobald Sie ihn sehen.«

Stirnrunzelnd sah Patsy ihn an, nahm das Blatt jedoch entgegen. »Was ist denn los?«

»Jemand hat ihr Haus mit ein paar Fallen gespickt.« Mit einer Kopfbewegung wies Nick zu Quinns Haus hinüber. »Sie ist die Treppe hinuntergefallen und hat sich den Knöchel verstaucht.«

»Scheiße.« Patsy warf noch einen Blick auf die Nummer. »Ja, ich werd' Sie anrufen. Ist ja echt ein dickes Ding. Wissen Sie, ich dachte, er wäre nur scharf auf sie, weil er ständig so durchs Fenster guckte. Aber das ist ja 'ne nette Geschichte.«

»Er ist gefährlich«, sagte Nick.

»Sie auch.« Patsy begutachtete ihn von oben bis unten. »Aber wahrscheinlich gehören Sie zu ihr, stimmt's?«

»Stimmt«, antwortete Nick der Einfachheit halber.

»Die Glückliche.«

»Ich weiß nicht«, meinte Nick. »Eigentlich bin ich ein Arschloch. Aber trotzdem, vielen Dank für Ihre Hilfe. Wir wissen das zu schätzen.«

Patsy zog ihren Morgenrock zu. »Hey, wir Mädels müssen hier in dieser Gegend bei solchen Typen zusammenhalten.« Sie schüttelte den Kopf. »Hurensohn.«

»Stimmt«, pflichtete ihr Nick bei.

Mit dem Gefühl, recht vermutet zu haben, stieg er die Verandastufen hinunter. Nun machte er sich noch mehr Sorgen um Quinn als vorher, und im Geiste suchte er nach Möglichkeiten, sie zu schützen. Solange Joe und Darla bei ihr waren, war sie in ihrem Haus in Sicherheit, aber schließlich war sie nicht ständig zu Hause, da waren noch die Schule und dieses verdammte Theaterstück –

Zudem fühlte er dieses unterschwellige Verlangen nach ihr. Und er brauchte sie, was noch viel schlimmer war, aber es ließ sich nicht leugnen.

Eine Stunde später, als er zu Hause saß und noch immer

darüber nachdachte, wie er diese Distanz zwischen ihm und ihr wieder überbrücken könnte – sollte er ihr vielleicht als Anfang ein paar Blumen schicken? – rief Joe ihn an.

»Wir haben mit Frank Atchity gesprochen«, sagte er. »Um ihn zu überreden, herzukommen und Fingerabdrücke zu nehmen. Besonders interessiert ist er allerdings nicht.«

»Scheiße, und warum nicht?« fragte Nick ungehalten. Die Polizeitruppe von Tibbett konnte zwar nicht unbedingt *NYPD Blue* das Wasser reichen, aber Frank Atchity war bisher stets zuverlässig gewesen.

»Wir haben keine Beweise.« Joe klang ebenso verärgert. »Das Haus ist alt, und die Stadt war schon dutzendfach wegen angeblicher Mängel hier, deshalb hören sich ein Gasleck und ein kaputtes Fenster für ihn nach der üblichen Sache an. Noch dazu wird Bill hier in dieser Stadt angehimmelt wie eine Gottheit, wegen all diesem Wohlfahrtsscheiß und der Arbeit mit den Kindern. Frank wollte einfach nichts davon hören. Er meinte, er würde morgen vorbeischauen und sich alles ansehen, aber besonders interessiert schien er nicht zu sein.«

»Scheiße«, sagte Nick noch einmal, »ich werde mit ihm reden.«

»Nein«, widersprach Joe. »Laß mich das in die Hand nehmen. Ich bin ihr Vater. Außerdem spiele ich Poker mit ihm. Wenn er morgen herkommt, werde ich dafür sorgen, daß er etwas unternimmt.«

Nick schäumte vor Wut, bis Edie abends um acht Uhr anrief. »Hey, Nick«, meldete sie sich, »Quinn und Darla haben zwar die Technik für das Theaterstück übernommen, aber uns läuft die Zeit davon, deshalb könnten wir ein wenig Hilfe bei Licht und Ton gebrauchen. Ich fragte mich gerade, ob –«

»Joe hat dich angerufen«, unterbrach Nick sie in dem sicheren Bewußtsein, nicht zweimal an diesem Tag ein solches Glück haben zu können.

»Ja«, gab Edie zu. »Er macht sich Sorgen um sie. Und ich auch.«

»Mir geht es nicht anders«, sagte Nick. »Ich bin sofort da. Und ich bringe Max mit. Ich werde sie nicht aus den Augen lassen.«

»Genau wie Bill«, sagte Edie.

»Eben nicht wie Bill«, entgegnete Nick.

Am Montagmorgen rief er den Floristen an und ließ Quinn ein Dutzend roter Rosen in die Schule schicken. Das war zwar nicht viel, aber immerhin ein Anfang.

Am Montag stand Quinn gerade auf ihre Krücken gestützt auf der Bühne und unterhielt sich mit Thea über den Hintergrund, als sie Nick zusammen mit Max durch die Hintertür eintreten sah und mitten im Satz abbrach, weil sie wegen seiner bloßen Anwesenheit schon um Luft ringen mußte. Obwohl sie sich einzureden versuchte, daß er nur ein pizzavernarrter und rote Rosen verschickender Nichtsnutz war, sehnte sie sich mit jeder Faser ihres Körpers nach ihm.

»Wer ist das?« fragte Thea.

»Mrs. Zieglers Ehemann und ihr Schwager.« Quinn lenkte ihren Blick wieder auf die Dekoration, wo er hingehörte.

»Der Hübsche ist der Ehemann, und der Scharfe der Schwager, stimmt's?« hakte Thea nach.

»Richtig geraten.«

»Und was ist der Schwager für Sie?« Thea ließ nicht locker.

»Gar niemand. Gut, wenn wir die Farbe nach oben hin verdünnen wollen –«

»Und ich dachte schon, meine Gefühle Jason gegenüber wären offensichtlich«, meinte Thea. »Das ist nicht niemand. Selbst wenn Sie nicht gewußt hätten, wer er ist, wäre er kein Niemand.«

»Glaub mir«, beteuerte Quinn. »Er existiert nicht einmal.«

»Was hat er getan?«

»Thea«, ermahnte Quinn sie streng.

»Ich frage doch nur.« Thea spähte über Quinns Schulter. »Hi.«

»Hi«, erwiderte Nick ihren Gruß. Allein seine Nähe ließ Quinn kurz erschauern.

»Ich habe dir doch bereits Samstag gesagt, daß alles in Ordnung ist«, sagte sie, ohne sich umzudrehen. »Deine Anwesenheit hier ist überflüssig.«

»Ich wurde darum gebeten«, sagte er immer noch unmittelbar hinter ihr. »Edie hat mich angerufen.«

Bei diesen Worten wirbelte sie herum, in dem krampfhaften Versuch, sich nicht zu freuen, weil er da war. »Das glaube ich nicht.«

»Wegen eurer Lichtanlage«, fügte Nick hinzu und hielt ihren Blick mit seinen unergründlich dunklen Augen fest. »Sie brauchte einen Elektriker.«

»Du bist kein Elektriker.«

»Klar bin ich das.« Sein Lächeln brachte sie fast um den Verstand. »Ich bin bei Joe in die Lehre gegangen.«

Sie drehte ihm den Rücken zu. »Edie steht da hinten. Bei Darla. Wenn du vorne auf die Bühne gehst, siehst du sie.«

»In Ordnung«, erwiderte Nick.

Er war gerade verschwunden, als Thea meinte: »Er muß sich wirklich etwas ziemlich Bescheuertes geleistet haben.«

»Noch schlimmer«, sagte Quinn.

»So schlimm, daß er keine weitere Chance verdient hat?«

Quinn blickte auf und sah, wie Thea Nick voller Sympathie nachschaute. Wahrscheinlich knüpfte sie eine Verbindung zu ihren eigenen Problemen mit Jason. »Ich habe ihm drei Chancen gegeben. Und alle drei hat er versaut.«

»Oh.« Theas Sympathie kehrte zu Quinn zurück. »Nur eine davon hätte ich gerne.« Wieder blickte sie zu Nick zurück. »Obwohl er echt scharf ist. Ist er derjenige, von dem Sie erzählten? Der, bei dessen Anblick Ihnen immer speiübel wird? Hat er Ihnen die Rosen geschickt? Woher haben Sie ihn denn?«

»Ich habe ihn nicht«, sagte Quinn barsch. »Und ich will ihn auch nicht.«

»Sie haben ihn«, widersprach Thea. »Bloß, weil ich neben Ihnen stand, habe ich ja schon die Schwingungen gespürt, als er Sie ansah.«

»Nett formuliert«, meinte Quinn. »Nun, um zu den Farben zurückzukommen –«

Nachdem Thea zu ihrer Arbeit am Hintergrundbild zurückgekehrt war, setzte sich Quinn auf die Tischkante und versuchte, ihr Leben wieder mit vernünftigen Augen zu betrachten. Aufregend zu sein hatte eindeutig für alle die Dinge auf den Kopf gestellt, sie selbst eingeschlossen, insbesondere ihr Liebesleben. Als Freund war Nick großartig, als Liebhaber eine Katastrophe. Sie brauchte einen verläßlichen Mann, der zur Stelle war und neben ihr aufwachte und auf den sie zählen konnte –

Um Gottes willen, nein, das war nicht das, was sie brauchte, das war Bill. Zumindest Bill vor der Geschichte mit der Materialkammer und der Sabotage.

Am anderen Ende der Bühne hörte sie Nick lachen, und sie blickte verstohlen zur Ecke, von der aus er zu Edie heruntergrinste, die ihrerseits dankbar zu ihm hochschaute. Nick, breitschultrig und schmalhüftig – *Nick, der es dir zu Fleetwood Mac besorgt hat,* erinnerte sie ihre Vernunft –, Nick, der sich hart zwischen ihren Schenkeln bewegt und ihren Mund wundgeküßt hatte – *Nick, der eine Pizza dir vorgezogen hat,* ließ sich ihre Ratio wieder vernehmen –, Nick, der ihr einen derart heftigen Höhepunkt verschafft hatte, daß sie blind und atemlos war – *Oh verdammt, nimm ihn zurück,* sagte ihre Vernunft. *Solche Orgasmen wachsen nicht auf Bäumen.*

Und dann würde sie am Ende wieder alleine dastehen. Sie fühlte einen Kloß in ihrem Hals, denn sie wußte, daß Orgasmen nicht genug waren; sie brauchte das, was Zoë mit Ben erlebte, Aufmerksamkeit und Sicherheit und vorbehaltlose Liebesbezeugungen, das, was sie in all den Jahren vermißt hatte. Und Nick konnte ihr das nicht bieten. Zu oft hatte sie ihn auf die Weise angeschaut, wie sie ihn nun ansah, voller Verlangen danach, daß er sie in die Arme schloß, während er ihr den Rücken zudrehte.

Er war also nur ein Freund. Ein entfernter Freund.

Sie wandte ihm den Rücken zu und konzentrierte sich auf ihre Arbeit.

Als Quinn am Dienstag zu den Proben erschien, war Nick ebenfalls wieder dort.

»Okay«, sagte er zu ihr, als sie zusammen am Requisitentisch standen. »Die Lichtsteuerung ist nun wieder sicher, zumindest so sicher wie möglich. Sie ist alt.«

»Vielen Dank für deine Hilfe«, erwiderte sie. »Du kannst jetzt gehen.«

»Dann werden wir uns nun um die Scheinwerfer kümmern«, fuhr er fort und sah zu den Lichtbrücken hoch. »Ich muß wissen, wo du sie haben willst und welche Farbfilter du brauchst.«

Sie sah ihn flüchtig an. »Wir haben Leute in der Crew, die –«

»Ich weiß.« Nick widmete seine Aufmerksamkeit wieder ihr und ließ ihr Herz schneller schlagen. »Aber nur, wenn ihnen jemand zeigt, wie. Die Beleuchtung braucht viel Zeit, und du hast das bisher immer aufgeschoben, obwohl in drei Wochen Generalprobe ist. Edie hat mir ein Buch über Bühnenbeleuchtung gegeben, ich habe es letzte Nacht gelesen. Ich weiß jetzt, wie es geht. Also werde ich dabei helfen.«

Quinn schluckte. »Das ist nett von dir.«

»Eigentlich nicht«, meinte Nick. »Es macht mir Spaß.«

»Oh.«

»Du hast ein paar wirklich nette Kids hier, und Edie schuftet wie verrückt. Es ist ein gutes Projekt. Ihr habt Unterstützung verdient.«

Sie blickte ihn an, um zu sehen, ob er sich bei ihr einschmeicheln wollte, aber er sah bereits wieder zu den Scheinwerfern hoch und begutachtete stirnrunzelnd die Drähte.

»Diese Laufplanke macht keinen sicheren Eindruck«, meinte er. »Schick keinen der Schüler dort hinauf.«

»Nun, dann wirst du auch nicht dort hinaufklettern.«

»Ich passe schon auf. Ich habe viel, wofür es sich zu leben lohnt.« Er sah ihr in die Augen. »Ich muß dich noch einmal haben, bevor ich sterbe.«

Ihre Knie gaben nach, und sie sank auf einen Stuhl.

»Alles in Ordnung mit deinem Knöchel?« fragte Nick sofort alarmiert, und sie antwortete: »Bestens. Alles bestens hier.«

»Hör zu, ich habe Mist gebaut.« Bei diesen Worten kam er näher und senkte seine Stimme. »Wahrscheinlich werde ich das wieder tun, und ich weiß, daß du verletzt bist. Das mag jetzt nicht der richtige Zeitpunkt sein, aber ich will dich zurückhaben.«

Sie schob ihr Kinn vor, bis es zitterte. »Du hast mich nie gehabt.«

»Den Teufel hatte ich nicht«, sagte er, und die Glut in seiner Stimme machte sie schwindelig. »Ich hatte dich zum Reden und um mit dir zu lachen, und ich hatte dich nackt und beim Höhepunkt. Und du erinnerst dich sehr gut daran.«

»Oh, entfernt«, stieß Quinn schwach hervor. »Aber an die Pizza erinnere mich ganz genau.«

»Du erinnerst dich auch an die guten Zeiten und an den Sex«, entgegnete Nick. »Du erinnerst dich daran, wie du kamst und dabei fast den Verstand verlorst, obwohl du dich dagegen sträubtest, was ich für meinen Teil immer noch nicht kapiere. Beim nächsten Mal zeigst du dich bitte ein bißchen kooperativer.«

Quinn fand ihre Stimme wieder. »Es lief Fleetwood Mac, richtig?«

»Verdammt gute Musik«, sagte Nick. »Du kannst so kratzbürstig sein, wie du willst, das ist mir egal. Aber sobald du es leid bist, mich büßen zu lassen, werden wir wieder zusammen lachen, und dann werden wir uns nackt ausziehen.«

Quinn suchte nach einer schnippischen Erwiderung, anstatt ein *Gott sei Dank* auszustoßen, aber er hatte seinen Blick wieder auf die Spots gerichtet.

»Das ist doch mit Kaugummi und Bindfaden zusammengeschustert worden«, meinte er abschätzig und machte sich auf den Weg zur Laufplanke. »Suchst du bitte mal den Lichtplan heraus?« rief er über die Schulter. »Ich bin kein Gedankenleser.«

»Gott sei Dank«, preßte Quinn hervor.

Bill saß in seinem Wagen auf dem dunklen Parkplatz und beobachtete, wie die Schüler nach und nach das Gebäude verließen. Seit Quinn ihn abgewiesen hatte, war er jeden Abend dort gewesen in der Hoffnung, sie alleine abfangen zu können, um mit ihr im Auto zu reden, aber sie kam stets mit Darla heraus, manchmal auch mit Jason und Thea. Außerdem waren Nick und Max und Edie dort. Nie war sie allein, doch genauso brauchte er sie. Allein. Damit er mit ihr reden und sie dazu bringen konnte, ihm *zuzuhören.*

Er sann gerade über die Möglichkeiten nach, Darla loszuwerden, als die Beifahrertür aufgezogen wurde und Bobby im Wagen Platz nahm.

»Du weißt doch, Hilliard«, sagte er in dem falschen Tonfall, den er sich seit jenem Tag in Quinns Schlafzimmer angewöhnt hatte, »daß Beschattungen gegen das Gesetz verstoßen.«

»Ich beschatte niemanden«, entgegnete Bill. »Verschwinde aus meinem Auto.«

»Jeden Abend sitzt du hier«, sagte Bobby. »Das ist nicht gut. Sollte man dich sehen, könnte man auf falsche Gedanken kommen.« Er kicherte. »Oder auf die richtigen.«

»Verschwinde«, wiederholte Bill.

»Ich will dich auf diesem Parkplatz nicht mehr sehen«, fuhr Bobby fort, als sei das, was er sagte, von Bedeutung. »Ich will, daß du zu Hause bist und deinen Trainerjob in den Griff kriegst.«

»Es gibt keinerlei Probleme mit –«

»In dieser Woche hast du bereits zweimal verloren«, schnitt Bobby ihm das Wort ab. »Noch einmal, und wir brauchen nicht einmal mehr zu den Regionalmeisterschaften zu fahren.«

»Es gibt keinerlei –«

»Ich werde es Quinn erzählen.«

Kurzzeitig spielte Bill mit dem Gedanken, ihm einen Schwinger zu versetzen, damit ihm dieses falsche Grinsen im Hals steckenblieb, und sich Quinn zu schnappen, sobald sie herauskam – was konnte Darla schon dagegen tun? Er dachte daran, sie zu –

Bobby öffnete die Tür. »Fahr nach Hause. Auf der Stelle.« Er schlug die Tür hinter sich zu und blieb abwartend draußen stehen.

Am anderen Ende des Parkplatzes trat Quinn mit Darla aus dem Gebäude und lachte über irgendeine Bemerkung von Darla, während sie auf ihren Krücken zum Auto humpelte. Sie stiegen in Darlas Wagen ein, und Bill hörte, wie der Motor startete. Er sah, wie die Rückstrahler in der Dunkelheit kirschrot aufleuchteten.

Als sie fort waren, verließ auch er den Parkplatz. Es gab keinen Grund mehr für ihn, dort zu bleiben, abgesehen von Bobby, der ihm durch das Dunkel finster hinterherstarrte.

Am Mittwoch saß Quinn auf der Ecke des Requisitentischs, überprüfte ein weiteres Mal ihren Zeitplan und versuchte, den Tag, der hinter ihr lag, zu vergessen. Die Dinge wurden zunehmend schlimmer anstatt besser, und sie hatte keinerlei Vorstellung, wie sie sie wieder in Ordnung bringen sollte. Im Gegenteil, sie war in letzter Zeit so angespannt, daß sie eigentlich alles nur noch schlimmer machte. Beim Mittagessen hatte Petra sich übel aufgeführt, Edie mit gemeinen Blicken bedacht und sich naserümpfend über den armen Coach und Perverse geäußert, bis Quinn gesagt hatte: »Petra, halt die

Klappe.« Doch dann war Marjorie hereingekommen, hatte die Zeitung vor Quinn auf den Tisch geknallt und gesagt: »Das ist *deine* Schuld.«

Da die Titelschlagzeile die neuen Abwasserkanäle in Tibbett betraf, hatte Quinn sie kühl angesehen und gefragt: »Bitte?«

»Das hier«, antwortete Marjorie schnippisch und blätterte zur Sportseite. Die Schlagzeile lautete: ZAHNLOSE TIGER BEIM TURNIER – EIN JAMMERSPIEL, und Marjories Finger zitterte, während sie darauf deutete. »Du hast alles ruiniert.«

»Rutsch mir den Buckel runter, Marjorie«, sagte Quinn. »Schlaf du doch mit Bill, wenn du so auf die Meisterschaft erpicht bist.«

Marjorie sog so heftig die Luft ein, daß sie sich verschluckte.

»Gut gekontert«, ließ sich Edie ruhig vernehmen, woraufhin Marjorie wieder hinausstapfte, vermutlich, um sich beim BP über sie zu beschweren.

»Pervers«, warf Petra in den Raum.

»Petra, das Baseballteam plant, dich nach dem letzten Spiel umzubringen«, sagte Quinn. »An deiner Stelle würde ich jetzt das Weite suchen, wenn du den Juni noch erleben möchtest.« Nachdem Petra sich eilig davongemacht hatte, hatte Quinn gemeint: »Ich glaube, die Runde geht an uns«, worauf Edie erwidert hatte: »Darauf würde ich mich nicht verlassen.«

Während sie nun über die Bühne schaute, kreuzte Quinn ihre Finger. Vielleicht –

»Kann ich dich mal kurz sprechen?« fragte Max.

Quinn fuhr zusammen, bevor sie antwortete: »Klar. Was macht der Ton?«

»Den Ton kriege ich alleine hin«, meinte Max. »Bei Darla brauche ich Hilfe.«

Quinn beäugte ihn vorsichtig. »Ich glaube nicht –«

»Was macht der Ton?« fragte Nick hinter ihr.

»Alles bestens«, erwiderte Max. »Verschwinde.«

»Ich kann dir keinen Rat geben, was du wegen Darla unternehmen solltest«, sagte Quinn. »Du bist derjenige, den sie will, also mußt du allein herausfinden, was sie braucht.«

»Da haben wir aber etwas anderes gehört.« Nick trat um den Tisch herum und setzte sich ganz dicht neben sie. Sie bemühte sich krampfhaft, sich nicht darüber zu freuen. »Max und ich wären zwar ziemlich sauer auf euch beide, aber wir hätten wenigstens gehofft, daß ihr uns mal zugucken laßt.«

Max funkelte ihn vernichtend an. »Würdest du jetzt bitte verschwinden?«

Ich sollte ein Stück abrücken, dachte Quinn, aber das wäre lächerlich. Und nicht halb so schön wie dort sitzen zu bleiben, wo sie jetzt war. Quinn wandte sich zu Max. »Sie will doch nur noch einmal dieses Gefühl des Neuen erleben.«

Verbittert sah Max sie an. »Wir sind jetzt siebzehn Jahre verheiratet. Kannst du mir vielleicht mal erzählen, wie ich das neu machen soll?«

»Nein«, antwortete Quinn. »Ich halte mich da raus.«

»Du könntest ihm wenigstens ein paar Tips geben.« Nicks Stimme war ganz nah und leise, er flüsterte ihr beinahe ins Ohr. »Nicht, daß Max so ein Sturkopf in dieser Sache wäre, er kapiert es einfach nicht. Ich übrigens auch nicht.«

Verarsch mich nicht, dachte Quinn, sagte dann jedoch: »Okay, sie will sich noch einmal als etwas Besonderes fühlen, nicht nur als deine Frau.«

»Verstehe«, meinte Max. »Ich werde ihr einen Blumenstrauß schicken.«

»Wenn du sie jemals wiedersehen willst, solltest du das besser lassen.«

Hilfesuchend sah Max Nick an, der sagte: »Für mich ergibt das auch keinen Sinn.«

»Frauen«, erklärte Quinn, so als spreche sie zu Kindern im Vorschulalter, »möchten spüren, daß der Mann, mit dem sie zusammen sind, sie als etwas wirklich Besonderes und Einzigartiges betrachtet. Jeder Kerl auf diesem Planeten schickt Blumen; das ist zu einfallslos. Wenn du ihr wirklich Blumen schenken möchtest, dann muß es ein außergewöhnlicher Strauß sein ... irgend etwas, was ihr zeigt, daß du sie kennst.« Sie sah Nick an. »Rote Rosen sind nichts Besonderes. Genausowenig, wie die gleiche Musik für jede Frau abzuspielen, mit der du ... dich triffst.« Nick verdrehte die Augen, doch sie ignorierte ihn und wandte sich wieder Max zu. »Darla hat das Gefühl, daß du sie einfach nicht mehr wahrnimmst. Es geht nicht nur darum, als selbstverständlich erachtet zu werden, sie hat das Gefühl, sich in Luft aufzulösen. Genau das hat sie dir begreiflich zu machen versucht, aber du hast es nicht gemerkt.«

»Dazu habe ich dir auch schon mal etwas gesagt«, meinte Nick zu Max.

»Also ist sie ausgezogen, damit du ihr Aufmerksamkeit schenken mußt«, schloß Quinn. »Und nun mußt du ihr beweisen, daß du sie wirklich siehst und hörst und daß sie nicht nur die Tapete in deinem Leben ist.«

»Das ist der größte Schwachsinn, den ich jemals gehört habe«, sagte Max.

»Was hat sie an?« wollte Quinn wissen.

Max blickte sich um. »Sie ist nicht hier.«

»Sie kümmert sich um die letzten Vorbereitungen in der Halle, aber du hast sie doch vorhin gesehen. Was hat sie an?«

»Ich habe in meinem ganzen Leben noch nicht registriert, was sie anhat«, erwiderte Max sauertöpfisch. »Ich bin ein Mann. Das mußt du verstehen.«

»Als ich irgendwann mal aus dem Urlaub zurückkam«, sagte Nick, »konnte ich mir den ganzen Abend lang dein Schwärmen über ›Darlas roten Pullover‹ anhören. Du konntest gar nicht damit aufhören.«

»Nur, weil ich so gerne darunterschlüpfen wollte«, rechtfertigte Max sich, sah jedoch nachdenklich aus. »Ob sie den wohl noch hat?«

»Wenn das neunzehnhunderteinundachtzig war«, meinte

Quinn, »tippe ich mal auf nein. Vergiß den roten Pullover. Wo habt ihr damals, als du ihr den Hof gemacht hast, die schönsten Stunden miteinander verlebt? Jetzt glaub nicht, daß du ins Detail gehen mußt.«

»Ich hätte nichts dagegen«, meinte Nick.

»Ich erinnere mich an jene Nacht in ihrem Zimmer, während ihre Mutter nebenan schlief«, dachte Max zurück. »Irgendwie hat mich das total angemacht.«

»Du machst Witze«, sagten Quinn und Nick gleichzeitig.

»Ihre Mutter?« fügte Nick ungläubig hinzu.

»Nein, du weißt schon, der Gedanke, erwischt zu werden«, erklärte Max. »Ich hatte das Gefühl, wirklich etwas zu erleben.«

»Wie ich ihre Mutter kenne, wäre das auch passiert«, meinte Nick trocken, sah jedoch immer noch empört aus.

»Tja, ihre Mutter wohnt immer noch in demselben Haus«, sagte Quinn zweifelnd. »Vielleicht könntet ihr es dort noch einmal probieren. Wenn du Darla dazu überreden könntest, ihre Mom noch mal an einem Tag zu besuchen, der kein hoher Feiertag ist.«

»Ich will ihre Mutter nicht sehen«, erwiderte Max. »Das wäre nicht besonders hilfreich.«

Nick schnippte mit den Fingern. »Das Autokino. Eines Abends, als ich zu Hause war, bist du vom Autokino zurückgekommen und hast dich aufgeführt, als wäre dir Gott persönlich erschienen.«

»Oh, stimmt.« Unwillkürlich mußte Max grinsen. »Das war das erste Mal –«

»Was?« fragte Nick.

»Vergiß es.« Das Grinsen verschwand aus Max' Gesicht. »Du glaubst wirklich, wenn ich noch mal mit ihr ins Autokino fahren würde –«

»Das ist seit Jahren geschlossen«, rief Nick ihm ins Gedächtnis.

»– daß es das wäre?«

»Nein«, widersprach Quinn. »Aber das ist die Art von Vorstellung, die sie hat. Die Art, wie du damals in jener Nacht Gott in ihr gesehen hast, während du heute nur noch die Abendnachrichten siehst. Sie will erkennen, daß du dich geändert hast, daß du bereit bist, mit ihr wieder etwas Außergewöhnliches zu wagen, daß du sie wahrnimmst.«

»Wirklich ein toller Tip«, sagte Max.

»Habe ich dir doch gesagt«, meinte Nick. »An dem Abend, als sie nackt die Tür aufgemacht hat, hättest du uns alle zum Pizzaessen schicken sollen.«

»Ich weiß überhaupt nicht, warum du so verdammt besserwisserisch daherredest«, sagte Max zu ihm. »Du machst es doch selbst nicht besser.« Mürrisch sah er sie beide an und ging zur Tonanlage zurück.

»Guter Punkt.« Nick lächelte Quinn an, so daß sich ihr Pulsschlag schlagartig beschleunigte. »Möchtest du mir vielleicht auch ein paar Tips geben?«

Sie wandte ihren Blick von ihm ab. »Nein.«

»Tut mir leid wegen der Rosen«, sagte Nick. »Gib mir noch eine Chance. Ich will dich zurückhaben. Sollen wir ins Autokino fahren?«

Ja. »Nein.«

»Was willst du dann?«

Ehrlichkeit, beschloß Quinn, würde diese Unterhaltung schneller als alles andere beenden. Sie blickte ihm in die Augen. »Bindung.«

Nick schreckte ein wenig zusammen. »Nach einem Mal verlangst du Bindung?«

»Nein«, sagte Quinn. »Ich will Bindung, nachdem wir uns schon eine Ewigkeit lieben. Aber«, abwehrend hob sie die Hand, als er protestieren wollte, »es reicht schon, wenn du bei mir die Nacht verbringst. Die ganze Nacht.«

»Mit mir schläft es sich sauschlecht in einem Bett«, wehrte Nick ab. »Ich trete immer die Decke weg. Das würde dir kaum gefallen.«

»Ich bin anpassungsfähig. Versprich mir nur, daß du bleibst.«

Skeptisch sah er sie an. »Das ist alles?«

»Das wäre ein Anfang.«

»Okay.« Er mied ihren Blick. »Ich werde bleiben.«

»Du lügst«, sagte Quinn.

»Natürlich lüge ich.« Nick klang ärgerlich. »Du wohnst mit Darla und deinem Vater zusammen. Glaubst du wirklich, ich möchte mit ihnen gemeinsam aufwachen? Runtergehen und ihnen bei einem Orangensaft einen guten Morgen wünschen?«

Am anderen Ende der Bühne stieg der BP die Treppe herauf und begann ein Gespräch mit Edie, deren Miene zunehmend säuerlicher wurde, während er auf sie einredete. »Oh, Mist«, sagte Quinn und stand auf. Nick blickte ihr über die Schulter und meinte: »Ich bin bei dir. Laß uns hingehen.«

Schön, dachte Quinn, als sie sich aufmachte, Edie zu retten. Nicht gut genug, aber schön.

14

Bobby machte sich davon, als er sie näher kommen sah, und Edie erzählte ihnen, er habe sich vor allem darüber beschwert, daß sie die Tür zum Parkplatz nicht fest genug zuzögen – »Sie hat schon drei Nächte lang offengestanden«, hatte er losgepoltert –, aber das allein wäre nicht Grund genug gewesen, Edie derart aus der Fassung zu bringen. Am Donnerstagabend war sie immer noch blaß, als Jason Quinns Gedanken unterbrach und fragte: »Warum redet sie mit Brian?« Die Verärgerung ließ seine Stimme scharf klingen.

Quinn wandte ihren Blick von Edie ab und sah zu Thea am anderen Ende der Bühne hinüber, wo diese sich lachend mit dem Jungen unterhielt, der die Rolle als Cinderellas Prinz übernommen hatte. »Sie ist einfach nur freundlich.«

»Er ist der größte Windhund der ganzen Schule.« Jason zog

die Augenbrauen zusammen und bedachte Quinn mit einem vorwurfsvollen Blick. »Und Sie haben das auch noch unterstützt, indem Sie ihm die Rolle des Prinzen gaben. Toll gemacht, McKenzie.«

»Ich habe seine Rolle nicht besetzt«, entgegnete Quinn. Aus dem plötzlichen Impuls heraus, Salz in die Wunde zu streuen, fügte sie hinzu: »Vielleicht fragt er sie gerade, ob sie ihn zum Collegeball begleiten möchte.«

»Bis zum Collegeball sind es noch Wochen. Das kann nicht sein.«

»Das kann man nie wissen«, erwiderte Quinn. »Laß sie in Ruhe. Sie wird schon irgend jemanden finden, der sie begleitet.«

»Thea sollte sich nicht mit irgend jemandem abgeben«, sagte Jason. »Ich glaube das einfach nicht.«

»Und ich kann dir nicht glauben.« Quinn ließ das Script laut auf den Tisch fallen, um seine Aufmerksamkeit zu gewinnen. »Wenn du derart eifersüchtig bist, warum fragst du sie dann nicht, ob sie mit dir ausgehen will?«

Jason zuckte mit den Schultern. »Sie ist so intelligent. Sie wird bestimmt über Shakespeare oder so einen Kram reden wollen.«

»Nun ja, du bist ja auch intelligent.« Quinn schüttelte den Kopf. »Ich verstehe das nicht. Bitte sie doch einfach um eine Verabredung, um Himmels willen.«

»Das habe ich doch schon«, brauste Jason auf. Quinn setzte sich, um sich konzentrieren zu können. »Was ist passiert?«

Wieder zuckte er mit den Achseln, mühsam um Gleichgültigkeit bemüht. »Ich habe ihr vorgeschlagen, zusammen auszugehen, damit nicht jeder glaubt, ich hätte es auf Sie abgesehen. Sie hat dankend abgelehnt mit den Worten, daß das sowieso keiner glaube.« Plötzlich besorgt sah er sie an. »Hey, machen Sie sich keine Sorgen. Keiner glaubt das. Ich dachte nur, daß das … nun ja, daß das ein guter Aufhänger wäre, um sie einzuladen.«

»Nein«, entgegnete Quinn. »Das war ganz schlecht. Du mußt ihr begreiflich machen, daß du mit ihr ausgehen möchtest, weil du mit *ihr* zusammensein willst.«

»Das kann ich nicht tun.« Jasons Gesichtsausdruck kam ihr vage bekannt vor, bis ihr klar wurde, wo sie ihn zuvor gesehen hatte: bei Max und bei Nick. Es war dieser eselartige Sturblick Ich-will-davon-nichts-hören.

Quinn stand auf und sagte energisch: »Dann wirst du niemals mit ihr ausgehen. Was soll's.«

»Wer sagt das?« fragte Jason verärgert.

Quinn lehnte sich gegen den Tisch. »Jason, wenn du irgend etwas loswerden möchtest, geh einfach rüber, und bitte sie um eine Verabredung, und sei um Gottes willen ehrlich. Sie mag dich. Sie will mit dir ausgehen. Sie möchte nur nicht, daß du ihr einen Gefallen tust.«

Jason schaute sich zu Thea um, die gerade über eine Bemerkung von Brian lachte. »Wenn sie mich mag, warum flirtet sie dann mit ihm herum?«

»Weil du sie ignorierst und sie eines Tages gerne Kinder hätte. Womit dieses Thema für mich abgeschlossen wäre.« Quinn griff nach der Kiste mit den Requisiten. »Hier, bring ihr das, und richte ihr aus, ich hätte euch beide angewiesen, Inventur zu machen.«

»Ziemlich lahm.«

»Genau wie du. Jetzt geh schon.«

Quinn klemmte ihre Krücken unter die Arme und lehnte sich gegen die Wand, um die beiden besser im Auge behalten zu können. Jason trug die Requisitenkiste quer über die Bühne; er machte einen derart verdrießlichen und verletzlichen Eindruck, daß sie sich zum ersten Mal nicht um Thea Sorgen machte. Wenn Thea ihn nun brüsk abweisen würde, weil er sich so schändlich benommen hatte –

»Was machst du, wenn du nicht gerade Hilfstechniker verkuppelst?« wollte Nick wissen, während er eine Kabelspule auf dem Requisitentisch ablegte.

»Ich denke über mein lausiges Liebesleben nach«, erwiderte Quinn, seinem Blick ausweichend. »Das übrigens weitaus angenehmer ist, seitdem ich keines mehr habe. Eine eindeutige Verbesserung.«

Er trat um den Tisch vor sie und hielt ihren Blick fest. Unvermittelt spürte sie jeden Widerstand schwinden, er war so unergründlich und fordernd und gefährlich ... konnte es wirklich wahr sein, daß er sich eine Veränderung wünschte? Selbstsicher wie immer lächelte er sie an. »Okay, ich probier's noch einmal, ich habe es verbockt.«

Quinn schob ihr Kinn vor. »Das hast du mit Sicherheit.«

»Nun ja«, meinte Nick, »Jason hat auch alles vermasselt, und du hoffst trotzdem, daß Thea ihm das verzeiht.«

»Jason hat Thea auch nicht dreimal abblitzen lassen.«

»Beim dritten Mal habe ich dich nicht abblitzen lassen.« Nick kam so nahe, daß er ihr den Blick auf den Rest der Bühne versperrte, und das Herz klopfte ihr schlagartig bis zum Halse, als sie zurückwich, bis sie dicht an der Wand stand. »Ich mag einen kleinen musikalischen Fehler begangen und meinen Abgang vermasselt haben, aber ich habe dich nicht abblitzen lassen. Ich darf dich daran erinnern, daß du einen Orgasmus hattest.«

»Hab' ich nur vorgetäuscht«, log Quinn.

»Hast du nicht«, sagte Nick. »Du warst hinterher so naß wie ein feuchtes Kleenex.«

»Vielen Dank«, sagte Quinn. »Das ist sehr romantisch. Du kannst jetzt gehen.«

»Es hat dir gefallen«, fügte er hinzu, doch sie wich seinem Blick aus.

»Ein bißchen.«

»Sehr.« Die Hand an der Mauer über ihrem Kopf abgestützt, beugte er sich zu ihr. Sie spürte, wie sie allein wegen seiner Nähe errötete. »Wir sollten es noch einmal probieren. Warum sollten nur Jason und Thea ihren Spaß haben? Möchtest du in Shakespeare-Versen mit mir sprechen?«

Quinn legte soviel Geringschätzung in ihre Stimme, wie sie konnte. »Du hast keine Ahnung von Shakespeare.«

»›Lieb ist nicht Liebe, die wechseln würd mit wechselvoller Stund‹«, entgegnete er. »Und bei mir gibt es nicht einmal einen Wechsel. Außer daß ich dazugelernt habe. Kein Fleetwood Mac mehr, was wirklich eine Schande ist, weil sie viele gute Songs haben.«

Quinn versuchte, ihm einen vernichtenden Blick zuzuwerfen, ohne ihm in die Augen zu sehen. »Woher kennst du die Sonette? Werden sie neuerdings Cornflakes-Packungen als Gratisgeschenk beigelegt?«

»College«, erklärte Nick. »Militärabfindung, weißt du noch? Wirtschaft im Hauptfach, Englisch im Nebenfach. War immer nützlich, um Mädchen zu verführen. ›Das Grab, ein Platz so schön und still, doch halten sich dort niemand will.‹ Es wäre eine Schande, wenn wir es niemals mehr ausprobieren und unwissend sterben würden.«

»Damit kann ich leben.«

Er kam noch näher, so daß seine Wange beinahe die ihre streifte, und flüsterte ihr ins Ohr: »›Dem Drang der trunkenen Hände gib dich hin, vorn, hinten, unten, oben, zwischendrin.‹« Sein Atem lag warm auf ihrer Haut. »Laß mich dich noch einmal berühren. Komm zurück zu mir, Quinn. Ich werde dich um den Verstand bringen, das schwöre ich dir.«

Sie war unfähig zu atmen. »Von wem ist das? Marvell habe ich erkannt, aber das –«

»Donne. Mein Lieblingsdichter.« Ganz dicht vor ihr sah er zu ihr hinab. »›Dein Festsein rundet meinen Kreis, und endet mich, wo ich begann.‹ Komm heute abend mit zu mir.«

Sein Mund war dem ihren so nahe, daß sie ihn am liebsten auf der Stelle vor jedermanns Augen geküßt hätte, aber an diesem Punkt war sie bereits zuvor einmal gewesen. »Nein«, entgegnete sie und fühlte sich so schwindelig, daß sie sich ihrer Worte gar nicht bewußt war. »Komm mir nicht so nahe, sonst werden es die anderen sehen.«

»Scheiß auf die anderen«, sagte er, doch völlig verwirrt schob sie sich an ihm vorbei und ging quer über die Bühne zu Edie.

»Alles in Ordnung?« erkundigte Edie sich. »Du siehst aus, als hättest du Fieber.«

»Ich versuche, mir klarzumachen, warum ich Nick abweise.« Quinn schüttelte den Kopf. »Ich muß einen guten Grund gehabt haben.«

»Fleetwood Mac«, warf Edie ein.

»Ich mag Fleetwood Mac«, meinte Quinn, registrierte jedoch im gleichen Moment Edies blassen und kummervollen Gesichtsausdruck und vergaß ihre eigenen Probleme. »Was ist los? Fühlst du dich nicht wohl?«

»Alles in Ordnung«, beteuerte Edie. »Wirklich.«

»Es geht um den BP«, stellte Quinn fest und beobachtete, wie Edies Lächeln dahinschwand. »Was hat er getan?«

Edie schloß die Augen. »Es haben sich Eltern bei ihm beschwert.«

Quinn runzelte die Stirn. »Über das Theaterstück? Das kann nicht sein. Wir –«

»Über meine Moral.« Edie sah entsetzlich aus, als sie diese Worte aussprach.

»Deine Moral?« Quinn spürte die Wut in sich aufsteigen, als sie an Bobbys blasiertes Mausegesicht dachte. Diese verräterische Ratte. »Das kommt nicht von den Eltern, sondern von diesem miesen Dreckskerl selbst. Aber mach dir keine Sorgen, ich werde das in die Hand nehmen. Morgen früh wird er es bedauern, jemals geboren worden zu sein.«

»Ist er da?« wollte Quinn am nächsten Morgen vor Unterrichtsbeginn wissen, und Greta nickte. Sie sah müde aus, und im Normalfall hätte Quinn sich nach ihren Problemen erkundigt, doch zunächst mußte sie einen Schulrektor zurechtstutzen.

Wutentbrannt marschierte sie in Bobbys Büro und sagte: »Robert, du bist zu weit gegangen.«

»Greta, wo ist mein Kaffee?« rief er, worauf Greta vom Vorzimmer aus erwiderte: »Vorne auf meinem Schreibtisch.«

»Nun, dann bringen Sie ihn her, verdammt«, schnauzte der BP ungehalten zurück.

Du bist ein einmaliger Idiot. »Robert, du mußt damit aufhören, Edie unter Druck zu setzen.«

Greta brachte die Tasse Kaffee ins Büro und stellte sie vor ihm ab. »War das denn so schwer?« fragte Bobby sie, doch sie, angestrengt um Fassung bemüht, ignorierte ihn und verließ wieder das Zimmer. »Diese Frau muß gehen«, sagte er zu Quinn und nippte an dem Kaffee. Er verzog das Gesicht. »Noch dazu ist er kalt. Er ist immer kalt.«

»Robert, hörst du mir zu?«

Er schob die Tasse beiseite. »Sie muß gehen«, wiederholte er, und Quinn brach ab.

»Greta?«

»Nein«, antwortete er, »obwohl ich auch sie bereits auf die Kündigungsliste gesetzt habe. Ich meine Edie. So etwas wie sie können wir hier nicht brauchen.«

Quinn schluckte, um ihn nicht anzuschreien. »So etwas wie sie unterrichtet seit dreißig Jahren hier«, erklärte sie ihm so ruhig, wie sie vermochte. »Vor drei Jahren war sie Lehrerin des Jahres. Ihre Schüler vergöttern sie. Die Eltern fragen nach ihr –«

»Das war vorher«, entgegnete Bobby. »Jetzt fragen sie nicht mehr nach ihr.« Sein Tonfall klang selbstgefällig.

»Was hast du getan?« fragte Quinn, obwohl sie es sich bereits denken konnte.

»Wenn sie hier anrufen, bin ich verpflichtet, ihnen die Wahrheit zu sagen«, meinte er. »Ich bin der Meinung, daß unsere Lehrkörper die höchsten moralischen Standards erfüllen sollten –«

»Und warum haben sie angerufen?« Quinn beugte sich über den Schreibtisch und unterdrückte mühsam das Bedürfnis, ihm in sein dummes kleines Gesicht zu schlagen. »Du warst doch der Auslöser, oder etwa nicht? Du hast das Gerücht verbreitet, sie sei moralisch inakzeptabel, woraufhin das Gerede anfing und dann –«

»Quinn, sie ist eine Lesbe«, unterbrach Bobby sie. »Eine offen bekennende Lesbe. Sie beeinflußt die Kinder. Sieh dir nur Thea Holmes an.«

Verwirrt rang Quinn um Fassung. »Wo ist denn das Problem mit Thea Holmes?«

»Ständig diese schwarze Kleidung«, erklärte Bobby. »Noch dazu trägt sie diese schweren Schuhe.«

»Das soll wohl ein Witz sein, oder?« fragte Quinn. »Nicht einmal du kannst ein solcher Ignorant sein. Thea trägt Dog Martens. Wie alle anderen auch. Als kleine Information am Rande, um dich ins zwanzigste Jahrhundert einzuführen, bevor es vorbei ist: Man kann eine Lesbe nicht an ihren Füßen erkennen.« Kopfschüttelnd bedachte sie ihn mit einem vernichtenden Blick, in dem plötzlichen Bewußtsein und Erstaunen, daß sie ihn tatsächlich haßte und wie sehr sie ihn verabscheute. »Ich kann das einfach nicht glauben.«

»Sie könnte eine Gefährdung für unsere Schüler sein«, beharrte Bobby stur.

»Inwiefern?« Quinn war so zornig, daß sich ihre Stimme überschlug.

Verbissen preßte Bobby die Lippen zusammen, als er zu ihr aufschaute. »Allein ihr Dasein übt einen gewissen Einfluß aus.«

»O ja, selbstverständlich.« Quinn suchte nach Halt an der Schreibtischkante, weil sie unvermittelt stark zitterte. »Diese Lesbengeschichten sind äußerst ansteckend. Deshalb hat mich gestern, als ich mit Edie eine Coke trank, das plötzliche Bedürfnis überwältigt, über Darla herzufallen.«

»Es besteht kein Grund dazu, anstößig zu werden«, sagte Bobby, in die Defensive gehend.

»Da hast du wohl recht, du beleidigst uns beide derzeit genug.« Bedrohlich baute sich Quinn so dicht vor ihm auf, daß sie beinahe den Schreibtisch verrückt hätte, und hielt seinen Blick intensiv fest. »Jetzt hör mir mal zu, du kleiner Wurm. Solltest du Edie noch mehr Ärger machen, noch mehr Ärger *bereiten*, werde ich dich bis ans Ende der Welt verfolgen, und du wirst dir wünschen, niemals das Licht dieser Welt erblickt zu haben.«

»Soll das eine Drohung sein?« fragte Bobby.

»Zum Teufel noch mal, ja, das ist eine Drohung«, sagte Quinn. »Das Beste, was ich für diese Schule tun könnte, wäre, dich für immer loszuwerden, aber das liegt vermutlich leider außerhalb meiner Möglichkeiten. Wenn du jedoch mir und meinen Freunden noch weiteren Ärger bescheren solltest, werde ich dich nicht mehr mit Samthandschuhen anfassen, sondern dich bis ins Mark treffen. Laß sie in Frieden.«

Sie wirbelte herum und sah Marjorie Cantor im Türrahmen stehen, die vor Vergnügen fast platzte. Vermutlich würde Marjorie im Lehrerzimmer Hurra schreien und diese Geschichte zum besten zu geben. »Hast du irgendwas verpaßt, Marge?« erkundigte Quinn sich. »Wie wär's mit einer Wiederholung in Zeitlupe?«

»Ich weiß nicht, was du meinst«, sagte Marjorie. »Ich wollte Robert nur die Inventaraufstellung der Lehrbücher bringen.« Sie plusterte sich auf, bis sie wie eine aufgeblähte Kropftaube aussah, strotzend vor Würde und empörter Unschuld, obgleich ihr vernichtender Blick etwas anderes sagte.

»Wunderbar«, meinte Quinn und wandte sich erneut Bobby zu, der sie immer noch mit unverhohlenem Zorn betrachtete. »Du solltest dich weiterhin damit beschäftigen, Lehrbücher zu zählen, und die Unterrichtsgestaltung Fachkräften wie Edie überlassen. Wir finden uns mit dir ab, weil du uns nicht wirklich in die Quere kommst; solltest du jedoch ernsthafte Bedenken wegen der Qualität unserer schulischen Ausbildung streuen, indem du unsere beste Lehrerin entläßt, werden wir zu dementsprechenden Maßnahmen greifen.«

Entschlossen schob sie sich an Marjorie vorbei ins Vorzimmer, wo Greta kopfschüttelnd über ihrer Tastatur saß.

»Wie kannst du es nur mit ihm aushalten?« fragte Quinn.

»Wer sagt, daß ich das kann?« erwiderte Greta und tippte weiter.

Für den Rest des Tages hielt sich der BP zurück, aber dennoch war Quinn um neun Uhr an diesem Abend sowohl wegen ihrer Wut als auch aufgrund der körperlichen Anstrengung völlig erschöpft. Außerdem schmerzte ihr Knöchel nach dem ersten Tag ohne Krücken. Auf der dämmrigen Bühne setzte sie sich auf die Ecke des Requisitentisches und kämpfte gegen die Schmerzen und die Müdigkeit an, um nicht in Depressionen zu verfallen. Die meisten der Schüler waren bereits fort; auch Edie war, noch immer blaß und unglücklich, nach Hause gegangen. Sogar Darla war zusammen mit Max früh zur Apple Street aufgebrochen, da der Ton und die Kostüme fertig waren, und hatte Quinn für die Heimfahrt den Wagen dort gelassen. »Geh nicht allein zum Parkplatz«, hatte sie Quinn ermahnt, »laß dich von Nick begleiten.« Aber Quinn hatte Nick nicht mehr gesehen, seitdem er hergekommen war, und nun war auch er vermutlich fort. Er hatte sich nicht einmal verabschiedet. Es paßte nicht zu ihm, so schnell aufzugeben.

Es paßte nicht zu ihm, sie allein zu lassen.

Andererseits ließ Bill sie seit einer Woche in Ruhe, so daß offenbar kein Grund mehr zur Beunruhigung bestand. Ihr Vater hatte Frank Atchity veranlaßt, mit ihm zu sprechen; vielleicht hatte ihn das ja wieder zur Vernunft kommen lassen –

»Ich gehe jetzt«, sagte Thea, die plötzlich neben ihr aufgetaucht war. »Ich bin die letzte. Brauchen Sie noch irgendwas, bevor ich weg bin?«

»Nein.« Quinn bemühte sich um einen zwanglosen Tonfall. »Wie geht es dir?«

»Jason bringt mich nach Hause«, sagte Thea und grinste dann. »Ich kann es nicht glauben. Gestern abend, als ich mich gerade mit Brian unterhielt, kam er hinzu und sagte zu ihm,

›Verschwinde‹, so daß Brian verärgert das Weite suchte. Dann sagte er zu mir: ›Ich will mit dir zusammen sein.‹ Ich war mir nicht ganz sicher, was er damit meinte, aber es hörte sich gut an.«

»Er gibt sich Mühe«, meinte Quinn. »Gib ihm eine Chance. Männer sind nun einmal unbeholfen.«

»Das tue ich«, sagte Thea. »Und so unbeholfen ist er gar nicht.«

Quinn hob eine Augenbraue. »Oh?«

»Gestern abend hat er mich auch nach Hause gefahren«, erklärte Thea. »Er küßt gut.«

Erheitert, weil zumindest etwas in ihrem Leben endlich in die richtigen Bahnen lief, mußte Quinn auflachen. »Schön für dich.«

»Hey, Thea!« rief Jason an der Tür. »Ich kriege graue Haare hier draußen.«

»Du wirst sowieso graue Haare kriegen, ob ich komme oder nicht«, rief Thea zurück.

»Ja, aber mit dir zusammen wär's lustiger«, entgegnete er, und Thea wurde rot.

»Bis dann«, verabschiedete sie sich von Quinn, ohne den Blick von Jason abzuwenden, und ging zu ihm.

Jason grinste und winkte ihr zu, bevor er den Arm um Theas Schultern legte. Sie strahlte ihn an, und Quinn machte sich Sorgen um die beiden. *Schreckliche Dinge liegen vor euch,* wollte sie ihnen sagen, schwieg jedoch. Vielleicht waren die Dinge gar nicht schrecklich, wenn man sich klarmachte, was man wollte, wenn man ehrlich zu sich selbst war und keine Kompromisse einging.

Die Tür klapperte hinter ihnen, aber bevor sie ihnen nachrufen konnte, »Ihr müßt sie fest zuziehen, sonst schließt sie nicht«, waren sie bereits fort. Sie konnte sie später schließen. Sie war allein und hatte alle Zeit dieser Welt.

»Gäb's da der Welt und Zeit genug«, hatte Marvell geschrieben, *»solch Scheu, du Holde, wär ohne Trug.«* Nick re-

zitierte Poesie für sie, wer hätte das gedacht? Außerdem war der Florist heute schon wieder gekommen, diesmal mit einem Strauß goldgelber und kupferroter Gänseblümchen. *Sie sehen aus wie du,* hatte Nick auf die Karte geschrieben – er hatte sie wirklich selbst geschrieben, es war seine Handschrift, nicht die des Blumenhändlers, er war eigens in den Laden gegangen –, und sie hatte die Vase mitten auf den Eßtisch gestellt, wo die Blumen hell und nahezu kitschig leuchteten. Es war unmöglich, bei ihrem Anblick nicht zu lächeln, unmöglich, dabei kein wohliges Gefühl zu spüren.

»Woher hast du die denn?« hatte Darla gefragt, als sie heimkam, und Quinn hatte erwidert: »Von Nick«, wobei sie albernerweise stolz auf ihn war, was sie jedoch zu verbergen versuchte, weil Max immer noch nichts kapiert hatte.

Dann fiel ihr Blick auf die riesige violette Orchidee, die an Darlas T-Shirt festgesteckt war, und zuckte zusammen. Dunkelrote und graue Bänder hingen daran herunter – wahrlich die häßlichste Ansteckblume, die sie je gesehen hatte. »Von Max?«

»Ja«, bestätigte Darla und grinste. »Ist die nicht toll?«

Nein, gräßlich. »Ich wußte gar nicht, daß du ein Fan von Orchideen bist.«

»Bin ich auch nicht.« Darlas Grinsen wurde noch breiter. »Abschlußfeier, neunzehnhunderteinundachtzig.«

Quinn brach in Gelächter aus. »Er hat dir eine Orchidee zur *Abschlußfeier* geschenkt?«

»Genau.« Darla löste die Blume vorsichtig von ihrem T-Shirt. »Es war unsere zweite Verabredung, und alle Mädchen liefen mit diesen riesigen gelben und weißen Chrysanthemen herum, nur ich bekam diese entsetzliche Orchidee. Trotzdem habe ich mich bedankt, weil es Max war und ich für ihn sogar stinkenden Stechapfel getragen hätte, und er meinte: ›Ich wußte, daß es etwas anderes sein muß, weil du nicht wie die anderen Mädchen bist.‹ Ich wäre beinahe auf der Stelle tot umgefallen.«

Quinn hörte auf zu lachen. »Wo hat er die denn bloß gefunden?«

»Hat er nicht. Er hat sie extra bestellt.« Darlas Stimme bebte ein wenig. »Ich habe beim Blumenhändler angerufen. Die Orchidee mußten sie sogar ordern. Das Mädchen am Telefon entschuldigte sich wegen der Farben, aber sie meinte, Max habe darauf bestanden, daß sie genau so aussehen solle.«

Quinn spürte einen Kloß im Hals. »Er gibt sich Mühe. Er hört zu.«

»Ich weiß.« Darla setzte sich an den Tisch. »Eigentlich hatte ich mit etwas Tollem gerechnet, weißt du.« Sie sah auf die Orchidee. »Aber das ist auch gut. Großartig sogar. Es ist so süß. So typisch Max.«

»Also kehrst du zu ihm zurück«, sagte Quinn.

»Das muß ich.« Darla lehnte sich nach hinten. Das Lächeln wich komplett aus ihrem Gesicht. »Die Jungs haben in Anbetracht der Umstände wirklich viel Verständnis gezeigt, aber sie brauchen eine Mutter zu Hause. Und Max braucht seine Ehefrau. Das bin ich.« Sie fing Quinns Blick auf. »Er hat es wirklich versucht, und er hat es ziemlich gut gemacht. Das genügt.«

»Ich sollte mich mehr darüber freuen«, meinte Quinn. »Ich wünsche mir wirklich, daß ihr zwei wieder zueinanderfindet. Wahrscheinlich habe ich nur gehofft, daß er mit irgend etwas Überwältigendem aufwarten würde.«

»Samstagmorgen ziehe ich wieder nach Hause«, sagte Darla. »Bis dahin wird die Bühnentechnik soweit fertig sein. Zwei Tage kann Max noch warten. Außerdem ist ja Joe noch hier, um auf dich aufzupassen –«

»Du kannst ruhig heute abend schon ausziehen«, sagte Quinn.

»Nein.« Wieder sah Darla auf die Orchidee. »Vermutlich hoffe ich immer noch, daß er sich tatsächlich etwas Überwältigendes einfallen läßt, wie du gerade meintest. Das ist egoistisch, nicht wahr?«

»Zumindest wirst du immer Orchideen bekommen.«

Und sie Gänseblümchen.

Während sie nun auf der schwach erleuchteten Bühne stand, mußte sie wieder darüber nachdenken. Nick war also kein Typ für eine feste Bindung, er würde nicht bei ihr einziehen und sie nicht fünf Tage lang zum Great Southern entführen oder mit ihr nach Kentucky durchbrennen. Aber er würde sie immer lieben, auch wenn er es niemals aussprach; sie wußte, daß er sie immer lieben würde, egal, was passierte. Und sie liebte es, mit ihm zusammenzusein und mit ihm zu schlafen – sie war ziemlich sicher, daß es beim nächsten Mal wunderbar klappen würde –, also war es an der Zeit aufzuhören, romantisch zu sein und auf etwas anderes zu hoffen. Wenn Darla mit Orchideen glücklich sein konnte, sollten ihr Gänseblümchen reichen.

Quinn straffte die Schultern und ging zum Lichtkasten. Die Bühne verdunkelte sich, als sie die Lichter eines nach dem anderen ausschaltete, bis zuletzt nur noch die große Deckenlampe leuchtete, die die Laufplanken über ihr wie ein schwarzes Netz wirken ließ. Morgen würde sie ihn zurücknehmen, beschloß sie, als sie dort im Schatten am Rande der Bühne stand. Es dürfte nicht allzu schwierig sein, ihn dazu zu bringen; sie mußte ihm nur ein Lächeln schenken, dann würde er sie wahrscheinlich gleich hier auf dem Requisitentisch nehmen. Der Gedanke, jemanden wie Nick zu haben, der nur auf sie wartete, war zweifellos schmeichelhaft.

Vielleicht würde sie es ihm also erst verkünden, wenn alle anderen wie jetzt fort waren, nur, daß sie dann auch genauso müde wäre. Dennoch hatte ein Theater im Dunkeln etwas Melancholisches, Romantisches und Sinnliches, selbst ein High-School-Theater mit Turnmatten und in den Ecken aufgestapelten Kunstbüschen. Wenn sie ihm morgen abend aufmunternd zulächelte, könnte er sie auf den Ringermatten am hinteren Ende der Bühne nehmen, in einer Art Pseudo-Vergewaltigung, weil sie zu müde sein würde, dazu beizutragen.

Er sollte die ganze Arbeit übernehmen. Scheiß auf die Gleichberechtigung.

Mit den Händen rieb sie ihre Arme und wünschte sich, daß er jetzt hier wäre und sie sich unterhalten würden, wie sie das immer getan hatten, daß sie sich lieben würden. Dann jedoch ermahnte sie sich, daß es keinen Unterschied machen würde, wenn er hier wäre, da sie hier unmöglich Sex haben konnten. Wenn der BP schon einen Anfall bekam, weil Jason sie mit schmachtenden Blicken beglückte – von Meggy und Edie in der Intimsphäre ihres eigenen Heims ganz zu schweigen – was würde er dann erst sagen, wenn er Nick dabei überraschte, wie er sie mit gewissen Körperteilen beglückte.

Sie beugte sich nach ihrer Tasche. Das Bücken und die Streckbewegung taten gut. Sie richtete sich wieder auf und drehte sich um, um ihren Rücken gegen die kühlen Steine der Bühnenwand zu pressen. Sie ließ ihre Schultern kreisen, um ihre Rücken- und Schultermuskulatur zu lockern, die noch immer von der Woche auf Krücken schmerzte. Es fühlte sich so gut an, daß sie die Tasche fallenließ, um sich noch mehr zu strecken. Sie reckte die Arme an der Wand über ihren Kopf, stellte sich auf die Zehenspitzen und überließ ihren ganzen Körper dem wohligen Gefühl der Entspannung an den kühlen Steinen. Sie ließ ihre Arme an der Wand herabsinken, bis ihre gekreuzten Handgelenke auf ihrem Kopf lagen. Sie schloß die Augen und stellte sich Nick in der kommenden Nacht vor, seinen durchtrainierten Körper neben ihr, unter ihr, auf ihr, während er Dinge mit ihr tat, die sie aus dem Gleichgewicht bringen und heiß machen würden, bis sie käme. Einfach nur Nick, die pure Freude, sich an ihn zu drängen, sein gedämpftes Lachen an ihrem Hals zu hören und das tiefe Seufzen seines Atems, während er sich in ihr bewegte –

»Was machst du da?« fragte Nick.

Beinahe hätte sie vor Schreck die Arme heruntergerissen, als seine Stimme durch die Dunkelheit drang, aber er klang nicht belustigt, sondern eher irritiert, und während sie ihre wirren Gedanken sammelte, wurde ihr bewußt, daß sie in dieser Pose mit den Armen über ihrem Kopf recht interessant aussehen mußte.

»Ich strecke mich«, sagte sie. »Wo bist du?«

Sie registrierte, wie seine Füße auf dem Boden landeten – er mußte auf der Leiter zur Laufplanke gestanden haben – und hörte ihn dann über den Hartholzboden auf sich zukommen, bis er schließlich in den Lichtkegel der einzigen noch eingeschalteten Deckenleuchte trat. Das Licht betonte seine Gesichtszüge schärfer und ließ sein Haar schwarz schimmern. In dem mit Farbflecken übersäten T-Shirt und in Jeans sah er groß und schlank und muskulös aus, das Schärfste, was sie je gesehen hatte.

»Du solltest dich hier nicht alleine aufhalten«, sagte er. »Du weißt doch, daß das gefährlich ist.«

»Ich bin nicht allein«, erwiderte sie. »Du bist doch hier.«

»Das ist noch schlimmer.« Er kam näher, bis er mit ernster Miene vor ihr stand.

Komm her und faß mich an, schoß es ihr durch den Kopf.

Er kam noch näher.

»Danke für die Gänseblümchen«, sagte sie und schaute ihn an. »Sie sind wunderschön. Ich weiß gar nicht, wie ich dir danken soll.«

Heiser drang Nicks Stimme durch die Dunkelheit. »Oh doch, das weißt du.« Er trat noch einen Schritt näher, bis er sie beinahe berührte, seine schwarzen Augen auf sie geheftet, während sie die Dunkelheit seines Schattens umgab.

»Ich habe keine Ahnung, was du meinst.« Quinn hielt seinem Blick stand, hob jedoch ihr Kinn, als das Augenspiel unerträglich wurde und ihr das Herz bis zum Halse schlagen ließ. Plötzlich lächelte er, und sie erzitterte ein wenig und lächelte in der vagen Andeutung einer Aufforderung und neckischer Provokation zurück, während ihr Herz pochte.

»Nun, du könntest mir zum Beispiel das hier erlauben.« Er umfaßte ihre gekreuzten Handgelenke gerade fest genug, daß sie sie nicht mehr bewegen konnte. Es war so lange her, daß er sie berührt hatte, daß sie unwillkürlich die Augen schloß, um die Glut seiner Hand an ihren Handgelenken einfach zu genießen. »Und das.« Mit einem Finger seiner freien Hand fuhr er am Ausschnitt ihres buntgemusterten Arbeitshemdes entlang, um den obersten Knopf zu öffnen.

»Hey.« Quinn wollte sich von der Wand abdrücken, um ihre Arme herunterzunehmen, doch er hielt ihre Handgelenke fest.

»Und das.« Mit der freien Hand fuhr er über ihre Brust und beschrieb mit dem Daumen einen Kreis auf dem Baumwollstoff ihres Hemds, während er ihr geradewegs ins Gesicht lächelte und sein Atem schneller ging. Sie erschauerte, als er seinen Daumen in den V-Ausschnitt ihres Hemdes gleiten ließ, in die warme Kuhle zwischen ihren Brüsten, ein weiterer Knopf aufsprang und sich ihre Brüste ihm hart und fest entgegendrängten.

Quinn stockte der Atem. »Nur für ein paar Gänseblümchen? Das finde ich etwas übertrieben.« *Mach weiter.*

Er öffnete noch einen Knopf. »Überleg's dir noch mal.«

Er beugte sich zu ihr und küßte die Beuge ihres Halses, woraufhin ihr ein lauter Seufzer entwich, als sie das Kitzeln seiner Lippen an ihrer Kehle spürte. Wieder küßte er sie, tiefer diesmal, während er die restlichen Knöpfe auffingerte, einen nach dem anderen, ganz langsam, jeder Knopf von Küssen begleitet, bis ihr Hemd aufklaffte und er mit der Zunge über die warme Stelle zwischen ihren Brüsten fuhr. Er schob ihr Hemd weiter auseinander, glitt mit seiner Hand über den Satinstoff ihres Büstenhalters und ließ seinen Blick darüber wandern – »heißer roter Fummel«, flüsterte er und schaute sie so begehrend an, daß ihr vor ungeduldiger Erwartung ganz schwindelig wurde. Endlich, nach einem Moment, der ihr wie Stunden vorkam, beugte er sich vor, um die Rundung ihrer Brüste mit seiner Zunge nachzufahren. Unwillkürlich erschauerte sie und gab jeden inneren Widerstand auf.

Sie konnte die Linie seines Bizeps am Ärmel seines T-Shirts sehen, während er ihre Hände weiterhin gegen die Wand drückte, die ausgeprägte Kontur seines Halses, sie spürte seine Hand auf ihren Handgelenken und die andere, die verlangend ihren Oberkörper ertastete, während seine Zunge auf ihrer Haut spielte.

Ihr Verlangen, ihn ebenfalls unter ihren Händen zu spüren, sein T-Shirt hochzureißen und ihn an sich zu ziehen, das Kitzeln seiner Brusthaare auf ihrem Busen und die Anspannung seiner Rückenmuskeln unter ihren Fingern zu spüren, war beinahe schmerzhaft. »Laß mich los«, flüsterte sie. »Laß mich los, damit ich dich berühren kann.«

Er hob den Kopf und sah ihr geradewegs in die Augen – *hör nicht auf* –, schüttelte jedoch den Kopf, wobei er sie anlächelte und endlose Begierde in ihr entfachte. »Keine Chance«, sagte er und küßte sie auf den Mund. Das Spiel seiner Zunge ließ sie verstummen und raubte ihr den Atem.

Sie drängte sich ihm entgegen, während er sie gegen die kühle Wand drückte. Seine Hand fuhr über ihre Brüste, sein Daumen über ihren Körper und verharrte dann am Saum ihres Büstenhalters. Sie spürte den Satinstoff über ihre Brustwarze gleiten, als er das Körbchen herunterschob. Er beugte sich vor, und sein Haar kitzelte sie sanft am Hals. Die feuchte Wärme seines Mundes auf ihrer Haut ließ sie erschauern, sogar erzittern, als er begann, an ihrer Brustwarze zu saugen und gar nicht mehr aufhörte.

»Laß mich los«, verlangte sie atemlos und versuchte, ihre Hände aus seiner Umklammerung zu lösen, damit sie ihn streicheln konnte, während sie ihre Hüfte an ihn drängte, aber er verstärkte seinen Griff, preßte ihre Handgelenke zusammen und streckte ihre Arme noch weiter in die Höhe, während seine Lippen noch immer über ihre Brust fuhren, um nun auch die andere zu entblößen und mit seinem Mund zu liebkosen. Seine freie Hand glitt zum Reißverschluß ihrer Hose hinab und zog ihn auf. »Nein«, wehrte sie sich, preßte sich dennoch gegen seine Hand, weil es sich so gut anfühlte und sie ihn überall spüren wollte. Seine Hand schob sich um ihre Taille und wanderte hinten in ihre Jeans und unter den elastischen Seidenstoff ihres Slips, fuhr langsam über die Kurven dort, bis er den Druck verstärkte und sie hart an sich preßte. Er streifte ihre Hosen herunter, bis sie den Bund ihrer Jeans und ihr Höschen unten an ihren Schenkeln spürte. Mit seiner Hüfte drückte er sie gegen die kalten, glatten Steine zurück und drängte sich mit rhythmischen Bewegungen an sie, während er sie anlächelte. Dann spürte sie, wie seine Finger in sie eindrangen, dort in diese schlüpfrige Nässe, bis sie vor Wonne aufstöhnte.

»Lauter«, sagte er in ihr Ohr, während er sie weiterstreichelte. »Ich will dich schreien hören.« Sie schüttelte den Kopf, atmete jedoch schneller und stieß mit jeder Bewegung seiner Hand kleine Seufzer aus.

Irgendwo nahm sie eine Bewegung wahr, ein leises Geräusch, und sie erstarrte.

Auch Nick hielt inne. Zwar wandte er den Blick nicht von ihren Augen ab, schien jedoch abgelenkt zu sein, als lausche er auf etwas. Es war so still, daß sie außer Nicks Atem kein Geräusch wahrnahm.

Er atmete ziemlich heftig.

»Wir sollten besser aufhören«, flüsterte Quinn, aber da keine Geräusche zu vernehmen waren, war sie auch nicht mehr sicher, ob sie das erste tatsächlich gehört hatte und ob es ihr nicht auch egal war. Doch dann gab sie jede Gegenwehr auf und schloß die Augen.

»Ich denke nicht«, flüsterte Nick ihr ins Ohr. »Ich denke, wir werden es jetzt tun. Genau hier an der Wand.«

Sie erzitterte. Es war leichtsinnig, sich hier von ihm lieben zu lassen, sie sollte nein sagen, sie sollte ihm sagen, daß sie das zu Hause tun könnten, in seinem Bett, ihretwegen auch in seinem Laster, aber sie verspürte gerade jetzt in diesem Moment eine derartige Lust und das unbändige Verlangen zu erfahren, wie es sein mochte, einmal den Verstand auszuschalten und einfach nur zu sein, sich in diese dunklen Abgründe fallenzulassen, die sich ihr beim letzten Mal aufgetan hatten und aus denen ihr Verstand sie ständig hatte herausziehen wollen. Sie spürte, wie diese Dunkelheit sie unaufhaltsam zu umschließen begann.

»Es ist so lange her«, sagte er mit gedämpfter Stimme. »So lange her, daß ich in dir war ... daß ich beobachtet habe, wie du kamst, wie ich dich zum Höhepunkt brachte.«

Seine Finger glitten tiefer und mit schnelleren Bewegungen in sie, so daß ihr der Atem stockte und ihre Kehle ganz trocken wurde. »Nick –«

»Ich will dich jetzt.«

Seine Stimme verschwamm in ihren Ohren. »Nick –«

»Ich werde dich hart hier an der Wand nehmen«, flüsterte er in ihr Ohr, während seine Finger weiter in sie eindrangen. »Härter, als du es jemals zuvor erlebt hast. So hart, daß du mich noch eine Woche später bei jeder Bewegung spüren wirst. Mit jedem Atemzug, den du tust, wirst du dich daran erinnern, daß du mein warst.«

Sie erschauerte wegen des Kitzelns seines Atems, des Drucks seiner Hand, vor allem jedoch wegen seiner Worte – *du bist mein* –, und die Dunkelheit schlug in langsamen Wellen über ihr zusammen, im gemeinsamen Rhytmus mit der Bewegung seiner Hand.

Seine Finger bewegten sich in ihr, und sie dachte, *Laß dich gehen.* Sie gab auf. Die Hitze und das Prickeln in ihrem Blut nahmen tief und schwer von ihr Besitz. Sie streckte sich Nick entgegen. Sie dachte an seine Hand, um die Dunkelheit noch zu verstärken, an seine Finger, lang und kräftig und geschmeidig, Fremdkörper in ihr, die sie erforschten und in ihre schlüpfrige Tiefe glitten, um dann draußen über ihre harte Klitoris zu streicheln.

Genau da, dachte sie, und als seine feuchten Finger sie dort berührten, stöhnte sie laut *»Da«* und drängte sich ihm bereitwillig entgegen, während sie unter seiner Berührung erzitterte.

»Da«, stieß sie noch einmal hervor, nur um es zu sagen, und als er den Kopf zu ihrer Brust hinunterbeugte, wiederholte sie: »O ja, da« und preßte sich an ihn.

Der Verstand sagte ihr, *Du weißt, du hast etwas gehört,* doch sie ignorierte ihn und überließ sich ganz ihrem Körpergefühl und dem, was Nick mit ihr machte, seinen Fingern in ihr, seiner Hand, die sie festhielt, seinem Körper, der sich gegen den ihren preßte – die Hitze war überall –, seinem Mund, der sie heftig küßte, der immer schneller werdenden Bewegung seiner Finger, seiner Hand, die ihre Handgelenke zusammendrückte – *Ich werde dich hart nehmen* –, seiner Begierde, seiner Rauheit, seiner Dunkelheit, seinem Anderssein und seiner Gefahr, seinem –

»Nimm mich« flüsterte sie, und als seine Finger von ihr abließen und sie leer zurückblieb, erstarb dieses wohlige Gefühl, so daß sie *»Oh«* ausstieß und ihre Hüfte auf der Suche nach ihm vorschob.

Sie drängte sich gegen seine Hand, während er seinen eigenen Reißverschluß öffnete, bis sie wieder seine Berührung spürte, nicht nur seine Hand. Groß und hart spürte sie ihn zwischen ihren Schenkeln. »Ja«, hauchte sie in seinen Mund, als er sie küßte.

Sie erschauerte wohlig, als sie ihn in sich spürte. *»Tiefer«*, dachte sie und stellte sich vor, wie er hart und groß in sie hineinglitt, sie öffnete, wie er tief in ihr drin war, ganz tief, in der Hitze und Nässe und Röte ihres Fleisches dort unten, wie sie ihn ganz in sich aufnahm.

Es war atemberaubend und überwältigend, so in sich zu gehen und sich selbst so wahrzunehmen; sie hatte andere Männer in sich gespürt, aber sie war nie dagewesen, hatte sich nie so heiß und feucht kennengelernt, wie sie es nun erfuhr und genoß.

Und sie konnte es genießen, weil sie ihm so vollständig vertraute, daß sie an gar nichts anderes denken konnte. Zum ersten Mal war sie mehr drinnen als draußen, nur Fleisch und Blut und Nerven und wahnsinniger, endloser Genuß, angefüllt mit Nick.

Er hob ihre Hüfte mit der seinen an, zog sie mit jedem Atemzug, den er tat, auf ihre Zehenspitzen und brachte sie jedesmal aus der Balance, bevor er sie wieder gegen die kühle, glatte Wand drückte. Das Rauschen in ihrem Blut wurde zu einem Knistern, einem dunklen brennenden Verlangen unter ihrer Haut, das sie sich winden ließ, und beinahe hätte sie ihren Verstand Oberhand gewinnen lassen, aber nur beinahe, diesmal nicht. *Tiefer,* dachte sie wieder und zwang sich dazu, die Dunkelheit in sich aufzunehmen, das Öffnen und Zusammenziehen ihrer Muskeln zu spüren, und als sie die Augen aufschlug und sah, wie er sie anstarrte, nahm sie ihn in sich auf, verschlang ihn mit ihren Blicken und ergriff von ihm Besitz.

»Quinn«, flüsterte er und ließ ihre Handgelenke los, um ihr Gesicht mit den Händen zu umfassen und sie zu küssen. Sie umklammerte ihn und gab sich ihm vollends hin. Wieder und wieder flüsterte er ihren Namen, während er sich in ihr bewegte und ihr dabei unentwegt in die Augen schaute, und als sie ihre Fingernägel in seine Schultern bohrte, ließ er seine Hände zu ihrer Hüfte hinuntergleiten, um sie fester und immer schneller an sich zu pressen. Er erschauerte, ohne den Blick von ihr zu lösen, seine Finger bohrten sich in ihr Fleisch, alles Teil der Dunkelheit, die durch ihren Körper wallte, überallhin; die bis in ihre Fingerspitzen, ihre Brüste, ihre Schenkel, ihre Lippen schwappte, überall dorthin, wo sie sich ihr öffnete.

»O Gott, Quinn«, stöhnte Nick, den Blick immer noch unverwandt auf sie gerichtet. Heftig küßte er sie, und die Dunkelheit verdichtete und verstärkte sich.

Sie drängte sich an ihn, während die Dunkelheit brannte, sich in ihr ausbreitete und pochte. Sie erschauerte und stieß kleine atemlose Schreie aus, während Nick sich in sie bohrte – Nick heiß in ihr, ohne Verstand in ihr, groß und hart in ihr – ihr Blut rauschte, sie spannte sich an, jeder Muskel ihres Körpers spannte sich an, immer mehr, immer mehr – »Nick« schrie sie heraus, als sie kam, während sie in seine Augen starrte und mit jeder Pause und jedem Schauer erneut aufschrie, mit jedem Spasmus, der sie in den nächsten trieb, intensiv und intensiver und immer und immer wieder, bis sie sich willenlos und offen und ekstatisch an ihn preßte und die Sicherheit seiner Umarmung suchte. Das einzige, was zählte, war dieses dunkle und wundervolle und erschütternde Gefühl in ihr.

Sie sackte zusammen, doch er hielt sie fest, als ihre Knie nachgaben. Außer dem Schmerz, dem Beben und der Befriedigung verspürte sie keinerlei Gefühl. Er fühlte sich so gut an ihrer nackten Haut an – sein altes T-Shirt weich an ihrer Wange, seine Brust hart unter dem Stoff, seine Hände, die ihren Rücken umklammerten.

Er beugte sich zu ihr und küßte sie, bedeckte ihre Lippen so sanft mit seinen, daß sie allein deshalb aufseufzte, weil es so richtig war.

Wenige Minuten später flüsterte er: »Stell dir vor, was wir erst in einem Bett anstellen könnten.«

»Das will ich mir nicht vorstellen«, sagte sie mit gepreßter und heiserer Stimme. »Das will ich wissen.«

Seine Arme umschlangen sie fester. »Zu dir oder zu mir?«

»Zu dir.« Quinn lehnte ihr Gesicht an sein T-Shirt und umklammerte ihn noch immer, weil sich ihre Knie wie Gummi anfühlten. »Max hat Darla vor einer Stunde zu mir nach Hause gebracht, und ich will wieder schreien.«

Als Nick sich auf den Weg machte, um den Wagen zu holen – »Ich lasse ihn warmlaufen und fahre bis zur Tür vor«, hatte er lachend gesagt, während sie in ihrem Flanellhemd kurz erschauerte, »das letzte, was ich will, ist, daß du abkühlst oder daß das verdammte Ding nicht funktioniert« –, stand sie allein auf der Bühne und umarmte sich selbst, weil sie das

Richtige getan hatten, weil sie selbst das Richtige getan hatte und alles möglich zu sein schien. Darla würde zu Max zurückkehren, das Stück würde ein Riesenerfolg werden, Bill würde irgendwann eine andere Frau finden, und sie und Nick könnten einander ewig in diese heiße, feuchte Dunkelheit treiben.

Sie nahm ihre Tasche vom Boden auf und trat ins Freie, um auf dem dunklen Parkplatz auf Nick zu warten. Ihr Herz machte Sprünge, während sie die Tür hinter sich zufallen ließ und noch einmal kräftig daran zog, um sicherzugehen, daß das Schloß zugeschnappt war. Wenn der BP die Tür unverschlossen vorfinden sollte, würde es ein furchtbares Theater geben –

»Wir müssen miteinander reden«, sagte Bill hinter ihr.

15

Nick saß in seinem Laster und versuchte sich einzureden, daß alles in bester Ordnung und die Trennung von Staat und Kirche immer noch intakt sei, doch es gelang ihm nicht. Seine Demokratie war zu einer Theokratie geworden, und es machte ihm nichts aus. Irgendwann während des Aktes, als er Quinn gegen eine Wand vögelte, hatte er die unzusammenhängenden Gedanken aufgegeben, die sich unter *Das ist phänomenaler Sex* zusammenfassen ließen, und er hatte realisiert, daß Quinn *O ja, genau da* murmelte, seinen Namen hauchte, ihn ohne Fragen nahm, sich ihm ohne Vorbehalte hingab und ihm in die Augen sah – Quinn, der Körper, den er begehrte, und Quinn, die Frau, die er liebte, waren ein und dasselbe, alles vermischte sich, und dennoch hatte er sich fallen lassen und sie geliebt.

Oh, Shit, dachte er nun aus Gewohnheit, aber er war zu freudig erregt, um niedergeschlagen zu sein. Sie gleichzeitig zu halten und zu lieben und zu brauchen und zu haben war eine Erfahrung gewesen, die seine sämtlichen Prinzipien auf den Kopf stellte, und er beabsichtigte, dies zu wiederholen, sooft er die Chance dazu bekäme. Für immer. Vorausgesetzt, er hielte das durch.

»Vermassel das nicht«, ermahnte er sich selbst. »Vermassel das bloß nicht.«

Sie würde natürlich skeptisch sein. *Du hast mich dreimal abblitzen lassen,* hatte sie gesagt, also brauchte sie, wenn sie in den Wagen stieg, der Gewißheit, daß sie nicht zum Pizzaessen fuhren.

Okay, sobald sie im Wagen saß, würde er ihr sagen, daß er sie liebte.

Nein, das würde er nicht. Lieber Himmel, das wäre der schlechteste Zeitpunkt, so kurz nach dem Sex. Sie würde ihm niemals glauben, vor allem angesichts des Mists, den er sich zuvor geleistet hatte. Sie würden nie wieder zusammen Pizza essen können. Warum hatte er nicht vorgeschlagen: »Laß uns einen Brokkoli-Auflauf essen gehen?«

Gut, heute abend konnte er es ihr nicht sagen, aber vielleicht morgen. Er könnte sie morgen nach den Bühnenarbeiten nach Hause fahren und würde sie nicht anspringen, bevor er die Worte nicht über die Lippen gebracht hatte.

Nein, das würde auch nicht funktionieren, denn sie würde bestimmt denken, dies sei nur ein Trick, um sie ins Bett zu kriegen. Also würde er es ihr sagen und morgen abend nicht mit ihr schlafen.

Die Chancen standen schlecht.

Es würde nicht funktionieren. Außerdem wollte er es ihr sowieso nicht sagen. Wie konnte man nur ein solches Geständnis ablegen? Kein Wunder, daß Männer Blumen schickten. Noch mehr Gänseblümchen. Er könnte es auf eine Karte schreiben.

Nein, konnte er nicht.

Okay, also würde er sich erst mit dem Gedanken anfreunden müssen, bevor er es tatsächlich aussprach. Oh, verdammt, er würde es niemals sagen. Vielleicht würde sie es ja einfach wissen. Wenn sie bis morgen früh zusammenblieben, müßte sie es doch erkennen.

Aber dann würde er tatsächlich mit ihr aufwachen müssen.

Bei diesem Gedanken zuckte er ein wenig zusammen, doch dann dachte er daran, sie fest und sicher in den Armen zu halten – Quinn fest und sicher in den Armen zu halten, sie zu lieben, die ganze Nacht ihre Wärme zu spüren, neben ihr aufzuwachen und nicht darauf warten zu müssen, sie wieder umarmen zu können –, und mit einem Mal verflüchtigten sich seine Bedenken. Es wäre in Ordnung, sagte er sich. Er könnte früh aufstehen. Es wäre okay.

Er startete den Wagen und überlegte, *Was soll ich denn nun zu ihr sagen, wenn sie einsteigt?* Er stellte den Motor wieder ab, um weiter darüber nachzudenken.

Sie sah blaß aus, dachte Bill. Blaß und krank mit geröteten Flecken auf ihren Wangen. Sie brauchte ihn, um auf sie aufzupassen. »Komm heim«, sagte er, doch sie schüttelte den Kopf und begann zu lachen, aber irgend etwas klang falsch an ihrem Lachen.

»Du hast mich erschreckt.« Wieder versuchte sie zu lachen.

Falsch. Falsch. In seinem Kopf begann es zu klopfen.

Sie wich zurück. »Bill, du kannst dir nicht einmal vorstellen, wie müde ich bin. Ich kann jetzt nicht mit dir sprechen.«

»Komm heim«, wiederholte er und versuchte, nach ihrer Hand zu greifen, aber sie entriß sie ihm, als stimme etwas mit ihm nicht, obwohl mit ihm doch alles in Ordnung war. »Bill, ich bin müde«, beharrte sie.

Sie versuchte, sich an ihm vorbeizuzwängen, doch er versperrte ihr den Weg, indem er nur einen Schritt vortrat, ohne sie zu berühren, nur, um sie am Gehen zu hindern. »Komm heim«, sagte er noch einmal. »Wir können miteinander reden.«

»Ich will nicht mit dir reden, Bill.« Ihre Stimme klang wieder tonlos und nicht mehr geheuchelt. Er hatte gewußt, daß das Lachen vorgetäuscht war, und nun sagte sie einfach, daß sie nicht mit ihm reden wollte, als sei sie ihm das nicht schuldig, als sei nicht alles ihre Schuld –

»Aber ich will mit dir reden«, meinte er und bedrängte sie noch mehr. Es gefiel ihm, wie sie zurückwich – endlich schenkte sie ihm Aufmerksamkeit –, so daß er immer näher kam, bis sie an der Hauswand stand und ihr kein Fluchtweg mehr blieb.

Jetzt würde sie mit ihm reden, verdammt.

»Laß das.« Abwehrend hob sie die Hände, um ihn abzuwimmeln. »Hör auf damit. Das ist doch kindisch.«

Sie schob ihn ein wenig beiseite, und es machte ihn wahnsinnig, daß sie ihn fortschob, aber andererseits führte die Berührung ihrer Hände sie dazu, daß er sie begehrte, und das war falsch, denn hier ging es nicht um Sex. »Bill«, sagte sie laut und versuchte, sich an ihm vorbeizudrängen, doch er ergriff ihre Handgelenke und hielt sie zurück.

Nun sagte sie nichts mehr. Sie wußte, daß er es ernst meinte, und diesmal würde sie ihm zuhören.

»Erkläre mir einfach nur, was ich falsch gemacht habe, damit ich es ändern kann und du zu mir zurückkommst.« Er hörte den belegten Klang seiner eigenen Stimme, als habe er einen Kloß im Hals, den typischen Tonfall von Menschen, die jeden Augenblick in Tränen ausbrachen. Das war nicht seine Stimme.

»Du hast nichts falsch gemacht.« Sie versuchte, sich seiner Umklammerung zu entwinden, doch er verstärkte den Griff. Er spürte, wie die zerbrechlichen Knochen in ihren Handgelenken knirschten, und sah, daß sie mit schmerzverzerrtem Gesicht nach Luft schnappte. *Du wirst mir jetzt zuhören,* dachte er und spielte mit dem Gedanken, sie gegen die Mauer zu drücken und sich selbst an sie zu drängen, nur, um sie noch einmal zu spüren und zu –

»Laß mich los, Bill.« Das war nicht ihr Gesichtsausdruck, sie sah ihn voller Mißbilligung an, das war nicht sie. »Es hat einfach nicht funktioniert. Niemand trägt Schuld daran.« Das leichte Schwanken in ihrer Stimme veranlaßte ihn, seinen Griff weiter zu verstärken. Sie sah ängstlich aus. Endlich schenkte sie ihm Aufmerksamkeit, nun konnte er mit ihr reden. »Laß mich gehen«, forderte sie, und er bemerkte, wie angestrengt sie versuchte, ruhig zu bleiben. Das war seine Quinn – es gab nichts, womit sie nicht fertig wurde, nichts, was sie nicht in Ordnung bringen konnte. Dies hier ausgenommen. Jetzt war er es, der die Situation kontrollierte.

Wieder wand sie sich unter seinem Griff. Ihm wurde heiß, er wollte sich an sie und gegen sie pressen, all ihre Weichheit war für ihn bestimmt, sie war sein –

»Bill, das ist doch lächerlich«, sagte sie scharf. »Du tust mir weh.«

Nur so hörst du mir zu, wollte er erwidern, aber damit durfte er keine Zeit verschwenden, denn er mußte ihr klarmachen – »Was hat nicht funktioniert?« wollte er wissen. »Das bist du mir schuldig. Was ist so verdammt schiefgelaufen, daß du mich verlassen mußtest? Du mußt es mir nur sagen.«

»Bill, ich mag das nicht.« Sie versuchte, ihrer Stimme einen festen Klang zu verleihen, konnte das Beben darin jedoch nicht unterdrücken. *Gut,* dachte er. *Gut,* daß jemand anders und nicht immer nur er Schmerz verspürte; *gut* für sie zu wissen, wer hier das Sagen hatte. »Laß mich los«, flehte sie, und erneut spürte er die Hitze in sich aufflammen, weil er ihr diesen Gefallen nicht tun würde. Das Glück hatte sie verlassen, er würde es nicht tun.

»Ich *mag* dich aber nicht gehen lassen.« Bill mußte die Worte hervorpressen, seine Kehle war wie zugeschnürt, sie mußte das verstehen, er würde ihr begreiflich machen, wie *falsch* es von ihr gewesen war, ihn in dieser *Gruft* von einer Wohnung allein zu lassen. Wieder drängte er sie gegen das Mauerwerk zurück und schüttelte sie bei seinen Worten, um sie zum Zuhören zu bewegen. »Ich *mag* es nicht, nach Hause zu kommen, und du bist nicht da.« Und sie durch Fenster zu beobachten, *immer ausgeschlossen,* das war ihre Schuld. Er zog sie vor, um sie dann noch heftiger gegen die Ziegelwand zu schubsen. »Ich *mag es* nicht, dich nie zu sehen. Ich *mag* die Art nicht, wie du es vermeidest, mich anzusehen, die Art, wie du mich behandelst, als wäre ich gar nicht da, also gibt es anscheinend für uns *beide* etwas, das uns nicht gefällt.«

»Ich will jetzt auf der Stelle nach Hause.« Quinn versuchte, ihre Handgelenke loszureißen, aber sie hatte keine Chance, jetzt nicht mehr, er hatte genug. Er zog sie näher und stieß sie dann wirklich brutal gegen die Mauer, damit sie ihm endlich zuhörte. Ihr Kopf schlug hart gegen die Wand, so daß sie aufschrie und die aufsteigenden Tränen und den Schmerz wegblinzelte. Er wußte, was Schmerz bedeutete, und er spürte Genugtuung.

Gewaltsam preßte er ihre Hände gegen die Ziegel, jeweils eine auf jeder Seite ihres Kopfes, damit sie sich nicht abwenden konnte. Ganz nah kam er mit seinem Gesicht vor ihres, so daß sie ihn anblicken, ihn sehen mußte. »Ich habe alles richtig gemacht, ich war alles, was du brauchtest, und du hast mich wegen dieses blöden Köters verlassen. Du warst glücklich mit mir«, sagte er, und ihre Stimme erstickte, als sie hervorpreßte: »Bill –«

»Das *warst* du«, beharrte er, »das warst du, warst du, warst du –« Bei jedem *warst* schlug er ihre Hände gegen das Mauerwerk, froh, daß sie sich dabei wand und immer heftiger zu atmen begann, froh, daß sie ihm Aufmerksamkeit schenkte, das fühlte sich gut an, wirklich gut, aber als er sie wieder nach vorne zog, um sie dann gegen die Wand zurückzustoßen, riß sie sich mit einer plötzlichen Seitwärtsbewegung los und versuchte wegzulaufen. *»Nein«,* stieß er hervor und griff nach ihrem Hemd, aber sie wollte nicht stehenbleiben, er bemerkte, wie der Stoff plötzlich nachgab, und dann sah er sie humpelnd und stolpernd davonlaufen. Ihr Hemd hielt er in seiner Hand, und ihr entblößter Rücken schimmerte hell in der dunklen Nacht, während sie davonrannte; alles, was ihm geblieben war, war ihr Hemd, und das war *falsch.* »Verdammt«, brüllte er und ließ das Hemd fallen, um ihr nachzusetzen, um sie zurückzuholen. Sie durfte nicht schon wieder davonlaufen, sie würde nie wieder davonlaufen.

Mit drei ausgreifenden Schritten hatte er sie eingeholt und griff nach ihrem nackten Arm. Er spürte ihr warmes Fleisch unter seinen Fingern, als er sie zurückriß und schrie: *»Hör auf, vor mir wegzulaufen!«* Er wirbelte sie herum – sie war nackt, nahezu nackt, nur einer dieser schrillen Büstenhalter in entsetzlichem Rot bedeckte sie, sie war so kurvenreich, er griff nach ihr in dem Verlangen, seine Finger in ihr Fleisch zu bohren. »Nein!» schrie sie, holte mit dem Fuß aus und traf ihn am Knie. Der Schmerz schoß ihm in die Leistengegend, das Knie gab nach, und er sank zu Boden, wobei er die Umklammerung löste. Er griff nach ihr, als sie rückwärts strauchelte, doch sie war schneller und rannte davon. Er stolperte auf die Beine und lief ihr nach. In diesem Augenblick jedoch bog ein Laster um die Ecke, und genau wie sie zuvor schrie er nun innerlich *Nein,* weil der Wagen seine Fahrt verlangsamte.

»Nick!« kreischte Quinn. Sein Name verzerrte sich in ihrer Kehle, während der Laster schlitternd neben ihr zum Stillstand kam. Hastig griff sie nach der Tür, als Nick sie bereits von innen aufstieß und Bill sie wieder von hinten packte und an ihrem Arm riß. Sie wollte nur noch schreien, während sie verzweifelt versuchte, sich an die Tür zu klammern oder Nicks Hand zu ergreifen, um bei ihm in Sicherheit zu sein vor diesem Wahnsinnigen, der hinter ihr her war.

»Herrgott!« Nick langte quer über den Sitz, als Quinn die Hand nach ihm ausstreckte. *»Laß sie los!«*

Er schnappte nach ihrer Hand und zerrte sie in die Kabine, wobei sie Bill mit sich in den Türrahmen zog. Sie spürte einen stechenden Schmerz in den Schultern, während die beiden an ihr rissen, und sie umklammerte Nick mit aller Kraft, die ihr geblieben war; sie bohrte ihre Finger in seine Hand und warf sich ihm entgegen in dem Versuch, wieder eins mit ihm zu werden, damit Bill sie nicht zurückziehen konnte.

»Laß mich nicht los«, flehte sie Nick keuchend an, und er beruhigte sie. »Keine Angst.«

Sein Gesicht sah finster aus, als er sich zu ihr herüberbeugte und sie mit der Schulter gegen das Sitzpolster preßte, um sie mit seinem Körpergewicht zu schützen. Er funkelte Bill von oben herab an. *»Bill, laß sie auf der Stelle los.«* Er wollte sich an ihr vorbeizwängen, um aus dem Wagen zu springen, doch Quinn hielt ihn zurück.

»Nein«, stieß sie hervor. »Nein, laß mich nicht allein, *bitte*!«

»Wir müssen miteinander reden«, sagte Bill, während er sie immer noch umklammert hielt. »Nur reden. Das ist eine Sache zwischen mir und ihr, Nick. Halt dich da raus.« Vor Anspannung und Wut war seine Stimme belegt, und Quinn hatte das Gefühl, sich übergeben zu müssen; nie zuvor hatte sie Bill so reden hören. In ihr Haus einzubrechen hätte einfach Bosheit sein können, aber dies hier war der pure Wahnsinn. »Gib sie mir zurück«, verlangte er, und Quinn spürte Panik in sich aufsteigen.

»Laß mich nicht los«, flehte sie Nick an, ohne eine Vorstellung zu haben, was er tun konnte. In schierer Todesangst klammerte sie sich an ihn. »Laß mich nicht im Stich, laß mich nicht los!«

Nick atmete tief durch und zog dann mit der freien Hand die Handbremse an. Er zwängte sich an ihr vorbei und schob sie mit seiner Hüfte weiter zur Seite, damit sie zur Fahrertür rutschen konnte. Sie lag quer auf dem Sitz, weil Bill immer noch ihr Handgelenk umklammerte und versuchte, sie aus dem Wagen zu zerren. Nick lehnte sich gegen ihren Arm, so daß er ihr die Sicht auf Bill versperrte – er fühlte sich so gut und stark an, wie ein Anker, wie ihre letzte Hoffnung –, und begann, Bills Finger gewaltsam von ihrem Arm zu lösen. *»Du* *tust ihr weh, Bill«*, sagte er mit kalter Wut. In diesem Moment gab Bill sie endlich frei.

Quinn war so erleichtert, daß sie beinahe zu weinen begann. Sie verschränkte die Arme vor sich und schlang sie dann um ihren Körper, um den Schmerz in ihren Schultern und Handgelenken zu lindern. Nur mit ihrem Büstenhalter bekleidet kam sie sich nackt und entblößt vor. Ihr Hemd war irgendwo dort hinten auf dem Asphalt zurückgeblieben, zusammen mit allem, was sie jemals über sich selbst und die Welt zu wissen geglaubt hatte. Solche Dinge passierten ihr nicht. Niemand tat ihr weh. Derartiges Entsetzen kannte sie nicht. Sie war diejenige, die alles unter Kontrolle hatte, sie konnte alles in Ordnung bringen, sie –

»Misch dich nicht in unsere Angelegenheiten ein, Nick.« Bill rührte sich nicht vom Fleck und blockierte die Tür mit seinem Körper, so daß Nick sie nicht schließen konnte. »Ich weiß, du bist ein guter Freund, aber hier geht es um eine ernste Sache. Du willst doch nicht, daß ich hinter ihr her in den Wagen steigen muß?«

Seine Stimme war so ruhig, daß Quinn dachte: *Er ist tatsächlich verrückt. Er hat vollends den Verstand verloren.* Er konnte alles tun und glauben, es sei richtig. Sogar ihr weh tun. Sogar sie aus dem Wagen zerren, weil er glaubte, sie gehöre zu ihm.

»Die Situation sieht folgendermaßen aus, Bill«, sagte Nick in dem gleichen ruhigen Tonfall wie Bill. Sie konnte sein Zittern spüren und die Anstrengung hinter seiner Stimme hören, während er versuchte, seinen Zorn zu unterdrücken und Ruhe zu bewahren. »Du kannst mich zweifellos innerhalb von dreißig Sekunden k. o. schlagen, aber du kannst dir nicht gleichzeitig Quinn schnappen, und das bedeutet, daß ihr dreißig Sekunden bleiben, um sich hier im Laster einzuschließen und mit dem Handy die Polizei anzurufen, während wir uns gegenseitig die Seele aus dem Leib prügeln. Dann kannst du Frank Atchity erklären, warum sie so mit den Nerven am Ende ist und warum ich blute, wobei er sowieso schon einige gute Verdachtsmomente gegen dich hat. Oder du kannst mich sie nach Hause bringen lassen, und wir beschäftigen uns morgen weiter mit diesem Scheiß. Du hast die Wahl.«

Bill sah aus wie ein wild gewordener Stier, doch dann blickte er an Nicks Schulter vorbei in Quinns Augen. Zitternd sog sie die Luft ein, und sein Gesichtsausdruck änderte sich schlagartig. »Weine nicht«, sagte er zu ihr. »Ich muß nur mit dir reden.«

»Später«, sagte sie, um ihn zu besänftigen. »Viel später.« *Ich hasse dich. Ich will dich nie wieder sehen. Nie mehr. Ich wünschte, du wärst tot.*

»Ich werde sie jetzt nach Hause fahren«, sagte Nick. »Wenn du einen Schritt zurücktreten würdest, damit ich die Tür schließen kann.«

Eine Minute lang blieb Bill regungslos stehen, die längste Minute in Quinns Leben, bevor er zurücktrat. Nick zog die Tür zu und verriegelte sie. »Lieber Himmel, das war übel«, meinte er und drehte sich zu ihr um, um sie in die Arme zu schließen.

Sie ließ sich in seine Arme fallen und drückte sich an ihn. Bemüht, sich sicher und geborgen zu fühlen, sagte sie: »Ich bin okay«, doch er erwiderte: »Nein, bist du nicht. Jemand, der sich um dich zu sorgen pflegte, hat dir gerade weh getan.«

Seine Arme schlossen sich fester um sie, und sie umklammerte ihn und schluchzte einmal auf – das hatte sie gar nicht gewollt, es brach einfach aus ihr heraus –, während er sie festhielt, bis sich ihr Atem langsam beruhigte. »Fahr mich heim«, murmelte sie an seinem Hals. »Bring mich hier fort.«

Nick küßte sie auf die Stirn. Er ließ sie los, um ihr seine Jacke um die Schultern zu legen. Dann kletterte er über sie hinweg auf den Fahrersitz. Ein letztes Mal sog Quinn lang und zitternd die Luft ein, bevor sie nach dem Sicherheitsgurt griff. Durch das Fenster sah sie Bill mit ihrem Hemd in der Hand auf dem Parkplatz stehen und sie beobachten. »Bring mich hier *fort*«, wiederholte sie. Nick schaute an ihr vorbei. »Lieber Himmel«, sagte er und beeilte sich, sie von Bill fortzubringen.

Bemüht, nicht zu zittern, sondern die vernünftige, besonnene und beruhigende Rolle zu übernehmen, obwohl er eigentlich nur den Wunsch verspürte, Bill umzubringen, fuhr Nick sie heim. Als sie ins Eßzimmer traten, saßen Max und Darla dort in angespanntem Schweigen.

»Was ist denn mit dir passiert?« fragte Darla entsetzt, als sie Quinns Gesicht sah. »Nick, was hast du –«

»Es war nicht Nick«, erklärte Quinn. »Bill war's. Er ist über mich hergefallen. Er ist völlig aus dem Ruder gelaufen.«

»Ruf die Polizei«, sagte Darla, und Nick stimmte ihr zu: »Und zwar sofort.«

Quinn ließ sich auf einen der Stühle fallen. »Ich hasse das. Ich hasse das. Warum kann er es nicht einfach aufgeben und mich gehen lassen?« Sie legte ihren Kopf auf den Tisch, und Darla kam zu ihr hinüber und strich ihr sanft übers Haar.

Nick fühlte sich entsetzlich.

»Es ist nicht deine Schuld«, redete Darla auf sie ein. »Er ist verrückt.«

»Wir rufen jetzt sofort die Polizei«, bestimmte Nick in dem Bedürfnis, etwas zu sagen, doch Quinn hob den Kopf und sagte: »Nicht jetzt.«

»Quinn!« ermahnte Nick sie, und Darla meinte: »Laß ihr eine Minute Zeit. In diesem Zustand wird sie mit niemandem sprechen.«

»Ach ja?« Genauso energisch wie Nick stand Max auf. »Angenommen, dieser Spinner taucht hier auf. Nick ruft jetzt die Polizei.«

»Er wird nicht herkommen«, erwiderte Quinn müde, und Nick verlangte es danach, sie festzuhalten und ihr zu versichern, daß alles gut werden würde und er bei ihr war, daß –

»Mein Dad ist hier. Und Darla –«

»Nein, ist sie nicht mehr«, sagte Max. »Es reicht jetzt.«

Er wandte sich zu Darla und fügte hinzu: »Ich weiß, du möchtest bis Samstag warten, aber es wird Zeit, daß du nach Hause kommst. Solange dieses Arschloch frei herumläuft, wirst du nicht hierbleiben.«

Trotzig schüttelte Darla den Kopf. »Ich kann Quinn nicht alleine lassen. Bill –«

»Sie kann mit zu uns nach Hause kommen«, schlug Max vor, während Nick gleichzeitig sagte: »Ich werde bei Quinn bleiben.«

»Oder Nick kann bei ihr bleiben«, nahm Max den Faden vorsichtig auf. »Aber du bleibst nicht hier. Es ist gefährlich.«

»Wenn es gefährlich ist, werde ich sie erst recht nicht im Stich lassen.« Darlas Stimme klang stur, jedoch unsicher. »Nick wird nicht hierbleiben, du kennst ihn doch –«

»Hey«, widersprach Nick und fühlte sich gleichermaßen wütend und schuldbewußt. Natürlich würde er bleiben. Okay, normalerweise waren Übernachtungen bei Frauen nicht sein Ding, aber in diesem Fall lag die Sache anders. Er würde bleiben. Zumindest bis Bill für eine hübsche lange Zeit ins Gefängnis wanderte.

»– und ich kann sie nicht alleine lassen«, beendete Darla ihren Satz.

»Es ist schon in Ordnung –« begann Quinn, doch Max fiel ihr ins Wort: »Zur Hölle damit, du kommst mit.« Er packte Darla und legte sie über seine Schulter.

Nick fühlte sich unbehaglich, während Darla protestierte: *»Warte einen Moment«* und sich in Max' Armen wand.

»Wahrscheinlich keine gute Idee«, sagte Nick leise zu Max, öffnete jedoch trotzdem die Tür, so daß Max sie hinaustragen konnte.

»*Warte einen Moment,* habe ich gesagt«, wehrte Darla sich auf der Veranda, doch Nick sagte: »Fort mit euch« und schloß die Tür hinter ihnen. Er lehnte sich gegen die Tür, drehte den Schlüssel herum und schob den Riegel vor.

Voller Aufruhr und Anspannung stand Quinn reglos im Zimmer. »Sie ist meine beste Freundin. Ich protestiere.«

Nick trat zu ihr. »Nein, tust du nicht. Du bist genauso froh wie ich, daß die beiden wieder zusammen sind. Komm jetzt –«

»Diese Freude könnte ein wenig vorschnell sein«, meinte Quinn. »Sie schien davon nicht sonderlich angetan zu sein. Genausowenig, wie ich von Bill angetan war.«

Erschrocken über diesen Vergleich hielt Nick inne. »Das ist etwas anderes. Er ist ihr Ehemann.«

»Ich weiß nicht.« Quinn humpelte ins Wohnzimmer und sank auf die Couch. »Ich weiß überhaupt nichts mehr.« Sie rieb sich den Knöchel. »So besessen und gewalttätig hat sich Bill noch nie benommen. Er hat sich verändert. Vielleicht gilt das auch für Max.«

»Das will ich doch verdammt noch mal hoffen.« Nick folgte ihr und baute sich vor ihr auf. »Deshalb hat Darla ihn doch verlassen. Ich dachte, daß es genau das ist, was ihr wollt: eine Veränderung.«

»Aber doch nicht so«, widersprach Quinn. »Ich kann Bill nicht verstehen.«

Sie sah müde und verwirrt und verletzt aus. Wieder fühlte Nick sich mies. »Ich schon. Zwar bin ich auch der Meinung, daß er ein Idiot ist und wir auf der Stelle die Polizei alarmieren sollten, aber ich kann ihn verstehen. Er glaubt, daß du zu ihm gehörst.«

»Hör mal, ich habe ihm doch gesagt, daß –«

»Das hast du auch zu mir gesagt, und ich habe dich genausowenig in Ruhe gelassen.« Er setzte sich neben sie auf die Couch, nahm ihre Hand und versuchte, es ihr begreiflich zu machen, damit sie nicht mehr so verloren aussah. »Während der letzten beiden Wochen habe ich gewartet und dich beobachtet, und ich wußte, daß du zu mir zurückkommen würdest, weil du zu mir gehörst. Jeder Kerl glaubt das von der Frau, die er liebt.«

Bei dem Wort »liebt« riß Quinn den Kopf hoch, doch er ignorierte es und redete weiter.

»Aus diesem Grund habe ich dich an dieser Wand festgenagelt, nachdem du mir wochenlang ausgewichen bist. Ich habe dich zurückerobert.« Bei diesen Worten spürte er eine Hitzewelle in sich aufsteigen. Er begehrte sie schon wieder, er wollte sie wieder wie vorhin nehmen und spüren, wie sie sich ihm erneut völlig hingab. Doch als er bemerkte, wie Quinn die Augen schloß, fühlte er sich schlecht. »Es tut mir leid.«

»Mir nicht.« Sie schlug die Augen wieder auf und sah ihn geradewegs an. »Ich war nur überwältigt, wie erregend das war. Politisch absolut unkorrekt, aber wirklich wahnsinnig erregend.«

Am liebsten wäre er sofort dort auf der Couch über sie hergefallen und hatte deshalb Schuldgefühle. Für einen Abend war sie mehr als genug grob behandelt worden. Aber gegen seine Lust war er machtlos. »Sieh mal, ich weiß, es ist nicht richtig, aber so ist es nun einmal. Ich sehe, wie du über die Bühne gehst, und ich schaue dir auf den Hintern und denke, *der gehört mir.* Ich sehe, wie du dich vorbeugst, um einen Farbtopf von Thea entgegenzunehmen, wie dein Hemd aufklafft, und ich denke, *das gehört mir.* Ich höre deine Stimme und dein Lachen, sehe deine Augen und deinen Mund und denke, *das gehört mir.* Sogar als du nein gesagt hast, warst du mein. Das läßt sich nicht abschalten. Du kannst es mir nicht ausreden. Jede Bewegung von dir gehört zu mir. Ich weiß, daß es falsch ist, aber das ist mir egal.«

»Oh«, machte Quinn.

»Und das Problem ist, daß Bill nicht einmal begreift, daß es falsch ist. Er weiß nur, daß du sein, aber nicht bei ihm bist.«

Quinn schluckte. »Er wird die Wahrheit niemals erkennen, nicht wahr?«

»Doch«, meinte Nick. »Er wird es einsehen, aber dazu bedarf es mehr als einfacher Worte. Ich weiß nicht, was dazu nötig ist, aber ich weiß, daß es mehr ist, als nur zu sagen, ›Bill, es ist vorbei‹. Wenn du das zu mir sagen würdest, würde ich es auch niemals glauben. Du bist mein. Genauso, wie Darla zu Max gehört.« Einen kurzen Augenblick dachte er an Max, der gerade seine Frau gekidnappt hatte. »Hoffe ich jedenfalls.«

»Ich kann mich im Moment nicht damit auseinandersetzen.« Quinn ließ sich gegen die Rückenlehne der Couch fallen. »Ich weiß, das ist schwach, aber ich werde mich morgen darum kümmern, nicht mehr heute abend.«

»Möchtest du einen Eisbeutel für deinen Knöchel haben, bevor wir die Cops anrufen?« erkundigte Nick sich, doch sie schüttelte den Kopf.

»Nein.« Quinn machte eine abwehrende Geste. »Keine Polizei. Das stehe ich heute abend nicht mehr durch. Morgen werde ich sie benachrichtigen, das schwöre ich. Aber nicht mehr heute abend.«

Nick wollte protestieren, bemerkte dann jedoch, wie erschöpft sie aussah. Er würde bei ihr bleiben, und Bill würde ihnen nicht entwischen. »Nun gut, aber es wird das erste sein, was du morgen früh tust, versprochen?«

»Morgen«, nickte sie.

»Okay.« Er streckte seine Hand aus. »Komm jetzt, du Humpelliese. Laß uns ins Bett gehen.«

»Oh, du bleibst tatsächlich hier?« Quinn nahm seine Hand, und sein Blick fiel auf ihre aufgeschürften Handgelenke. Von weit weg hörte er sie sagen: »Du weißt ja, daß Dad oben schläft. Nicht, daß du –«

»Was ist mit deinen Handgelenken passiert?«

Quinn sah auf ihre Hände. »Oh, Bill hat sie gegen die Ziegelmauer geschlagen.«

»Das reicht«, sagte Nick. »Ich werde dafür sorgen, daß er für immer hinter Gitter kommt. Dieser Hurensohn –«

»Es ist nicht so schlimm –«

»Zur Hölle mit ihm. Er wandert ins Gefängnis.« Nick knirschte mit den Zähnen, hielt dann jedoch inne, als er bemerkte, wie sehr sie das aus der Fassung brachte. »Morgen. Wo ist dein Verbandskasten?«

»In der Küche«, sagte Quinn. »Ich glaube nicht, daß er überhaupt gemerkt hat, wie –«

»Scheiß drauf, was er gemerkt hat«, unterbrach Nick sie. »Er wandert ins Gefängnis.«

Darla warf Max einen verstohlenen Blick zu, während der Laster in der Dämmerung die Straße entlangrumpelte. Sie glaubte nicht, daß er wütend war, aber er hatte die ganze Zeit über kaum einen Ton gesprochen. Auch sie wußte nicht, was sie sagen sollte, und konnte daher kein Gespräch anfangen. Sie hatte es mit »Quinn braucht mich« versucht, jedoch nur zurückbekommen, »Nick ist dort«, so daß sie nun schwieg und sich fragte, wie sie in diesen Schlamassel geraten war.

Sie hatte Aufregung gewollt. Okay, die hatte sie bekommen. Obendrein noch eine Orchidee, und sie war von ihrem eigenen Ehemann entführt worden. Das war interessant, auch wenn sie zu dem gleichen alten Leben zu Hause zurückkehrten –

Genau in diesem Augenblick registrierte sie, daß sie sich nicht auf dem Heimweg befanden.

»Max, wo fahren wir hin?«

Anstatt zu antworten bog er ab, und sie erkannte, daß sie am Stadtrand waren. Er nahm eine scharfe Rechtskurve und bog dann schlitternd in den ersten Weg zum alten Autokino ein.

»Der ist seit Jahren gesperrt«, sagte sie und schrie dann: *»Max, paß auf!«*

Er hielt weiter auf die mit einem Vorhängeschloß versehene Kette zu. Erschrocken fuhr Darla zusammen, als sie sie durchbrachen und dabei ein Scheinwerfer zersplitterte.

Vielleicht war er verrückt geworden.

Er fuhr schnurstracks zum rückwärtigen Teil des Parkplatzes, und einen Moment lang dachte sie, sie würden den hinteren Zaun auf dieselbe Weise durchbrechen, wie sie es mit der Kette getan hatten, doch im letzten Augenblick riß er das

Steuer herum, so daß der Laster ausbrach und mit dem Heck einen Halbkreis beschrieb, bevor er in der letzten Reihe des Kinos zum Stehen kam.

»Das habe ich seit zwanzig Jahren nicht mehr gemacht«, sagte er mit tiefer Befriedigung in der Stimme.

»Eher seit fünfzehn«, meinte Darla.

Der Parkplatz erstreckte sich über etwa viertausend Quadratmeter, und gespenstisch wirkende Pfähle markierten Reihe für Reihe die Parklücken. Die Lautsprecher waren schon lange verschwunden, nur noch vereinzelte Wickeldrähte baumelten im Wind. Die Leinwand am vorderen Ende war kleiner, als sie sie in Erinnerung hatte, aber die alte Imbißbude stand noch immer dort, ein rechteckiger Klotz mit dem besten Grillfleisch und den miesesten Toiletten in ganz Tibbett. Sie waren häufig hierher gekommen, als sie beide fast noch Kinder waren, gerade siebzehn, verzaubert vom Leben und voneinander und vor allem von Sex.

Vielleicht war das der Grund, warum Max mit ihr hierher gefahren war: noch einmal Sex auf dem Vordersitz. Nun, das war eine nette Idee, dachte sie müde, aber sie könnten sich auch zu Hause im Bett lieben. Sie würde sowieso den Rest ihres Lebens zu Hause verbringen. Warum es also aufschieben?

Max stellte den Motor ab und wandte sich zu ihr, entspannt in den Sitz gelehnt. »Wir haben hier ein paar schöne Stunden verlebt.« Er lächelte sie an und wirkte ein wenig nervös. Genauso wie damals, schoß es ihr durch den Kopf. »Erinnerst du dich daran?«

»Ja«, sagte Darla. »Es war ziemlich aufregend.«

»Hmm.« Max nickte und wußte offenbar nicht, was er als nächstes sagen sollte. Er tat ihr leid. Meine Güte, er hatte ihr eine Orchidee gekauft. Das sollte genügen.

»Schon okay, Max«, sagte sie. »Ich weiß, daß wir die Zeit nicht zurückdrehen können. Aber es ist wirklich süß von dir, mich der Erinnerung wegen hierher zu bringen.«

»Kein Problem.« Er zuckte mit den Schultern.

Seine Stimme klang lässig, aber seine Sitzposition verriet, daß er das nicht war; seine Hand umklammerte das Lenkrad so verkrampft und so eindeutig unsicher, daß ihr Herz dahinschmolz. Er war nun soviel liebenswerter als damals vor all den Jahren, als er ihr angenehme Schauer über den Rücken gejagt hatte. Man erhielt einige wertvolle Entschädigungen, wenn die erste Aufregung vorbei war, wurde ihr klar. Mochte er auch in der High-School aufregender gewesen sein, würde sie dennoch niemals den Mann, der er jetzt war, gegen den Jungen von damals eintauschen, so süß er auch gewesen war.

»Nun«, er drehte sich zu ihr, um sie anzusehen, verlor dann aber offenbar die Courage, »was gibt's Neues?«

»Abgesehen von Bill, der Quinn überfällt?« fragte sie. »Nicht viel. Und bei dir?«

Wieder zuckte er mit den Achseln. »Oh, ich habe einige Dinge geändert.«

»Stimmt.« Darla seufzte, denn plötzlich spürte sie Mitleid für sie beide. »Es ist schon okay, Max. Ich gebe auf. Ich komme nach Hause.«

»Du brauchst nicht aufzugeben«, protestierte er. »Ich bin einige Risiken eingegangen. Lieber Himmel, ich habe Barbara zum Essen ausgeführt. Das war etwas Neues.«

»Ja, eine tolle Idee«, sagte Darla trocken.

»Und das Theaterstück.« Max hörte sich an, als grabe er nach allem, was ihm einfiel. Tat er wahrscheinlich auch, der arme Teufel. »Ich bin wirklich voll und ganz bei der Sache. Das ist eine große Veränderung.« Er nickte in der Dunkelheit. »Und ich koche abends, habe ich dir das erzählt?« Er nickte noch kräftiger. »Ich kaufe ein und koche. Noch dazu gar nicht so schlecht.«

»Das überrascht mich nicht.« Darla spürte, wie sich ihre Kehle zuschnürte. Er bemühte sich so sehr. »Du warst immer in allem talentiert. Schon gut, ich komme nach Hause, du mußt nicht –«

»Und ich – « ziellos ließ er den Blick über das Gelände

schweifen – »habe dieses Autokino gekauft.« Darla riß die Augen auf. »Du hast was getan?«

Selbstsicherer geworden nickte Max. »Ich habe dieses Autokino gekauft.« Er sah sie an und nickte wieder. »Heute nachmittag. Die Werkstatt läuft gut, die will ich nicht aufs Spiel setzen, aber ich dachte, daß eine neue Generation das haben sollte, was wir hatten, deshalb habe ich es gekauft. Es ist ein Wagnis, aber was soll's?«

Darla fiel die Kinnlade herunter. Er hatte ein Autokino gekauft. In einer Million Jahren hätte sie damit nicht gerechnet. Ebensowenig wie mit der Orchidee, aber das hier –

Das war riesig. Überwältigend. »Max«, sagte sie atemlos.

Er schluckte. »Natürlich werde ich Hilfe dabei brauchen. Alleine kann ich das Geschäft nicht aufziehen.« Er wandte sich zu ihr und sah so verletzlich aus wie ein Siebzehnjähriger. »Ich dachte, wir könnten es zusammen führen. Wie in den alten Tagen, als du den Papierkram für die Werkstatt erledigt hast.« Er versuchte, sich unbeschwert zu geben, aber sie konnte die Anspannung in seinen Augen sehen. »Bist du dabei?«

»Natürlich bin ich dabei«, sagte sie, überrascht, daß Tränen ihre Stimme erstickten. »Ich kann nicht glauben, daß –« Er beugte sich zu ihr und küßte sie. Er war so ganz und gar der solide Max, und es fühlte sich so gut an, sich an ihm festzuhalten, seinen Kuß zu erwidern und sich an ihn zu klammern, als ginge es um ihr Leben.

»Verlaß mich nicht wieder«, murmelte er in ihr Haar. »Verlaß mich nie wieder.«

»Dazu bin ich gar nicht imstande«, sagte sie. »Ich kann dich nicht verlassen, du bist zu unberechenbar. Gott weiß, was du als nächstes kaufst.« Voller Begehren küßte sie ihn wieder, so froh, daß sie das tun durfte und wieder mit ihm zusammen war. »Oh, ich habe dich vermißt. Ich bin so glücklich. Ich kann es nicht glauben, wie glücklich ich bin.«

Er lachte, und sie konnte seine Erleichterung heraushören, mit der plötzlich auch jede Anspannung von ihm wich. Er war wieder der alte Max. »Habe ich dir schon gesagt, wie sexy du in einem T-Shirt aussiehst?« fragte er, und sie erschauerte, als er mit den Händen über ihren Rücken fuhr.

»Nein.« Sie schüttelte den Kopf und schluckte die aufsteigenden Tränen hinunter. Dies war nicht der richtige Zeitpunkt zum Heulen. »Das hast du mir noch nie gesagt.«

»Ohne siehst du noch heißer aus«, sagte er und ließ seine Hände unter ihr T-Shirt gleiten.

Sie drängte sich enger an ihn und atmete seinen Duft ein, während sie die Augen schloß und die Berührung seiner Hände auf ihrer Haut genoß. »Ich habe dich so wahnsinnig vermißt.«

»Gott sei Dank«, sagte er und zog ihr das T-Shirt über den Kopf.

»Max, wir sind hier an einem öffentlichen Ort.« Sie zitterte leicht in der kühlen Luft und verschränkte die Arme vor ihrem Büstenhalter.

»Nein, dieses Gelände gehört uns, es ist nicht öffentlich.« Im Dämmerlicht blickte er sie begehrlich an; ja, er sah sie tatsächlich, und sie hörte auf, sich zu bedecken. »Ich weiß, daß du schwierig zu kriegen bist«, fuhr er fort und öffnete den Verschluß ihres Büstenhalters mit einer Hand, genau wie in alten Zeiten. »Ich weiß, daß du dich nicht ausziehen möchtest.« Er streifte die BH-Träger von ihren Schultern und ließ seine Hand über ihre Brust gleiten. Unwillkürlich schloß sie die Augen. »Komm, wir streicheln uns nur ein bißchen, bis du Stop sagst.« Er beugte sich hinab und küßte ihre Brust. »Ich schwöre dir, daß ich aufhöre, wenn du Stop sagst.« Er beugte sich weit über sie und öffnete mit einer Hand ihren Reißverschluß. Sein Körper fühlte sich auf ihr heiß an.

»Hör nicht auf«, hauchte sie, während er sie weiter liebkoste. »Ich will alles.« Da ihr sein Kopf die Sicht versperrte, begann sie blind, sein Hemd aufzuknöpfen. »Erzähl es nur den anderen in der Schule nicht. Ich will nicht, daß sie mich für ein schlechtes Mädchen halten.«

»Du bist das beste Mädchen, das ich kenne«, sagte Max atemlos. Sie riß sein Hemd auf und kletterte auf seinen Schoß.

Bill stand an Quinns Haus und spähte durch die manipulierte Jalousie. Quinn und Nick waren im Wohnzimmer, wo er sie nicht sehen konnte – er hätte auch dort in weiser Voraussicht eine Jalousie bearbeiten sollen, doch das konnte er morgen noch tun –, aber sie würden vielleicht durch das Zimmer zurückkommen, wenn Nick nach Hause ging; deshalb blieb er dort stehen und schaute in einen leeren Raum. In diesem Augenblick kamen sie hinein und gingen in Richtung Küche. Leise schlüpfte er in den Garten, um durch die Spitzengardinen des rückwärtigen Fensters zu spähen. Nick öffnete einen Schrank. Quinn hielt ihre Handgelenke unter fließendes Wasser. Es versetzte ihm einen Stich, als ihm klar wurde, daß er ihr mehr weh getan hatte, als ihm bewußt gewesen war. Hätte sie ihm doch nur zugehört, dann hätte er ihre Hände nicht so brutal gepackt. Irgendwie war alles außer Kontrolle geraten. Voller Haß starrte Bill den Hund an, der sich auf die Hinterbeine gestellt hatte, um zu sehen, was Quinn tat. Mit diesem blöden Köter hatte alles angefangen.

Nick holte eine Kiste aus dem Schrank hervor und stellte sie auf die Anrichte. Er griff nach einem blaukarierten Handtuch, und als Quinn ihm ihre Hände entgegenstreckte, tupfte er sie vorsichtig trocken. Es schnürte Bill die Kehle zusammen. Er sollte derjenige sein, der Quinn tröstete, nicht Nick, der alte Freund, der sie später nicht in den Armen halten konnte. Freunde waren wichtig, er war froh, daß sie Nick hatte, aber es wäre besser gewesen, wenn Nick heute abend nicht dort gewesen wäre. Dann wäre Quinn mit zu ihm nach Hause gegangen, und er hätte ihre Hände trocknen können.

Nick öffnete die Kiste, nahm eine Rolle Gaze heraus und begann, eines ihrer Handgelenke damit zu umwickeln, wobei er seinen Kopf ganz dicht an ihrem hielt, um zu sehen, was er tat. Zu dicht. Wenn jemand die beiden sah, konnte diese Nähe einen merkwürdigen Eindruck erwecken, auch wenn es nur der gute alte Nick war. Der widmete sich nun dem anderen Handgelenk und legte die Gaze sorgfältig darum. In diesem Moment sagte Quinn etwas zu ihm, und er lachte auf. Er stand viel zu nahe bei ihr.

Bill runzelte die Stirn. Sie sollte vorsichtig sein. Nick könnte auf falsche Gedanken kommen.

Nick hatte die Gaze nochmals aufgenommen und wickelte sie nun einmal um ihr eines Handgelenk – das machte keinen Sinn, schließlich war es bereits bandagiert –, dann um das andere, so daß er sie durch eine lockere Schlinge zusammenband. Dabei sah er ihr in die Augen und lachte. Quinn hob die Arme, und Nick schlüpfte darunter hindurch, und als er sich wieder aufrichtete, schlang sie die Arme um seinen Hals und drückte sich an ihn.

Der Rest der Gazerolle wickelte sich von ihren Handgelenken ab und fiel zu Boden. Bill konzentrierte sich auf das Baumwollband, das sich über Nicks Rücken abwärts schlängelte, und versuchte nicht hinzusehen, wie Quinn zu Nick auflachte, wie sie sich an ihn drückte, wie Nicks Hände zu ihren Hüften glitten – Bills Kopf dröhnte –, bevor er sie plötzlich leidenschaftlich küßte. Das war nicht der Kuß eines Freundes, sondern der eines Liebhabers. Sie liebten sich. Nick küßte sie innig, die Hände auf ihrem Po, hinten in ihre Jeans geschoben, während ihre Hände nach Nicks T-Shirt griffen – das war noch schlimmer, Bill spürte, wie die Luft aus seinen Lungen wich – und sich festklammerten, als wolle sie es ihm vom Leibe reißen. Ohne den Kuß zu unterbrechen, zog Nick Quinn in Richtung Treppe. Nick küßte *seine* Quinn, dazu hatte er kein Recht, und dieser blöde Hund tänzelte um sie herum –

Erst als sie verschwunden waren, etliche Minuten waren vergangen, vielleicht auch ein paar Stunden – Bill hatte jegliches Zeitgefühl verloren – wurde ihm klar, daß seine Schreie lautlos gewesen waren und sich nur in seinem Kopf abgespielt hatten.

Quinn sah zu, wie Nick sich aus seinem T-Shirt schälte. Er hatte einen solch tollen Körper, und gleich würde er ihr gehören. Wieder. Nur, daß sie ihn diesmal berühren konnte. Nick über ihr, in ihr, um die üblen Erinnerungen wegzuwischen. Sie dachte an Bill, und kurz überlief es sie eiskalt, bevor sie den Gedanken beiseite schob. Nick war hier. Sie war in Sicherheit. »Beeil dich«, sagte sie.

»Schhhh.« Nick sah zu der geschlossenen Tür zurück. »Wecke Joe nicht auf. Mir wäre es lieber, er käme nicht herein und würde sich hier auf einem Stuhl postieren.«

Er streifte seine Jeans ab. Er sah göttlich aus. »Ich bin verrückt nach deinem Körper«, flüsterte sie. »Komm her.«

»Du gehst ganz schön ran.« Er schlüpfte unter die Decke und schlang die Arme um sie. Sein Körper fühlte sich hart an ihren weichen Rundungen an, und sie rollte sich herum, bis sie auf ihm saß.

»Du gehörst mir«, sagte sie zu ihm.

»Mir soll's recht sein.« Er fuhr mit den Händen über ihre Seiten, bis sie seine Hände packte und über seinem Kopf in die Kissen drückte.

»Du wirst mich eine ganze Woche lang spüren«, flüsterte sie und drängte sich an ihn.

»Süße, ich spüre dich schon jetzt jede Minute am Tag.« Er hob den Kopf, um sie zu küssen. Seine Lippen fanden ihre Lippen, seine Zunge schob sich in ihren Mund und ließ sie erschauern. »Ich denke schon so verdammt lange an dich, daß es ein Wunder ist, daß ich überhaupt etwas auf die Reihe kriege. Jedesmal, wenn du mir den Rücken zudrehst, möchte ich dich über irgend etwas legen, und wenn du dich nicht umdrehst, möchte ich dich an einer Wand nehmen, und wenn du nicht in der Nähe bist, schließe ich die Augen und stelle mir deinen nackten Körper vor und wie ich in dir drin bin.« Wieder küßte er sie, und seine Worte, sein Mund und sein schlanker, wunderschöner Körper, der sich unter ihr bewegte, brachten ihr Blut zum Kochen.

Quinn schnappte nach Luft. »Scheint nicht zu funktionieren, wenn ich den dominanten Part übernehme«, murmelte sie und versuchte, sich cool zu geben, doch sie spürte seine Erregung hart an ihrem Leib. Sie preßte sich an ihn und genoß das Gefühl, wie er den Druck erwiderte.

»Oh, ich weiß nicht.« Nick küßte ihren Hals, offensichtlich unbeeindruckt davon, daß sie seine Hände festhielt. »In Leder und mit einem Paar Handschellen könntest du einigen Schaden anrichten.«

Quinn ließ ihn los. »Ich kann auch ohne Leder Schaden anrichten«, flüsterte sie und begann, seine Brust mit Küssen zu bedecken und immer weiter abwärts zu wandern.

»Oh, mein Gott«, stieß Nick hervor, als sie ihre Zunge über seinen Bauch gleiten ließ. »Du hast recht. Ich gehöre dir.«

Verdammt richtig, dachte sie und nahm ihn in den Mund.

Am nächsten Morgen wachte Nick um acht Uhr auf, was normal war, die Decke weggetreten, was ebenfalls normal war, während Quinns Kopf auf seinem Arm lag, was nicht normal war. Er spürte einen kurzen Anfall von Panik, doch dann bewegte sie sich im Schlaf, und ihr Haar strich wie Seide über seine Haut, und mit einem Mal fielen ihm die Episode auf der Bühne am Abend zuvor und Bill wieder ein, und er war ungeheuer erleichtert, sie sicher bei sich zu wissen. Wieder bewegte sie sich, und er dachte, *Das ist schön.* Er rollte sich gegen ihren Rücken und fühlte die Wärme ihres ganzen Körpers.

Er strich gerade mit der Hand über ihre Brust, als Darla anklopfte, ohne eine Antwort abzuwarten hereinstürmte und sagte: »Max wartet draußen, ich wollte nur meine Sachen holen –«

Nick erstarrte. Acht Uhr am Morgen war nicht seine beste Zeit für schnelles Denken, selbst wenn er nicht nackt in einem fremden Bett lag.

»Netter Arsch«, meinte Darla. »Aber den werde ich wohl nicht wieder zu Gesicht bekommen.«

»Danke«, sagte Nick, und sie ging aus dem Zimmer und zog die Tür hinter sich zu.

»Was war?« fragte Quinn schläfrig.

»Dafür schuldest du mir was«, sagte er und drehte sie zu sich. »Komm her.«

»Wofür?« wollte Quinn wissen, wehrte sich jedoch nicht.

Eine Stunde später saß Quinn am Frühstückstisch und versuchte, Ordnung in ihr Leben zu bringen und das Gute, das Schlechte und das Schlimme abzuwägen. Sie würde zur Polizei gehen müssen, Bill hatte die Kontrolle über sich verloren, und das war ihr ganz entsetzlich. Bis er sich mit ihr eingelassen hatte, war er kerngesund gewesen, und das würde er vermutlich auch wieder werden, wenn er sie erst einmal vergessen hatte. Vielleicht sollte sie abwarten, bis –

Sie dachte daran, wie er sie am Abend zuvor gegen die Ziegelmauer gestoßen hatte. Einerseits hatte sie Mitleid mit ihm, andererseits konnte sie es nicht fassen. Sie würde zur Polizei gehen.

Nick kam ins Zimmer, sein Haar noch feucht von der Dusche, und sie rief sich den guten Teil ins Gedächtnis. »Du bist schön«, sagte sie, und er erwiderte: »Nein, das ist Max.« Er küßte sie, und ihr wurde bewußt, wie schön es war, an einem sonnigen Samstagmorgen verliebt zu sein.

»Nein, du bist es«, widersprach sie. »Eindeutig du.«

»Nun, nett, daß du so denkst.« Er lehnte sich mit derart gewollter Beiläufigkeit gegen die Spüle, daß sie wußte, daß er irgend etwas auf dem Herzen hatte. »Weil du von nun an neben diesem Gesicht aufwachen wirst. Ich ziehe hier ein.«

Quinn ließ sich gegen die Rückenlehne fallen. Er sah unsicher aus, als er diese Worte aussprach, trotzig und irgendwie mitleiderregend. »Warum?«

Er verdrehte die Augen. »Weil du jemanden brauchst, der auf dich aufpaßt. Meine Güte, was wäre ich für ein Typ, wenn –«

»Ich gehe heute zur Polizei«, sagte Quinn. »Mein Vater ist hier. Du brauchst nicht zu bleiben.«

Wie vor den Kopf gestoßen hielt er inne. »Ich dachte, du willst das –«

»Ich will, daß du hier einziehst«, bestätigte Quinn, »aber nur, wenn du es für dich möchtest, nicht für mich. Ich brauche keine Gefallen.«

»Jetzt fang nicht damit an.« Er ging zum Kühlschrank und holte die Milch heraus. »Du willst mir doch wohl nicht erzählen, daß wir nach der letzten Nacht nicht zusammen sind.«

»Natürlich sind wir zusammen«, sagte Quinn. »Ich liebe dich.« Sie wartete eine Minute, ob auch er es sagen würde, und fuhr dann fort: »Das bedeutet aber nicht, daß du hier wohnen mußt. Du brauchst deinen Freiraum und deine Privatsphäre. Dad ist bei mir, um Bill hier fernzuhalten, bis sich die Polizei seiner annimmt. Du brauchst nicht einzuziehen.«

Er stand dort mit dem Milchkarton in der Hand und sah sie mit hochgezogenen Augenbrauen an. »Das ist nicht der Grund. Ich möchte mich um dich kümmern.«

Dies klang wie das Echo von Bills Worten, und Quinn unterdrückte den Impuls, sich zu schütteln. »Ich weiß. Aber das brauchst du nicht. Du bleibst in deiner Wohnung, wo du dich wohl fühlst, und ich lebe hier. Wir werden uns jeden Tag sehen, genauso wie wir das immer getan haben, nur daß wir jetzt noch jede Menge großartigen Sex obendrein haben werden.« Sie lächelte ihn an. »Ich bin mir ziemlich sicher, daß das deine Vorstellung vom perfekten Leben ist, habe ich recht?«

»Hmmm«, murmelte er und trank einen Schluck Milch aus dem Karton.

»Nun, dann ist ja alles in bester Ordnung«, sagte Quinn und ignorierte seine schlechten Manieren.

»Ja«, sagte Nick. »Danke.«

16

Auf dem Weg zur Arbeit stattete Nick der Polizeistation einen kurzen Besuch ab und brachte eine Beschwerde vor mit der Ankündigung, daß Quinn später vorbeikäme, doch als ihn Frank Atchity im Laufe des Morgens von der Wache anrief, klang er nicht sehr ermutigend.

»Wir haben mit Bill gesprochen, bevor er zum Spiel heute mittag aufbrach«, erklärte er. »Er scheint der Meinung zu sein, daß du übertreibst.«

»Ihre Handgelenke sind wund gescheuert von ihm«, entgegnete Nick wütend. »Er hat sie verletzt.«

»Der Schulrektor war hier und hat erklärt, Bill habe ihm erzählt, Quinn stehe, nun ja, auf die harte Tour.« Frank hüstelte verlegen. »Bill sagt das auch.«

Vor lauter Zorn wäre Nick am liebsten durch die Leitung gekrochen. »Quinn steht nicht auf die harte Tour. Dieses Arschloch ist auf einem dunklen Parkplatz über sie hergefallen und hat sie genötigt.«

»Woher willst du wissen, daß sie nicht auf harte Sachen steht?« fragte Frank.

Nick hörte den mißtrauischen Unterton in seiner Stimme zu spät heraus. »Ich weiß es eben. Sie ist nicht der Typ.«

»Ich habe zwar etwas gegen Männer, die Frauen verprügeln, aber ich habe ebenso etwas dagegen, daß zwei Kerle von einer Frau an der Nase herumgeführt werden. Außerdem war sie noch nicht hier, um Anzeige zu erstatten.«

»Oh, verdammt, Frank –«

»Sieh mal«, sagte Frank, »die Sache sieht folgendermaßen aus: Ich bin Sheriff, nicht nur Joes Pokerkumpel. Ich brauche Beweise. Und deshalb muß Quinn hier erscheinen und Anzeige erstatten, damit ich in dieser Sache ernsthaft etwas unternehmen kann.«

»Sie wird kommen«, sagte Nick grimmig. »Und sie führt

niemanden an der Nase herum. Dieser Typ ist gemeingefährlich.«

»Du bleibst also bei ihr im Haus, um sie zu beschützen?«

»Nein«, sagte Nick.

»Du scheinst dir ja wirklich Sorgen zu machen, was?«

»Frank –«

»Schaff sie her«, riet Frank ihm. »Oder du kannst die Sache vergessen. Entweder oder.«

Nick knallte den Hörer auf die Gabel und knurrte Max an, als der wenige Minuten später eintraf. »Du bist spät dran.«

»Stimmt«, antwortete Max fröhlich. Er begann zu pfeifen, und Nick spielte mit dem Gedanken, ihn umzubringen.

»Ich vermute, du hast deine Frau zurück?«

»Oh, ja«, grinste Max, wurde dann jedoch ernster. »Ach ja, dabei fällt mir etwas ein.«

Nick betrachtete ihn skeptisch. »Was?«

»Willst du ein Autokino mit mir kaufen?« fragte Max betont unschuldig.

»Nein«, sagte Nick und machte sich auf den Weg zu dem Ford in der letzten Bucht.

»Nick«, hielt Max ihn zurück.

Nick blieb stehen und schloß die Augen. »Warum sollte ich ein Autokino kaufen wollen?«

»Weil ich Darla gestern abend erzählt habe, ich hätte es schon gekauft, und als ich heute morgen anrief, habe ich erfahren, daß dieser blöde Laden hundertzwanzigtausend kostet. Ich könnte einen Partner gebrauchen.«

Nick drehte sich zu ihm um. »Du hast ihr erzählt, du hättest das Autokino gekauft?«

»Hey«, meinte Max, »das war die beste Idee, die ich seit langem hatte.« Er wurde nachdenklich. »Außerdem hat es funktioniert. Der Sex war toll.«

Nick starrte seinen Bruder an. Er machte keine Witze. »Du hast also ein heruntergekommenes Autokino gekauft, um Sex mit deiner Ehefrau zu haben?«

Max schüttelte den Kopf. »Das war nicht nur bloßer Sex. Mir ist wieder Gott persönlich erschienen. Dafür sind hundertzwanzigtausend ein Spottpreis.«

Nick schnaubte verächtlich. »Klar, solange ich die Hälfte zahle.«

Max sah ihn stirnrunzelnd an. »Ja oder nein?«

»Ja«, sagte Nick, »aber nur für Darla.« Er schüttelte den Kopf und mußte lachen. »Ein Autokino.«

»Hey, vielleicht machen wir sogar Kohle damit«, meinte Max.

»Nur, wenn wir *Lüsterne Schulmädchen ohne Tabus* Minderjährigen zeigen.«

»Ich bin nicht wählerisch«, sagte Max und griff nach dem nächsten Arbeitsauftrag.

Eine Viertelstunde später sagte Max, den Kopf unter der Motorhaube eines Chevys: »Danke.«

»Keine Ursache«, erwiderte Nick.

»War das Max, der dich hier abgesetzt hat?« wollte Debbie von Darla wissen, als sie ins Upper Cut kam.

»Ja«, sagte Darla. »Ich bin gestern abend wieder eingezogen. Er hat mir ein Autokino gekauft.«

»Diese Ruine draußen am alten Highway?« Debbie starrte sie mit aufgerissenen Augen an. »Warum?«

»Um mich zurückzugewinnen«, erklärte Darla. »Ist das nicht das Romantischste, was du je gehört hast?«

»Blumen wären mir lieber«, meinte Debbie.

Bill saß im Kraftraum und schenkte Bobby keinerlei Beachtung, sondern dachte an Quinn. Da die Baseballsaison nun vorbei war, würde er sie häufiger sehen können und Arbeiten im Haus erledigen.

»Du dämlicher Ochse«, sagte Bobby ihm ins Gesicht. »Du hörst mir nicht einmal zu. Ich habe heute für dich einen Polizisten angelogen, und zum Dank lieferst du den miesesten und beschissensten Trainerjob, den ich je erlebt habe. *Wir fahren noch nicht einmal zu den Regionalmeisterschaften.*«

»Laß mich allein, Bobby.« Bill stand auf. »Ich habe zu tun.«

»Wir haben dieses Spiel wegen *deines Trainings* verloren«, spie Bobby hervor. *»Du hast Scheiße gebaut.* Das alles ist *deine Schuld.*«

»Ist mir egal.« Bill knipste die Lichter im Kraftraum aus und ging zur Tür. »Mein Gott, es ist nur Baseball.«

»Nur Baseball?« Der BP schrie sich beinahe die Lunge aus dem Hals, doch Bill lachte ihm nur ins Gesicht. Was für ein Kleingeist. Quinn hatte so recht gehabt.

»Sehr witzig, was?« Bobby trat ganz nah vor ihn. »Ich werde dir jetzt mal etwas wirklich Witziges erzählen. Ich war gestern abend hier, um zu prüfen, ob die Bühnentür abgeschlossen war, weil dieses Flittchen, von dem du so besessen bist, unfähig ist.« Kochend vor Wut brach er kurz ab. »Sie hat mich *bedroht*, und sie ist *unfähig*.«

»Sie ist nicht unfähig«, widersprach Bill. »Manchmal ist sie etwas achtlos« – *sie hat sich von Nick berühren lassen* –, »aber sie ist nicht unfähig.«

»Ach, nein?« Verächtlich schnauzte Bobby ihn an. »Als ich gestern abend zurückkam, um die Tür zu überprüfen, war sie unverschlossen, *weil sie unfähig ist,* und als ich hineintrat, habe ich *sie gesehen.* Und weißt du, was sie machte?«

»Bobby, das interessiert mich nicht«, sagte Bill. »Geh mir aus den Augen.«

»Sie ließ sich *von diesem Mechaniker ficken.*« Bill zuckte zusammen, und Bobby senkte seine Stimme zu einem gehässigen Tonfall. »Gegen die Wand, wie eine Nutte. Mitten auf der Bühne. Ich habe sie beobachtet. Während du *dämlicher Ochse* draußen auf dem Parkplatz gewartet hast, hat diese *Schlampe* –«

Mit dem Handrücken schlug Bill zu. Es war ganz leicht, so als zerquetsche er eine Stubenfliege, und als Bobby auf dem Boden liegenblieb, nickte Bill und ging davon.

Für eine Sache mußte er Bobby dankbar sein, dachte er, während er seine Klamotten in sein Kofferset einsortierte. Wenn das, was er über Quinn gesagt hatte, der Wahrheit entsprach – was vermutlich nicht zutraf, denn Quinn war eine anständige Frau, die so etwas nicht tat; vielleicht hatte sie Nick nur geküßt, was schlimm genug war, und dann war Bobbys schmutzige Phantasie mit ihm durchgegangen, und er war froh, ihn geschlagen zu haben –, war es an der Zeit für ihn, einzuziehen. Das hatte schon einmal funktioniert, als er sich nach und nach mit seinen Sachen in ihrer Wohnung einquartiert und sie nichts dagegen eingewandt hatte. Quinn war unkompliziert, also würde er erst einmal seine Kleidung mitnehmen und die Möbel später holen.

Er wußte wirklich nicht, warum ihm diese Idee nicht schon früher gekommen war.

Als er jedoch auf ihrer Vorderveranda stand und die Haustür aufschließen wollte, ließ sie sich nicht öffnen. Zwar drehte sich der Schlüssel im Schloß, aber die Tür rührte sich nicht. Er ging zur Seite des Hauses, doch das kaputte Fenster war repariert. Ein Stück Holz war dahinter genagelt worden, so daß er, selbst wenn er es wieder zerbrach, immer noch durch das Holz gehindert wurde.

Es schien fast, als versuche sie, ihn aus dem Haus fernzuhalten. Er bemühte sich, den aufsteigenden Zorn zu unterdrücken. Das mußte ein Irrtum sein. Sie wollte ihn dort bei sich haben. Spätestens, wenn er eingezogen war, würde sie das merken.

Wenn er nur hineinkäme.

Er ließ die Koffer auf der Vorderveranda stehen und ging zur Hintertür. Er war ein wenig beunruhigt, weil dieser blöde Köter drinnen bestimmt zu bellen anfangen, die Nachbarin aufmerksam machen und Quinn erschrecken würde, aber als er dort hinter dem Haus stand, hörte er ihre Dusche rauschen – das Badezimmerfenster stand offen, und wenn es nicht im ersten Stock wäre, hätte er hineinklettern können –, und ihm wurde klar, daß zumindest Quinn weder ihn noch den Hund hören würde, solange sie unter der Dusche stand. Und sie pflegte ausgiebig zu duschen. Manchmal hatte er einfach im Badezimmer gestanden, nur um zu sehen, wie sie, hübsch und wohlgeformt wie sie war, aus der Dusche trat und sich ihre Haare trockenrubbelte –

Er hob ein Stück abgebröckelten Beton neben der Stufe auf – das erste, was er nach seinem Einzug tun würde, wäre, den Garten zu säubern, der in einem verheerendem Zustand war –, und schlug das Fenster der Hintertür ein. Er griff hindurch und drehte den Schlüssel im Schloß herum – es war so unvorsichtig von ihr, den Schlüssel in einer Tür steckenzulassen, die ein Fenster hatte. Als sich die Tür immer noch nicht öffnen ließ, tastete er sich weiter vor, bis er den Riegel gefunden hatte. Sie versuchte, ihn auszusperren. Wie dumm von ihr. Er schob den Riegel zurück und öffnete die Tür.

Der Hund war natürlich dort. Verfolgt von der verfluchten Kreatur, die ohne Unterlaß kläffte, ging er zur Haustür und öffnete sie, indem er den Schlüssel umdrehte und den Riegel zurückschob, von dem sie geglaubt hatte, er würde ihn am Hereinkommen hindern. Dann drehte er sich um und schnappte sich den Köter, bevor er davonflitzen konnte. Die Arme weit von sich gestreckt hielt er den Hund, der aufheulte und lospinkelte, in den Händen, trat mit ihm auf die Vorderveranda und schleuderte ihn so brutal wie möglich in den Vorgarten.

Der Hund überschlug sich und blieb dann regungslos liegen.

Gott sei Dank, endlich war er aus dem Weg geräumt. Er hob seine Koffer von der Veranda auf und brachte sie nach oben in sein Schlafzimmer, um sie auszupacken.

Quinns Nachmittag bei der Polizei war weniger als produktiv gewesen. Sie hatte ihre Anzeige erstattet und Frank Atchity erklärt, was geschehen war, während der sie ohne viel Sympathie, jedoch auch ohne große Feindseligkeit ansah. Bitte nur die Fakten, Ma'am.

»Ich würde gerne noch einmal mit Bill sprechen«, hatte Frank gesagt. »Heute nachmittag müßte er vom Spiel zurücksein. Ich werde Sie dann anrufen.«

»Kann ich bis dahin eine einstweilige Verfügung oder so etwas erwirken?« wollte Quinn wissen. »Ich will wirklich nicht, daß er mir nahe kommt. Er ängstigt mich zu Tode.« Sie mußte daran denken, wie Bill sich am Abend zuvor bedrohlich vor ihr aufgebaut hatte, und begann unwillkürlich zu zittern. »Es scheint fast, als lebe er in einer anderen Welt. Er glaubt wirklich, daß wir wieder zusammenkommen, obwohl ich ihm laufend das Gegenteil sage. Schließlich bin ich ausgezogen und habe ein Haus gekauft. Was kann ich denn noch mehr tun?«

Diesmal schwang ein wenig mehr Sympathie im Franks Stimme mit. »Ich werde mit einem Richter wegen einer einstweiligen Verfügung sprechen. Gehen Sie nach Hause, und lassen Sie ihn nicht herein, falls er auftauchen sollte.«

»Er hat einen Weg ins Haus gefunden«, sagte Quinn. »Wir wissen nicht, wie, vielleicht durch den Keller, aber in jedem Falle war er drin und hat all diese Sabotageakte veranstaltet. Wir haben zwar neue Riegel montiert, aber –«

»Machen Sie sich keine Sorgen«, sagte Frank. »Auf welche Weise auch immer, wir werden das heute nachmittag regeln. Wir sprechen hier vom Coach.«

»Ich weiß, von wem wir sprechen«, sagte Quinn. »Er ist gefährlich.«

Als sie heimkam, war niemand im Haus. »Daddy?« rief sie, aber nur Katie kam ängstlich wie immer angerannt, und plötzlich konnte Quinn nachempfinden, wie sie sich fühlte. Sie verschloß sämtliche Türen und schob die Riegel vor, bevor sie sich ins Wohnzimmer setzte und sich ermahnte, sich nicht lächerlich zu machen. Sie hatte genug zu tun, Frank Atchity würde Bill Einhalt gebieten, ihr Dad bald nach Hause kommen, alles würde gut werden.

Sie ging durchs Haus und kontrollierte alle Fenster zweimal, während Katie hinter ihr hertrabte. Schließlich wurde ihr klar, daß niemand in der Nähe war, solange der Hund nicht anschlug. Katie war der perfekte Bill-Alarm, da sie Bill mit aller Inbrunst haßte, die ein kleiner Hund aufbringen konnte. Solange Katie ruhig blieb, war sie in Sicherheit.

Sie ging nach oben, machte das Bett und freute sich auf ein Wiedersehen mit Nick. *Heute abend,* dachte sie. Heute nacht wäre er wieder da. Und noch weitere Nächte, bis er sich daran gewöhnt hatte, bei ihr zu sein, und dann würde er vielleicht bei ihr einziehen. Selbst wenn er dies nicht tat, waren sie zusammen, und das war einfach wundervoll. Sie könnte sich sogar in Klarsichtfolie einwickeln oder dieses Lustige Witwe-Teil anziehen, das Darla nie wieder sehen wollte. Sie versuchte sich vorzustellen, wie sie in schwarzer Spitze aussah. Nein, sie war mehr der Typ für roten und purpurnen Satin. Sie ging ins Badezimmer und durchwühlte ihre Nachthemden auf der Suche nach etwas wirklich Aufregendem, das Nick ihr vom Leibe reißen konnte. Ihr Blick fiel auf die Uhr. Es war vier. Um fünf hatte er Feierabend.

Sie hörte das Klappern von Katies Krallen, die gleichmäßig im Flur vor dem Badezimmer auf und ab trippelte. Da offenbar kein Grund zur Beunruhigung bestand, streifte sie ihre Kleider ab, um zu duschen. Wenn sie Glück hatten, würde Nick noch vor Joe hier sein, dann konnten sie ungestört noch ein wenig Lärm machen.

Das Wasser fühlte sich wunderbar auf ihrem Körper an; es belebte jeden Muskel, mit dem Nick in der Nacht zuvor und am Morgen gespielt hatte. Leidenschaftliche Gedanken überkamen sie, als sie sich überall einseifte. Vielleicht würden sie es in der Dusche tun. Diese Vorstellung beschäftigte sie, bis sie das Wasser abdrehte und sich kurz schüttelte. Ja, in der Dusche. Sie zog den Duschvorhang zurück.

»Hallo, Quinn«, sagte Bill.

Als Nick um halb vier seine Tür öffnete, stand Joe mit seinem tragbaren Fernseher und einem Müllsack davor.

»Ich ziehe hier ein«, sagte Joe und schob sich an ihm vorbei.

»Den Teufel wirst du tun«, sagte Nick.

Joe ließ den Sack fallen und den Blick prüfend durch die Wohnung schweifen. »Ist das alles?«

»Für einen ist sie groß genug.« Nick zog die Tür wieder auf. »Danke für deinen Besuch.«

Joe schüttelte den Kopf. »Ich werde dich nicht stören. In drei Stunden habe ich eine Verabredung.« Er zwinkerte Nick zu. »Ich führe Barbara ins Anchor Inn aus.«

»Barbara?«

»Ich hatte etwas in der Bank zu erledigen, dabei sind wir ins Gespräch gekommen.«

»Darauf wette ich.« Joe rührte sich nicht vom Fleck, so daß Nick schließlich die Tür wieder zumachte. »Warum bist du nicht bei Quinn?«

Joe schnaubte verächtlich. »Klar doch. Als würde ich Barbara mit ins Haus meiner Tochter nehmen.«

»Hierher bringst du sie aber auch nicht«, sagte Nick. »Ich habe nur ein Bett.«

Joe schob ein paar Bücher und Zeitungen von Nicks Beistelltisch und plazierte den Fernseher darauf. »Du schläfst bei Quinn.« Er nahm Nicks Fernsehgerät unter die Lupe. »Hast du Kabel?«

»Joe, du bleibst nicht hier«, widersprach Nick, aber Joe war bereits auf dem Weg in die Küche.

»Ich habe schon größere Kühlschränke gesehen«, meinte er, als er mit einem Bier zurückkam. »Wenn du erst mal hier raus bist, werde ich einen größeren anschaffen.«

»Ich werde hier nicht ausziehen«, sagte Nick.

»Ich dachte, du ziehst zu Quinn.« Joe drehte den Schraubverschluß ab und nahm einen kräftigen Schluck, während Nick mit dem Gedanken spielte, ihn umzubringen.

»Sie will es nicht«, erklärte er.

Mitten im Trinken hielt Joe inne und verschluckte sich fast. »Was hast du angestellt?«

»Nichts.« Müde davon, sich gegen Joe zur Wehr zu setzen, ließ Nick sich auf das Sofa fallen und dachte an Quinn. »Wenn du die Klappe hältst, darfst du bis sieben bleiben, aber die Nacht wirst du nicht hier verbringen. Geh doch zu Barbara.«

»Du willst Quinn alleine lassen, während Bill frei herumläuft?« Joe schüttelte den Kopf. »Eigentlich habe ich dich für einen besseren Kerl gehalten.«

»Joe, ich habe es versucht.« Nick lehnte sich zurück. »Ich habe ihr gesagt, daß ich bei ihr bleiben will, um auf sie aufzupassen, doch sie meinte nur, sie könne auf sich selbst aufpassen.«

»Ich habe meine Mädchen eben zur Unabhängigkeit erzogen.« Joe hob die Flasche, um sich selbst zuzuprosten, und nahm einen Schluck. Dann wischte er sich über den Mund und sagte: »Aber das hättest du ja wissen müssen.«

Nicks Augen verengten sich. »Fang nicht damit an.«

»Ich habe für dich zwei Frauen zum Heiraten großgezogen, und du läßt mich nicht einmal in deiner Wohnung wohnen.« Joe schüttelte den Kopf. »Keine Dankbarkeit. Ich kann natürlich verstehen, daß du auf Zoë ein bißchen sauer bist, sie ist wahrhaftig nicht ohne. Aber Quinn? Mit ihr zu leben ist ein Kinderspiel. Sie ist so ein liebes Ding. Ich kann nicht verstehen, warum du nicht dortgeblieben bist und deinen Standpunkt verteidigt hast.«

»Joe!«

Joe ignorierte ihn und sah sich wieder im Zimmer um. »Lieber Himmel, wie lange hattest du eigentlich noch vor, hier zu leben?«

»Für immer«, erwiderte Nick kühl. »Ich nehme das zurück mit dem Angebot bis sieben Uhr. Du darfst jetzt gehen –«

»Für immer, pah«, sagte Joe. »Deinen Kühlschrank würde Ford nicht einmal in ein Wohnmobil einbauen, deine Bücherregale bestehen aus Betonklötzen und Brettern, und Kabelfernsehen hast du auch nicht.« Er fing Nicks Blick auf. »Dein für immer sieht mir ziemlich behelfsmäßig aus.«

»Sehr scharfsinnig, Joe«, sagte Nick. »Wenn du dein Bier jetzt austrinken würdest.«

Joe gluckste vergnügt vor sich hin und ging ins Badezimmer. Wahrscheinlich schätzte er dessen Eignung für seinen zukünftigen Gebrauch ab. Nick starrte auf seine Bücherregale und dachte, *Vielleicht sollte ich ein paar neue einbauen.*

Für diesen Gedanken konnte er sich nicht begeistern. Also würde er mit achtzig immer noch Regale aus Steinen und Brettern haben, na und? Die Bücher würden sie auch dann noch halten.

Nur, daß er sich nicht vorstellen konnte, mit achtzig noch immer hier zu wohnen. Das hatte er nie gekonnt. Joe hatte recht; irgendwie war er immer davon ausgegangen, daß dies eine vorübergehende Unterkunft war. Hier hatten seine Eltern nach ihrer Heirat gelebt, bis sie sich ein richtiges Haus hatten leisten können, in dem Max und Darla zunächst gewohnt hatten. Plötzlich wurde ihm klar, daß er stets angenommen hatte, auch er werde irgendwann umziehen.

»In Flugzeugen habe ich schon größere Toiletten gesehen«, meinte Joe, als er aus dem Schlafzimmer trat.

»Joe –«

»Aber wenn man ein bißchen Arbeit hineinsteckt, könnte man eine wirklich nette Junggesellenbude daraus machen.«

»Du machst mich wahnsinnig«, stöhnte Nick. »Das hier ist keine Bude, und du bist kein Junggeselle.«

»Du auch nicht«, entgegnete Joe. »Du bist nur zu dämlich, zu deiner Frau zu gehen und darauf zu bestehen, mit ihr zu leben. Früher oder später wirst du sowieso heiraten.« Mit diesen Worten ging Joe wieder in die Küche und begann, die Schränke zu inspizieren.

»Apropos Eheleben«, meinte Nick spitz, »wie geht es Meggy?«

»Bestens.« Joe zog eine Tüte Salzbrezeln hervor und probierte eine. »Alt und vertrocknet. Du solltest dir ein paar von diesen luftdichten Dosen anschaffen, wie Quinn sie hat. Darin bleiben sogar Chips knusprig.« Er kam mit der Tüte ins Wohnzimmer zurück und setzte sich.

»Verschwinde«, sagte Nick ohne Nachdruck.

»Du willst also hier hocken bleiben.« Joe kaute auf der Brezel. »Das Beste, was dir je widerfahren ist, befindet sich draußen in der Apple Street, aber du bleibst hier in verdrießlicher Stimmung auf deinem Arsch sitzen.«

Nick stand auf. »Da ist die Tür.«

»Was hat sie verlangt, was du ihr nicht geben wolltest?« fragte Joe. »Warum hat sie dich rausgeworfen?«

»Sie hat mich nicht rausgeworfen.« Nick ging zur Tür und öffnete sie. »Sie meinte nur, ich könne nicht eher einziehen, bis ich lieber dort als hier wohnen wolle.«

Joe sah sich um. »Scheint nicht zuviel verlangt zu sein.«

»Raus«, sagte Nick, und Joe legte die Brezeln auf den Tisch.

»Du bist offenbar gestreßt«, meinte er. »Ist wohl besser, wenn ich gehe.« Er hob den Fernseher hoch und bückte sich nach dem Müllsack. »Autsch, verdammt!« Er richtete sich auf und sah erleichtert aus. »Dachte schon, ich hätte mich verrenkt. Das wäre ja schlimm, wo ich doch heute abend so eine vielversprechende Verabredung habe.«

»Eine Tragödie«, bestätigte Nick. »Sei vorsichtig auf der Treppe.«

Joe nickte und ging zur Tür.

»Du ziehst also zurück in Quinns Haus?« wollte Nick wissen und versuchte, sein schlechtes Gewissen zu unterdrücken.

»Nein, ich glaube, ich gehe heim.«

»Zu Meggy?«

»Mir scheint, daß Edie bald ausziehen wird«, erklärte Joe. »Manchmal kann Meggy ziemlich anstrengend sein, wenn man nicht an sie gewöhnt ist. Ich bin an sie gewöhnt.«

»Ich denke nicht, daß das so einfach sein wird«, meinte

Nick, doch Joe schüttelte den Kopf und wandte sich im Türrahmen noch einmal um.

»Du denkst überhaupt nicht, mein Sohn«, sagte er. »Das ist dein Problem. Du folgst einfach deinen Hormonen, anstatt darüber nachzudenken, was du tust.« Joe lehnte sich gegen den Türrahmen, während er, den Fernseher noch immer unter den Arm geklemmt, zu philosophischen Ergüssen ansetzte. »Wenn man es recht betrachtet, sind doch alle Beziehungen wie Autos.«

»Sind sie nicht«, widersprach Nick.

»Die guten sind dazu gemacht, die Unebenheiten abzufangen, sie können kräftige Stöße vertragen, wenn du verstehst, was ich meine. Bei Meggy und mir –« Joe grinste, »gibt's kräftige Stöße.«

»Ich habe noch einen für dich«, meinte Nick. »Meggy und Edie schlafen miteinander.«

»Ich weiß.« Joes Grinsen wurde breiter.

»Das weißt du?«

»Zum Teufel noch mal, ja. Das läuft schon seit Jahren.« Voller Bewunderung schüttelte Joe den Kopf. »Meggy ist eine aufregende Frau, jawohl, das ist sie. Ihr gefällt die Abwechslung.«

»Ich will davon nichts wissen«, wehrte Nick ab.

»Wie ich schon sagte«, meinte Joe und begann, die Treppe hinabzusteigen. »Du denkst nicht weit genug.«

Nick schloß die Tür und schaute sich um. Abgenutzter Teppich, Möbel aus vierter Hand, Regale aus Steinen und Brettern – die Wohnung machte den Anschein, als sei sie ihm egal. Wahrscheinlich, weil sie das war. Es war nichts für immer.

»Scheiße«, sagte er. »Es gefällt mir, alleine zu leben.« Er setzte sich in seinen Lehnsessel und verschüttete Joes Bier. Er holte ein Handtuch aus der Küche – mein Gott, war sie klein im Vergleich zu Quinns – und wischte das Bier vom Boden auf – verdammt schöner Boden, genauso gut wie der von Quinn –, bevor er sich wieder setzte, um zu lesen.

Auch Quinn war jetzt sicherlich zu Hause. Wahrscheinlich machte sie ein Nickerchen, häkelte oder fuhrwerkte in der Küche herum, spielte mit Katie oder telefonierte mit Darla. Wenn er bei ihr wäre, würde sie sich nun mit ihm unterhalten.

Da sieht man es. Unterhalten. Wie sollte er lesen, wenn sie redete?

Er sah auf das Buch hinunter, in dem er auch jetzt nicht las, weil er an Quinn dachte. Wenn er lesen wollte, gab es dort sechs Zimmer, in die er sich zurückziehen konnte. Und außerdem sechs Zimmer, in denen er Quinn finden konnte.

Aber dennoch, wie könnte er all dies hier aufgeben? Wieder schaute er sich in seiner Wohnung um. Sie wirkte scheußlich, kalt und ungemütlich, kein Licht, keine Couch und keine Quinn.

»Ich bin glücklich alleine«, sagte er laut und schaute automatisch auf den Boden, um zu sehen, ob Katie, diese neurotische kleine Ratte, ihm mit schräggelegtem Kopf zuhörte und dabei zitterte.

Richtig, keine Katie.

Scheiße.

Er sollte wirklich bei ihr sein. Bill konnte sich immer noch dort herumtreiben, falls Quinn keine Anzeige erstattet hatte. Ja, vermutlich hatte sie das tatsächlich nicht getan. Das sähe ihr ähnlich, kein Problem verursachen zu wollen, das sie dann lösen mußte. Er sollte besser zu ihr gehen und sich vergewissern, daß sie Anzeige erstattet hatte.

Er legte das Buch zur Seite und stand auf, um zu Quinn zu fahren. *Komm nicht zurück, bevor du nicht aus eigenem Willen zurückkommst,* hatte sie gesagt.

Also würde er schwindeln.

Er war gerade auf dem Weg zur Tür, als das Telefon klingelte. Als er abhob, sagte Patsy Brady: »Sie wollten doch, daß ich Sie anrufe, wenn etwas faul ist.«

Nick überlief es eiskalt. »Was ist passiert?«

»Dieser kleine Hund lief schon wieder frei herum«, erklärte Patsy. »Er hinkte so merkwürdig und winselte, deshalb habe ich ihn durch das Gartentor hineingelassen, und er versuchte, durch die Hintertür ins Haus zu kommen, aber er schaffte es nicht, deshalb bin ich hin, um ihn hineinzulassen –«

»Rufen Sie die Polizei«, unterbrach Nick sie hastig. »Ich bin unterwegs.«

»– und da habe ich gesehen, daß das Fenster in der Hintertür kaputt ist«, beendete Patsy ihren Satz. »Der arme kleine Hund lief genau durch die Glassplitter –«

»Scheiße!« Nick knallte den Hörer auf und rannte zur Tür.

Quinns Schrei hallte durch das kleine Badezimmer, und Bill lächelte. »Hey«, sagte er. »Ich bin's nur.«

Sie riß den Duschvorhang vor ihren Körper und keuchte: »Verschwinde! Verschwinde hier!«

»Jetzt beruhige dich doch.« Noch einmal lächelte er ihr beschwichtigend zu. »Denk doch nur mal einen Augenblick darüber nach.«

»Bill –«

»Ich weiß, daß du dich jetzt aufregst, aber das ist doch bloß reine Sturheit. Du wußtest, daß wir früher oder später wieder zusammenkommen, und ich denke, es ist an der Zeit. Wirklich, alles wird gut.«

Quinn umklammerte den Duschvorhang und kämpfte gegen ihr Zittern an, während er sie ermutigend anlächelte. *Wenn du die Ruhe bewahrst, wirst du hiermit fertig.* Er mochte verrückt sein, aber er war nicht gewalttätig.

Trotzdem.

Ihr Herz verkrampfte sich, und sie biß die Zähne zusammen. Nein, sie würde damit fertig werden. Es wäre allerdings besser, wenn sie nicht nackt in der Dusche stünde. Das war vermutlich auch Janet Leighs letzter Gedanke gewesen, als ihr Tony Perkins einen Besuch abstattete.

»Warum versteckst du dich hinter dem Vorhang, du Dummerchen?« fragte Bill. Quinn zwang sich zu einem Lächeln.

»Du hast mir einen Schrecken eingejagt«, sagte sie. »Ich habe nicht mit dir gerechnet. Ach, könntest du mir wohl ein Handtuch geben?«

»Oh, entschuldige«, sagte Bill und reichte ihr das Handtuch von der Stange hinter sich.

»Danke«, sagte sie und wickelte es sich um den Körper. Auf diese Weise bedeckt, fühlte sie sich weniger verletzlich. Nicht viel, aber ein bißchen. Sie schob den Duschvorhang zurück und trat auf die Badematte; das Wasser tropfte aus ihrem nassen Haar. »Ich ziehe mir nur schnell etwas an, bin sofort wieder da«, woraufhin er sagte: »Ich komme mit, dann können wir reden.« Er folgte ihr durch den Flur und beschleunigte seinen Schritt, um sich ihrem Tempo anzupassen.

Sie versuchte, ihm die Schlafzimmertür vor der Nase zuzuschlagen, doch er hielt seine flache Hand dagegen, also zog sie sich auf die andere Seite des Bettes zurück und stolperte dabei über die Koffer, die er am Fußende ihres Bettes aufgestapelt hatte. Da sie leer waren, kippten sie sofort um und rutschten gegeneinander, und sie machte einen Satz nach hinten und starrte sie an, bis sie ruhig lagen.

»Entschuldige«, sagte er, »ich werde sie später im Keller verstauen.« Auf der panischen Suche nach Kleidungsstücken, und um dem zu entgehen, was auch immer er zwischen jetzt und diesem »später« zu tun gedachte, riß sie die oberste Schublade ihres Waschtischs auf.

Ihre gesamte Unterwäsche war fort. An ihrer Stelle lag seine Wäsche darin, T-Shirts, Shorts, Socken.

»Wo sind meine ... Sachen?« fragte sie und bemühte sich um einen normalen Tonfall.

»Diese Schundwäsche paßte nicht zu dir«, sagte er. »So bist du nicht.«

Doch, bin ich. »Okay«, sagte sie und griff nach einem seiner T-Shirts aus der Schublade. »Okay, na schön.«

»Wir werden weitaus mehr Stauraum haben, sobald der Anbau fertig ist«, erklärte er und machte einen großen

Schritt über die Koffer, um sich aufs Bett zu setzen. »Ich dachte, wir könnten heute abend zum Essen ausgehen und alles besprechen, damit wir sofort nach Ferienbeginn anfangen können.«

Sie blickte in sein ruhiges, überzeugtes Gesicht und versuchte zu erkennen, ob er gewalttätig werden würde, wenn sie ihm die Wahrheit sagte. Vielleicht war es das Beste in dieser Situation, ihm nicht zu widersprechen, sondern einfach nur zu ignorieren, was er sagte. Sie zog sich das T-Shirt über den Kopf, obwohl es sie anwiderte, daß es sein T-Shirt war, aber sie war nicht in der Position, kleinlich zu sein. Das Handtuch hielt sie darunter wie einen voluminösen Sarong um sich geschlungen, obwohl ihr das T-Shirt bis zu den Knien reichte. Je mehr Stoff zwischen ihnen, um so besser.

»Mein Dad wohnt auch hier, weißt du«, sagte sie beiläufig. »Er müßte jeden Augenblick zurückkommen.«

Bill schüttelte den Kopf. »Das bezweifle ich. Edie ist zurück in ihre Wohnung gezogen, daher ist er wahrscheinlich wieder bei deiner Mutter.«

»Edie ist wieder ausgezogen?« Quinn war wie vom Donner gerührt und hatte plötzlich Angst. Wenn ihr Dad nicht zurückkam –

»Die Mütter hatten beim Spiel kein anderes Gesprächsthema«, erklärte Bill. »Außerdem habe ich gehört, daß Darla wieder zu Max zurückgekehrt ist. Da wußte ich, daß auch für uns der Zeitpunkt gekommen ist.«

»Bill, es gibt kein ›uns‹.« Ängstlich beobachtete Quinn ihn, um zu sehen, ob er verärgert aussah.

»Natürlich gibt es das.« Geduldig wie immer schüttelte Bill den Kopf. »Das letzte Mal, als ich zu dir gezogen bin, hast du dich genauso benommen. Ich habe es immer wieder vorgeschlagen, du hast dich gewehrt, doch dann bin ich einfach eingezogen, und alles war in bester Ordnung. Mit der neuen Wohnung war es genau dasselbe. Nachdem ich unseren Umzug erledigt hatte, hast du dich gefreut.« Er zuckte mit den

Schultern. »Manchmal weißt du eben nicht, was du willst, bis ich es dir zeige.«

Quinn öffnete den Mund, um zu protestieren, schloß ihn dann jedoch wieder. Er hatte recht. Nicht mit dem, was sie wollte, aber sie hatte stets nachgegeben. Er war nicht verrückt, weil er dachte, daß es wieder funktionieren würde.

Er war einfach nur verrückt, Punkt.

»Ich wollte es nicht«, sagte sie vorsichtig und beobachtete seine Augen, um zu sehen, ob er böse wurde. »Ich wollte nur keine Probleme verursachen, indem ich mich darüber streite. Es war dumm von mir, und genau das hat uns in diesen Schlamassel geführt, in dem wir nun sitzen, aber ich wollte es nicht.«

»Wir sind genauso, wie wir immer waren«, sagte Bill beinahe zu sich selbst, doch sie widersprach: »Nein. Bill, sieh mich an. Ich habe mich *verändert.*«

Er grinste sie an. »Für mich siehst du genau wie immer aus. Du hast oft in einem meiner T-Shirts geschlafen, weißt du noch? Alles genau wie immer.«

»Nichts ist wie immer. Ich habe dir doch gerade gesagt, daß ich mich verän-«

»Menschen ändern sich nicht«, unterbrach er sie. »Sie glauben das vielleicht, aber in Wirklichkeit tun sie es nicht. Tief im Inneren bleiben sie immer dieselben. Sieh dir nur Max und Darla an. Und dein Dad zieht bestimmt wieder bei deiner Mom ein. Genau, wie ich wieder bei dir bin. Menschen machen schon mal Dummheiten, aber sie ändern sich nicht wirklich.«

»Nun, ich schon«, sagte Quinn. »Und ich bin nicht –«

»Nein, auch du nicht«, fiel Bill ihr ins Wort. »Na schön, du hast dein Haar abgeschnitten, aber das wird wieder wachsen. Im September wirst du wieder Kunstunterricht mit langen Haaren geben, genau wie immer. Du bist die gleiche geblieben.« Er wedelte mit der Hand durch das Zimmer. »Du hast dieselben Möbel in diesem Schlafzimmer, dieselben Bilder an den Wänden. In der Küche hast du das Sieb neben dieses Kinderbild gehängt, genau dorthin, wo es in unseren beiden anderen Wohnungen hing. Du hast dich nicht verändert.«

Quinn blinzelte ihn an. Er hatte recht.

»Und ich weiß, daß du denkst, ich gehöre nicht hierher, aber warte ab.« Er nickte ihr zu. »Es wird so sein, wie es immer war.«

»Ich habe mich in Nick verliebt«, platzte sie hervor, um mindestens genauso sich selbst wie ihm zu beweisen, daß sie sich verändert hatte.

»Nein, du liebst ihn«, korrigierte er sie liebenswürdig. »Das hast du immer schon getan. Du hast nur die Art dieser Liebe verwechselt, weil ich nicht bei dir war.«

»Ich schlafe mit ihm«, sagte Quinn. »Mir ist die Art ziemlich klar, wie ich ihn liebe.«

»Nein«, widersprach Bill. Seine Miene verfinsterte sich, und ihr wurde wieder bewußt, wo sie war und in welcher Klemme sie steckte. »Sag ihm einfach, daß du ihn nicht auf diese Weise liebst. Es war ein Fehler, er wird das verstehen. Du kennst doch Nick, er will sowieso keine feste Beziehung.«

»Okay, jetzt hör mir mal zu«, sagte Quinn so gefaßt wie möglich. »Vermutlich hast du recht, wenn du sagst, ich hätte mich nicht geändert« – er lächelte sie an – »weil ich glaube, ich habe Nick immer schon geliebt.«

»Nein.«

»Ich glaube, ich habe ihn geliebt, als ich Zoë überredete, ihn zu heiraten«, fuhr sie fort und bemühte sich um einen möglichst ruhigen Tonfall. »Ich glaube, ich war einfach nur der Meinung, er sei unerreichbar für mich. Deshalb wollte ich Zoë sein. Damit ich ihn haben konnte. Weil ich ihn immer schon geliebt habe.«

»Nein«, sagte Bill und stand auf.

»Und er hat mich immer schon geliebt.« Quinn wich einen Schritt zurück, während sie mit ihrer Alles-in-Ordnung-Stimme weitersprach. »Und jetzt sind wir so zusammen, wie es hätte von Anfang an sein sollen –«

»Nein.« stieß Bill hervor.

»– deshalb mußt du jetzt gehen.«

»Das ist doch *lächerlich*«, brauste er auf. »Ich habe ausgepackt. Ich werde nicht gehen, meine ganzen Sachen sind hier.«

Sie wollte zu argumentieren beginnen, als jemand laut gegen die Hintertür pochte. Einen Augenblick erstarrten sie beide. Sie hörte Katies Krallen auf dem Küchenboden und ihr Jaulen, und Bill sagte: »Verdammter Mist, ich hatte diesen Hund doch rausgeschmissen. Wer zum Teufel –«

»Du hast *was* getan?« Quinn stieß ihn beiseite und rannte zum Treppenabsatz, während Katie die Stufen heraufhumpelte und vor Schmerz und Angst winselte. *»Was hast du ihr getan?«* schrie sie Bill an und hob Katie auf den Arm, um sie zu streicheln und herauszufinden, was ihr fehlte.

»Dieser Hund verschwindet«, sagte Bill mit seiner Master of the Universe-Stimme, und als sie sich umdrehte, griff er nach dem Tier.

»Nein!« schrie sie und rannte, zwei Stufen auf einmal nehmend, die Treppe hinunter, um Katie in Sicherheit zu bringen.

»Verdammt noch mal, Quinn«, rief Bill ihr hinterher, und in dem Moment, als sie unten auf den Boden sprang, hörte sie, wie Bill die Treppe hinabstürmte. *»Gib diesen dämlichen Köter her«,* rief er. Sie drehte sich gerade noch rechtzeitig um, um zu sehen, wie er die Balance verlor und nach dem Treppengeländer griff. Als er daran mit seinem ganzen Gewicht Halt suchte, brach es aus der Wandhalterung, und er schrie auf und fiel gegen die gegenüberliegende Wand, während sie ins Eßzimmer hastete, wobei sie die zitternde Katie noch immer umklammerte.

Sie hörte, wie er hart auf den unteren Stufen landete, aber in diesem Augenblick war sie bereits an der Haustür und tastete hektisch nach dem Schlüssel, während sie ihn fluchen hörte, als er versuchte, sich aufzurichten. Sie hielt Katie mit einem Arm fest, während sie den Schlüssel ins Schloß steckte, umdrehte und die Tür aufriß. In diesem Moment packte er sie von hinten, zerrte an dem T-Shirt und versuchte, ihr Katie zu entreißen. Sie fiel durch die Haustür, während sich seine Fingernägel in ihren Rücken krallten, und stolperte über die Veranda zur Treppe. Sie hielt Katie immer noch fest, strauchelte und suchte nach Halt am Verandageländer, das sich aus der Verankerung löste. Quinn riß ein Stück davon mit sich, als sie ins Gras fiel. Sie ließ Katie los und schrie: »Lauf, Katie, lauf!«, während sie sich mühsam aufzurichten versuchte und sich nach Bill umdrehte, der mit wutverzerrtem Gesicht mit einem Satz auf die oberste Stufe sprang. Die zerbrach unter ihm. Er stürzte nach vorn und landete hart auf dem Boden, wobei seine Hand vorschoß, um Katie einen Fausthieb zu versetzen. *»Nein!«* schrie Quinn und warf sich zwischen Bill und den Hund, um Katie zu schützen.

»Ich bringe dieses Mistvieh um«, stieß Bill hervor und schob Quinn brutal zur Seite, um, nun wieder auf den Füßen, an ihr vorbei zu kommen. Mühsam richtete sie sich vor ihm auf und sagte: »Hör auf, *laß sie in Ruhe*«, doch er versetzte ihr einen Hieb und räumte sie damit aus dem Weg.

»Ich habe dir doch gesagt«, sprach er mit ruhiger und sicherer Stimme, *»du wirst diesen Hund nicht behalten.«* Er schob sich an ihr vorbei und langte nach Katie, die zitternd und jaulend zurückwich. Quinn ergriff das abgebrochene Stück des Verandageländers, das im Gras lag und schlug ihm damit auf den Hinterkopf.

Wie ein Stier schüttelte er kurz den Kopf und drehte sich zu ihr um. *»Gib mir dieses verfluchte Teil.«*

Rückwärts tastete sie sich eine Stufe hoch. »Du hörst mir jetzt zu«, sagte sie kochend vor Wut. »Ich hasse dich. Ich hasse alles an dir. Ich will, daß du von meinem Grundstück verschwindest und aus meinem –«

Er versuchte, ihr das Geländerstück zu entreißen, doch sie schmetterte es auf seine Hand und traf ihn genau an den Fingerknöcheln. Er fluchte.

»Verschwinde hier«, stieß sie hervor. Wieder griff er nach

ihr, aber in diesem Moment verbiß Katie sich in sein Hosenbein und zerrte daran in dem Versuch, ihn zurückzuziehen. Er drehte sich um und versetzte ihr einen brutalen Tritt, sie jaulte auf, und Quinn rastete vollends aus. Mit voller Kraft ließ sie das Geländer auf seinen Hinterkopf knallen.

Er schwankte und fuhr herum. Wieder holte sie Schwung und traf ihn hart am Ohr. »Komm nie wieder« – *klatsch*, als er zurückfiel und den Kopf schüttelte – »in die Nähe« – *klatsch* auf seine Schulter – »meines Hundes«, saus, ein Fehlschlag, weil er sich duckte – »oder in meine Nähe!« – *klatsch* auf seinen Nacken, und er sank auf die Knie. Noch einmal schwang sie das Geländer durch die Luft, um ihm einen letzten Schlag zu versetzen, diesmal zwischen die Augen – *zur Hölle* mit den vernünftigen Lösungen –, als sie jemand von hinten ergriff und wegzerrte. Sie sträubte sich und wollte auch diesen Angreifer schlagen, als er ihr das Geländer aus der Hand zu winden versuchte und atemlos sagte: »Ich glaube, du hast deinen Standpunkt klargemacht. Genug jetzt.«

»Nick?« fragte sie. Er hielt sie einen Augenblick fest umschlungen, bevor sie sich freikämpfte und verzweifelt nach Katie rief.

Sie fuhr herum, als sie hörte, wie Katie den angeschlagenen Bill anknurrte, der ins Gras zurückgefallen war. In diesem Moment fuhr Frank Atchitys Streifenwagen vor.

Frank überquerte den Rasen in seinem üblichen schlendernden Gang. Quinn ließ das Verandageländer fallen und versuchte, eine Unschuldsmiene aufzusetzen.

»Ihre Einstellung zum Coach ist mir jetzt klar«, meinte Frank zu ihr, als er auf Bill hinabblickte. Er schüttelte den Kopf. »Ich glaube, so hart mag sie es nun auch wieder nicht, Bill.«

Bill ließ seinen blutenden Kopf zurückfallen, und während Frank ihm seine Rechte vorlas, mischte sich Katie ein und begann zu bellen.

»Ich ziehe ein«, sagte Nick zu Quinn. Überrascht sah sie

ihn an. »Für mich. Ich liebe dich. Das habe ich immer getan.« Er schaute zu Bill hinunter. »Außerdem kann ich ruhiger schlafen, wenn ich weiß, wo das Verandageländer ist. Meine Güte, du hast ordentliche Arbeit geleistet. Ich denke, nun dürfte er es kapiert haben.«

Mitten im Verlesen der Rechte brach Frank ab und sah Katie mißbilligend an. »Hund, wenn er mich nicht hören kann, wurde er nicht gewarnt.« Er bückte sich, um Katie zu streicheln und zu beruhigen. Sie hockte sich auf den Boden und pinkelte neben Bills Ohr.

»Gut«, lobte Quinn und versuchte, ihre Atmung wieder zu normalisieren. Der Schreck wegen Katie saß ihr noch immer in den Knochen. »Dieser Mistkerl *hat meinen Hund verletzt.*«

»Das war sein erster Fehler«, sagte Nick. »Komm jetzt, zieh dir etwas an, dann fahren wir mit ihr zum Tierarzt.«

Quinn warf einen letzten Blick auf Bill. Sie blieb an seinen Augen haften. Keine Spur von Überheblichkeit war mehr darin zu lesen. *»Nie wieder«,* sagte sie, und er drehte den Kopf weg. »Komm, Katie«, rief sie, und Katie humpelte zu ihr, sie japste wegen der angestrengten Kläfferei, zitterte aber nicht mehr.

Das Autokino eröffnete am ersten Samstag im Juni. Quinn und Nick parkten in der letzten Reihe, weil Quinn in der High-School nie dort gewesen war. »Ich bin immer nur mit anständigen Jungs ausgegangen, die keine Annäherungsversuche machten«, erklärte sie Nick, der erwiderte: »Nun, diese Zeiten sind vorbei.«

»Ich war heute kurz bei Mom zu Besuch«, sagte sie, als der Comic-Vorfilm begann: ein schwarzweißer Woody Woodpecker in einem Betonmischer. Sie kuschelte sich an seine Schulter.

Nick bot ihr eine Tüte Popcorn an und fragte: »Was gibt's Neues?«

»Die Kabelgesellschaft hat jetzt auch ESPN2 und Golf Channel ins Programm genommen.« Quinn nahm sich eine Handvoll Popcorn, während Katie eine oscarreife Vorstellung eines verhungernden Hundes bot. »Dad trifft sich nicht mehr mit Barbara, weil sie ihn an sich binden wollte, aber er hat ihr erklärt, er sei schon an Mom gebunden. Mom und Edie waren bei einem Garagenverkauf.«

Nick lachte.

»Dabei fällt mir ein«, sagte Quinn und setzte sich aufrecht, »ich habe Barbara heute gesehen, und ich schwöre bei Gott, daß sie aussieht wie Prinzessin Diana. Meinst du, sie plant eine Reise nach England? Sollten wir Charles warnen?«

»Ich weiß es nicht und will es auch nicht wissen.« Nick streckte den Arm nach ihr aus und zog sie wieder an sich. »Barbara ist keine gute Erinnerung.«

»Für einige Leute schon. Lois hat Matthew rausgeworfen.« Entspannt und voller Zufriedenheit lehnte sich Quinn an ihn. »Sie meinte, ohne ihn hätte es ihr besser gefallen, und das hätte sie nie erfahren, wenn Barbara ihn ihr nicht ausgespannt hätte. Sie sagt, daß sie sie zwar noch immer hasse, aber sie bezeichnet sie nicht mehr als Bankschlampe.«

»Es geht doch nichts über ein Happy End.« Nick sah an ihr vorbei zu Katie, die das Popcorn aufgegeben hatte, statt dessen aus dem offenen Beifahrerfenster spähte und nach möglichem Ärger Ausschau hielt, dabei jedoch relativ gelassen blieb, als ob sie wisse, daß Bill mindestens für den Rest ihres Lebens hinter Gittern saß. »Paß auf, daß der Hund nicht aus dem Fenster springt. Dieses Jahr haben wir genug für gebrochene Hunderippen bezahlt.«

Quinn tätschelte Katies Hinterteil. »Sie läuft nicht weg.«

Katie ließ ihre Vorderpfoten am Fenster abrutschen und wandte ihre Aufmerksamkeit wieder dem Popcorn zu. Humpelnd machte sie einen Schritt über den Sitz auf sie zu und winselte kläglich.

»Ist dir eigentlich schon aufgefallen, daß der Hund nur

hinkt, wenn er etwas will?« fragte Nick. Quinn fütterte sie mit einem Stück Popcorn und sagte: »Ja. Ist sie nicht klug?«

»Nein«, erwiderte Nick und beugte sich vor, um das Handschuhfach zu öffnen. »Popcorn ist nichts für Hunde. Gib ihr einen Hundekuchen.«

»Du hast Hundekuchen in deinem Handschuhfach?«

»Na und?« wehrte Nick ab und lenkte das Gespräch in sicherere Bahnen. »Wie geht es Edie und deiner Mom und deinem Dad denn nun wirklich?«

»Nun, soweit ich das beurteilen kann, sieht Edie erleichtert aus, Mom sieht adrett aus, und Daddy sieht fern.« Quinn grinste ihn durch die zunehmende Dämmerung an. »Sie sind ziemlich glücklich, glaube ich. Es ist so, als kehrten die Dinge nach einem wirklich schönen Urlaub zur Normalität zurück. Oh, und Edie erzählte, daß das Schulgremium heute nachmittag dafür gestimmt hat, Dennis Rule als Rektor an die Schule zu holen.«

»Der arme alte BP«, meinte Nick. »Wenn Bill nur das Turnier gewonnen hätte –«

»Das hätte keinerlei Unterschied gemacht.« Quinn versuchte, die Genugtuung in ihrer Stimme zu unterdrücken, aber es gelang ihr nur schwer. »Er hat es sich selbst vermasselt. Als der Vorsitzende das Abstimmungskomitee zusammenstellte, hat er Leute ausgewählt, die wissen, wie es in der Schule läuft.«

»Also?«

»Also hat er Greta ins Komitee berufen«, erklärte Quinn und bemühte sich nicht einmal, ihr Grinsen zu verbergen. »Was hätte ich dafür gegeben, Bobbys Gesicht zu sehen, als er das hörte. Obwohl ich vermute, daß er mit seinem durch Drähte zusammengehaltenen Kiefer keinen besonders starken Gesichtsausdruck hinkriegt.«

»Dann ist also jeder glücklich«, sagte Nick. »Außer mir.«

Quinn setzte sich auf. Eine Minute lang schlug ihr Herz wie wild. »Du bist nicht glücklich?«

Er schüttelte den Kopf, und selbst im Zwielicht konnte sie sehen, daß er etwas auf dem Herzen hatte.

»Ich finde, wir brauchen eine Veränderung«, sagte er.

»Bist du verrückt?« fragte Quinn. »Das Leben ist verflixt noch mal fast perfekt, und du willst –«

Er sah sie an. »In Betten, auf Sofas, an Bühnenwänden, auf der Küchenanrichte, im Garten, im Badezimmer der Werkstatt.« Er schüttelte den Kopf. »Immer derselbe alte Kram. Wir werden langweilig.«

Seine dunklen Augen hafteten auf ihr, und sein Körper fühlte sich hart und warm an, als er sich näher beugte. Er war so aufregend und liebenswert und zuverlässig, er war alles, was sie wollte. *Ich bin wirklich eine glückliche Frau,* dachte Quinn, fragte jedoch unverbindlich: »Worauf willst du hinaus?«

Er ließ seine Hand unter ihren Pullover gleiten, während er sich zu ihr beugte und ihr ins Ohr flüsterte. Sie erschauerte, als jede Faser ihres Körpers zum Leben erwachte. »Hattest du schon mal hemmungslosen lauten Sex auf dem Vordersitz eines Pickups im Autokino, während die ganze Stadt um dich herum eine wirklich schlechte Kopie der *Bachelor Party* sieht und dein Hund dein Popcorn auffrißt?«

»Es ist Zeit für eine Veränderung«, wisperte Quinn und zog ihren Pullover aus.

Danksagung

Diese Gelegenheit möchte ich nutzen, um der Fakultät der Ohio State University, Abteilung für Kreatives Schreiben, meinen lange überfälligen Dank auszusprechen. Besonders bedanke ich mich bei Lee K. Abbott, Melanie Rae Thon, Lore Segal, Michelle Herman und Bill Roorbach für ihre Unterstützung, ihre Beratung und ihren Sachverstand. Ich möchte auch den Gastprofessoren Ron Carlson und Alice MacDermott danken, von denen ich in so kurzer Zeit so vieles gelernt habe, sowie Christopher Griffin und Cartha Sexton, die sich des organisatorischen Teils meiner Ausbildung annahmen, so daß ich meinen akademischen Grad erlangen konnte. Schließlich bin ich meinen Kommilitonen des Kreativen Schreibseminars für ihren Zuspruch und ihre Begleitung zu Dank verpflichtet, da sie mir die große Ehre erwiesen, meine Arbeit mit Achtung und Aufmerksamkeit zu behandeln. Besonderen Dank schulde ich Will Allison, Richard Ashbrook, Michael Azre, Michael Charlten, Jennifer Cognard-Black, Kristina Emick, Polly Farquhar, David Ferguson, Kathryn Flewelling, Steve Guinan, Vicki Henriksen, Michael Lohre, Jeff MacGregor, Bruce Machart, Susan McGowan, Susan Metcalfe, Tom Moss, Jason Nunemaker, Dan O'Dair, Bruce Ortquist, Todd Renger, Bonnie Riedinger, Vicki Schwab, John Shamlou, Deborah Sobeloff, Tamara Stevens, Laura Swenson, Mary Tabor, Rick Vartorella und Deborah Way. Jeder, den ich vergessen haben sollte, möge es mir nachsehen.